全国高等职业教育药品类专业
国家卫生健康委员会“十三五”规划教材

供药学、药物制剂技术、化学制药技术、中药制药技术、生物制药技术、
药品经营与管理、药品服务与管理专业用

医药信息检索

第 3 版

主　编　陈　燕　李现红
副主编　陈　念　潘伟男
主　审　赵文龙

编　委　（按姓氏拼音顺序排列）

陈　念　（中山火炬职业技术学院）
陈　燕　（重庆医药高等专科学校）
贾文雅　（山西药科职业学院）
李现红　（山东医学高等专科学校）
刘　娜　（辽宁医药职业学院）
潘伟男　（湖南食品药品职业学院）
田　柳　（重庆医药高等专科学校）
王新峰　（济南护理职业学院）
张小蒙　（江苏医药职业学院）
郑　坤　（黑龙江中医药大学佳木斯学院）

人民卫生出版社

图书在版编目(CIP)数据

医药信息检索 / 陈燕,李现红主编.—3版.—北京:人民卫生出版社,2018

ISBN 978-7-117-26535-5

Ⅰ.①医… Ⅱ.①陈…②李… Ⅲ.①医药学-信息检索-高等职业教育-教材 Ⅳ.①G254.97

中国版本图书馆CIP数据核字(2018)第245063号

医药信息检索

第3版

主　　编: 陈　燕　李现红

出版发行: 人民卫生出版社(中继线 010-59780011)

地　　址: 北京市朝阳区潘家园南里19号

邮　　编: 100021

E - mail: pmph @ pmph.com

购书热线: 010-59787592　010-59787584　010-65264830

印　　刷: 北京汇林印务有限公司

经　　销: 新华书店

开　　本: 850×1168　1/16　　**印张:** 19

字　　数: 447千字

版　　次: 2009年1月第1版　2018年12月第3版

2024年1月第3版第10次印刷(总第25次印刷)

标准书号: ISBN 978-7-117-26535-5

定　　价: 46.00元

全国高等职业教育药品类专业国家卫生健康委员会
“十三五”规划教材出版说明

《国务院关于加快发展现代职业教育的决定》《高等职业教育创新发展行动计划(2015-2018年)》《教育部关于深化职业教育教学改革全面提高人才培养质量的若干意见》等一系列重要指导性文件相继出台,明确了职业教育的战略地位、发展方向。为全面贯彻国家教育方针,将现代职教发展理念融入教材建设全过程,人民卫生出版社组建了全国食品药品职业教育教材建设指导委员会。在该指导委员会的直接指导下,经过广泛调研论证,人民卫生出版社启动了全国高等职业教育药品类专业第三轮规划教材的修订出版工作。

本套规划教材首版于2009年,于2013年修订出版了第二轮规划教材,其中部分教材入选了“十二五”职业教育国家规划教材。本轮规划教材主要依据教育部颁布的《普通高等学校高等职业教育(专科)专业目录(2015年)》及2017年增补专业,调整充实了教材品种,涵盖了药品类相关专业的主要课程。全套教材为国家卫生健康委员会“十三五”规划教材,是“十三五”时期人卫社重点教材建设项目。本轮教材继续秉承“五个对接”的职教理念,结合国内药学类专业高等职业教育教学发展趋势,科学合理推进规划教材体系改革,同步进行了数字资源建设,着力打造本领域首套融合教材。

本套教材重点突出如下特点:

1. **适应发展需求,体现高职特色** 本套教材定位于高等职业教育药品类专业,教材的顶层设计既考虑行业创新驱动发展对技术技能型人才的需要,又充分考虑职业人才的全面发展和技术技能型人才的成长规律;既集合了我国职业教育快速发展的实践经验,又充分体现了现代高等职业教育的发展理念,突出高等职业教育特色。

2. **完善课程标准,兼顾接续培养** 本套教材根据各专业对应从业岗位的任职标准优化课程标准,避免重要知识点的遗漏和不必要的交叉重复,以保证教学内容的设计与职业标准精准对接,学校的人才培养与企业的岗位需求精准对接。同时,本套教材顺应接续培养的需要,适当考虑建立各课程的衔接体系,以保证高等职业教育对口招收中职学生的需要和高职学生对口升学至应用型本科专业学习的衔接。

3. **推进产学结合,实现一体化教学** 本套教材的内容编排以技能培养为目标,以技术应用为主线,使学生在逐步了解岗位工作实践,掌握工作技能的过程中获取相应的知识。为此,在编写队伍组建上,特别邀请了一大批具有丰富实践经验的行业专家参加编写工作,与从全国高职院校中遴选出的优秀师资共同合作,确保教材内容贴近一线工作岗位实际,促使一体化教学成为现实。

4. **注重素养教育,打造工匠精神** 在全国“劳动光荣、技能宝贵”的氛围逐渐形成,“工匠精神"在各行各业广为倡导的形势下，医药卫生行业的从业人员更要有崇高的道德和职业素养。教材更加强调要充分体现对学生职业素养的培养，在适当的环节，特别是案例中要体现出药品从业人员的行为准则和道德规范，以及精益求精的工作态度。

5. 培养创新意识，提高创业能力　为有效地开展大学生创新创业教育，促进学生全面发展和全面成才，本套教材特别注意将创新创业教育融入专业课程中，帮助学生培养创新思维，提高创新能力、实践能力和解决复杂问题的能力，引导学生独立思考、客观判断，以积极的、锲而不舍的精神寻求解决问题的方案。

6. 对接岗位实际，确保课证融通　按照课程标准与职业标准融通，课程评价方式与职业技能鉴定方式融通，学历教育管理与职业资格管理融通的现代职业教育发展趋势，本套教材中的专业课程，充分考虑学生考取相关职业资格证书的需要，其内容和实训项目的选取尽量涵盖相关的考试内容，使其成为一本既是学历教育的教科书，又是职业岗位证书的培训教材，实现"双证书"培养。

7. 营造真实场景，活化教学模式　本套教材在继承保持人卫版职业教育教材栏目式编写模式的基础上，进行了进一步系统优化。例如，增加了"导学情景"，借助真实工作情景开启知识内容的学习；"复习导图"以思维导图的模式，为学生梳理本章的知识脉络，帮助学生构建知识框架。进而提高教材的可读性，体现教材的职业教育属性，做到学以致用。

8. 全面"纸数"融合，促进多媒体共享　为了适应新的教学模式的需要，本套教材同步建设以纸质教材内容为核心的多样化的数字教学资源，从广度、深度上拓展纸质教材内容。通过在纸质教材中增加二维码的方式"无缝隙"地链接视频、动画、图片、PPT、音频、文档等富媒体资源，丰富纸质教材的表现形式，补充拓展性的知识内容，为多元化的人才培养提供更多的信息知识支撑。

本套教材的编写过程中，全体编者以高度负责、严谨认真的态度为教材的编写工作付出了诸多心血，各参编院校对编写工作的顺利开展给予了大力支持，从而使本套教材得以高质量如期出版，在此对有关单位和各位专家表示诚挚的感谢！教材出版后，各位教师、学生在使用过程中，如发现问题请反馈给我们（renweiyaoxue@163.com），以便及时更正和修订完善。

人民卫生出版社

2018年3月

全国高等职业教育药品类专业国家卫生健康委员会
“十三五”规划教材
教材目录

序号	教材名称	主编	适用专业
1	人体解剖生理学(第3版)	贺 伟 吴金英	药学类、药品制造类、食品药品管理类、食品工业类
2	基础化学(第3版)	傅春华 黄月君	药学类、药品制造类、食品药品管理类、食品工业类
3	无机化学(第3版)	牛秀明 林 珍	药学类、药品制造类、食品药品管理类、食品工业类
4	分析化学(第3版)	李维斌 陈哲洪	药学类、药品制造类、食品药品管理类、医学技术类、生物技术类
5	仪器分析	任玉红 闫冬良	药学类、药品制造类、食品药品管理类、食品工业类
6	有机化学(第3版)*	刘 斌 卫月琴	药学类、药品制造类、食品药品管理类、食品工业类
7	生物化学(第3版)	李清秀	药学类、药品制造类、食品药品管理类、食品工业类
8	微生物与免疫学*	凌庆枝 魏仲香	药学类、药品制造类、食品药品管理类、食品工业类
9	药事管理与法规(第3版)	万仁甫	药学类、药品经营与管理、中药学、药品生产技术、药品质量与安全、食品药品监督管理
10	公共关系基础(第3版)	秦东华 惠 春	药学类、药品制造类、食品药品管理类、食品工业类
11	医药数理统计(第3版)	侯丽英	药学、药物制剂技术、化学制药技术、中药制药技术、生物制药技术、药品经营与管理、药品服务与管理
12	药学英语	林速容 赵 旦	药学、药物制剂技术、化学制药技术、中药制药技术、生物制药技术、药品经营与管理、药品服务与管理
13	医药应用文写作(第3版)	张月亮	药学、药物制剂技术、化学制药技术、中药制药技术、生物制药技术、药品经营与管理、药品服务与管理

序号	教材名称	主编	适用专业
14	医药信息检索(第3版)	陈　燕　李现红	药学、药物制剂技术、化学制药技术、中药制药技术、生物制药技术、药品经营与管理、药品服务与管理
15	药理学(第3版)	罗跃娥　樊一桥	药学、药物制剂技术、化学制药技术、中药制药技术、生物制药技术、药品经营与管理、药品服务与管理
16	药物化学(第3版)	葛淑兰　张彦文	药学、药品经营与管理、药品服务与管理、药物制剂技术、化学制药技术
17	药剂学(第3版)*	李忠文	药学、药品经营与管理、药品服务与管理、药品质量与安全
18	药物分析(第3版)	孙　莹　刘　燕	药学、药品质量与安全、药品经营与管理、药品生产技术
19	天然药物学(第3版)	沈　力　张　辛	药学、药物制剂技术、化学制药技术、生物制药技术、药品经营与管理
20	天然药物化学(第3版)	吴剑峰	药学、药物制剂技术、化学制药技术、生物制药技术、中药制药技术
21	医院药学概要(第3版)	张明淑　于　倩	药学、药品经营与管理、药品服务与管理
22	中医药学概论(第3版)	周少林　吴立明	药学、药物制剂技术、化学制药技术、中药制药技术、生物制药技术、药品经营与管理、药品服务与管理
23	药品营销心理学(第3版)	丛　媛	药学、药品经营与管理
24	基础会计(第3版)	周凤莲	药品经营与管理、药品服务与管理
25	临床医学概要(第3版)*	曾　华	药学、药品经营与管理
26	药品市场营销学(第3版)*	张　丽	药学、药品经营与管理、中药学、药物制剂技术、化学制药技术、生物制药技术、中药制药技术、药品服务与管理
27	临床药物治疗学(第3版)*	曹　红	药学、药品经营与管理、药品服务与管理
28	医药企业管理	戴　宇　徐茂红	药品经营与管理、药学、药品服务与管理
29	药品储存与养护(第3版)	徐世义　宫淑秋	药品经营与管理、药学、中药学、药品生产技术
30	药品经营管理法律实务(第3版)*	李朝霞	药品经营与管理、药品服务与管理
31	医学基础(第3版)	孙志军　李宏伟	药学、药物制剂技术、生物制药技术、化学制药技术、中药制药技术
32	药学服务实务(第2版)	秦红兵　陈俊荣	药学、中药学、药品经营与管理、药品服务与管理

序号	教材名称	主编	适用专业
33	药品生产质量管理(第3版)*	李　洪	药物制剂技术、化学制药技术、中药制药技术、生物制药技术、药品生产技术
34	安全生产知识(第3版)	张之东	药物制剂技术、化学制药技术、中药制药技术、生物制药技术、药学
35	实用药物学基础(第3版)	丁　丰　张　庆	药学、药物制剂技术、生物制药技术、化学制药技术
36	药物制剂技术(第3版)*	张健泓	药学、药物制剂技术、化学制药技术、生物制药技术
	药物制剂综合实训教程	胡　英　张健泓	药学、药物制剂技术、药品生产技术
37	药物检测技术(第3版)	甄会贤	药品质量与安全、药物制剂技术、化学制药技术、药学
38	药物制剂设备(第3版)	王　泽	药品生产技术、药物制剂技术、制药设备应用技术、中药生产与加工
39	药物制剂辅料与包装材料(第3版)*	张亚红	药物制剂技术、化学制药技术、中药制药技术、生物制药技术、药学
40	化工制图(第3版)	孙安荣	化学制药技术、生物制药技术、中药制药技术、药物制剂技术、药品生产技术、食品加工技术、化工生物技术、制药设备应用技术、医疗设备应用技术
41	药物分离与纯化技术(第3版)	马　娟	化学制药技术、药学、生物制药技术
42	药品生物检定技术(第2版)	杨元娟	药学、生物制药技术、药物制剂技术、药品质量与安全、药品生物技术
43	生物药物检测技术(第2版)	兰作平	生物制药技术、药品质量与安全
44	生物制药设备(第3版)*	罗合春　贺　峰	生物制药技术
45	中医基本理论(第3版)*	叶玉枝	中药制药技术、中药学、中药生产与加工、中医养生保健、中医康复技术
46	实用中药(第3版)	马维平　徐智斌	中药制药技术、中药学、中药生产与加工
47	方剂与中成药(第3版)	李建民　马　波	中药制药技术、中药学、药品生产技术、药品经营与管理、药品服务与管理
48	中药鉴定技术(第3版)*	李炳生　易东阳	中药制药技术、药品经营与管理、中药学、中草药栽培技术、中药生产与加工、药品质量与安全、药学
49	药用植物识别技术	宋新丽　彭学著	中药制药技术、中药学、中草药栽培技术、中药生产与加工

序号	教材名称	主编	适用专业
50	中药药理学(第3版)	袁先雄	药学、中药学、药品生产技术、药品经营与管理、药品服务与管理
51	中药化学实用技术(第3版)*	杨　红　郭素华	中药制药技术、中药学、中草药栽培技术、中药生产与加工
52	中药炮制技术(第3版)	张中社　龙全江	中药制药技术、中药学、中药生产与加工
53	中药制药设备(第3版)	魏增余	中药制药技术、中药学、药品生产技术、制药设备应用技术
54	中药制剂技术(第3版)	汪小根　刘德军	中药制药技术、中药学、中药生产与加工、药品质量与安全
55	中药制剂检测技术(第3版)	田友清　张钦德	中药制药技术、中药学、药学、药品生产技术、药品质量与安全
56	药品生产技术	李丽娟	药品生产技术、化学制药技术、生物制药技术、药品质量与安全
57	中药生产与加工	庄义修　付绍智	药学、药品生产技术、药品质量与安全、中药学、中药生产与加工

说明:*为“十二五”职业教育国家规划教材。全套教材均配有数字资源。

全国食品药品职业教育教材建设指导委员会 成员名单

莫国民 上海健康医学院

顾立众 江苏食品药品职业技术学院

倪　峰 福建卫生职业技术学院

徐一新 上海健康医学院

黄丽萍 安徽中医药高等专科学校

黄美娥 湖南食品药品职业学院

晨　阳 江苏医药职业学院

葛　虹 广东食品药品职业学院

蒋长顺 安徽医学高等专科学校

景维斌 江苏省徐州医药高等职业学校

潘志恒 天津现代职业技术学院

前　言

全球性的信息技术革命，正以前所未有的方式对社会变革方向起决定性作用。信息素养能力已成为全球信息化需求人们具有的基本能力。信息素养教育向提升学生信息能力的综合素养转变。医药信息检索课程以提高医学生的信息资源查找、分析评价、选择与管理应用的综合信息素养能力为目标，为其从事专业工作及继续教育奠定一个良好的基础。

医药学和信息科学是快速发展的两大领域，为适应学科与信息技术发展及高校信息素养教育的要求，本次教材修订在教材内容上注重围绕药学及相关专业培养目标，把握学生的信息需求。"以信息获取能力为基础，以信息利用能力和知识创新能力为目标"，适度反映专业资源发展特色，反映职业教育特色，提高教材的专业应用性。

本次修订从药学类专业信息需求入手，把学习内容分为基础、技能、应用三大段位，从检索基础理论、图书馆利用、方法与工具、资源数据库与专类信息检索、信息资源评价管理与应用五大模块进行技能修炼。书中以检索示例、案例分析、综合案例等多方面进行全书案例的设计编写，尽可能把这些应用案例与专业学习以及课程关联，与就业创业等共性需求类检索课题相关联，以提高教材内容的适应性，将理论化繁为简，在实践中加以锤炼。在注重培养信息意识和提高信息检索能力的同时，注重批判性思维及信息道德法律意识的培养，强调医学信息资源的评价、管理与利用。

教材中及时反映目前信息素养教育的新观念、新技术应用，如元素养、信息过滤与知识管理工具应用、Web2.0 在信息获取中的典型应用、移动图书馆、云图书馆、医药类 APP 资源及应用等内容，以增强学生利用网络检索与信息管理的实践应用能力、对信息利用的创新能力。

其融合教材数字资源文件有全书同步 PPT 课件、知识点微视频、各章同步练习及各章思维导图，更加适应线上线下混合式学习方式。

本教材各章编写分工如下：第一章由潘伟男编写，第二章由刘娜编写，第三章由贾文雅编写，第四章 1~4 节及课程标准由陈燕编写、第四章第 5 节刘娜编写，第五章由张小蒙编写，第六章由陈念编写，第七章由田柳编写，第八章由郑坤编写，第九章由王新峰编写，第十章由李现红编写。重庆医药高等专科学校图书馆李儒银完成设计制作微视频 5 个、参与课件制作 3 个。陈燕负责全书的统稿及同步课件的界面设计工作。

本书由重庆医科大学医学信息学院院长赵文龙研究馆员审稿，同时也得到人民卫生出版社编辑的大力帮助和指导，也参考借鉴了国内外有关学者和研究人员的相关学术成果，在此，一并表示衷心的感谢。囿于作者的学识和水平，书中疏漏之处在所难免，希望读者赐教指正，相关建议与意见请致作者邮箱 cqyxcy@ 163. com。

陈　燕

2018 年 12 月

目　录

第一章 信息素养及其评价

学习目标

掌握元素养的概念。理解信息素养和数据素养的内涵。

熟悉信息伦理的含义。

了解信息素养的发展概况；了解高等教育信息素养框架的六项主要内容；了解知识产权与知识共享的关系；了解知识共享协议的宗旨及6种常用协议授权方式。

信息素养是信息时代人们必须具备的基本素质，也是职业生存的关键能力。信息素养能力已成为评价人才综合素质的一项重要指标；同时，信息素养也是一个不断发展的概念，不仅包括运用信息技术获取、识别、加工、传递和创造信息的基本技能，同时更强调人们在信息环境中的独立学习能力及创新意识、科学批判精神、社会责任感和参与意识。它与科学素养、职业素养、人文素养、道德素养、媒体素养、生命素养一起成为当今社会公民必备的七大素养。

第一节 信息素养及发展概述

一、信息素养

（一）信息素养的定义

信息素养（information literacy），也称信息素质、信息能力、信息文化、咨询素养等。信息素养的定义是在不断地演变和发展，人们对其内涵与外延也有不同的理解。

最早提出信息素养这一概念的是美国信息产业协会主席保罗·车可斯基（Paul Zurkowski），1974年他向全美图书馆学与信息学委员会提交的一份报告中把信息素养定义为："利用大量信息工具及主要信息源使问题得到解答的技术和技能。"后来又将其解释为"人们在解答问题时利用信息的技术和技能"。同时在研究和探索中，信息素养的内涵发生了深刻变化，人们更加强调利用计算机进行检索的技能及对检索结果的评价，并重视人的认知属性，即态度和意识。美国图书馆学会（American Library Association，ALA）信息素养委员会在其1989年的总结报告中对信息素养的含义进行了重新概括："具备信息素养的人，能够充分认识到何时需要信息，并能有效地检索、评价和使用所需要的信息。"1992年Doyle在《信息素养全美论坛的终结报告》中给信息素养下的定义是："一个具有信息素养的人，他能够认识到精确的和完整的信息是作出合理决策的基础；能够确定信息需求；

形成基于信息需求的问题；确定潜在的信息源；制定成功的检索方案；从包括基于计算机的和其他的信息源中获取信息、评价信息、组织信息用于实际应用；将新信息与原有的知识体系进行融合以及在批判性思考和问题解决的过程中使用信息。”

我国从1997年起也开始了信息素养方面的研究，王吉庆先生于1999年第一次系统地介绍了信息素养理论，他认为信息素养包含了信息意识与情感、信息伦理道德、信息常识以及信息能力多个方面，是一种综合性的、社会共同的评价。桑新民先生于2000年提出，学生的信息素养应包括以下几个方面：高效获取信息的能力；熟练、批判地评价信息的能力；有效地吸收、存储和快速提取信息的能力；运用多媒体形式表达信息、创造性地使用信息的能力；将以上一整套驾驭信息的能力转化为自主地、高效地学习与交流的能力；学习、培养和提高信息文化新环境中公民的道德、情感、法律意识与社会责任。李克东先生于2001年提出，信息素养包含着三个最基本的要点：信息技术的应用技能；对信息内容的批判与理解能力；运用信息，具有融入信息社会的态度和能力。

随着时代发展，高等教育发生了很大变化，越来越复杂的信息生态环境使学者们重新界定信息素养的概念，人们对信息素养概念的理解也在不断地发展和完善，并于20世纪90年代以后，逐步与终身学习关联起来。进入21世纪以来，信息素养作为一种高级的认知技能，同批判性思维、解决问题的能力一起构成了学生进行知识创新和终身学习的基础。

（二）信息素养的内涵

信息素养是一个含义广泛的综合性概念，包括信息意识、信息知识、信息能力及信息伦理四个方面。信息意识是先导，信息知识是基础，信息能力是核心，信息伦理是保障。它们相辅相成、相互促进、互为补充，共同构成一个不可分割的统一整体。

1. 信息意识　信息意识是人们在信息活动中产生的认识、观念和需求的总和，是形成信息素养的重要动力。主要包括：一是能高度认识到信息的重要作用，重视知识积累、终身学习和创新精神；二是对信息有积极的内在需求；三是对信息的敏感性和洞察力，能迅速有效地收集、评价分析及应用信息，能利用信息找到解决问题的科学方法。

2. 信息知识　信息知识是人们在利用信息技术工具、拓展信息传播途径、提高信息交流效率中所积累的认识和经验的总和，它是构成信息素养的基础。它不仅体现人们所具有的信息知识的丰富程度，同时制约人们对信息知识的进一步掌握。

3. 信息能力　信息能力是指人们获取信息、处理信息、利用信息、管理信息和信息创新的能力，是信息素养的核心。主要包括：使用信息工具的能力，评价判断信息的能力和信息选择能力，加工处理信息的能力，表达信息的能力，创新信息的能力等方面。

4. 信息伦理　信息伦理是指整个信息活动中应遵循的道德规范，是调节信息创造者、信息服务者、信息使用者之间相互关系的行为规范的总和，是信息行为所表现出来的道德修养，是信息领域规范人们的社会信息行为的思想观念与行为准则，是信息素养的思想保障，也是维护信息社会正常秩序的保证。

二、元素养

（一）元素养的概念

元素养的提出是为了改变信息素养不适应 Web2.0 环境下特别是网络社交媒体时代的状况，而提供一个“元”视角来整合各种信息素养模式，以推动信息素养理论的发展。

2014 年 1 月，由美国图书馆学会所属出版社 Neal-Schuman 出版了纽约州立大学学者 Mackey 和 Jacobson 二人合著的《元素养：通过重塑信息素养增强学习者的能力》（Metaliteracy: Reinventing Information Literacy to Empower Learners），简称《元素养》。元素养是面向 Web2.0 环境特别是社交媒体，通过对相关素养的整合并与新信息技术结合，指导信息主体在社交媒体和交互协同在线社区中进行信息获取、评估、组织、交互协同生产与分享的整体性、综合性和自我参照的素养框架，强调对信息的批判性思维和交互协同能力（图 1-1）。

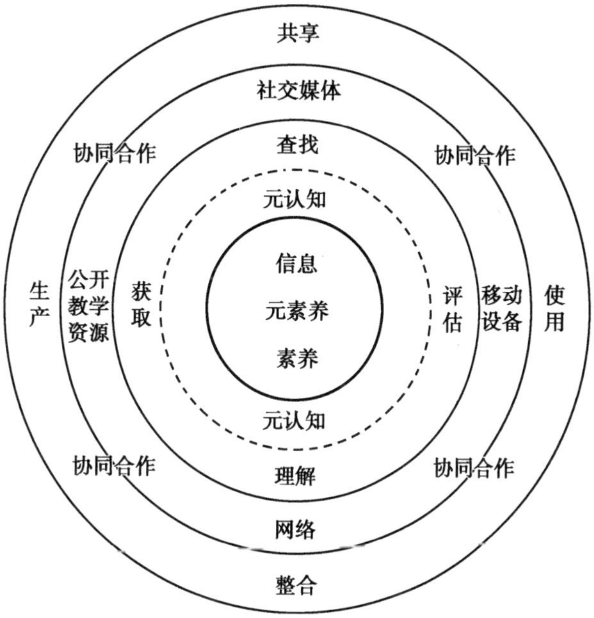

图 1-1 元素养概念模型

知识链接

元素养提出的背景

信息素养这个概念自 1974 年提出至今已有 40 余年，人类社会也从工业社会进入信息社会，信息和信息技术引发了社会生活各方面的翻天覆地的变化，信息资源形式从传统纸质资源单一线性组织模式发展到互联网时代多媒体、非线性组织内容的模式，尤其是在 Web2.0 环境下，新的网络模式更加强调社交媒体环境中的信息协同生产及传播。用户主动参与内容建设并与贡献者形成反馈及互动，同时具备消费和信息生产两种行为，如 Facebook、Twitter 和 YuTube，以及博客、维基、社交网络、即时通信、社会书签等，其核心应用都是社交功能。40 余年来，各学科新的概念不断出现，如数字素养、视觉及媒体素养、学术素养、信息通晓等，这使得源于图书馆的信息素养概念面临前所未有的竞争压力。同时高等教育及社会对人才的需求发生了巨大变化，人们在使用信息素养这个概念时的困惑也越来越大，因此，学者们意识到必须用更开放的眼光去关注多种形式信息融会贯通的信息情景，以及因此形成的学术交流新方式，从宏观上对信息素养进行完善，在此情形下，元素养概念应运而生。

（二）元素养的特点

元素养提供了新的学术话语，要求从行为上、情感上、认知上及元认知上参与到信息生态系统中，保留并整合了各种素养理论的合理内核，在原信息素养内涵基础上引入批判性思维、交互协同生产与分享信息、元认知等新的素养要素，扩展了传统信息技能的范畴（即确定、获取、定位、了解、生产和使用信息），把参与式数字环境（协作、生产和共享）中的协作生产和信息共享纳入其中。在指导实践方面，元素养教学模式引入了开放学习理论和方法，即联通主义学习理论和慕课（大规模开放式在线课程，Massive Open Online Courses，MOOCs），创新了素养教育模式，其特点主要表现为以下四个方面。

1. 有效整合各种素养理论，强调批判性思维　元素养没有否定信息素养的内容，而是对各种素养理论进行整合，加入了信息主体面对社交媒体情境中所必须的批判性思维，保持了信息主体的能动性，体现了以人为本的价值取向。

2. 强调在社交媒体情境中交互协同生产和分享信息　Jacobson 和 Mackey 强调元素养是面向社交媒体、开放学习和交互协同在线社区构建的综合性素养框架，指出了在多元化信息参与环境中交互协同和分享信息的能力，也是能胜任新的信息情境的基本要求。

3. 强调动态信息情景中的元认知，提升信息素养的品味　强调具备元素养的学习者通过对自身学习行为和过程的批判性反思来探求学习之道，元认知的引入提升了信息素养理论的品位，推动信息素养从技术性、实用性方法向具有科学性、知识性的理论体系的转变。

4. 引入 MOOCs 教学模式，创新了素养教育模式　元素养教学模式一开始就引入了开放学习理论和方法，在元素养 MOOCs 中通过不同群体、环境和学习动机之间的交互协同生产和分享信息，使元素养得到最大限度地推广和传播。

三、信息素养向元素养的转变

元素养亦被理解为“催生其他素养的素养”，其创始人 Jacobson 指出尽管目前多种新素养都宣称与信息素养有别，但信息素养仍然是这些概念的核心基础，它们都关注信息和信息使用、理解及评估能力，把培养面向信息的批判性思维作为根本任务。元素养与传统信息素养的区别在于两者关注的具体技术和信息形式有所不同，传统信息素养往往采取的是菜单式的技巧取向，着重于列举人们应该具备的各种信息技巧，这种取向导致的结果就是不适应现实的发展，提供的解决方案与现实脱节。而元素养摒弃信息素养菜单列举式技能型的理论取向，给出对各种素养理论的整合性框架，推动了信息素养理论的跨越式发展；元素养保留并整合各种素养理论的合理内核，同时引入批判性思维、交互协同生产与分享信息、元认知等新的素养要素，提供了新的学术话语，提升了信息素养理论的品味。因此，基于信息素养构建的大数据时代的元素养被认为是新数字时代的信息素养。

四、数据素养

现在越来越多的科学研究不再是从头开始，而是建立在对已有数据的重新认识、组织、解析和利用之上。科学数据在学术研究中的作用日益增强，传统的信息素养的内涵和外延随之发生改变，信息素养正逐步衍化为数据素养。

（一）数据素养的定义

数据素养（date literacy），也称量化素养、统计素养、数据信息素养、科学数据素养等。对数据素养的定义正在不断地演变和发展，人们对其内涵与外延也有不同的理解。数据素养的定义目前尚未形成共识，其中引用较多的来自：

2007 年加利福尼亚大学洛杉矶分校学者 Stevenson 等定义为："数据素养是找到、评价和有效合理使用信息（包含数据资源）的能力。"2011 年伊利诺伊大学香槟分校学者 Hogenboom 等认为："数据素养是阅读、解释、分析、批判性思考统计数据以及将统计数据作为证据的能力。"2013 年 Calzada Prado 等认为，数据素养使得用户能在获取数据、理解数据、管理数据、处理数据、批判性地评估数据和在遵守伦理道德基础上使用数据。

2015 年东南大学孟祥保认为数据素养包括具有"数据"意识，具备数据基本知识与技能，在大数据时代能够利用数据资源去发现问题、分析问题与解决问题等。2016 年中国科学院文献情报中心胡卉等认为数据素养是正当地发现和获取数据、批判地选择和评估数据、规范地管理和处理数据、合理地利用和共享数据的意识和能力等。

（二）数据素养的内涵

目前认为数据素养是大数据时代信息素养教育的拓展和延续，并提倡将数据管理相关的数据素养作为信息素养的核心组成。这种适应新的信息生态环境的价值取向提示我们在理解新的科学研究和高等教育范式中，数据素养从技能培养到理念提升的变迁。

参照信息素养的定义，类比信息素养所面向的内容、所包含的活动和目标价值层面，数据素养的内涵主要是：数据素养不仅包括数据能力，还要强调数据意识和数据伦理。数据素养不仅包含获取和使用数据的能力，还强调管理、贡献数据的意愿和能力，即帮助人们获取各种来源和类型的数据，并进行反思，系统地利用数据内容和专业技能获得知识；促进从数据到特定学术科研目标或科研成果的转化；帮助人们发展支持知识交流的数据共享平台和学术社区结构。

点滴积累

1. 信息素养是一个含义广泛的综合性概念，包括信息意识、信息知识、信息能力及信息伦理四个方面。 信息意识是先导，信息知识是基础，信息能力是核心，信息伦理是保障。
2. 信息素养的内涵是随着社会的变化、信息技术的变化、创新行为的变化、自主学习能力的变化等多种因素，不断地被赋予新的要求。
3. 元素养是面向 Web2.0 环境特别是社交媒体，通过对相关素养的整合并与新信息技术结合，指导信息主体在社交媒体和交互协同在线社区中进行信息获取、评估、组织、交互协同生产与分享的整体性、综合性和自我参照的素养框架，强调对信息的批判性思维和交互协同能力。
4. 数据素养不仅包括数据能力，还要强调数据意识和数据伦理。 数据素养不仅包含获取和使用数据的能力，还强调管理、贡献数据的意愿和能力。

第二节　信息素养标准与信息素养培养途径

一、世界各国信息素养评价标准概况

信息素养评价标准是评价个体信息素养能力、评价教育教学效果、指导信息素养教育实践的框架、准则和指南。信息素养自 1974 年提出以来在世界各国被广泛重视，越来越多的国家注重信息素养教育，并根据实际情况制定了适应本国或本地区高等教育发展的信息素养标准。

（一）美国《高等教育信息素养能力标准》（2000）

美国大学与研究图书馆协会（Association of College and Research Libraries，ACRL）于 2000 年制定的《高等教育信息素养能力标准》（2000）更着重于信息获取、信息评价处理、信息交流和信息创新的能力。该标准包含了 5 项一级指标、22 项二级执行指标、87 项参考指标，其 5 个主要指标如下。

标准 1：能确定所需要信息的本质和范围。

标准 2：能有效地、有能力地获取所需的信息。

标准 3：能批判性地评价信息和信息源，并能将经过选择的信息融入自身的知识库和价值体系。

标准 4：具有信息素养能力的学生，能独立地或作为小组成员有效地利用信息来完成特定的任务。

标准 5：具有信息素养能力的学生，理解围绕信息和信息使用的经济、法律和社会问题，并能合理合法地获取和使用信息。

（二）《澳大利亚与新西兰信息素养框架：原则、标准和实践》（2004）

澳大利亚较早推出了国家信息素养能力标准，为全面开展信息素养教育提供规范和指导。澳大利亚大学图书馆协会（Council of Australian University Librarian，CAUL）在 2000 年 10 月的堪培拉会议上对 ACRL 刚发布的美国《高等教育信息素养能力标准》修改后，作为澳大利亚的《国家信息素养标准》。2001 年，澳大利亚与新西兰高校信息素养联合工作组又正式发布了《澳大利亚与新西兰信息素养框架：原则、标准和实践》，作为各高校开展信息素养教育的指导性文件。2004 年，该工作组又在结合各高校实施反馈意见及学术研讨会的基础上，修正了部分内容，形成了 2004 年版《澳大利亚与新西兰信息素养框架：原则、标准和实践》。

2004 年版框架要求具有信息素养的人具备 4 条中心原则。

1. 采用新方式方法独立学习掌握知识。
2. 有效利用信息充实和提升自己。
3. 会利用信息进行人事、职业及社会方面的决策并解决问题。
4. 通过终身学习进行社会参与，承担社会责任。

框架还提出了 6 条核心信息素养标准。

1. 理解信息需求并能确定所需信息的性质和范围。

2. 确实有效地查找出所需信息。

3. 批判性地评价信息和信息查找过程。

4. 对信息收集和生产进行管理。

5. 优先应用新信息形成新概念或产生新认识。

6. 通过信息的使用认识和处理有关文化、伦理、经济、法律和社会问题。

（三）英国《信息素养七要素标准》(2006)

2006 年英国图书馆协会(Society of College, National and University Libraries, SCONUL)颁布了《信息素养七要素标准》(2006)即 SCONUL 标准。SCONUL 标准(UK)主要内容包括如下七个方面。

1. 能够认识到自己的信息需求。

2. 能明确信息鸿沟之所在,从而确定合适的获取信息方法。

3. 能针对不同的检索系统,构建找到信息的策略。

4. 能找到和获取所需信息。

5. 能比较和评价从不同来源所获得的信息。

6. 能以适当的方式组织、应用并交流信息。

7. 能在已知信息的基础上进一步进行组织和构建,从而创造新的知识。

（四）《北京地区高校信息素质能力指标体系》(2005)

我国目前最有影响的信息素养评价标准是由清华大学图书馆和北京航空航天大学图书馆等单位研制,北京高校图工委于 2005 年发布的《北京地区高校信息素质能力指标体系》。该指标体系由 7 个一级指标、19 个二级指标、61 个三级指标组成。各级指标的设置与 ACRL《高等教育信息素养能力标准》相似,但标准更加具体,在许多指标后面进行举例说明,更易于理解。

维度 1:具备信息素质的学生能够了解信息及信息素质能力在现代社会中的作用、价值与力量。指标有两个:①具有强烈的信息意识;②了解信息素质的内涵。

维度 2:具备信息素质的学生能够确定所需信息的性质与范围。指标有三个:①能够识别不同的信息源并了解其特点;②能够明确地表达信息需求;③能够考虑到影响信息获取的因素。

维度 3:具备信息素质的学生能够有效地获取所需要的信息。指标有四个:①能够了解多种信息检索系统,并使用最恰当的信息检索系统进行信息检索;②能够组织与实施有效的检索策略;③能够根据需要利用恰当的信息服务获取信息;④能够关注常用的信息源与信息检索系统的变化。

维度 4:具备信息素质的学生能够正确地评价信息及其信息源,并且把选择的信息融入自身的知识体系中,重构新的知识体系。指标有两个:①能够应用评价标准评价信息及其信息源;②能够将选择的信息融入自身的知识体系中,重构新的知识体系。

维度 5:具备信息素质的学生能够有效地管理、组织与交流信息。指标有两个:①能够有效地管理、组织信息;②能够有效地与他人交流信息。

维度 6:具备信息素质的学生作为个人或群体的一员能够有效地利用信息来完成一项具体的任务。指标有四个:①能够制订一个独立或与他人合作完成具体任务的计划;②能够确定完成任务所需要的信息;③能够通过讨论、交流等方式,将获得的信息应用到解决任务的过程中;④能够提供某种形式的信息产品(如综述报告、学术论文、项目申请、项目汇报等)。

维度7:具备信息素质的学生了解与信息检索、利用相关的法律、伦理和社会经济问题,能够合理、合法地检索和利用信息。指标有两个:①了解与信息相关的伦理、法律和社会经济问题;②能够遵循在获得、存储、交流、利用信息过程中的法律和道德规范。

二、信息素养能力标准的演变

(一)信息素养能力标准的演变

一直以来,ACRL发布的《高等教育信息素养能力标准》(2000)得到了广泛的关注和应用,成为事实上的全球信息素养标准框架,但随着社会的发展,它已不能完全适应高等教育发展的变化,以及越来越复杂的信息生态环境,只有通过一套更丰富、更具包容性的核心理念,信息素养作为教育改革运动的潜力才能得以实现。经过近四年的研究和论证,2015年2月ACRL理事会签署通过了新的《高等教育信息素养框架》(2015)(表1-1)。

表1-1 《高等教育信息素养框架》(2015)与《高等教育信息素养能力标准》(2000)比较

六个信息素养框架(2015)	五项信息素养能力标准(2000)
1. 信息权威性的构建与情境相关; 2. 信息创建是一种过程; 3. 信息拥有价值; 4. 研究即探究过程; 5. 学术研究即对话; 6. 检索即策略式探索	1. 能确定所需要信息的本质和范围; 2. 能有效地、有能力地获取所需的信息; 3. 能批判性地评价信息和信息源,并能将经过选择的信息融入自身的知识库和价值体系; 4. 具有信息素养能力的学生,能独立地或作为小组成员有效地利用信息来完成特定的任务; 5. 具有信息素养能力的学生,理解围绕信息和信息使用的经济、法律和社会问题,并能合理合法地获取和使用信息

(二)美国《高等教育信息素养框架》(2015)主要内容

新标准在原信息素养概念基础上引入元素养理念,使用了"框架"(framework)一词,新框架不是一套标准,也不是一些既定的学习成效或技能的列表,而是一个基于互相关联的核心概念的集合,可供灵活选择实施。新标准有六个框架,每个框架分解为知识技能和行为方式两项内容,知识技能表示学习者如何增强他们对这些信息素养概念的理解,行为方式则描述解决学习的情感、态度或评价维度的方式。每个框架都旨在揭示在特定领域里的初学者(novice)和专家(expert)两个不同角色在思维上的差异(表1-2)。

表1-2 美国《高等教育信息素养框架》(2015)内容概况

六个框架	主要内容
1. 信息权威性的构建与情境	相关信息资源反映了其创建者的专业水平和可信度,人们基于信息需求和使用环境对信息资源进行评价。权威的构建取决于各种团体对不同权威类型的认可。权威性与信息环境相关

续表

六个框架	主要内容
(1)知识技能	1. 确定权威的不同类型,如学科专业知识方面(如学术成就)、社会地位(如公共职位或头衔)或特殊经历(如参与某个历史事件); 2. 使用研究工具和权威性的指标来确定信息来源的可信度,了解可能影响这种可信度的因素; 3. 理解在很多学科领域,知名学者和著名出版物被视作权威,并普遍以此为标准。然而,即便在这种情况下,一些学者仍将挑战这些信息来源的权威性; 4. 认识到他们自己正在一个特定的领域形成自己的权威声音,以及由此而承担的责任,包括追求精确度和可靠性,尊重知识产权,以及参与社区实践; 5. 理解信息生态系统由于权威人士积极互联、信息源随时间不断发展而日益社会化的本质
(2)行为方式	1. 在遇到不同的甚至相互冲突的观点时,保持开放的心态; 2. 激励自己找到权威的信息来源,认识到权威性可以被授予或通过意想不到的方式表现出来; 3. 逐步意识到对内容做客观评估的重要性。评估时要有批评精神,并清楚意识到自己的偏见和世界观可能对评估带来的影响; 4. 质疑传统的推崇权威的观念,并认识到多元观点和世界观的价值; 5. 意识到维持这些态度和行为需要经常进行自我评价
2. 信息创建是一种过程	任何形式的信息都是为了传递某个消息而生成的,并通过特定的传送方式实现共享。研究、创造、修改和传播信息的迭代过程是不同的,由此产生的作品能够反映出这些差异
(1)知识技能	1. 阐明通过不同创造过程所产生信息的功能和局限性; 2. 评估信息产品的创造过程与特定信息需求之间的匹配程度; 3. 阐述一个特定学科中传统与新兴的信息创造与传播过程; 4. 认识到信息可能会因为包装格式的不同而被区别对待; 5. 从信息格式判断其所含信息为静态或动态; 6. 监测在不同场景中施加于不同类型信息产品的价值; 7. 将对信息产品的作用和局限性的认识转移到新类型的信息产品中去; 8. 在自己创造信息的过程中形成一种认识,即自己的选择会影响信息产品的使用目的及其所传达的消息
(2)行为方式	1. 力图找出能体现基本创造过程的信息产品特性; 2. 重视将信息需求与适当产品相匹配的过程; 3. 承认信息的创造最初可能始于一系列不同信息格式或模式的传递; 4. 承认以新兴格式或模式所表达的信息创造的潜在价值的模糊性; 5. 懂得理解为达到不同的目的,可有不同的信息传播方式供选择
3. 信息拥有价值	信息作为一种商品、一种教育手段、影响方式,以及谈判和认知世界的途径等,拥有多维度的价值。法律和社会经济利益影响信息的生产和传播
(1)知识技能	1. 通过合理地注明出处和引用,表达对他人原创观点的尊重; 2. 理解知识产权是法律和社会的共同产物,随着文化背景的不同而有差异; 3. 能够清晰表述版权、正当使用、开放获取和公有领域的意义及其显著特征; 4. 理解在信息生产和传播系统中,一些个人或群体是如何,以及为什么被忽视或被排斥的; 5. 认识到获取或缺乏获取信息来源的问题; 6. 判断信息发布的途径和方式; 7. 理解个人信息商品化和在线交互活动如何既影响个人获取的信息,也影响他们生成或在线传播的信息; 8. 在线活动中充分认识到个人隐私和个人信息商业化的问题

续表

六个框架	主要内容
(2)行为方式	1. 尊重他人的原创; 2. 重视知识生产所需的技能、时间和精力; 3. 将自身定位为信息市场的贡献者而非单纯的消费者; 4. 倾向于审视自身的信息特权
4. 研究即探究过程	在任何领域,研究都是不断迭代的,通过提出越来越复杂的问题或新问题,获得的答案反过来又产生更多的问题或丰富探究的思路
(1)知识技能	1. 基于信息空白或重审现有的、可能存在矛盾的信息来制定研究问题; 2. 确立合适的调研范围; 3. 根据不同的需求、环境条件和探究类型使用多种研究方法; 4. 监测收集到的信息,评估缺口或薄弱环节; 5. 以有意义的方式组织信息; 6. 综合多渠道获取的观点; 7. 通过信息分析和演绎得出合理结论
(2)行为方式	1. 视研究为开放式的信息探索和深入过程; 2. 领会一个问题也许看起来很简单,但仍可能对研究有颠覆性和重要性; 3. 重视问题发现和学习新调研方法过程中的求知欲; 4. 保持开放意识和批判态度; 5. 重视持久性、适应性和灵活性,认识到模糊性对研究过程是有益的; 6. 在信息收集和评估过程中寻求多维视角; 7. 如有需要可寻求适当帮助; 8. 在收集和使用信息过程中要遵守道德和法律准则; 9. 展现虚心求知(如认识到个人知识或经验的局限)
5. 学术研究即对话	由于不同的视角和理解,学者、研究人员或专业人士团体随着时间的推移不断以新见解和新发现参与到持续的学术对话中
(1)知识技能	1. 在自己信息作品中引用他人有贡献的成果; 2. 在适当的层面为学术对话做出贡献; 3. 识别通过各种途径加入学术对话的障碍; 4. 理性评判他人在参与信息环境中所做的贡献; 5. 识别特定文章、书籍和其他学术作品对学科知识所做的贡献; 6. 总结针对具体学科中特定主题的学术观点随时间变化的情况; 7. 认识到一个指定学术作品可能不代表唯一,甚至也不是多数人的观点
(2)行为方式	1. 认识到他们加入的往往是进展中的学术对话,不是已结束的对话; 2. 找出他们研究领域内正在进行的对话; 3. 将自己视为学术的贡献者而不仅是消费者; 4. 认识到学术对话发生在各种场合中; 5. 在更好地理解学术对话大背景之前,不对某一具体学术作品的价值进行判断; 6. 理解责任是伴随着进入对话而来的; 7. 重视用户生成内容的价值,批判性地评价他人做出的贡献; 8. 认识到系统可以给予权威特权,而初学者会由于语言和学术流程的不流利而失去参与及继续深入学术对话的能力
6. 检索即策略式探索	信息检索往往是非线性并且迭代反复的,需要对广泛的信息源进行评估,并随着新认识的形成,灵活寻求其他途径

续表

六个框架	主要内容
(1)知识技能	1. 确定满足信息需求任务的初始范围； 2. 识别产生某一主题信息并决定该信息访问途径的相关各方，如学者、组织、政府、企业； 3. 检索时合理运用发散（如头脑风暴）和收敛（如选择最佳的来源）思维； 4. 选择与信息需求和检索策略相匹配的检索工具； 5. 根据检索结果来设计和改进需求与检索策略； 6. 理解信息系统（如已记载信息的收集）的组织方式，以便获取相关信息； 7. 合理使用不同类型的检索语言； 8. 有效管理检索过程和结果
(2)行为方式	1. 展现出思维的灵活性和创造性； 2. 明白初次的检索尝试并不一定得到足够的结果； 3. 认识到各种信息源在内容和形式上有很大的不同，并且其相关性和价值也会因需求和检索性质的不同而差异很大； 4. 寻求专家的指导，比如图书馆员、研究人员和专业人士； 5. 认识到浏览及其他偶然发现的信息收集方法的价值； 6. 坚持面对检索的挑战，并知道在拥有足够的信息时结束任务

三、医学信息素养评价标准

医学是一个对信息高度依赖的学科，以医学信息获取、评价和利用能力为核心的信息素养是医学人才综合素养的核心要素之一，也是医学工作者胜任专业工作的重要条件。

（一）《本科医学教育全球标准》

1998 年经世界卫生组织和世界医学协会批准，世界医学教育联合会（World Federation for Medical Education，WFME）建立了“医学教育国际标准”项目，于 2001 年 6 月通过并发布了《本科医学教育全球标准》。2011 年启动并于 2012 年完成了“全球标准”的首次修订，并于 2013 年颁布。该标准对医学生信息素养的要求体现在：把医学教育结构和过程分为九大领域，其中在“教育资源”领域中设置“信息技术”亚领域。其“基本标准”规定，医学院必须有政策使信息和通信技术能有效地用于教学领域并评估相关状况，师生们应当能够利用信息和通信技术进行自学、获取信息、治疗患者及开展卫生保健工作，相关使用计算机、校内外网络及其他信息和通信技术的政策应包括协调图书馆服务，使用信息和通信技术还可以是循证医学教育作为医学生准备继续教育和职业培训的内涵。

在这个标准的基础上，世界卫生组织西太区办事处制定的区域性医学教育标准《本科医学教育质量保证指南》也于 2001 年 7 月出版。

（二）《全球医学教育最低基本要求》

1999 年 6 月，经纽约中华医学基金会（China Medical Board of New York，CMB）理事会的批准和资助，成立了国际医学教育专门委员会（Institute for International Medical Education，IIME）。2001 年 11 月，该委员会制定颁布了《全球医学教育最低基本要求》，“基本要求”是指世界各地医学院校培养的医生都必须具备医学知识、临床技能、职业态度、行为和职业道德等方面的基本素质。“最低基本要求”包括 7 个宏观的教学结果和能力领域:①职业价值、态度、行为和伦理;②医学科学基础知识;③沟通技能;④临床技能;⑤群体健康和卫生系统;⑥信息管理;⑦批判性思维和研究。相关基本素质能力要求与信息素养内涵有高度的契合性。

(三)《医学生信息素养能力指标体系》

自 2007 年起,中国医学科学院医学信息研究所开展了建立医学生信息素养能力指标体系的研究,并借鉴国内外高等教育信息素养能力评价标准及全球医学教育最基本要求,初步建立了《医学生信息素养能力指标体系(修订稿)》。主要包括 7 个一级指标、19 个表现指标和 66 个描述指标,一级指标为:

指标一:具备信息素养的医学生能够确定所需信息的性质和范围。

指标二:具备信息素养的医学生能够有效地获取所需信息。

指标三:具备信息素养的医学生能够正确地评价信息及其信息源。

指标四:具备信息素养的医学生能够管理其获取的信息,并能够采用适当的方式交流、表达信息。

指标五:具备信息素养的医学生能够将选择的信息融入自身的知识体系,形成新的知识体系,并应用于医学科研与实践。

指标六:具备信息素养的医学生能够了解信息素养是终身学习的重要组成部分,并关注专业领域的最新进展。

指标七:具备信息素养的医学生能够合理、合法地检索和利用信息。

我国为促进国内医学教育能与世界医学教育协调发展,以世界医学教育联合会 2003 年版的《本科医学教育全球标准》、世界卫生组织西太平洋地区《本科医学教育质量保障指南》和国际医学教育组织《全球医学教育最低基本要求》为参照,2008 年教育部、卫生部发布《本科医学教育标准——临床医学专业(试行)》(教高〔2008〕9 号),标准中对医学教育中的信息素养提出了具体要求,在“本科临床医学专业毕业生应达到的基本要求”的技能目标中明确要“结合临床实际,能够独立利用图书资料和现代信息技术研究医学问题及获取新知识与相关信息”“具有自主学习和终身学习的能力”等,在医学本科教育办学标准“教育资源”项中的“图书及信息服务”要求:医学院校必须拥有并维护良好的图书馆和网络信息设施,必须建立相应的政策和制度,使现代信息和通信技术能有效地用于教学,使师生能够利用信息和通信技术进行自学、获得信息、治疗管理病人及开展卫生保健工作。2012 年 12 月,教育部、国家中医药管理局发布了《本科医学教育标准——中医学专业(暂行)》(教高〔2012〕14 号)。

上述标准都提出了医学生应该具有自主学习和终身学习的能力,最终达到知识、能力、素质协调发展的评价内涵。标准的出台反映了医学教育面对的国际趋势、国内环境和社会期待,是制订教育计划的依据和规范教学管理的参照系,为各医学院校制订自己的教育目标和教育计划提供了依据,完善了国内教育评估体系和教育质量保障机制。

可以说信息素养作为一种获取利用信息资源的综合素质能力,是当今医学者必须具备的学术素质。随着美国《高等教育信息素养框架》(2015)的发布,医学教育界也将会在新框架指导下,对当今的医学信息素养能力标准给予完善和修订。新的信息素养框架为医学生更广泛、更灵活地理解信息素养的本质提供了强有力的支撑，适用于医学生终身学习的理念。

四、信息素养培养途径

（一）信息素养的能力培养

信息素养的培养主要体现在以下7个方面的能力培养上：

1. 主动获取信息的能力　包括是否具有强烈的信息意识，即是否认识到信息的重要性。是否能够主动了解身边的信息资源和检索工具，包括是否对所在机构或行政区域的图书情报部门有深入的了解，是否熟练掌握检索策略与技巧，是否熟悉与本人工作学习生活密切相关的文献资源的内容、方位及检索方式，是否能够正确识别相关信息的文献类型，是否熟悉获取原文的各种途径和方法等。

2. 信息伦理能力　包括是否尊重他人的知识产权，是否掌握保护自身知识产权的方法、手段和途径，是否充分认识到自身所发布的信息或所参与的信息传播活动的合法性以及给他人和社会造成的影响等。

3. 信息分析评价能力　包括是否具备从大量的信息线索中挑选相关信息的能力、判断信息正确性及重要性的能力、对相关信息进行分类统计的能力。

4. 信息加工处理能力　包括是否掌握了下载相关文献信息题录的方法，是否掌握了如何引用参考文献内容，是否掌握正确的标注参考文献及参考文献目录格式，是否能够为自己的研究成果确定适当的论文标题、正确书写文摘和关键词、正确确定论文的分类号，条理清晰地阐明自己的观点和研究成果，是否了解论文发表的各种途径，是否了解专利申请的条件、途径和方法等。

5. 信息创新能力　包括是否拥有综合概括课题相关文献信息的能力，是否拥有通过对相关文献信息的分析找出相关领域的遗留问题和发展趋势的能力等。

6. 信息利用能力　包括是否拥有从相关或非相关文献信息中发现知识的能力、利用已有信息解决问题的能力等。

7. 信息安全能力　包括意识到各种导致信息不安全的可能原因的存在，并根据实际情况制定正确的保障信息安全措施的能力。

（二）提高信息素养的途径

了解到信息素养与个人发展之间的密切关系后，针对上述信息素养能力培养的7个方面，应该从以下6个方面重点提高自身的信息素养水平：

1. 了解信息安全和信息法律；
2. 熟悉多种信息获取工具；
3. 掌握信息问题解决模式；
4. 掌握信息获取的基本方法和技巧；
5. 掌握信息评价与分析的基本方法和技巧；
6. 掌握信息利用的基本方法和技巧。

点滴积累

1. 信息素养评价标准扩展丰富了信息素养的内涵与外延，具有评价、指导实践的作用，是基于批判性思维培养的标准指南。
2. 基于当代高素质医学人才的知识能力结构要求和 Web2.0 环境下信息素养理念的演变，元素养理念的《高等教育信息素养框架》的发布使信息素养的评价有了更加丰富、更具包容性的标准。

第三节　信息伦理与信息法律

一、信息伦理

信息伦理(information ethics)又称信息道德,它是调整人们之间及个人与社会之间信息关系的行为规范总和。信息伦理作为道德和意识领域的事物不是由国家强行制定和强行执行的,而是人们在信息活动中依靠个体的内心信念、习惯、教育及社会舆论进行维系,在某种程度上体现了主体性和自律性。

信息伦理与信息政策、信息法律有密切的关系,人们在信息行为实施过程中必须要遵循社会法律、法规、伦理道德体系:遵循信息法律伦理就要求人们必须了解与信息相关的伦理、法律和社会经济问题,遵循在获得、存储、交流、利用信息过程中的法律和道德规范。信息伦理在学术活动中的表现即为学术规范。

【案例 1-1】

网络隐私权案例

案例

“艾滋女”事件：2009 年 10 月 12 日，一位自称来自河北容城县的女子闫某，在自己的博客上公布了 279 名曾与自己发生过性关系的男性手机号码，并称自己身染艾滋病。但闫某在媒体采访中称是被他人诬陷，返回容城报案，接受 HIV 检查，为阴性。后证实此信息为其前男友杨某所为，杨某被检察机关以诽谤罪起诉收押。

分析

上例是杨某个人对他人隐私的恶意侵犯，其编造或虚构的“隐私”，为侵犯名誉权或其他人身权。在网络时代，隐私从一个有限的问题发展为一个全球性问题。网络隐私权基本内涵主要为以下三点：个人网络隐私不被他人了解的权利；知晓、修改个人网络信息的权利；控制个人网络信息如何被使用及要求信息安全的权利。它强调个人信息的合理使用及对信息的主动控制权。

网络服务提供商使用 cookies 软件收集个人信息，向用户发送垃圾邮件，非法出售个人数据等，则是商业目的的网络隐私侵权。

二、我国现行信息法律法规简况

目前我国现行信息法律法规及规章很多,涉及信息安全的法律法规体系已经基本形成,其立法体系框架分法律、行政法规、地方性法规、规章规范性文件等四个层面,在法律措施上,主要采用对破坏信息安全责任人追究刑事、行政、民事责任的方式,对潜在的破坏人起到威慑作用。主要有:

(一) 知识产权类法律法规

2001 年,《中华人民共和国著作权法》

2001 年,《中华人民共和国计算机软件保护条例》

2002 年,《计算机软件著作权登记办法》

2005 年,《互联网著作权行政保护办法》

2006 年,《最高人民法院关于审理涉及计算机网络著作权纠纷案件适用法律若干问题的解释》的决定(二)

2006 年,《信息网络传播权保护条例》

2008 年,《电子出版物管理规定》(原新闻出版署)

2000 年,《卫生知识产权保护管理规定》(原卫生部)

(二) 网络信息安全类法律法规

1989 年,《中华人民共和国保守国家秘密法》

1994 年,《中华人民共和国计算机信息系统安全保护条例》

1997 年,《中华人民共和国刑法(修订)》(第 285、286、287 条)

1997 年,《计算机信息网络国际联网安全保护管理办法》

1998 年,《计算机信息系统保密管理暂行规定》

1999 年,《商用密码管理条例》

2000 年,《全国人民代表大会常务委员会关于维护互联网安全的决定》

2002 年,《互联网上网服务营业场所管理条例》

2005 年,《中华人民共和国治安管理处罚法》(第 29 条)

2005 年,《电子认证服务管理办法》

2006 年,《信息网络传播权保护条例》

2007 年,《信息安全等级保护管理办法》

2017 年,《中华人民共和国网络安全法》

(三) 医药相关的信息网络类法律法规

1999 年,《处方药与非处方药流通管理暂行规定》(国家食品药品监督管理局)

2000 年,《药品电子商务试点监督管理办法》(国家食品药品监督管理局令)

2001 年,《互联网医疗卫生信息服务管理办法》(原卫生部)

2004 年,《互联网药品信息服务管理办法》(国家食品药品监督管理局令)

2005 年,《互联网药品交易服务审批暂行规定》(国家食品药品监督管理局)

2010 年,《医疗卫生服务单位信息公开管理办法(试行)》(原卫生部)

2015 年,《互联网食品药品经营监督管理办法》(国家食品药品监督管理局)

三、知识产权与知识共享

(一) 知识产权

知识产权(intellectual property,IP)也称为“知识财产权”或“智慧财产权”,是指“权利人对其所创作的智力劳动成果所享有的财产权利”,是依照各国法律赋予符合条件的著作者、发明者或成果拥有者在一定期限内享有的独占权利,一般认为它包括版权(又称著作权)和工业产权。版权(著作权)是指创作文学、艺术和科学作品的作者及其他著作权人依法对其作品所享有的人身权利和财产权利的总称;工业产权则是指包括发明、专利、实用新型专利、外观设计专利、商标、服务标记、厂商名称、货源名称或原产地名称等在内的权利人享有的独占性权利。知识产权从本质上说是一种无形财产权,它的客体是智力成果或者知识产品,是一种无形财产或者说是一种精神财富,其具有法定性、专有性、时间性、地域性等主要特征。

(二) 知识产权保护

知识产权保护(intellectual property protection),是指依据法律法规对侵犯知识产权的行为进行制止和打击。在国际上著作权是自动产生的,作品完成后,就可以根据有关规定获得有关国家的著作权保护。工业产权不能自动产生,权利人必须向有关国家或国际组织办理申请注册登记手续,取得有关国家工业产权主管机关颁发的证书,才能依照该国法律得到保护。随着新技术、新知识的不断涌现,知识产权的新类别相继出现,现代知识产权的保护范围已从传统的专利、商标、版权扩展到包括计算机软件、集成电路、植物品种、商业秘密、生物技术等在内的多元对象。

(三) 知识共享协议

知识共享协议 Creative Commons,简称 CC。是一个非营利组织,也是一种创作的授权方式。2002 年 12 月,知识共享协议在美国首次发布,2006 年 3 月经 CCI(Creative Commons International)批准的中国版 2.5 版 CC 系列许可协议在北京正式发布。目前最新版本是 CC 协议 3.0 版本。作为公众交流工具的 CC 许可协议正迅速发展成为共享文化以及教育、政府、科学的全球标准。

CC 协议是一种著作权许可协议,它是在著作权制度的框架下权利人实现其著作权的一种方式。CC 协议是一种开放的著作权许可协议,帮助实现资源共享与权利保护的协调,是知识共享组织以知识共享为理念,遵从现有的法律框架,利用互联网的技术手段,克服传统著作权保护方式的不足,通过向公众免费提供一系列独特的许可协议,力图为创造性成果提供一种更加灵活并且行之有效的保护与使用方法。

CC 协议是一种创作的授权方式,其充分利用网络的便利性,鼓励分享和创新。在实际使用时,对约束不同的条件共有 16 种组合方式,其中有的组合方式互斥,简化后剩下了六种常用协议。

1. 署名(BY):此协议最为宽松,只需署名,其他无约束。

2. 署名(BY)-禁止演绎(ND):署名的同时,不得对作品进行改动,但可以用于商业或非商业用途。

3. 署名(BY)-非商业性使用(NC):署名的同时,可以修改作品,但不能用于商业用途。

4. 署名(BY)-非商业性使用(NC)-禁止演绎(ND):署名,且不得用于商业用途和修改。

5. 署名(BY)-非商业性使用(NC)-相同方式共享(SA):署名,不能商用,但可以演绎,且演绎后的内容必须是同样的共享方式。

6. 署名(BY)-相同方式共享(SA):署名,可以商用,可以演绎,但演绎后的作品必须是同样的共享方式。

点滴积累

1. 信息规范是调整、控制和规定信息活动准则与行为的各类信息管理措施和手段的总称。主要形式包括信息政策、信息法律和信息伦理等。
2. 信息伦理涉及信息获取、所有权、隐私权、信息安全、信息传播和控制等全过程。 人们需要通过自律及法律来约束自己的行为。
3. 学术规范涉及学术研究全过程及学术活动的各方面,抄袭、剽窃他人学术成果,捏造、篡改研究成果等均属科研不端行为和学术失范行为。
4. 知识产权,指“权利人对其所创作的智力劳动成果所享有的专有权利”,一般只在有限时间期内有效。
5. 知识共享是一种有弹性的版权授权方式。 减少重复劳动的时间,使资源得到了最优化的利用。

ER-1-1 第一章思维导图

【目标检测】

一、选择题

(一)单项选择题

1. 北京地区高校信息素养能力指标体系是有(　　)个“维度”的一级指标

A. 5　　B. 7　　C. 4

D. 22　　E. 10

2. 下列选项中哪一项不属于知识产权(　　)

A. 著作权　　B. 邻接权　　C. 集成电路布图设计权

D. 工业产权　　E. 商标权

3. ACRL 2015 年颁布的《高等教育信息素养框架》中包含(　　)个框架

A. 5　　B. 7　　C. 6

D. 8　　E. 10

4. 我国于2004年和2012年分别颁布的临床医学专业和中医学专业的本科医学教育毕业生应达到的基本要求中不包含哪个方面的内容(　　)

A. 思想道德　　B. 知识目标　　C. 技能目标

D. 情感目标　　E. 职业素养

5. 信息伦理在学术活动中的表现即为(　　)

A. 学术规范　　B. 行为规范　　C. 道德规范

D. 法律规范　　E. 行为习惯

(二) 多项选择题

1. 元素养所包含的领域是(　　)

A. 情感　　B. 行为　　C. 认知

D. 元认知　　E. 情景

2. 英国《信息素养七要素标准》主要内容不包括(　　)

A. 能够认识到自己的信息需求

B. 通过终身学习进行社会参与,承担社会责任

C. 有效利用信息充实和提升自己

D. 能以适当的方式组织、应用并交流信息

E. 采用新方式方法独立学习掌握知识

3. 知识产权从本质上说是一种无形财产权,它的客体是智力成果或者知识产品,是一种无形财产或者说是一种精神财富,其具有哪些主要特征(　　)

A. 法定性　　B. 交流型　　C. 时间性

D. 地域性　　E. 专有性

4. CC协议可以分为哪几个主要部分(　　)

A. 署名(BY)　　B. 非商业性使用(NC)　　C. 禁止演绎(ND)

D. 相同方式共享(SA)　　E. 知识共享(CC)

5. 具备信息意识和学习能力主要表现在(　　)

A. 善于从大量信息中发现有用的信息

B. 善于从信息中找出解决问题的关键

C. 能积极主动地吸取新信息

D. 善于运用合理的工具迅速地解决问题

E. 具有一定的信息创新能力

二、判断题

1. 信息时代的专业界限越来越明晰。(　　)

2. 信息素养、元素养和数据素养的内涵完全相同。(　　)

3. 信息素养是由信息意识、信息知识、信息能力、信息伦理四个要素构成的。(　　)

4. 信息能力是指获取和评价信息的能力、处理和保存信息的能力、传递交流和利用信息的能力。(　　)

5. 良好的信息素养可以防止知识老化,不断更新知识,适应当代信息社会发展的需求。(　　)

三、思考题

1. 如何理解元素养?

2. ACRL 2015 年《高等教育信息素养框架》的内容是什么?

3. 简述信息意识、信息知识、信息能力和信息伦理的关系。

4. 面对新的信息素养框架,医药专业学生应如何提高自己的信息素养?培养并提高信息素养对医药专业学生的学习、工作和生活将产生怎样的影响?

5. 谈谈个人私人信息、私人空间和私人活动的网络隐私保护,我们如何自律网络行为?

ER-01复习题

(潘伟男)

第二章

信息检索基础

学习目标

掌握信息、知识、情报、文献、信息检索的概念与关系。 信息检索的原理。 检索语言的种类及检索语言的应用。 检索语言与检索途径的关系。

熟悉提高检索效率的措施与方法。 媒介素养五法则。

了解信息检索的类型，以及信息检索类型的几种划分方法。

学会《医学主题词表》《中国图书馆分类法》的基本应用技巧。 信息检索技术使用技巧，检索途径与步骤，能高效准确地获取特定需求检索。

第一节　信息、知识与文献

在现代社会，信息化已成为不可阻挡的时代潮流，信息已经成为社会的关键要素和最重要的战略资源之一。正确地认识信息文献的基本概念及相互关系是树立信息意识、培养信息综合应用能力的基础。

一、信息、知识、情报、文献的概念及其关系

信息是信息社会中的关键要素，信息、知识、情报、文献是情报学的四个基本概念。

（一）概念

1. 信息　信息的概念十分广泛，什么是信息，至今仍无确切、统一的定义，中国《情报与文献工作词汇基本术语》（GB48944-85）有关信息的定义是：信息是物质存在的一种方式，一般指数据、消息中所包含的意义，可以使消息中所描述的事件的不定性减少。信息具有信息源、中介传递物、信息接受者三个要素，其特征主要有以下几个方面：

（1）客观性：信息是客观存在的东西，是客观事物运动时所表现出来的特征和信号。如：刮风、打雷就预示着可能要下雨；学校的铃声鸣响，表示上课或下课等。

（2）普遍性：信息既不是物质，也不是能量，而是依附于自然界客观事物而存在的，只要有事物的存在，就存在着信息，是客观事物普遍性的表征。人类社会和自然事物到处都充满着各种各样的信息活动，信息无处不在，无时不有。

（3）中介性：一切信息活动都有一个过程，都必须经过一定的物质媒介进行传递。信息的传递性表现在人与人之间的消息交换，人与机器、机器与机器之间的信息交换，动物界与植物界的信息交

换，同时，人类进化过程中的细胞选择，遗传也被看作是信息的传递与交换。

(4)增值性：信息通过人脑思维或人工技术的综合、加工和处理，不断丰富，提高其质量和利用价值。信息交换的结果是信息的增值，它与物质交换是不同的，物质交换是一种等量或等值的交换，而信息交换是双方都增加了新信息。

(5)时效性：信息的功能、作用、效益都是随着时间的延续而改变的，这种性能即信息的时效性，一个信息如果超过了其价值的实用期就会贬值，甚至毫无用处。

(6)共享性：是指同一信息被多个用户使用，而信息的提供者并不因此而失去信息内容的信息量。信息的共享性可以提高信息的利用率，人们可以利用他人的研究成果进一步创造，避免重复研究，能节约资源。

(7)存储性：信息可以用不同的方式存储在不同的介质上，即信息必须依附物质才能存在。大脑本身就是一个天然的信息存储器，纸张、图像、摄影、录音、光盘、计算机存储器等都可以进行信息存储。

2. 知识　关于知识的定义，《现代汉语词典》中解释是：人们在改造世界的实践中所获得的认识和经验的总和。知识是人类对自然界、人类社会中各种现象、规律的信息反映进行思维分析，加工提炼，经过系统化、理论化的过程，也就是人的大脑通过思维重新组合的系统化的信息集合。

知识是一种特定的人类信息，它是对信息进行提炼和深化的结果。知识经过不断提炼和深化，形成较为完整的科学知识体系。例如，根据某一症状、体征诊断为某一疾病，这种症状和体征是该疾病信息的反映，该疾病是症状和体征的信息升华，这种信息升华就是疾病的诊断知识。其特征主要有以下几个方面：

(1)实践性：知识来源于实践，又指导实践。任何知识都离不开人类的直接实践活动，即使从书本上获得的知识，也是前人实践的总结。

(2)继承性：任何知识，既是实践经验的总结，又是前人知识的继承和发展。知识是一种实践-认识-再实践-再认识，以至循环无穷的发展过程。

(3)科学性：知识的本质就是对客观事物运动规律的科学概括。离开了对事物运动规律认识的科学是一种伪科学，不能称其为知识；对事物运动规律掌握的不够的认识过程，是知识不断完善、不断更新的过程。

3. 情报　情报是指被传递的知识或事实。情报是知识的激活，是运用一定的媒体或载体，越过空间和时间传递给特定的用户，解决科研、生产中具体问题所需要的特定知识和信息。其特征主要有以下几个方面：

(1)知识性：情报的本质就是知识，但不是所有的知识都是情报，只有经过筛选、加工成为用户所需要的知识才能称为情报。

(2)传递性：是指知识必须经过交流传递并被用户接受或利用才能转化为情报。

(3)针对性：是指情报是要针对性地解决某一特定的问题，这就要求情报具有时效性，如果失去了时效性就不能针对性地解决某一特定的问题，那么，这种陈旧的知识也就不能被称为情报。随着历史、社会及科学技术的不断发展，情报已转化为人们获取知识、信息的一种重要手段。

4. 文献　《中华人民共和国国家标准·文献著录总则》对文献的定义，即“文献是记录有知识的一切载体”。文献不仅包括各种图书和期刊，也包括会议文献、科技报告、专利文献、学位论文、科技档案等各种类型的出版物，还包括用声音、图像及其他手段记录知识的出版物。

文献由记录知识信息的核心内容、物质载体、记录手段、呈现形态四个要素组成。用于记录知识信息的载体，如：骨头、竹简、缣帛、纸、胶卷、光盘等，它们是文献的外在形态，是保存文献、传播文献的物质基础。文献和文献载体，二者是密不可分、相辅相成的。文献载体伴随着科学技术的发展而发展，同时它们所记载的文献又促进了科技的发展。

（二）信息、知识、情报、文献的关系

信息、知识、情报、文献之间存在着辩证的关系，信息是知识的源泉，知识是系统化、理论化的信息，情报是活化的知识和信息，情报应用于实践，解决实践中存在的问题，创造出物质财富或精神财富，产生新的信息，这样就形成了一个无限循环的过程。从文献与信息、知识的关系来看，文献是信息、知识的一种表现形式，文献因载有信息和知识而具有了存在的价值和意义，信息和知识因附着于文献这一载体上，从而得以保存和传递。

二、文献信息源及其识别

文献的种类繁多，各具特色，不同类型文献所记载的信息内容也各有侧重，了解文献的级别、类型、特点等知识，对提高文献检索效率将有很大的帮助。

（一）按文献信息出版形式划分

1. 图书，又称为书籍，是有完整定型的装帧形式的出版物，科技图书是一种重要的科技文献源，公开出版发行的图书都有国际标准书号（ISBN）。其特点是：信息量大，内容成熟系统、论述全面深入、可靠性强，对于了解和掌握某一学科的系统知识有重要的参考价值。传统的印刷版图书因出版周期较长，传递速度较快，不能反映最新的情报信息，但随着电子图书的出版，图书出版周期缩短，其时效性有显著提高。其种类包括专著、教科书、普及读物、工具书等。著作类型有著（述）、编（撰）、（翻）译和（注）释四种。

知识链接

ISBN 国际标准书号

ISBN 是国际标准书号（International Standard Book Number）的简称，是专门为识别图书等文献而设计的国际编号。ISO 于 1972 年颁布了 ISBN 国际标准，并在普鲁士图书馆设立了实施该标准的管理机构——ISBN 中心。现在，采用 ISBN 编码系统的出版物有图书、小册子、缩微出版物、盲文印刷品等。ISBN 由 13 位数字组成。分为 5 组：

例如：ISBN 978-7-301-04815-3

组号：978 或 979。2007 年 1 月 1 日以前，各国 ISBN 机构尚没有分配完的 10 位的 ISBN，可以在前面加前缀 978，一旦现有的 10 位的 ISBN 号码用完了，新申请的 ISBN 号码全部以 979 开始。

国家、语言或区位代码：中国的编号为7。

出版社代码：由各个国家或地区的国际标准书号分配中心分给各个出版社。

书序码：该出版物代码，由出版社具体给出。

校验码：只有一位，从0到9。

在联机书目中，ISBN 可以作为一个检索字段，为用户增加了一种检索途径。

2. 期刊，是指采用同一名称，定期或不定期出版的汇集多个著者论文的连续出版物。科技期刊的特点是：每种期刊都有固定的名称和版式，有连续出版刊号（ISSN），有专门的编辑机构编辑出版。与图书相比，它具有出版周期短、报道速度快、内容新颖、学科广、种类多等特点，是人们进行科学研究、交流学术思想经常利用的文献信息资源。科技期刊在科技情报来源方面占有重要地位，约占整个科技信息来源的65%~70%。它与专利文献、科技图书三者被视为科技文献的三大支柱，也是科技查新工作利用率最高的文献源。期刊按内容性质可分为学术性、通报性、技术性、科普性、动态性、综述与述评。

知识链接

ISSN 国际标准刊号

ISSN 是国际标准连续出版物号（International Standard Serial Number）的简称，是 ISDS（国际连续出版物数据系统）国际中心为在该系统登记的连续出版物分配的号码。采用 ISSN 编码系统的出版物有期刊、会议录等。ISSN 由 8 位数字组成，8 位数字分为前后两段各 4 位，中间用连接号相连，前 7 位数字为顺序号，最后一位是校验位。ISSN 通常都印在期刊的封面或版权页上。ISSN 可以作为一个检索字段，为用户增加了一种检索途径。例如：ISSN 1002-1965。

3. 报纸，是指每期版式相同的一种定期出版物。它的出版周期更短，信息传递更及时，各类学科的最新情报信息常常率先在报纸上发表，是十分重要的情报信息源。报纸刊载以新闻和时事评论为主，又是大众传播的重要载体。数字报纸也称数字报，具有信息传播更快捷、发行的覆盖面更广泛、可回溯性增强的优势，能提供多途径的全文检索功能，其在线评论、邮件等方式让信息不再是单向传播，有良好的互动性，数字版报纸是将来报纸网络版的发展方向。

4. 会议文献，是指在各种会议上所宣读的论文或者书面发言，经过整理后，再编辑出版的文献。是报道最新科技动向的一次文献。会议文献又可分为会前文献、会中文献和会后文献。学术会议文献的特点是：传播及时、论题集中、内容新颖、专业性强、学术水平质量较高，通常是某一个或几个特定主题的集中，涉及论题比较专深，往往代表某一学科或专业领域内最新学术研究成果，基本上反映了该学科或专业的学术水平、研究动态和发展趋势。会议文献是科技查新中重要的信息源之一。

5. 专利文献，专利文献是各国及国际性专利组织在审批专利过程中形成并定期出版的各类文献的总称。专利文献包括专利说明书、专利公报、专利摘要、商标、设计公报以及检索专利的工具等。

专利文献具有新颖性、创造性和实用性特征，并同时具有法律效力。其涉及学科领域广阔，所反映的内容系统完整、可靠，是集技术、经济与法律于一体的文献信息类型，在科技查新工作中具有明显的指导意义，有助于科研人员在最短时间内获取最新技术和经验，避免重复劳动，专利文献的这些特点使得它的科技情报价值越来越大，使用率也日益提高。

6. 学位论文，学位论文是本科生、研究生为取得学位资格而撰写的学术性较强的研究论文。学位论文的识别标志是：在学位论文上往往注明授予的学位头衔，授予单位名称，授予学位的地点和时间。其主要特点是：理论性、系统性较强，内容专一，阐述详细，通常是就某一专题进行研究而成的学术性总结，具有一定的独创性和参考价值，是一种重要的文献信息源。我国的硕士、博士学位论文存放多为本院校，分散，查找不便，为此，商业型电子版学位论文数据库产品应运而生，如 CNKI 中国优秀博硕士学位论文数据库，万方数据资源学位论文数据库等。

7. 科技报告，又称研究报告和技术报告，是科学技术工作者围绕某个课题研究所取得的成果的正式报告，或对某个课题研究过程中各阶段进展情况的实际记录，如科技报告书、技术备忘录、通报等。其特点是：单独成册，所报道成果一般必须经过主管部门组织有关单位审定鉴定，其内容专深、可靠、详尽，而且不受篇幅限制，可操作性强，报告迅速。对涉及尖端技术或国防问题的科技报告一般是控制发行，按保密级别分为公开、内部、机密、绝密等。

8. 标准文献，标准文献是技术标准、技术规格和技术规则等文献的总称，是按照规定程序制定，经权威机构公认或者主管部门批准的在特定范围内必须执行的规格、规则、技术要求等规范性文献，记录了人们在从事科学试验、工程设计、生产建设、商品流通、技术转让和组织管理时共同遵守的技术文件或必须遵守的技术法规，有一定的法律约束力，其主要特点是：能较全面地反映标准制定国的经济和技术政策，技术、生产及工艺水平，自然条件及资源情况等；能够提供许多其他文献不可能包含的特殊技术信息。具有严肃性、法律性、时效性和滞后性，是准确了解该国社会经济领域各方面技术信息的重要参考文献。

9. 政府出版物，政府出版物是指各国政府所属各部门出版的文件，可以分为：①行政性文献，如：法令、方针政策、统计资料等；②科学技术文献，如政府所属各部门的科技研究报告、公布的科技成果、科普资料及技术政策文件等。政府出版物是一种重要的信息源，对了解一个国家或地区的政治形势、大政方针、思想路线、科技发展战略和经济政策等有着独特的参考价值。其特点是：内容广泛，具有权威性、政策性、综合性和指导性。

10. 产品样本，产品样本也叫做产品资料，包括产品目录、产品样本、产品说明书、厂商介绍、厂刊等。其特点是：图文并茂，直观，内容新，出版及时，更新迅速，反映的技术信息较为成熟可靠，便于科技人员选型、仿制及设计新产品时参考，对产品设计、试制、订货等有重要作用，是了解产品及其生产技术、工艺的重要信息源。

11. 技术档案，技术档案是指在生产建设中和科技部门的技术活动中形成的有一定工程对象的技术文件、设计图纸、图表、照片等的总称。其特点是内容准确、真实、可靠，不仅能反映生产和科技活动的最后结果，同时还能反映生产和科技活动的全过程，是科研、生产中积累经验、吸取教训、提高质量的重要依据，有重要的情报价值。但技术档案一般具有保密性，多限内部使用。

（二）按文献信息载体形式划分

1. 印刷型文献　印刷型文献是指印刷术发明以后，以纸张为存贮载体，通过油印、铅印、胶印、复印等手段，将文字固化在纸张上所形成的文献。如图书、期刊、报纸等等。其特点是便于传递和阅读，不需借助任何技术设备，存贮密度小，体积大，占据空间大，不便于保存。

2. 视听型文献　视听型文献也称为声像型文献。它是以磁性材料或者感光材料为存贮载体，借助特定的机械设备直接记录声音信息和图像信息所形成的文献。如幻灯、录像带、唱片等等。其特点是体积小，便于收藏和保存，价格便宜等，但阅读需要有较复杂的阅读设备来支持。目前在整个文献中，所占数量较少。

3. 缩微型文献　缩微型文献也称为缩微复制品文献。它是以感光材料为载体，以印刷型文献为母本，采用光学摄影技术，将文献的体积浓缩而固化到载体上。如缩微卡片、胶卷等。缩微文献体积小，密度大，易于传递，并且保存时间长，不易损坏和变质。但需借助专用阅读器进行阅读。

4. 声像型文献　声像型文献是以磁性和感光材料为介质记录声音、图像等信息的一种文献形式。其特点是存取快捷，可闻其声、见其形，易理解。

5. 电子文献　电子数字型文献是伴随计算机技术和网络技术发展而产生的，以计算机处理技术为核心记录信息的一种文献形式。其特点是存贮容量大，检索速度快捷、灵活，使用方便。电子数字型文献又分为磁盘、光盘文献和网络文献。

（三）按文献信息加工深度划分

1. 零次文献　是科学研究进程中产生的未经加工创造的最原始信息的记录，并尚未进入正式交流渠道，如书信、手稿、讨论稿、工程图纸、考察记录、实验记录、原始统计数字、技术档案和各种口头交流的知识、经验、建议、意见等。零次文献能够及时直接地反映科学研究过程的新发现、新问题、新想法等，其新颖性受到人们的极大关注，有较高的参考价值。目前，网络成为零次文献的发布和传播的很有效的载体，如通过个人实验室或某个专题研究网站或博客、网络开放存取平台中有大量的零次文献信息。但要注意此类文献不够成熟的一面。

2. 一次文献　又称为原始文献，是指以作者本人的研究成果为依据，公开发表或交流的原始文献资料，如期刊论文、研究报告、专利说明书、日记、信件、备忘录、科技档案以及译文等。这些文献具有内容新颖丰富，实用性强，数量大而分散，参考价值大等特点，一次文献是科技文献的主体，也是人们检索利用的主要对象。

3. 二次文献　是人们把大量的、分散的、无序的一次文献收集起来，按照一定的方法进行加工、整理，使之系统化便于查找而形成的文献。二次文献中的信息是对一次文献信息进行加工和重组而成，又称为文献检索工具，包括目录、文摘、索引、题录等，是揭示、报道和检索一次信息源的工具，可大大减少人们查找的时间。

4. 三次文献　又称为参考性文献。三次文献是在一、二次文献的基础上，采用科学的方法，对文献的内容进行深度加工、编写而成的。如各种述评、综述、手册、大全、词典、年鉴、名录、百科全书、书目之书目、指南之指南、进展报告年鉴以及元搜索引擎等。三次文献大多是为特定的目的而编写，具有综合性、价值性和针对性的特点。

从零次文献、一次文献、二次文献到三次文献，它是一个由分散到集中，由无序到有序，由博而略的对知识信息进行不同层次的加工过程。零次和一次文献是最基本的信息源，是文献信息检索和利用的主要对象；二次文献是一次文献的集中提炼和有序化，它是文献信息检索的工具；三次文献是把分散的零次文献、一次文献、二次文献，按照专题或者知识的门类进行综合分析加工而成的成果，是高度浓缩的文献信息，它既是文献信息检索和利用的对象，也可作为检索文献信息的工具。

（四）按照电子信息技术和网络技术划分

随着电子信息技术和网络技术在文献出版和信息存储方面的应用，出现了一些针对文献信息的新术语。如网络文献信息、文献数据库、多媒体文献、开放获取文献、电子预印本、电子印本、优先出版文献等。

1. 网络文献信息　网络文献信息是以数字化形式记录的，以多媒体形式表达的，存储在网络计算机磁介质、光介质以及各类通信介质上的，并通过计算机网络通信方式进行传递的文献信息内容的集合。简言之，网络文献信息就是通过计算机网络可以利用的文献信息资源的总和。在图书馆内，网络文献主要包括电子书刊、电子报纸等。

2. 文献数据库　文献数据库可以被视为能够进行自动查询和修改的数据与信息的集合，它是目前文献信息检索的主要工具，有各种各样的数据库，如期刊全文、电子图书、产品资料库、标准法规等。数据库一般都由数据库商提供，通常限制在一定的范围内使用，可以在图书馆网站上看到有使用权的大量的数据库，还有一些图书馆自建特色数据库。

3. 多媒体资源　是将多种媒体，包括文本、图片、动画、视频、和声音组合成的一种复合媒体。具有集成性、交互性、信息载体多样性的特点。我们把基于学术需求的、能够成为教学科研或语言学习辅助的多媒体资源称为多媒体学术资源或信息资源。按内容题材上分，多媒体文献可以分为多媒体工具书、多媒体数据库、多媒体电子报刊、多媒体图书、多媒体教程。按载体形态上分，有光碟型多媒体文献、网络型多媒体文献和芯片型多媒体文献。多媒体资源库检索主要方式有：一是类别浏览法，如参照中图法分类等等。二是热门浏览法，如排行榜浏览、热门关键词/热点主题浏览、精品推荐或最新资源推荐等。

4. 开放获取文献　开放获取，指科研人员将论文、专注、图书、演示稿、课件、数据等研究成果发表在开放式学术出版物或存放于开放式知识库中，以在线的方式供读者免费阅读、下载、保存和利用。开放获取文献指的是数字化、在线的、免费的、不受大多数版权和许可限制的文献。主要包括OA期刊和OA仓储。

（1）OA期刊，又称为“开放期刊”“开放出版”，是基于开放获取出版模式的期刊，被称为“金色OA”，既可能是新创办的电子版期刊，也可能是由已有的传统期刊转变而来的。它一般由出版商或者学会团体创办，通过同行评议，确保其专业质量，并主要采用作者付费而对读者免费的形式，使期刊能在更大范围内得到利用。

（2）OA仓储，或译为“知识库”，又称为“开放存储”，是研究机构、学会团体或作者本人将未曾发表或已经在传统期刊中发表过的论文作为开放式的电子档案储存。

5. 电子预印本与电子印本　预印本（Preprint）是指科研工作者的研究成果还未在正式出版物

上发表，而出于和同行交流目的自愿先在学术会议上或通过互联网发布的科研论文、科技报告等文章。与刊物发表的文章以及网页发布的文章比，预印本具有交流速度快、利于学术争鸣、可靠性高的特点。采取以预印本形式发表著作，为方便快速地进行科学交流提供了平台。

6. 优先数字出版文献　数字优先出版是通过互联网、手机等数字出版方式提前将印刷版内容向读者公开发布。通过加快出版速度、缩短出版周期以解决出版时滞问题，有利于提高学术文献出版的时效性，同时也能拓宽资源传播的范围。优先数字出版的文献可以被广大读者通过互联网、手机等多种途径订阅、检索、下载，也可以由出版者通过电子邮件和手机短信主动向读者推荐、推送。如国外的医学期刊中如新英格兰医学杂志、柳叶刀等就采用优先出版模式。国内中国知网于 2010 年 10 月正式启动了中国学术期刊优先数字出版，开启了中国学术期刊数字出版的新纪元。

三、网络信息资源

网络信息资源是指通过计算机网络可以利用的各种信息资源的总和，具有存储数字化、共享程度高、表现形式多样化的优势，成为人们工作、学习和生活必不可少的信息资源。

同时因为网络共享性与开放性使得人人都可以在互联网上索取和存放信息，这些信息没有经过严格编辑和整理，良莠不齐，各种不良和无用的信息大量充斥在网络上，形成了一个纷繁复杂的信息世界，给用户选择、利用网络信息带来了障碍。

网络信息资源已是人们获取资源的主要方式之一，快速有效正确地获取、评价与利用网络信息资源，是学习者必须具备的基本信息素质。

相关知识详见第三章第一节内容。

点滴积累

1. 信息、知识、情报与文献是本课程学习的基本概念，本章的重点是建立概念，为信息检索打下基础。
2. 信息源的三大划分标准：载体形式、加工深度、编辑出版形式。 不同类型和形式的信息源，在信息传递与交流中具有各自的特点及作用，用户需根据信息需求的不同有针对性地选择恰当的信息源加以利用。

第二节　信息媒体素养

一、信息媒体及其分类划分

（一）信息媒体含义

从信息的基本特征中可以看出，信息作为一种客观存在，需要依附于一定的物质载体才能得以保存和传递。信息媒体是指专门用于传播信息的各种工具和媒介，人脑和实物虽然能够传递信息是指所有记录信息内容，并专门用于保存和传递信息的物质载体。信息媒体是一种特殊的社会产品，是人类物化了的精神财富，由信息内容、信息符号、载体材料和记录方式4个基本要素所构成。信息内容是内在本质，载体材料是外在形式，而信息符号和记录方式则是使信息内容与载体材料相互结合的手段，四个要素缺一不可。

在社会信息化和大数据趋势下的今天，一方面信息媒体的种类越来越多，载体呈现多样化，内容交叉重复的现象明显，内容老化程度不断加快，对人们获取与利用文献信息资源带来许多不利因素；另一方面信息媒体日益向着数字化、网络化和多样化发展，能有效地促进文献信息资源的共享。

（二）信息媒体划分

1. 感觉媒体　感觉媒体（Perception Medium）是指直接作用于人的感觉器官，使人产生直接感觉的媒体，如：引起听觉反应的声音，引起视觉反应的文本、图形和图像等。

2. 表示媒体　表示媒体（Representation Medium）是为了加工、处理和传输感觉媒体而人为研究、构造出来的一种媒体，它有各种编码方式，如：文本编码、图像编码和声音编码等。

3. 表现媒体　表现媒体（Presentation Medium）是指进行信息输入和输出的媒体，如：键盘、鼠标、扫描仪、话筒和摄像机等输入媒体以及显示器、打印机和扬声器等输出媒体。

4. 存储媒体　存储媒体（Storage Medium）是指用于存储表示媒体的物理介质，如：硬盘、软盘、光盘和胶卷等。

5. 传输媒体　传输媒体（Transmission Medium）是指数据传输系统中在发送器和接收器之间的物理通路。如：电缆和光缆等。

二、数字新媒体

（一）数字新媒体的概念

数字新媒体是以信息科学和数字技术为主导，以大众传播理论为依据，融合文化与艺术，将信息传播技术应用到文化、艺术、娱乐、商业、教育和管理等领域的科学与文化高度融合的综合交叉学科。数字新媒体包括了图像、文字以及音频、视频等各种形式，以及传播形式和传播内容中采用数字化，即信息的采集、存取、加工、管理和分发的数字化过程。数字新媒体已成为信息社会中最新也最广泛的信息载体，几乎渗透到人们生活与工作的方方面面。

（二）数字新媒体的分类

数字媒体可按不同的分类方法分成很多种类，按时间属性分：静止媒体（Still Media）和连续媒体（Continues Media）；按来源属性分：自然媒体（Natural Media）和合成媒体（Synthetic Media）；按组成元素来分：单一媒体（Single Media）和多媒体（Multimedia）。

（三）数字新媒体的特点

以数字媒体技术和网络技术为基础的数字新媒体在技术和传播上都具有其鲜明的特点。

1. 数字新媒体的技术特点　数字新媒体技术的主要特征是它的消解力量，正在消解信息发布者与接受者的界限，正在消解电视、广播、报纸、通信等传统媒体之间的界限，正在消解国家与国家之间、社群之间、产业之间的界限。数字新媒体的信息传播的服务形式日趋多样化、多元化和个性化。

数字新媒体技术给信息传播方式带来了深刻的变革。从信息传播方式的角度看，数字媒体技术就是多媒体技术，其综合处理文本、图形、图像、视频和音频等多种表述媒体信息，并使其建立逻辑链接，集成为一个具有交互性的信息系统技术。因此，从信息传播角度看，数字媒体技术具有如下基本特征。一是多媒体化，即数字媒体的信息表示的多媒体，即多种媒体协同表示内容信息，既可以用文本、音频等媒体来表示，也可用图像、图形、视频和动画等媒体来表示。二是集成性，数字媒体能使多种不同形式的表述媒体综合起来，共同表示某个内容，并能根据传播的需要由接收者集中控制各种表示媒体的演示方式，从而有利于取得更佳的传播效果。三是交互性，数字媒体所具有的人与机的双向实时信息流通性能，即信息在信息发布者和接收者之间的双向流动，数字媒体系统不仅向受者呈现各种表示传播内容的多媒体信息，而且也能够接收接收者反馈的各种类型的信息，更重要的是能对来自接收者的反馈信息进行分析和处理，以确定下一步向接收者呈现信息的内容和方式。四是超链接性，数字媒体的信息通过超链接技术，以媒体对象为单位按一定的逻辑关系组织成一个具有非线性、网络化特征的结构化信息体系。媒体对象既可以是文本文件或其中的诸如字符、句子等文本对象，也可以是多媒体文件或其中的多媒体对象，如一幅图片、一段声音或影片等。超链接是指文件中的对象（文字、图片、视频、音频等）之间或者文件中的对象与其他文件之间相互链接在一起的信息组织方式。

2. 数字新媒体的传播特点　目前，数字媒体服务形式多种多样，主要有数字电视、直播卫星电视、数字有线电视、移动电视、网络电视、数字展示、手机短信与彩信、手机游戏、手机电视、网上即时通讯、虚拟社区、博客、播客、搜索引擎、门户网站、数字出版和数字广告等。相信随着数字新媒体技术的发展和服务的拓展，还会涌现出更多、更新的数字新媒体服务，并且这些服务的融合、交叉将是数字新媒体服务发展的主旋律，高共享度和高交互性是数字新媒体服务的显著特点。

数字新媒体变革了传统的信息传播方式，产生一系列新的信息传播方式。数字传播技术的广泛、深入的应用正逐渐改变广泛传播与被动接受的格局。接收者地位的变化也是数字新媒体最显著的传播特点。媒体的发展经历了精英媒体、大众媒体和个人媒体三个阶段。精英媒体时代，信息由少数人生产，少数人消费；大众媒体时代，信息由少数人生产，多数人消费；个人媒体时代，信息由多数人生产，多数人消费，生产和消费界限模糊。个人媒体完全以个人为中心，是个人性和社会性之间的博弈，是真正的点对点的传播方式。个人媒体只能是数字新媒体时代的产物，时兴的博客和播客都是典型的个人媒体，也集中体现了数字新媒体的传播特征，即接收者和传播的界限模糊，发布者和接收者双方都拥有绝对的自主权。在个人媒体时代，个人就是媒体，人人都是媒体，是所有人面向所有人进行传播。因此，每个人都既是受者，也是传者，拥有对传播内容、传播方式和传播时间的自主权。数字新媒体传播的网络化、交互性，使得信息发布者和接收者的角色极易转换。如今，一个人通过发送手机短信、撰写博客日志、发起网络群聊，就可以在任何时候、任何地点，对任何人进行全民传播，突破传统主流媒体的话语权壁垒。

3. 数字新媒体的发展趋势

（1）融合是数字新媒体的发展趋势：媒体融合是在数字新媒体技术的背景下，以信息消费终端的受众需求为指向，由内容整合、网络融合所构成的媒体形态的演化过程。

（2）数字新媒体的移动化趋势：市场日益开放的时期，国有资本、民营资本、海外资本等各种资本纷纷投入于传媒产业，以各种各样的方式涉足中国的新兴传媒领域，尤其是在无线和移动媒体领域。

（3）数字新媒体的宽带化趋势：宽带网络和移动通信成为消费者获取娱乐与数字媒体的主要方式，媒体传播领域正在发生着巨大而深刻的变革，新媒体、新服务大量涌现。

三、媒介素养内涵

（一）媒介素养的涵义

媒介素养的概念是由英国学者利维斯于1933提出，1983年被联合国教科文组织收录。此后，媒介素养教育进入世界各国的学校教育并形成规模。我国是1997年才开始研究媒介素养的。领导干部的媒介素养是近两三年才被高度重视。英国学者倡导媒介素养教育，其目的是训练青少年抗拒大众媒介中提供的“低水平的满足”。20世纪60年代以后，对媒介素养教育的观点由抗拒转变为培养辨别能力。

媒介素养，是指一个人对媒体信息的认知、选择、理解、评判的能力，以及制作和生产媒介信息的能力。媒介素养是指人们体验媒体、解构媒介、分析媒介讯息和创制媒介制品的技能和素养。包括人们接触媒介、获取信息，解读和接受讯息并利用媒介工具传播信息的知识能力和文化素养。

媒介素养主要有三个层面：能力模式，指人们所具有的获取、分析、评价和传输各类信息的能力，侧重对于信息的认知过程。知识模式，指的是媒介如何对社会产生功能的知识体系，侧重信息如何传输。理解模式，指的是理解媒介信息在制造、生产和传递过程中受到来自文化、经济、政治和技术力量的强制作用，侧重对于信息的判断和理解能力。随着媒介发展，“媒介素养”的内涵正在从传统走向多元的不断发生变化并延展。简言之“媒介素养”就是指如何从别人创造的多种媒介中获取信息，同时又懂得如何创造别人能够理解的多种媒介信息。

（二）MIL五定律

2017年2月16日，UNESCO（联合国教科文组织）发布“媒介与信息素养五定律”（简称“MIL五定律”），旨在将信息素养与媒介素养融合内化为人类在21世纪工作、生活所必备的知识、技能及态度。

定律一：信息、传播、图书馆、媒体、科技、互联网以及其他形式的信息提供者应用于批判性的公民参与和可持续发展。各信息提供者在地位、权利和义务上是平等和相同的，这有利于构筑信息提供者多元共生、共同发展的良好局面。

定律二：每个人都是信息或知识的创造者，并携带自己的消息。他们必须被授予获取新的信息或知识和表达自己的权利。男性与女性应共享有媒介与信息素养。媒介与信息素养亦是人权的纽带。

定律三：信息、知识与消息并不总是价值中立，或始终免受偏见影响。任何对媒介与信息素养的概念化、使用与应用都应保证上述事实对于所有人都是透明可懂的。

定律四:每一个人都想知晓与理解新的信息、知识与消息,并与外界进行交流,即使他并没有意识到、承认或表达过。然而他的权益绝不应受到侵害。

定律五:媒介与信息素养并不能即刻习得。它是一个动态的具有生命力的经历与过程。只有当这个学习过程包括知识、技能与态度,涵盖信息的获取、评估、使用、生产、传播、宣传和技术内容时,它才能称为完整。

“MIL 五定律”是规范和引导媒介信息义务、信息权利、信息价值和信息技能发展的有机统一体。

(三)媒介素养教育的内容、意义和作用

媒介素养教育内容包括研究媒介信息,即学习如何理性地分辨媒介信息所包含的意义,辨别媒介所创造的世界和真实世界的区别;研究媒介,媒介作为信息传播的中介,我们必须对媒介的运作及如何传递信息有所理解;学会利用媒介促进自身的发展和进步,对媒介从业人员的媒介素养教育的内容。

在认知方面,帮助公民提升了解媒介所承载和播出信息的本质及其形式的能力,熟悉寻求信息的方法,并具备评估、解释、判别、选择、组织及综合信息的能力;在情意方面,帮助公民体认媒介信息的价值和力量,判断其适当性,合乎法律和伦理性;在技能方面,帮助公民具备和提高操作媒介工具的基本能力,包括利用计算机、媒介系统和网络进行信息检索、处理及传播;在营造环境方面,帮助公民不断重视科学地利用媒介,积极参与制造适宜、健康的媒介生态环境和氛围,推动文化传媒产业和新闻事业地改革与发展,促进大众传媒提高质量和社会效益,并促使社会效益好地传媒可持续地得到更好的经济效益,有更足的发展后劲。

我们需要的媒介素养,建立对信息批判的反应模式。即学习如何理性地辨别信息的意义,辨别媒介真实与社会真实,不盲目相信或采用信息,在此基础上决定自己的态度和行为。发展关于媒介的思想,媒介素养教育的重要目标之一是帮助受众形成对媒介性质和功能的正确认识。在信息社会里,认识媒介将会成为生存的必要条件之一。所谓“正确”,意味着较完整和较客观地评价媒介的性质、功能和局限。当我们有效地利用大众传媒时,首先要在对媒介认识的基础上,发现信息对自己或对社会的意义。一个成熟的受众总能从容地面对汹涌而来的信息,因为他有一种思想的过滤能力,运用这种能力可以有效地处理信息,从信息中获得真正的益处。从这个意义上说,没有思想就没有信息。提高对负面信息的免疫能力。由于各种复杂的原因,大众传媒中经常存在着负面信息,即不被主流社会所接受的信息。媒介素养教育要不断地列举并评论这些负面信息,以提高受众对负面信息的免疫能力。学会有效地利用大众传媒帮助自己成长与进步,这是媒介素养教育的根本目的所在。通过媒介素养教育,受众应该了解媒介及其信息对自己的意义,了解自己的需求,并学会利用媒介满足自己的需求,以帮助与促进自己的健康发展。

点滴积累

1. 媒介素养,是指一个人对媒体信息的认知、选择、理解、评判的能力,以及制作和生产媒介信息的能力。 主要有能力模式、知识模式和理解模式三个层面。
2. 数字新媒体是以信息科学和数字技术为主导,以大众传播理论为依据,融合文化与艺术,

将信息传播技术应用到文化、艺术、娱乐、商业、教育和管理等领域的科学与文化高度融合的综合交叉学科。

3. 面对网络开放性，会存在大量虚假等不良信息，如何规范网络行为、提高批判性思维能力，自身内在媒介素养的提高就成为关键。在网络环境下提高自身的媒介素养：作为受众，应能够正确理解分析媒介信息，提出批判意见，提高对负面信息的免疫能力。作为传者，要自觉接受传媒素养教育，规范合法地发布信息。同时批判性思维能力变得更为重要，其主要特征是批判和继承，否定和肯定互相包含和统一，是我们创新思维培养的前提。

第三节 信息检索概述

信息检索起源于图书馆的参考咨询和文摘索引工作，信息检索经历了手工检索、计算机检索和目前的网络化、智能化检索等多个发展阶段，由于信息技术的发展，信息检索已实现了广泛性的共享。

一、信息检索概念

（一）信息检索的含义

信息检索，又称情报检索，是指信息按一定的方式组织和存储起来，并根据信息用户的需要找出有关信息的过程和技术。它有广义和狭义之分：广义的信息检索全称为“信息存储与检索”；狭义的信息检索仅指信息查询过程，即借助于检索工具，从信息资源的集合中迅速、准确地查找出所需信息的过程和方法。信息检索的目的就是使用户的查询能够从大量的信息中找到满意的相关结果。信息检索过程必须包含3个基本要素：信息资源、数据库和检索工具、存储和检索。

（二）信息检索的意义和作用

信息检索意义重大，对于医药学专业人员尤为重要。

1. 信息检索有助于知识更新。随着科学技术的飞速发展，知识老化现象越来越严重。据文献学研究，目前学科知识的“半衰期”缩短为5~10年。因此，只有终身学习，不断地获取、更新知识，才能不被社会所淘汰。掌握信息检索是快速、准确地获取和利用最新信息，适应迅速发展变化的信息时代的要求。

2. 信息检索有助于科学研究。科学技术的发展具有连续性和继承性，科技文献中记载着前人的劳动成果，后人可以借鉴，减少重复研究和劳动，提高科研的速度和效率，加快科研速度，早出研究成果。

3. 信息检索有利于为决策提供科学依据。虽然科技信息本身不能确保决策正确无误，但它是执行决策的基础。一个国家、一个地区或组织要发展、要提高，就需要有准确、可靠和及时的科技信息作依据，才能做出正确的决策。事实证明，不仅科技人员需要科技信息，计划、管理、决策部门也同样需要科技信息。

二、信息检索原理

广义的信息检索包括信息存储和信息检索两个系统，而信息检索原理是由信息的存储和检索两个不可分割的过程所组成(图 2-1)。

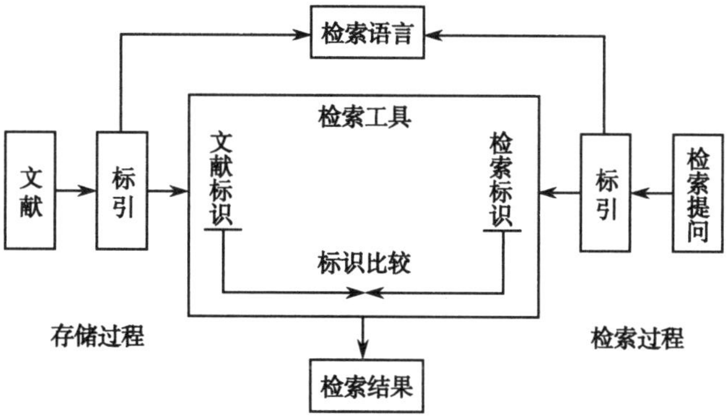

图 2-1　信息检索原理示意图

信息的存储过程就是对大量、无序的一次信息加以集中，并对信息的外表特征和内容特征进行著录、标引和组织，经过分析、整理、分类、加工后，使之有序化，为文献信息检索提供有章可循的途径过程。

信息的检索过程则是根据特定的需要，利用一定的检索工具和检索手段，将检索概念转换成检索特征标识，根据此标识到检索系统中查找文献线索，最后对其进行逐篇筛选，以确定需要阅读的文献。

存储与检索两者之间，存储是检索的基础，检索是存储的逆过程。没有存储，检索就无法进行；没有检索，存储就毫无意义，两者是相辅相成的互依关系。信息检索的过程往往需要一个评价反馈过程，多次比较匹配获得最终的检索结果。

总之，信息检索的基本原理就是指检索者通过一定的方法和手段，将检索提问的标识与存储在检索工具中的文献特征标识达到一致，以便有效地获得和利用文献信息。

三、信息检索类型

信息检索类型通常有以下几种划分方法。

(一) 按检索对象划分

1. 数据信息检索　数据信息检索是指利用参考工具书、数据库等检索工具，检索包含在文献中的某一数据、各种参数、药物剂量、银行账号、观测数据、统计数据等特定数据的过程。它是以数值或数据(包括图表、公式等)为对象的检索，也称为数值检索。如胰岛素的理化常数、常用剂量、结构式等。

2. 事实信息检索　事实信息检索是指利用百科全书等检索工具从存储事实的信息系统中查找出特定事实的检索。例如，谁在何时首次公开发表文献报道 SARS 疫情的？它是以某一客观事实为检索对象，查找某一事物发生的时间、地点及过程的检索。其检索对象为机构、企业、人物的基本情况、历史变迁等，检索结果是基本事实。

3. 文献信息检索　文献信息检索是指利用目录、索引或文摘等检索工具查找文献线索和根据这些线索查找原始文献。文献信息检索是以文献(包括文献、题录和全文)为检索对象的检索,其检索结果不直接解答用户提出的技术问题本身,而只提供一些研究课题使用的参考文献的线索或全文。例如查找有关如何预防与控制获得性免疫缺陷综合征(艾滋病)方面的文献等。

(二)按检索手段划分

1. 手工检索　手工检索简称手检,是人工处理和查找文献信息的检索方式。即利用目录、索引、文摘、题录等手工检索工具查找和获取所需信息的方法。手检无须借助任何辅助设备,人直接用手、眼、脑组织、查找印刷型文献的检索。但需要了解各种印刷型检索工具的编排规律和检索途径及方法。其特点是经济、灵活、判别直观,查准率较高。不足之处是检索速度较慢,检索效率低,漏检现象比较严重,且不便于进行复杂概念课题的检索。在信息检索中,手工检索主要用于查找数据库中通常没有收录的文献,包括早期文献等。随着计算机检索技术的发展,计算机检索将逐步取代手工检索。

2. 计算机检索　计算机检索简称机检,指人们在计算机或计算机检索网络的终端机上,使用特定的检索指令、检索词和检索策略,从计算机检索系统的数据库中检索出需要的信息,继而再有终端设备显示或打印的过程。其特点是检索方便快捷、检索功能强大、获得信息类型多、检索范围广泛。不足之处是回溯文献少,对读者要求水平高、检索技术掌握有一定难度。

(三)按检索组织方式划分

1. 全文文本信息检索　文本,即文字信息,是数字化信息资源中最常见的形式。全文文本信息检索就是通过计算机将文献的全貌包括文字、图像等信息转换成计算机可读形式。即将存储在数据库中的整本书、整篇文章中的任意内容信息查找出来的检索,可以根据需要获得全文中的有关章、节、断、句、词等的信息,也可进行各种统计和分析。

2. 多媒体信息检索　多媒体是指包括文本、图像和声音在内的各种信息表达或传播形式的总称。多媒体信息检索是指能够检出支持两种以上媒体的数据库检索。

3. 超文本信息检索　超文本信息检索是对每个节点中所存的信息以及信息链构成的网络信息的检索。强调中心节点之间的语义联结结构,靠系统提供的工具进行图示穿行和节点展示,提供浏览式查询,可进行跨库检索。

4. 网络信息资源检索　网络信息资源检索是一种集各种新型技术于一体,对各种类型、各种媒体的信息进行跨时间、跨空间的检索。

四、信息检索语言

(一)信息检索语言的定义与作用

信息检索语言亦称标引语言、索引语言。是人们在信息检索领域中用来描述文献外表特征、内容特征及检索提问的一种专用语言。它是人与检索系统对话的基础,用于描述信息特征和表达检索信息提问,在信息检索中起着桥梁作用,用于沟通信息存储和检索两个过程。

（二）信息检索语言的种类

检索语言类型很多，按规范化程度，可分为规范化检索语言（人工语言）和非规范化检索语言（自然语言）；按检索语言的词汇组配程序划分，有先组式检索语言和后组式检索语言；按描述文献不同特征划分，有描述信息外部特征的检索语言和描述信息内容特征的检索语言。本节对仅对常用的分类检索语言、主题检索语言及代码检索语言做简单介绍。

1. 分类检索语言 分类检索语言又称分类法，是用分类号（字母、数字或它们的组合）来表达各种概念的，并将各种概念按学科性质进行分类和系统排列的信息检索语言。它以树状结构的形式，按知识门类的逻辑次序反映事物的从属、派生关系，构成具有上位类和下位类隶属、同位类并列的概念等级体系。它从上至下，从一般到具体，从简单到复杂，从总体到局部层层划分、逐渐展开，从而形成一个严格有序、层次分明的知识门类等级系统。其主要特点是按学科或专业集中文献，从知识分类角度揭示各类文献在内容上的区别和联系，提供从学科类别检索文献的途径。其意义在于根据文献信息的内容特征和分类词表，把相同内容的文献信息集中在一起，把不同内容的文献信息区别开来，以实现相对集中的功能。

目前在我国通用的《中国图书馆图书分类法》（简称《中图法》）就是依据体系分类检索语言进行系统地组织划分，其优势是满足从学科或专业角度广泛地进行课题检索的要求，能达到较高的查全率。而查准率的准确度与类目的粗细有关，类目越细，专指度越高，查准率也就越高。因此，分类法是一种“族性检索”，而不是“特性检索”。

2. 主题检索语言 主题检索语言是直接以代表文献内容特征和科学概念的概念词作为检索标识，并按其字顺组织起来的一种检索语言。它分为关键词语言、标题词语言、叙词语言和单元词语言。它们的优点是：在表达主题内容方面具有较大的灵活性，用各种检索语言，在各主题之间建立有机的参照系统，能较好地满足多元检索的需求。检索者在查找文献时，只要按字顺找出表达概念的主题词即可。主题词语言的特征是专指性、直接性、适应性、多元性和集中性。目前常用的医学类主题词表是美国国家医学图书馆 NLM 编制的《医学主题词表》（Medical Subject Headings，MeSH），中国医学科学院医学信息研究所研发的《中国中医药学主题词表》等。

（1）关键词语言：是一种自然语言，是指出现在文献题名、文摘、章节标题或正文中，能表征文献主题内容具有实质意义的非规范化语词。它是一种后组式检索语言，一般不进行规范化处理，表达事物概念直接、准确，便于标引和检索文献。每个关键词都可以作为检索“入口词”。因此，专指性强，查准率高，但易出现误差。

（2）标题词语言：以标题词作为文献信息内容的标引标识和检索标识，它从文献的题目和内容中抽出来，经过规范化处理的主题语言。例如，美国《工程索引》的“Subject Headings for Engineering”，就是典型的标题词语言。标题词表是由标题词按字顺排列组成的，使用时用所选标题词在词表中按字顺查找，即可查到所需信息。

（3）叙词语言：是以表达文献主题内容的概念单元为基础，经过规范化处理，可以进行逻辑组配的一种主题语言。以规范化的标引词形成词表，如我国编制的《汉语主题词表》，就是典型的叙词语言。词表中各词独立，标引时根据需要进行组配，可表达文献内容方面的复杂概念，适用于机检和手检。

(4)单元词语言：单元词语言是以文献中的单元词表达文献信息的内容性质，一般无词表。单元词是文献内容中最基本的不能再复分的知识单元，单元词之间可以进行组配。

3. 代码检索语言　代码检索语言是指一般只就事物的某一特征，用某种代码系统来加以标引和排列的语言。例如，化合物的分子式索引、环状化合物的环系索引系统等。代码检索语言，有的是先组式代码，有的是后组式代码，这些代码语言，目前几乎都使用于计算机检索系统，它是伴随着情报检索计算机化而加速发展起来的，并有其广阔的发展前景。

(三)《医学主题词表》的应用

MeSH(Medical Subject Headings)是美国国立医学图书馆(National Library of Medicine,NLM)由1960年起编制的一部规范化的可扩充的动态性叙词表，2016年词表中有主题词27883个，是NLM用以标引生物医学期刊文献、图书、视听数据、电子资源等主题的受控词汇表。MeSH具有以下特点：对医学文献中的自然语言进行规范，使概念和主题词单一对应；保证文献的标引和检索过程在用词上的一致；可以对主题词进行扩检和缩检；具有动态性。MeSH可通过网络免费提供，查询网址为：https://www.nlm.nih.gov/mesh。我国对医学信息的主题标引采用由中国医学科学院信息研究所翻译的MeSH中译本。中医药文献则采用中国中医科学院中医药信息研究所编制的《中国中医药学主题词表》为依据标引。

1. MeSH词表收词范围　MeSH词表字顺表中的词分为5种类型，即主题词、款目词、类目词、副主题词和特征词。

(1)主题词：也称叙词，是构成主题词表的主体，由生物医学领域经过规范化的名词术语构成，有独立检索意义。主题词对一个概念的同义词、近义词及拼法变异等适当归并，在字顺表的每一个主题词下均以3种注释：即树状结构号、历史注释和参考注释。

(2)款目词：也称入口词，款目词是通过参照在主题词的记录中，将自由词引见到主题词。例如：维生素C见抗坏血酸、肺癌见肺肿瘤等。其中“维生素C”“肺癌”都是入口词，“抗坏血酸”“肺肿瘤”都是主题词。

(3)类目词：是为保证分类表体系的完整性而设立的一类词汇，通常都是一些学科范围较大的词，它们不作为主题词使用。例如：新生儿疾病和畸形。

(4)副主题词：对文献主题起限定作用，构成主题的一些通用性概念，本身没有独立检索意义，使用副主题词增强了主题词的专指性，缩小检索范围，使主题词表达的文献的内容更为确切。例如，肾功能衰竭的中药治疗，中药治疗可作为副主题词，对主题词肾功能衰竭起限定作用。MeSH副主题词表按英文字母顺序排列，同时给予每个词词义的解释，标明每个副主题词可组配的主题词范围及副主题词的等级范围。2016年版MeSH词表共有82个副主题词，删除了旧版中的Diagnostic Use(DU，诊断应用)。

(5)特征词：用于表达文献中的某些特征，作用在于检索时对文献集合中有某种特种的文献进行限定或排除。特征词的种类分对象特征词、时间特征词、位置特征词和文献类型特征词。

1)对象特征词：指文献研究的对象，包括种属(动物)、性别、年龄、是否妊娠状态、病例报告等。

例如,新生儿、人类、动物、妊娠、儿童、学龄前、女(雌)性、病例报告等。

2)时间特征词:包括年代、时代、朝代等方面。例如,清、南北朝、民国、中世纪、19 世纪等。

3)位置特征词:包括国家、地区等方面。例如,北京、英国、加州等。

4)文献类型特征词:包括临床文献、教材、历史传记、专题讨论、综述、读者来信等。

2. MeSH Browser 主题词注释表 主题词注释表显示该主题词及其注释、参照系统与树状结构号等,表达该主题词的历史变迁、主题词的族性类别、揭示主题词之间的语义关系,用于查询、选择主题词及相关信息。如输入“medicine, traditional Chinese”时可获得该主题词相关信息(图 2-2)。

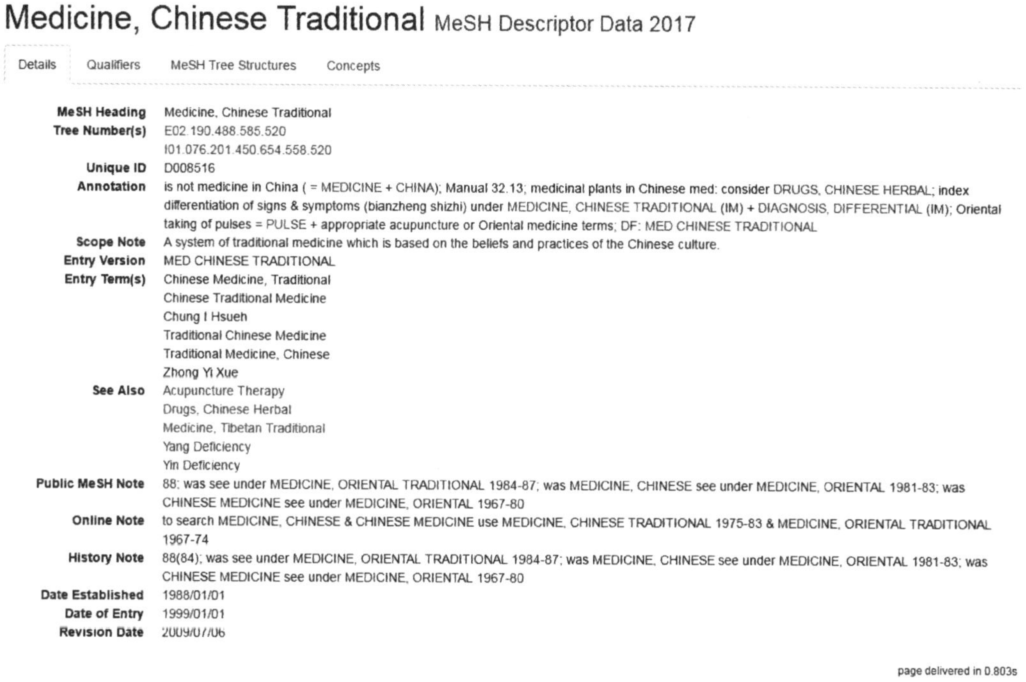
Medicine, Chinese Traditional MeSH Descriptor Data 2017

Details | Qualifiers | MeSH Tree Structures | Concepts

MeSH Heading	Medicine, Chinese Traditional
Tree Number(s)	E02.190.488.585.520 I01.076.201.450.654.558.520
Unique ID	D008516
Annotation	is not medicine in China (= MEDICINE + CHINA); Manual 32.13; medicinal plants in Chinese med: consider DRUGS, CHINESE HERBAL; index differentiation of signs & symptoms (bianzheng shizhi) under MEDICINE, CHINESE TRADITIONAL (IM) + DIAGNOSIS, DIFFERENTIAL (IM); Oriental taking of pulses = PULSE + appropriate acupuncture or Oriental medicine terms; DF: MED CHINESE TRADITIONAL
Scope Note	A system of traditional medicine which is based on the beliefs and practices of the Chinese culture.
Entry Version	MED CHINESE TRADITIONAL
Entry Term(s)	Chinese Medicine, Traditional Chinese Traditional Medicine Chung I Hsueh Traditional Chinese Medicine Traditional Medicine, Chinese Zhong Yi Xue
See Also	Acupuncture Therapy Drugs, Chinese Herbal Medicine, Tibetan Traditional Yang Deficiency Yin Deficiency
Public MeSH Note	88; was see under MEDICINE, ORIENTAL TRADITIONAL 1984-87; was MEDICINE, CHINESE see under MEDICINE, ORIENTAL 1981-83; was CHINESE MEDICINE see under MEDICINE, ORIENTAL 1967-80
Online Note	to search MEDICINE, CHINESE & CHINESE MEDICINE use MEDICINE, CHINESE TRADITIONAL 1975-83 & MEDICINE, ORIENTAL TRADITIONAL 1967-74
History Note	88(84); was see under MEDICINE, ORIENTAL TRADITIONAL 1984-87; was MEDICINE, CHINESE see under MEDICINE, ORIENTAL 1981-83; was CHINESE MEDICINE see under MEDICINE, ORIENTAL 1967-80
Date Established	1988/01/01
Date of Entry	1999/01/01
Revision Date	2009/07/06

page delivered in 0.803s

图 2-2 MeSH Browser 主题词注释表

3. 参照系统

印刷版 MeSH 有代参照、相关参照、属分参照。网络版 MeSH Browser 常见 Entry Term、See Also 和 Consider Also 参照。Entry Term 揭示该主题词的款目词;See Also 是提示该主题词的相关主题词,选择这些词可以提高检全率;Consider Also 常用在解剖类主题词,比如主题词“Liver”,其 Consider Also terms at HEPAT-表示以 HEPAT 开头的这类词与 liver 有关。

4. 树状结构表

树状结构表是按词义范畴和学科属性归类主题词。

(1)结构,为了显示主题词的学科体系,词表将 MeSH 字顺表中的所有主题词(包括类目词)按学科属性从分类角度进行划分,编制了树状结构表(也称范畴表)。树状结构表共分 16 个大类(图 2-3),再细分 118 个二级子类目(图 2-4),各子类目下又层层划分,逐级展开,最多可达 11 级。有的主题词可能同属于两个或多个子类目。这种主题词后同时列出了多个树状结构号,并分别排在其归属的类目中,其一级类目和著录格式如下。

Anatomy [A]

Organisms [B]

Diseases [C]

Chemicals and Drugs [D]

Analytical, Diagnostic and Therapeutic Techniques, and Equipment [E]

Psychiatry and Psychology [F]

Phenomena and Processes [G]

Disciplines and Occupations [H]

Anthropology, Education, Sociology, and Social Phenomena [I]

Technology, Industry, and Agriculture [J]

Humanities [K]

Information Science [L]

Named Groups [M]

Health Care [N]

Publication Characteristics [V]

Geographicals [Z]

图 2-3　树状结构表大类

（2）作用

1）用树状结构号确定主题词在分类表中的位置，是字顺表和范畴表相互联系的桥梁和媒介，是副主题词组配范围的依据。

2）是选择专指词（下位词）的依据。便于缩小检索范围，提高查准率。同时，又是选择上位词的依据，便于扩展检索，提高查全率。

3）通过树状结构号可以了解某主题词的学科属性及该词与其他词的隶属关系，加深对医学知识的了解。例如，抗磷脂综合征 C20.111.197，依据其分类号，可以找到该病的上位类是自身免疫疾病 C20.111，再上位类是免疫系统疾病 C20，故由此可以确定抗磷脂综合征属于免疫系统疾病。

5. 使用 MeSH 词表的注意事项

（1）注意主题词的增补和修改，每年 MeSH 词表都有主题词变更情况说明。

（2）有先组主题词时，勿用主题词/副主题词组配。如：臂损伤、骨髓移植。同样有专指的副主题词时，勿使用泛指副主题词，如肝炎拉斯维加斯物治疗，肝炎/药物治疗。

（3）注意参照系统，它可以帮助你选准主题词，扩大检索面。“见”“代”参照的作用是由款目词指向检索词，“相关参见”的作用是扩大选词范围。

（4）历史注释，帮助了解该主题词的演变，以便在回溯检索时选择恰当的主题词。如 Immunologic Deficiency Syndromes（免疫缺陷综合征）（1979—1982）。

- Anatomy [A]
- Organisms [B]
- Diseases [C]
  - Bacterial Infections and Mycoses [C01]
  - Virus Diseases [C02]
  - Parasitic Diseases [C03]
  - Neoplasms [C04]
    - Cysts [C04.182]
    - Hamartoma [C04.445]
    - Neoplasms by Histologic Type [C04.557]
    - Neoplasms by Site [C04.588]
      - Abdominal Neoplasms [C04.588.033]
      - Anal Gland Neoplasms [C04.588.083]
      - Bone Neoplasms [C04.588.149]
      - Breast Neoplasms [C04.588.180]
        - Breast Carcinoma In Situ [C04.588.180.130]
        - Breast Neoplasms, Male [C04.588.180.260]
        - Carcinoma, Ductal, Breast [C04.588.180.390]
        - Carcinoma, Lobular [C04.588.180.437]
        - Hereditary Breast and Ovarian Cancer Syndrome [C04.588.180.483]
        - Inflammatory Breast Neoplasms [C04.588.180.576]
        - Unilateral Breast Neoplasms [C04.588.180.682]
        - Triple Negative Breast Neoplasms [C04.588.180.788]
      - Digestive System Neoplasms [C04.588.274]
      - Endocrine Gland Neoplasms [C04.588.322]
      - Eye Neoplasms [C04.588.364]
      - Head and Neck Neoplasms [C04.588.443]
      - Hematologic Neoplasms [C04.588.448]
      - Mammary Neoplasms, Animal [C04.588.531]
      - Nervous System Neoplasms [C04.588.614]
      - Pelvic Neoplasms [C04.588.699]

图 2-4　树状结构表子类目

（5）主题词倒置，词组形式的主题词一般按自然语序，当一组主题词具有相同的概念时，则采用倒置形式，使同一族的主题词集中排列。如：

Anemia, aplastic	贫血，缺铁性
Anemia, hemolytic	贫血，溶血性
Anemia, hemolytic, autoimmune	贫血，溶血性，自身免疫性

点滴积累

1. 信息检索就是从数据库、检索工具以及馆藏中查找所需信息的活动。它包括信息的存贮和检索两个方面。其基本原理就是检索者将检索提问的标识与存贮在检索工具中的信息特征标识进行对比，找出符合两者特征一致的信息。链接信息需求与信息存储系统的桥梁就是信息检索语言。
2. 检索语言是表达文献信息内容、特征的工具，了解检索语言的基本知识、掌握其基本使用技巧，可以大大提高检索效率。检索效率的高低取决于所采用的检索语言的质量以及对它的使用是否正确。常用的检索语言的种类包括：分类检索语言、主题检索语言、代码检索语言。通过检索途径来实现其要表达的意义，两者是一一对应的关系。

3. 主题词与关键词最大的区别就是主题词经过了规范化处理。

4. 在医学信息检索中影响力最大的主题检索语言是医学主题词表 MeSH，分类检索语言应用最广的是《中国图书馆分类法》。

第四节　信息检索方法与技术

一、信息检索方法

为实现信息检索计划或方案所提出的检索目的而采取的具体操作方法或手段总称为检索方法。在当今这个信息时代，文献信息量骤增，文献信息检索工具甚多，人们若要达到快、全、准的目的来查寻自己所需的信息资源，必须掌握一套文献信息检索方法。特别是医药学信息，具体选用什么样的方法，还要受客观情况和条件的限制。因此，在查找文献信息时，必须掌握特定的检索方法，以便迅速、准确、全面地查找所需的文献信息。归纳起来，信息检索方法主要有以下四种：

（一）直接检索法

直接法是指直接检索，直接通过浏览、查阅文献原文而获取所需文献信息的方法。这种方法能够明确判断文献所包含的信息是否需要，但费时费力，具有一定的盲目性和偶然性，查全率无法保证。

（二）间接检索法

间接法是指必须借助于二次信息资源（检索工具）或检索系统来获取所需信息的一种检索方法。这种方法检出的文献信息比较全面、系统，但查准率受到一定影响。间接法是信息检索中最常用的方法，所以又称为“常用法”。根据检索要求的不同，常用法又可分为顺查法、倒查法和抽查法三种方法。

1. 顺查法　这是一种按时间顺序查找文献信息的方法。顺查法是以检索课题起始年代为起点，选择适宜的信息检索系统，按时间顺序由远及近、从旧到新查找文献信息的方法。使用这种方法查找文献信息，首先要分析检索课题提出的时代背景及历史概况；其次确定查寻的起始年月；最后再从检索起始的时间点上逐年逐卷查寻，直到查到符合检索课题要求的文献线索为止。利用这种方法查全率、查准率高，但费时间，劳动量大。这种方法适合于检索主题比较复杂、研究范围广、研究时间较久的科研课题。

2. 倒查法　倒查法与顺查法相反，是一种逆时间顺序查找文献信息的方法。倒查法是利用选定的二次信息资源（检索工具），根据课题需要由近及远、由现在到过去、从新到旧逐年逐卷地回溯查找文献信息的方法。它的检索目的是要更多地获得某学科或研究课题最新或近期一段时间内所发表的文献信息或研究进展状况。这种方法比较节省时间，效率高，但漏检率比顺查法高。这种方法是科研人员最常用的检索方法。特别是在药学领域，要想明确某项成果是否有创新性，则更适合于采用倒查法。

3. 抽查法 这是一种利用信息检索系统查找文献信息的方法。抽查法是针对某学科发展特点和发展阶段，抽出学科发展迅速、发表文献较多的一段时间，有重点地逐一进行检索的方法。它能节省较多的时间，获得一批具有代表性、反映学科发展水平的文献信息，检索信息效果好，检索效率高。但这种方法必须是在熟悉该学科发展的高峰期及历史背景的情况下才能使用。

（三）引文检索法

引文法又称追溯法，是一种跟踪查找文献信息的方法。引文法是指不利用二次信息资源（检索工具），而是利用已有文献后面所附的引用文献、参考文献、有关注释、辅助索引、附录等进行追溯查找原始文献信息的方法。然后再根据原始文献信息的有关指引，扩大并发现新线索，去进一步查找，如此反复跟踪扩展下去，直到检索到满意的文献信息，从而获得一批相关文献。引文法的优点是，在没有检索工具或检索工具不全的情况下，或对课题不熟悉或不需做深入研究的情况下是可取的，借助于参考文献也能追查到一些相关文献。但这种方法查全率不高，容易造成漏查，而且查出的文献时效性差。同时，还要注意查阅权威性的标准参考源。

（四）综合检索法

1. 分段法 分段法又叫循环法，是常用法和追溯法的结合。就是先利用二次信息资源（检索工具）或检索系统查找一批有用的文献，然后再利用这些文献后所附的参考文献进行追溯查找，由此获得更多的相关文献，直到满足需要为止。这种方法是一种多向、立体的查找方法，它具有很大的灵活性，能博采众法之长，获取文献信息量较大，检索效率较高，适用于历史跨度长、文献信息需求量较大的检索课题。

2. 核心期刊浏览法 是指检索系统或检索工具在报道原始文献信息时，通常存在一定时差，为了获取检索课题的最新文献信息，直接浏览尚未收到信息检索系统中的现期刊刊文的检索方法。这种方法的检索目的是阅读有关课题的专业期刊以及该学科综合性核心期刊的目次表或主题索引，直至进一步阅读全文。

二、信息检索途径

信息检索途径就是指用记录的方式将文献信息中的某一特征作为检索切入点或检索标识而进行的检索。文献信息的特征可分为文献信息的外表特征和内容特征，可以成为检索的切入点，是文献检索的主要检索途径。

（一）按照文献信息外部特征的检索途径

按照文献外表特征检索的途径有：题名检索途径、著者姓名检索途径和文献序号检索途径。

1. 题名检索途径 题名途径是以书名、刊名或文章的题名（篇名）作为检索标识，通过书名目录、题名索引、刊名索引、篇名索引或数据库名称索引来查找文献信息的一种检索途径。这种检索途径一般是按照字顺排列的。某些题录、文摘刊物中的“来源索引”或“引用期刊一览表”也属于文献题名途径。在使用题名检索途径时必须掌握文献信息的具体名称或文献题名中的主要部分，才能准确地查找到所需要的特定文献信息。题名索引广泛应用于计算机检索系统中。

2. 责任者途径　著者途径是以文献信息上署名的著者、译者、编者的姓名或团体名称作为检索标识,利用著者索引或机构索引来查找文献信息的途径。通过著者检索途径,可以查找到同一著者所著内容相同或相近的文献信息,便于发现和了解同行专家的研究进展。所以,国外的各种检索工具大部分都有著者检索途径。使用著者检索途径检索文献,必须了解著者索引编制规则,熟悉著者姓名的一般知识。例如,在一般文献中,欧美国家的署名习惯是名在前、姓在后,在著者索引中则一律采用中国的习惯,按姓前名后的次序排列,姓为全称,名字可以缩写,姓名之间加逗号等。

3. 文献序号检索途径　序号途径是以文献的各种代码、数字为检索标识,利用各种序号索引查找文献信息的途径。如科技报告号、专利号、标准文献号、图书的国际标准书号(ISBN)、期刊的国际标准刊号(ISSN)等,它们都按代码字顺或数字的次序由小到大排列。序号索引具有明确、简短和唯一性的特点。

(二)按照文献信息内部特征的检索途径

按照文献内部特征检索的途径有:主题检索途径、分类检索途径、关键词检索途径及其他检索途径。

1. 主题途径　是以文献涉及的主题概念词为检索入口,通过描述文献内容特征的主题索引来查找文献信息的检索途径。通过主题途径检索文献信息时,关键是要学会使用检索语言,即利用主题词表选准主题词,然后按主题词字顺在主题索引或主题系统中找到该主题词,组配相关联的副主题词,从而获得所需文献信息。主题检索途径的最大优点是概念准确,直接性、适应性及通用性强,专指度高,能将分散在各学科领域里的有关某课题中同一主题词集中在一起,较好地满足特性检索的要求,突破了分类检索途径的严格框架限制。

主题词表是标引人员和检索人员的共同依据,各种检索工具都有各自的主题词表,并通过参照关系作规范化处理,使同义词、近义词的主题词与非主题词在主题词表中都一目了然。也可通过参照关系指引读者,查找作为主题词的词和与主题有关的主题词,扩大检索范围。目前国内最常用的主题词表是《医学主题词表》(Medical Subject Headings,MeSH)、《中医药学主题词表》和《汉语主题词表》。

2. 分类途径　是指根据文献信息的主题内容所属的学科分类体系,以学科分类号为检索入口,按照分类号和类目名称来检索文献信息的途径。通过分类检索途径检索文献信息的前提是要了解二次信息资源(检索工具)或数据库所采用的分类体系。分类体系的主要优点是根据科学分类的逻辑规律并结合图书类别特点进行分类。分类检索途径的优点是从学科概念的上下、左右关系来反映事物的派生、隶属、平行关系,体现了学科的系统性和科学分类的逻辑规律,有利于从学科专业角度查找文献信息,满足族性检索的要求。但该法涉及相互交叉的学科或分化较快的学科时,其专指性不强,容易造成漏检。

3. 关键词检索途径　以关键词作为检索标识,通过关键词索引查找文献信息的一种途径。所谓关键词就是直接从文献题名、摘要和正文中挑选出来的具有实质性意义的,并能表达文献主题内容的词。其主要特征是未经过规范化处理,也不受主题词表控制,因此,又称为自由词。检索时只要根据课题要求选择关键词(包括同义词、近义词、同形异义词等),按字顺在关键词索引中找到该关键词。

4. **分类主题检索途径** 是分类途径及主题途径相结合的检索途径。如《美国生物学文摘》中的目次表即属于这一类。

5. **其他检索途径** 是指如药品名称索引、化学物质索引、化学分子式索引等起辅助作用的检索途径。这些索引对于某些专业性的文献信息具有特殊的作用。

三、信息检索技术

（一）布尔逻辑检索

ER-2-1 布尔逻辑检索视频

布尔逻辑检索是信息检索中最常用的匹配运算模式，几乎所有的数据库和其他网络信息检索系统都支持布尔逻辑检索，它能用来组合检索词或检索式，进行检索语言或代码的逻辑组配，达到扩大或缩小检索范围，提高检索效果的目的。常用的布尔逻辑运算符包括：逻辑“与”、逻辑“或”和逻辑“非”三种。

1. **逻辑“与”** 逻辑“与”用AND表示，用于检索词具有概念交叉或限定关系的一种组配。用逻辑“与”连接的两个检索词必须同时出现在检索结果中才满足检索条件，常用来缩小检索范围，提高查准率。如检索词A与检索词B表达逻辑“与”，其检索式为：A AND B，表示需要检索数据库记录中同时包含检索词A和检索词B的信息。

例如，肺炎AND中医药疗法，将检索出同时包含肺炎的中医药疗法的文献。

2. **逻辑“或”** 逻辑“或”，用OR表示，用于检索词具有概念并列关系的一种组配。逻辑“或”连接的两个检索词中任意一个出现在检索结果中就满足条件，常用来扩大检索范围，提高查全率。如检索词A与检索词B表达逻辑“或”，检索式为：A OR B，表示需要检索数据库记录中凡含有检索词A或者检索词B，或同时含有检索词A和检索词B的信息。

例如，维生素C OR抗坏血酸，将检索出含有维生素C或抗坏血酸，或者是同时含有维生素C和抗坏血酸的文献。

3. **逻辑“非”** 逻辑“非”，用NOT表示，用于检索词具有不包含某种概念关系的一种组配。逻辑“非”连接的两个检索词种，应从检出的第一个概念的信息集合中排除第二个概念的信息，一般用来缩小检索范围，增强专指性。如检索词A与检索词B表达逻辑“非”，其检索式为：A NOT B，表示需要检索数据库记录中含有检索词A但不包含检索词B的文献，即将含检索词A又含检索词B的记录排除在检索结果外。例如，甲型肝炎病毒NOT人类，将检索出含有甲型肝炎病毒不包含人类的文献。

4. **布尔逻辑运算符的使用** 在三种布尔逻辑运算符中，通常情况下，NOT优先运算，AND其次运算，OR最后运算，如果想要改变运算次序，用括号来表示括号内的运算符优先顺序。但在有的信息检索系统中，是按照先运算的先输入这一规则来体现布尔逻辑算符的运算次序的。通常，检索系统的“帮助”文件中会有说明，请注意查看。在外文信息检索系统中，通常采用大写的运算符AND、OR和NOT，且运算符前后须留有空格。

（二）位置检索

为了提高信息资源的查准率，不仅要求两个或多个检索词同时出现在同一记录中，而且还要求检索词出现在同一字段或同一句话中，两个检索词紧挨着或者检索词之间允许插入若干个词，这就涉及检索的位置运算。位置检索，又称邻近检索，能表示检索词之间的相邻位置关系。位置检索因信息检索系统不同而形式各异，常见的位置检索有 With，Near，NearN 等。

1. With　同字段位置限定符，表示检索词存在于同一数据库记录的同一字段，如同时出现于文献题名或同时出现于文摘中等，词序可以调整。

例如，infantile With eczema 可检出该两词同时存在于题名中或同时存在于文摘中的文献。

2. Near　相邻位置检索符，表示检索词存在于一个数据库记录的同一字段的同一句子中，所连接的两个概念距离一般较近，词序可以调整。

例如，tongue Near base 可检索出含有 tongue base 和 base of tongue 的文献。

3. Near N　Near N 表示 Near 后加正整数，在检索词之间允许插入几个其他词。

例如，sputum near2 cells 可检出含有 sputum cells，cells of sputum，cells of sputum 和 cells of green sputum 的文献。

（三）截词检索

在有些信息检索系统的自由词检索中，截词可将检索词从某处截断，用符号代检索词中部分字母。截词检索则为用截断的词的一个局部进行检索，有助于检索有共同词干的词汇，既可以防止漏检，又可以提高检索效率。根据截词的位置不同，可分为前截断、后截断、中间截断三种形式。在各个不同的信息检索系统中所使用的截断符号不相同。在 MEDLINE/PubMed 检索系统中，截词符号采用有限截词符“？”和无限截词符“ * ”表示。

1. 前截断　前截断即将截词符号放在一个字符串的前方，以表示被检索内容后方一致的一种检索方法。例如，* physics 可以检索出 physics、astrophysics、biophysics、chemophysics、geophysics 等词的结果。

2. 后截断　将截词符号放在一个字符串的后方，以表示被检索内容前方一致的一种检索方法。后截断是最常用的截词检索，又分为有限截断和无限截断。有限截断，在词干后加几个“？”，即允许词干后最多可添加几个字符。例如血？动力学，可以检索出血液动力学和血流动力学；child???? 可以检索出 child，children，childhood。无限截断，在一个词干后用“ * ”，即可以将含有该词干的所有词全部检索出来，例如，child * 可检索出 child，childe，childly，childing，childish，childing，children 等。这种截断法，截断位置必须选择适当，否则会检索出大量无关的文献。

3. 中间截断　中间截断是将截词符号放在一个检索词的中间，以表示被检索的词前后字符一致。这种方法多用于英语中同一单词的英美不同，或者有些词在某个元音位置上出现单复数的不同拼写。例如，tumo？r 可检索出含有 tumor 和 tumour 的文献。

（四）字段限定检索

字段限定检索是指限定检索词在数据库记录中的一个或几个字段范围内查找的一种检索方法。用于限定提问关键词在数据库记录中出现的区域，控制检索结果的相关性，增强检索效果。

被指定的字段也称检索入口，检索时，系统只对指定字段进行匹配运算，提高了检索效率和查准率。

字段限定检索的操作形式有两种：一是在字段下拉菜单中选择字段后输入检索词；二是直接输入字段名称和检索词，例如，aspirin in title，或者 aspirin[ti]，表示检索在题名字段中含有 aspirin 的文献；cardiff rd[au]，表示检索著者 Cardiff RD 发表的文献。

网络检索系统也有类似于字段限定的检索，如格式是"关键词 site：站点域名"或"site：站点域名关键词"，表示搜索局限于某个具体的网域、网站。例如，专升本 site：edu，表示搜索在教育网站上出现的"专升本"信息；inurl：mp3 王菲，表示"王菲"可以出现在网页的任何位置，而"mp3"则必须出现在网页的 URL 中；intitle：中医文化，表示在网页标题中搜索包含"中医文化"的网页。

（五）加权检索

加权检索是指检索者在构造检索式时，根据对检索需求的理解，对每一个检索词赋予一个数值（权重），表示其在本次检索中的重要程度。检索时先判断检索词在文献记录中是否存在，然后计算存在检索的权值总和，通过与预先给定的阈值进行比价，权值之和达到或超过阈值的记录即为命中记录，命中记录按权值总和从大到小排列输出。

例如，以"医药信息检索"为检索课题，给检索词"医药""信息""检索"分别赋予权值 40、40、20。检索时输入"医药/40 * 信息/40 * 检索/20"，则依据所含关键词的权重检索出相应记录，按权值递减排列如下：

100=40+40+20　　医药信息检索

80=40+40　　医药信息

60=40+20　　医药检索

若规定权值大于或等于 80 的为命中文献（80 位阈值），则只有关于医药信息检索和医药信息的文献是命中文献。

四、信息检索策略

信息检索的步骤就是通过一定的检索手段来查找文献信息的过程。这个过程是由多个环节组成的，每个环节之间都存在着必然的内在联系。对于不同的检索课题，我们可以课题、检索人、馆藏情况而定。一般应采取的步骤如下：

（一）分析检索课题，明确检索要求

检索课题就是根据查找文献信息或查解疑难问题的需要所拟定的问题。在检索文献信息之前，首先要弄清楚检索课题的要求及检索目的，了解检索课题的意义和作用，弄清楚检索课题概念范围的内涵和外延等。其次，对检索课题进行认真分析后，确定检索的学科范围、文献类型、检索年限、语种，要求检出的文献的数量、输出方式等等。检索课题的目的有四种：

1. 科研攻关型　这类课题需要解决的是技术开发或生产中出现的一些技术难题，其检索要求是查准率高，查找信息的范围不需要很广。

2. 课题普查型 这类课题要求查找的资料详尽，检索要求查全率高，往往要检索若干年的信息，一般采用回溯检索的方式。

3. 研究探索型 这类课题要及时掌握最新科研动态，了解国内外某一方面的最新成果，检索要求信息新颖及时，多采用定题检索的方式。

4. 撰写论文型 需要了解某一课题的历史、现状、发展及别人的研究方法等一些详细信息。要求检索全面、覆盖时间长，检索的资源丰富。

（二）选择检索工具或数据库

在分析信息提问时，要确定主题词、检索工具或数据库，并明确各主题词之间的逻辑关系与查找步骤。检索工具或数据库选择的恰当与否直接影响检索策略。一般情况下应掌握以下几点：

1. 要考虑二次信息资源或数据库对课题内容的覆盖程度和一致性；

2. 优先选择专业性的检索工具，再利用综合型检索工具进行配合和补充；

3. 在机检条件允许的情况下应以检索数据库为主，它具有多点检索、多属性检索、检索效率高等特点。

（三）选择检索途径，确定检索词

检索工具确定后，需要确定检索途径，选定检索词。检索词也称检索点，与检索途径相对应，是检索途径的具体化。确定检索词就是将检索课题中包含的各个要素，课题中具有检索意义的语词，它包括所属的学科、类型、主题词和关键词以及时间范围等及检索要求转换成检索工具或数据库中允许使用的检索标识。即用所选定的检索工具或数据库的词表（如主题词表、分类表）把检索提问的主题概念表达出来，形成主题词或分类号等，也可以是关键词、人物姓名、地名、文献名等。每一检索课题都包含一个或多个甚至一系列的检索词，在检索时应选择主要的、有检索意义的词进行检索。

一般的检索工具是根据文献的内部特征和外部特征提供多种检索途径的。选用何种检索途径，应根据课题的要求及所包含的检索词、检索系统所提供的检索途径来确定。当检索课题内容涉及面广，文献需求范围宽，泛指性较强时，宜选用分类检索途径；当课题内容较窄，文献需求专指性较强时，宜选用主题检索途径；当选的检索系统提供的检索途径较多时，应综合应用，互相补充，避免单一途径不足造成漏检。

（四）选择检索方法

选择方法的确定在于寻求一种快速、准确、全面地获得文献信息的检索效果。通常在没有二次信息资源（检索工具）的情况下，一般采用追溯法；若二次信息资源（检索工具）比较齐全的情况下，可采用常用法或循环法。如果检索课题要求全面普查，可采用常用法中的顺查法或抽查法；如果检索课题的目的是要解决某一课题有关的关键性技术问题，又要求既快又准地提供关键情报，解决急需的问题，宜采用倒查法，可迅速查得最新技术文献。

（五）查找文献线索

在明确检索要求，确定检索系统，选定检索方法后，就可以应用检索工具实施检索，所获得的检索结果为检索线索。在检索过程中应随时对检出的文献进行鉴别和评价，因此，对文献线索的整理、分析、识别是检索过程中极其重要的一个环节，需要做好以下两个方面工作：

1. 做好检索记录 做好检索记录的目的在于必要时进行有效核对。包括记录好使用的检索工具的名称、年、卷、期、文献号(索引号)、文献题名(书名)、著者及其工作单位、文献出处等。

2. 文献信息类型的识别 在检索工具中，文摘、题录所著录的文献来源(文献出处)是索取原始文献的关键部分。在检索工具中，文献出处对摘录的文献类型不加明显区分，需由检索者自己进行辨别。只有鉴别出文献类型，才能确定该文献可能收藏在何处，查何种馆藏目录，如何借阅和复制。识别文献类型的主要依据是各种类型文献在检索工具中的著者特征项。

(六)获取原始文献信息

索取原始文献是整个检索过程的最终目的。由于书目检索结果得到的只是文献的线索，检索结束后，还要根据所获得的文献线索，索取原文。在索取原文过程中，要注意以下问题：

1. 识别文献类型，不同类型的文献收藏地点不同，在索取原文时首先就要区别文献的类型。不同类型的文献，由于其外表特征不同，据此可以区别不同类型的文献。

2. 将缩写刊名恢复全称，检索工具中在文献来源的著录中，常常将期刊名称按一定的缩写规则进行缩写。例如把 Journal of the Aero/Space Science 缩写成 J. A. S. S.，因此索取原文时，首先要将刊名的缩写恢复成全称，然后才能根据刊名全称及年、卷、期借阅全文。

知识链接

西文期刊刊名缩写与还原方法

1. 利用检索工具所附的来源期刊表。大多数检索工具一般都在附录部分提供摘引刊物一览表，利用它不但可以查找刊物的全称，还可以了解文献的来源情况；

2. 利用有关工具书进行还原，如《中外医药期刊缩略名手册》，美国盖尔集团(Gale Group)出版的大型的西文期刊缩写还原工具书《Peiodica title abbreviations》等。

3. 利用免费检索缩略题名的网站进行还原，如 ISSN Online，由 ISSN 国际中心建立了最权威的期刊数据库，用户通过注册允许免费试用一个月。其网址为：http://issn.lipi.go.id/。

3. 利用各种收藏目录，在索取原始文献过程中，要根据不同类型的文献查找不同的联合目录、馆藏目录、联机公共目录等，查找原文的收藏单位，再进行借阅。例如要借中文期刊，可利用中文期刊馆藏目录；要借英文期刊，可利用西文期刊联合目录、馆藏目录等，查出所收录文献的入藏单位及其索取号，便可以借阅或复制原文。

4. 利用文献传递报务，获取远程文章，许多大型检索系统提供文献传递报务，可以根据文献检索结果，在线提出索取原文的申请，通过 E-mail、传真等方式获得原文。还可利用具有目录作用的工具，如《国外科技资料目录：中草药》所附的“收藏期刊名单”，通过馆际互借或复制手段获得原始文献。也可向作者本人索取。随着全文资源数据库的增多，利用其获取原文更加快捷、方便。

（七）建文献目录

这是查阅文献的最后一步。把阅读参考过的材料按照一定的顺序排列，叫做文献目录。文献目录一般是附在文章最后。包括：作者姓名、书刊（论文）名、出版社、出版时间、地点等。文献管理软件帮助个人构建书目资料库，将个人拥有的显性知识导入并使之有序化，方便随时检索与利用。常用的文献管理软件有 NoteExpress、医学文献王、文献之星、EndNote、Reference Manager 等。

五、检索效果的评价

检索效果是指利用检索系统（或检索工具）来满足检索者检索要求的全面准确程度。理想的检索结果是没有遗漏、没有误差地检索出系统中检索者所需要的全部文献，但这种情况由于多方面的原因很难达到预期的状态。信息检索效果评价是研究信息检索的核心，是评价一个检索工具或检索系统性能优劣的质量标准，它始终贯穿信息存储和信息检索的全过程。

（一）评价的目的

信息检索效果评价的目的是为了准确地掌握检索系统的各种性能和水平，找出影响检索效果的各种因素，以便进一步提高系统的服务质量。另一方面，评价检索效果主要依据检出的文献与课题需要的相关度如何。大体上可分为高度相关、一般相关、边缘相关等三种程度，这主要根据用户反映来决定。

（二）评价的标准

克兰弗登（Cranfield）在分析用户基本要求的基础上，提出了 6 项评价系统性能的指标，它们是收录范围、查全率、查准率、系统响应时间、用户负担及输出形式。一般而言，衡量检索效果通常以查全率、查准率、漏检率和误检率等指标来衡量，其中，查全率和查准率是两个最主要也是最常用的评估指标。

表 2-1 检索结果中各参量关系

相关情况 / 检出情况	相关文献	非相关文献	总计
检出文献数	a	b	a+b
未检出文献数	c	d	c+d
合计	a+c	b+d	a+b+c+d

1. 查全率（Recall Ratio，简称 R）又称召回率，是指利用检索系统进行某一课题检索时，检索系统中检出的相关文献数量（a）与检索系统中全部相关文献总量（a+c）的比率（表 2-1）。它反映该系统文献库中实有的相关文献信息量在多大程度上能被检索出来。用公式表示为：

$$查全率(R)=\frac{检出的相关文献量}{检索系统中全部相关文献总量}\times 100\%=\frac{a}{a+c}\times 100\%$$

例如，要利用某个检索系统查找某一课题时，假设在该系统文献库中共有相关文献 50 篇，而只检索出来 35 篇，那么查全率就等于 70%。

2. 查准率（Precision Ratio，简称 P）也称适中率，是指利用检索系统进行某一课题检索时，检索系统检出的相关文献量(a)与检出文献总量(a+b)的比率。它反映每次从该系统信息库中实际检出的全部信息中有多少是相关的。用公式表示为

$$查准率(P)=\frac{检出的相关文献量}{检出文献总量}\times100\%=\frac{a}{a+b}\times100\%$$

例如,检出的文献总篇数为40篇,经审查确定其中与课题相关的文献只有30篇,另外10篇与该课题无关,那么这次检索的查准率就等于75%。

查全率是反映所需文献被检出的程度,查准率是用来描述系统拒绝不相关文献的能力或检索精确度的一种尺度。查全率和查准率结合起来,描述了检索系统的成功率。

3. 漏检率(Omission Ratio,简称O),是指利用检索系统进行某一检索时,未被检出的相关文献量(c)与该检索系统中相关文献总量(a+c)的比率,是衡量信息检索系统漏检信息的尺度。即漏检率(O)= c/a+c×100%。

4. 误检率(Fall-out Ratio,简称F),是指利用检索系统进行某一检索时,检出的非相关文献数(b)与检出的文献总数(a+b)的比率,是衡量信息检索系统误检信息程度的尺度。即误检率(F)= b/(a+b)×100%。

(三)影响检索效果的因素

查全率与查准率是评价检索效果的重要指标,它们与信息的存贮和信息检索这两个方面有着直接的联系。在信息检索领域,经常遇到的问题是用户对检出的信息结果不满意,即信息检索系统不能满足用户的信息需求。无论是以前信息检索系统发展缓慢、技术不过关、信息存储量少的时候,还是当今信息过载,以至于通过信息检索系统可以检索到成千上万条信息的情况下,仍然存在用户对信息检索结果不满意的现象。主要表现在:

1. 影响查全率的因素　影响查全率的因素从文献存储来看,主要有:数据库(或检索工具)收录的文献不全;标引不足或不当;检索工具不足;词间关系模糊或不正确;检索途径和检索方法过少;标引人员标引用词前后不一致;标引人员遗漏了原文的重要概念或用词不当等。

从检索的角度来看,主要有:检索策略过于简单;选词和进行逻辑组配不当;检索途径和检索方法使用太少;检索人员业务不熟练,工作缺乏耐心;检索系统不具备截词功能和反馈功能,造成检索时不能全面地描述检索要求等。

2. 影响查准率的因素　影响查准率的因素主要有:检索词不能准确描述文献主题的内涵和检索要求;检索词不规范、不准确;没选准检索工具;标引过于详细;组配错误;检索时所用的检索词(或检索式)专指度不够,检索面宽于检索要求;检索系统不具备逻辑"非"功能和反馈功能;检索式中允许容纳的词数量有限;检索途径不当等等。

影响检索效果的因素是多种多样的并且十分复杂,根据有关资料的实验表明,查全率与查准率是呈互逆关系的。要想做到查全,就会对检索范围和限制条件逐步放宽,则结果就会把不相关的文献带进来,影响了查准率;要想使查全率和查准率都同时得到提高,就要根据具体课题的要求,合理调节查全率和查准率,以保证检索效果。

(四)提高检索效率的措施

1. 提高检索工具或检索系统的质量,使它的收录范围更全面,更切合相应学科或专业的需要;

2. 用户应选择适合课题学科范围的、优质的检索工具，包括其收录的全面、著录的清楚、标引的准确、完善等；

3. 制订最优的检索策略，灵活运用各种方法，如应巧妙运用检索式构造，准确表达检索要求；

4. 准确使用检索语言。检索者所用的检索语言应能准确地表达信息需求。如果检索系统使用的标题词语言，用户应从标题词表中选准检索词；如果是体系分类语言，则用户应从分类表中选准分类号。即检索时，根据检索语言的需要使用规范化主题词表进行选词检索。

5. 没有对应 MeSH 词的概念　首先使用上级概念对应的 MeSH 词检索，再结合自由词检索；对没有词表的数据库，应调整检索字段和运算符。

不同的检索课题对文献信息的需求不同，用户应根据课题的需要，适当调整查全率和查准率，优化检索策略，以达到最佳检索效果。

（五）调整检索策略

1. 检索结果过多的检索策略　当检出文献过多时，应考虑缩小检索范围，提高信息检索结果的查准率。调整检索式的主要方法有：

（1）用主题词表选择更专指的主题词及副主题词；

（2）增加限制概念，使用逻辑“与（AND）”运算符或进行二次检索；

（3）选择检索范围较小的字段，将检索词限定在某个或某些字段范围内；

（4）使用逻辑“非（NOT）”运算符，排除无关概念；

（5）缩短检索年限。

2. 检索结果过少的检索策略　当检出文献过少时，应考虑扩大检索范围，提高信息检索结果的查全率。调整检索式的主要方法有：

（1）增加检索词的上位词、同义词、近义词或同族相关词，并用逻辑“或/or”将它们连接起来；

（2）检索入口选择较大范围的字段，如文摘、全文检索等；

（3）删除某个用逻辑“与/AND”连接的不重要的检索词；

（4）增加数据库，进行跨检索；

（5）延长检索年限。

点滴积累

1. 检索方法是为实现检索方案中的检索目标所采用的具体操作方法和手段的总称。 信息检索途径是用记录的方式将文献信息中的某一特征作为检索切入点或检索标识而进行的检索。 在检索过程中应根据检索系统的功能、检索者的实际需求及已掌握的信息类型，灵活运用各种检索方法选择合理的检索途径，以达到满意的检索效果。
2. 顺查法适用于普查一定时间的全部文献，查全率较高，并能掌握课题的来龙去脉，了解课题的研究历史、研究现状和发展趋势。 用追溯法检索文献时，最好利用与研究课题相关的专著与综述，因为它们所附的参考资料既多且精。 使用追溯法可以了解科学研究的前期工作基础、相关文献、经典著作、主要作者、重点期刊等。
3. 文献信息的特征可分为文献信息的外表特征和内容特征。 文献信息的外表特征适宜查对文献；文献信息的内容特征适宜查寻文献，是文献检索的主要途径。

4. 在进行信息检索时，应根据信息检索的要求，充分了解信息源，学会灵活利用检索语言，合理选择检索方法，快速而准确的获取到我们所需的信息文献。

ER-2-2　第二章思维导图

【目标检测】

一、选择题

（一）单项选择题

1. (　　)类型的专业文献出版周期最短、发行量最大、报道最迅速及时，成为各种学科的最新情报信息发表的渠道

A. 会议文献　　B. 报纸　　C. 期刊

D. 专利　　E. 广告视频

2. 检索工具属于(　　)

A. 一次文献　　B. 二次文献　　C. 三次文献

D. 零次文献　　E. 综合文献

3. 每一种正式出版的图书都有一个(　　)

A. ISSN　　B. ISBN　　C. ISDN

D. ISIN　　E. CN

4. 下面属于三次文献的是(　　)

A. 综述　　B. 文摘　　C. 索引

D. 期刊论文　　E. 图书

5. 哪种途径是从文献的内部特征进行检索的(　　)

A. 分类途径　　B. 号码途径　　C. 作者途径

D. 刊名途径　　E. 出版社途径

6. 通过参考文献获取原始文献属于下列哪种检索方法(　　)

A. 顺查法　　B. 倒查法　　C. 追溯法

D. 抽查法　　E. 分类检索法

7. (　　)是未检出的相关信息量与该系统信息库中实际与课题相关的信息总量的比率

A. 查全率　　B. 查准率

C. 误检率　　D. 漏检率

E. 检索效率

8. 将存储于数据库中的整本书、整篇文章中的任意内容查找出来的检索是(　　)

A. 全文检索　　B. 文献检索

C. 超文本检索　　D. 超媒体检索

E. 题名检索

(二) 多项选择题

1. 信息包括(　　)

A. 自然信息　　B. 生物信息　　C. 电子信息

D. 社会信息　　E. 引用信息

2. 二次文献主要包括(　　)

A. 文摘　　B. 索引　　C. 手册

D. 书目　　E. 指南

3. 具备信息意识和学习能力主要表现在(　　)

A. 善于从大量信息中发现有用的信息

B. 善于从信息中找出解决问题的关键

C. 能积极主动地吸取新信息

D. 善于运用合理的工具迅速地解决问题

E. 全盘接受所获得的信息

4. 所谓信息道德的三个层次,即(　　)

A. 信息道德意识　　B. 网络道德

C. 信息道德关系　　D. 信息道德活动

E. 学术道德规范

5. 常用的信息检索方法有以下几种(　　)

A. 直接法　　B 间接法　　C 追溯法

D. 循环法　　E. 综述法

二、判断题

1. 二次文献属于检索工具。(　　)

2. 每一个期刊都有一个 ISBN 号。(　　)

3. 主题法的显著特点在于系统性。(　　)

4. 描述信息外表特征的信息检索语言包括题名、著者、出版者。(　　)

三、思考题

1. 信息、情报、知识、文献的定义是什么?试论述三者之间存在的关系。

2. 结合专业论述医药信息的作用?

3. 什么叫一次文献、二次文献、三次文献?相互之间有什么关系?举例说明。

4. 试述网络资源和数据库的优势?如何合理使用?

5. 如何进行信息检索？

6. 常用的信息检索方法有哪些？

7. 信息检索的基本原理是什么？

8. 简述检索语言的类型及其特点。

9. 简述信息检索的重要性及其在学习、研究中的作用。

10. 哪些措施可以提供查全率？哪些措施可以提供查准率？

11. 如何提高检索效果？

ER-02章习题

（刘　娜）

第三章

网络免费医药学术信息检索

学习目标

掌握常用网络信息搜索的方法，利用搜索引擎获取网络信息检索的策略与技巧。 搜索引擎的目录类搜索、全文搜索。 学术信息资源评价的要素、评价方法等等。

理解搜索引擎的工作原理；熟悉常用的搜索引擎和常见的开放获取资源。 熟悉国内外常用的医药信息网站、课件网站、图书网站等。

了解网络信息资源的特点；网络学术资源的类型；开放获取资源的概念。

能运用检索技术进行文献的查找。 能应用医学类 APP 辅助学习与生活。

在网络时代，信息资源的社会性和共享性日益突出，其数据庞大而丰富，成为人们获取情景免费资源的主要场所。

第一节　网络信息资源概述

一、网络信息资源及其特点

网络信息资源是指以电子资源数据的形式，将文字、图像、声音、动画等多种形式的信息储存在光、磁等非印刷质的介质中，通过网络进行发布、传递、储存的各类信息资源的总和。与传统的信息资源相比显示出新的特点：

1. 数量庞大，增长迅速　互联网是一个集多种信息资源为一体的资源网，政府、机构、企业、个人随时都可以在网上发布信息，因此网络资源增长迅速。网络上的信息资源呈指数级增长，人们信息需求的日益多样化、个性化，通过网络可以得到海量的学术资源。

2. 内容丰富，覆盖面广　网络信息资源几乎是无所不包，而且类型丰富多样，覆盖了不同学科、不同领域、不同地区、不同语种的信息，形式上包括文本、图形、图像、声音、软件、数据库等，网络信息包括学术信息、商业信息、政府信息、个人信息等，给用户提供较大的选择余地。

3. 信息质量参差不齐　任何用户都可以通过网络发布信息，但发布的信息没有严格的审查，缺少质量控制和管理机制，使得网络信息繁杂、混乱，质量参差不齐。同一信息在多个网站或数据库重复，用户查找信息时，需要进行相应的筛选。

4. 时效性强,传播方式动态 计算机和互联网的普及改变了传统的信息加工处理方式,网络信息加工、整理用时短,信息发布、更新、传播速度快,时效性强。与此同时,信息所在的网站、网页都在不断地变化。

二、网络学术信息资源类型

网络学术信息资源按数据类型划分:

1. 电子出版物资源

(1)电子图书:以数字代码方式将图、文、声、像等信息存储在磁、光、电介质上,通过计算机或类似设备使用,可复制发行的大众传播体。电子图书数据库分为两类,一类是由纸质图书数字化后形成;另一类是依托网络出版发行和销售的纯电子版图书。常用的外文图书数据库如 InTech Books、Free Medical Books 等。

(2)电子期刊:一种非常好的媒体表现形式,它兼具了平面与互联网两者的特点,且融入了图像、文字、声音、视频、游戏等相互动态结合来呈现给读者,还有超链接、及时互动等网络元素,是一种很享受的阅读方式。

(3)电子报纸:是将新闻和广告等内容以数字化形式保存在计算机内,读者通过电信通信终端办公或家用计算机访问的报纸。是电子计算机和电视广播相结合的产物,它在信息社会中,它可提供比普通报纸更为详尽的信息。

(4)会议信息数据库:会议信息分为会议预告信息和会议文献。会议预告信息可以通过会议网站、学术团体的机构网站获取,如中国学术会议在线、丁香会议等。

(5)专利文献数据库:专利文献数据库指专利局公布或归档的与专利有关的文献,包括专利说明书、专利公报、专利分类资料、专利检索工具等。多数专利文献可以在网上免费获取,如国家知识产权局官方网站等。

(6)政府出版物:由政府机关负责编辑印制的,并通过各种渠道发送或出售的文字、图片、以及磁带、软件等。其内容广泛,分为行政文件和科技文献。行政文件包括政府法令、规章制度、方针政策、指示决议和调查统计等。科技文献包括科技报告、技术改革、调查报告、科技资料和科学技术政策等,具有很高的参考价值。

2. 学科专业论坛 论坛是一种交互性强,内容丰富而及时的 Internet 电子信息服务系统,用户在 BBS 站点上可以获得各种信息服务、发布信息、进行讨论、聊天等等。各类综合性门户网站或者功能性专题网站有开设自己的论坛,以促进交流,增加互动性和丰富网站的内容。

学科专业论坛主要提供交互式学术讨论园地,供专家学者进行学术交流,如专利论坛、生物信息学论坛等。医学论坛是网络医学信息的重要载体之一。

3. 专家个人/机构博客 学术博客旨在发表学术思想,传播与交流学术观点以及共享学术知识、信息。这类博客以学术为主题,具有传播学术信息、表达学术见解、维护更新、保存记忆、写作、交互、建立联系等功能,能够揭示博客作者潜在的主题偏好。是获得开放存取资源的重要渠道之一。

4. 手机 APP　手机 APP 的应用价值日趋显现，越来越多的企业、学术团体开发专有的 APP，围绕市场、社交媒体、搜索引擎、门户网站、移动广告平台进行应用，已成为重要的网络信息资源发布利用平台，深受用户喜爱。医学 APP 应用也非常广泛，大致可分为医生工具类、单科疾病领域、自诊问诊平台，医联平台、患者平台和医生点评、医药电商平台、健康数据记录（软硬件结合结合）、健康指导、健康传播类种种，且发展增速很快，用户在应用时须考虑其权威性。

三、网络信息检索的基本方法

（一）搜索引擎法

搜索引擎法提供给用户进行关键词、词组或自然语言检索的工具，用户提出检索要求，搜索引擎代替用户在数据库中进行检索，并将检索结果提供给用户。是最为常规、最普遍的信息检索方法。此方法一般支持布尔检索、词组检索、截词检索、字段检索等功能。通常有目录检索（分类检索）、关键词查询（全文搜索）方式。优点是：省时省力，简单方便，检索速度快、范围广，能及时获取新增信息。缺点是：采用计算机软件自动进行信息的加工、处理，且检索软件的智能性不高，造成检索的准确性不理想。

（二）直接访问网页法

知道信息所在网页的地址或网络实名，可快捷地检索到结果。此方法适合于经常上网漫游的用户。其优点是节省时间、目的性强、节省费用，缺点是信息量少。

（三）在线数据库查询

利用网上的在线数据库进行查询，如在很多大学图书馆的网站上都有可供读者使用的专题数据库，以及本校学位论文的全文资料等。此外，一些数字出版商也建立了数字图书馆，通过网络提供信息服务。

（四）网络资源指南

利用网络资源指南进行查找相关信息是重要的网络信息宏观组织模式之一。大量提供互联网信息导航服务的商业网站除提供基于网上机器人自动搜索、全文检索技术为主的搜索引擎服务外，也提供由人工或半自动维护建库、以分类导航或分类摘要查询为主的网络资源指南导航服务。相对于搜索引擎检索服务，网络资源指南所提供的网络信息链接一般需经信息专业人员进行评价、筛选、组织，因此，其具有较强的专业性、权威性、条理性，信息价值更高。

点滴积累

1. 网络信息资源具有数量庞大，增长迅速；内容丰富，覆盖面广等特点。 其优势在于存储数字化、共享程度高、表现形式多样化。
2. 与传统资源以文字或数字形式表现相对比，网络信息资源形式更具多样化，可以是文本、图像、音频、视频、软件、数据库等，包含的文献类型从电子书刊报、商业信息、新闻报道、数据库、文献信息索引到统计数据、图表、电子地图等。
3. 网络信息检索的基本方法有直接访问网页法、搜索引擎法、在线数据库查询等。

第二节　搜索引擎

在网络信息爆炸的时代，要在浩瀚的网络中寻找所需要的信息资源无异于大海捞针，如何高效找到所需要的资源信息，搜索引擎网络检索工具成为人们利用网络的入口与指南。

一、搜索引擎概述

（一）搜索引擎及其作用

搜索引擎，指根据一定的检索策略、运用特定的计算机程序收集互联网上的信息，在对该信息进行组织和整理后，将结果返回给用户，为用户提供检索服务的系统。对普通网户而言，它就是一种查询工具，使用者可利用搜索引擎的强大功用，进行有技巧法的高效信息查找。对商家来说，它是一种赢利的产品或服务，作为产品，搜索引擎需要研制、改进和创新其搜索技术；作为服务，则需要更好地研究搜索引擎优化和推广。

（二）搜索引擎的工作原理

搜索引擎的基本工作原理包括数据采集、建立索引数据库、在索引数据库中搜索排序三个过程。

1. 数据采集　搜索引擎的自动信息搜集功能分两种：一种是定期搜索，即每隔一段时间搜索引擎主动派出“蜘蛛”程序，对一定 IP 地址范围内的互联网站进行检索，一旦发现新的网站，它会自动提取网站的信息和网址，加入自己的数据库；另一种是提交网站搜索，即网站拥有者主动向搜索引擎提交网址。

2. 数据标引　搜索引擎对采集而来的信息资源进行标引、编制摘要以形成规范的页面索引，并通过数据库管理系统建立相应的索引数据库。数据库中的每一条记录基本上对应一个网页，包括关键词、网页摘要、URL 等信息。

3. 数据检索　根据用户提出的查询要求，在索引数据库中检索符合条件的网页记录，将检索结果按相关度进行排序，相关度越高，排名越靠前。运行后将查询结果返还给用户。相关度主要包括检索词在网页中出现的次数、位置及网页被链接的次数。

（三）搜索引擎类别

1. 全文搜索引擎　又称关键词搜索引擎，是通过从互联网上提取信息，建立数据库，为用户提供以关键词方式进行全文检索的引擎。计算机索引程序会通过扫描文章的每一个词，对其建立索引，当用户以关键词查找信息时，搜索引擎会在数据库中进行搜寻，如果找到与用户查询条件匹配的相关记录，便会采取特殊的算法，根据各网页中关键词的匹配程度，出现位置或频次，链接质量等计算出各网页的相关度及排名等级，按顺序将搜索结果返回给用户。优点是：信息量大、更新及时、无须人工干预；缺点是：返回结果较多、查准率较低。典型的全文搜索引擎代表是：Google、百度、搜狗、有道等。

2. 目录搜索引擎　又称目录索引类搜索引擎或目录分类式搜索引擎，是按照一定规则和某种主题编制的一种可供检索的等级结构式目录，检索者只需逐层点击类目，即可找到与检索信息相对应的信息资源。它是一种属于浏览式的搜索引擎，是基于网站专业人员以人工方式或半自动方式将收集到的网站或网页信息进行整理，然后将其归到类目中，检索者可按照分类式目录查找相关网站或点击网页的链接地址。优点是：检索质量较高，准确性较强；缺点是：需要人工介入，维护量大，信息量少，更新不够及时等。著名的目录搜索引擎代表是：MSN、搜狐、网易、新浪等。

3. 元搜索引擎　又称集成化搜索引擎，是通过统一的用户界面，将检索者的查询请求同时向多种独立的搜索引擎进行递交，并将搜索到的信息处理后返回给检索者。它没有自己独立的数据库，而是将多个分布的、具有独立功能的搜索引擎组成一个虚拟的整体，检索者可以通过元搜索引擎的功能实现对这个虚拟整体中的各个独立搜索引擎数据库的访问。它的优点是：充分利用现有的独立搜索引擎资源，信息量更大、更全；缺点是：不支持多语种，检索语法转换的能力有限，不能自主选择和调用源搜索引擎。如 360 综合搜索、InfoSpace、Dogpile 等。

4. 垂直搜索引擎　又称专业或专用搜索引擎，是对某一行业或专业的信息进行检索的工具。这种搜索引擎主要是对某一特定领域的专门信息进行整合，抽取所需数据并进行处理，最终以某种形式返回给用户。它是搜索引擎的细分和延伸，其信息来源于门户网站自身的资源、普通用户和行业用户发布的资源等。它的优点是：功能强大、内容全面、查准率高、相关性强。目前热门的垂直搜索行业有：机票搜索、旅游搜索、生活搜索、小说搜索、视频搜索、购物搜索等，几乎各行各业都有自己的专业化搜索引擎，如物流垂直搜索引擎等。

5. 集合式搜索引擎　集合式搜索引擎类似元搜索引擎，区别在于它并非同时调用多个搜索引擎进行搜索，而是从用户提供的若干搜索引擎中选择。如 007Hi 集合式搜索引擎，可以提供百度、谷歌、必应、有道等搜索引擎。还有国外的 HotBot 等。

6. 门户搜索引擎　门户搜索引擎自身既没有分类目录也没有网页数据库，其搜索结果完全来自其他搜索引擎。如 AOL Search、MSN Search 等。

7. 免费链接列表　这类网站一般只简单地滚动排列链接条目，少部分有简单的分类目录，不过规模比目录索引要小得多。如友情链接平台等。

二、搜索引擎基本检索途径

（一）分类检索

搜索引擎的目录索引就是分类检索，分类方式主要有主题分类和学科分类两种。主题分类是以一些热点事物为主题目录，并将与主题目录相关的内容全部集中在一起。这种分类以事物为纲，适用交叉主题的内容。学科分类是以学科作为分类的标准，从大学科到小学科，逐级展开，最后进入站点的 URL。专业搜索引擎目录一般采用学科分类，如 Medical Matrix 等医学专业搜索引擎的网络分类目录。网络分类目录对于有目的地查找网络信息有重要的指引作用。用户只需点击鼠标逐级打开分类目录便能浏览到相关信息或网站。

（二）关键词检索

目前的搜索引擎并不能很好地处理自然语言，因此，在提交搜索请求时，找到的信息内容主题关联的关键词是保证查准的基本条件。通常需要在检索目标中筛选出表示主要概念的词，避免使用含义广泛、模糊的词和作用很小的词，如疑问词、叹词、助词等。尽量用简短的关键词和特征关键词。当单一关键词的搜索效果不太令人满意时，采用多个关键词的搜索往往会得到比较好的检索结果。

搜索引擎可以帮助使用者在 Internet 上找到特定的信息，但它们同时也会返回大量无关的信息。掌握检索技术应用技巧，将提高查全率和查准率，更快更好地找到您所需要的确切信息。

三、搜索引擎检索技术应用

（一）精确检索

精确检索指检索词与结果完全匹配的检索技术。通常是使用引号（“”）查找完全匹配的内容，如仅需查找要包含某个完整词组的结果时，只需用引号将搜索字词括住即可。精确检索能提高检索的精确度和准确度，又称为双引号检索、字符串检索。

（二）布尔逻辑检索

布尔逻辑检索也称作布尔逻辑搜索，严格意义上的布尔检索法是指利用布尔逻辑运算符连接各个检索词，然后由计算机进行相应逻辑运算，以找出所需信息的方法。其使用面最广、使用频率最高。布尔逻辑运算符的作用是把检索词连接起来，构成一个逻辑检索式。包括逻辑“与”、逻辑“或”、逻辑“非”（图 3-1）。在不同的数据库和搜索引擎中，所使用的逻辑符号可能有所不同。

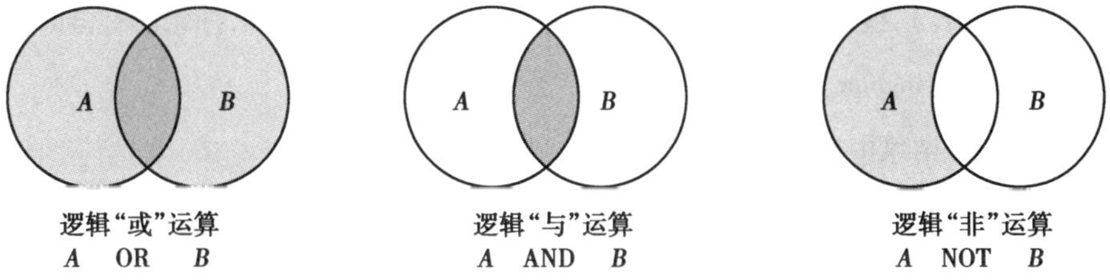

图 3-1　布尔逻辑检索示意图

逻辑“与”：用“AND”或“空格”或“+”表示。可用来表示其所连接的两个检索项的交叉部分，也即交集部分。如果用 AND 连接检索词 A 和检索词 B，则检索式为：A AND B（或 A * B）。如：“胰岛素治疗糖尿病”的检索式为：insulin（胰岛素）AND diabetes（糖尿病）。

逻辑“或”：用“OR”或“|”表示。用于连接并列关系的检索词。用 OR 连接检索词 A 和检索词 B，则检索式为：A OR B（或 A+B）。表示让系统查找含有检索词 A、B 之一，或同时包括检索词 A 和检索词 B 的信息。如：查找“肿瘤”的检索式为：cancer（癌）OR tumor（瘤）OR carcinoma（癌）OR neoplasm（新生物）。

逻辑“非”：用“NOT”或“—”号表示。用于连接排除关系的检索词，即排除不需要的和影响检索结果的概念。用 NOT 连接检索词 A 和检索词 B，检索式为：A NOT B（或 A—B）。表示检索含有检索词 A 而不含检索词 B 的信息，即将包含检索词 B 的信息集合排除掉。检索式：“关键词—关键词”，如：查找“动物的乙肝病毒（不要人的）”的文献的检索式为：hepatitis B virus（乙肝病毒）not human（人类）。需要注意，前一个关键词，和减号之间必须有一个字符的空格，否则，减号会被当成连字符处理，而失去减号语法功能。

（三）字段限制检索

在搜索引擎中，字段检索多表现为限制前缀符的形式。如属于主题字段限制的有：Title，Subject，Keywords，Summary 等。属于非主题字段限制的有：Image，Text 等。作为一种网络检索工具，搜索引擎提供了许多带有典型网络检索特征的字段限制类型，如主机名（host）；域名（domain）；链接（link）；URL（site）；新闻组（newsgroup）和 E-mail 限制等。字段限制检索可以用来控制检索结果的相关性，以提高检索效果。

搜索引擎提供范围限制类型主要有：

标题限制（t：或 title：），把搜索范围限定在网页标题中，检索式："intitle：关键词"，如：intitle：肿瘤检测技术。

文件类型限制（filetype：），把搜索范围限定在特定文档类型中，常用文档类型：ppt、xls、doc、pdf 等。检索式："filetype：文档类型限定"，如：求职书 filetype：doc。

域名限制（site：），把搜索范围限定在特定站点中。检索式："关键词 site：站点域名"，如：医学机器人 site：edu. cn。

网址限制（inurl：或 u：），将搜索结果限制在 URL 或者网站页面上。通常用于查找某些特定的内容页，如帮助页，也可以查找特定的文件，如音乐或者视频文件。检索式："inurl：关键词" 如：淘汰inurl：mp3。

超链接限制（link：），检索所有链接到某个特定 URL 的页面列表。如，搜索所有链向清华大学图书馆的链接，link：lib. tsinghua. edu. cn。

（四）二次检索（结果中检索）

二次检索就是在上一次检索结果内再次输入其他检索词进一步检索，起到缩小检索范围，提高查准率的作用。

（五）截词检索

截词检索是预防漏检提高查全率的一种常用检索技术。截词是指在检索词的合适位置进行截断，然后使用截词符进行处理，这样既可节省输入的字符数目，又可达到较高的查全率。尤其在西文检索系统中，使用截词符处理自由词，对提高查全率的效果非常显著。截词检索一般是指右截词，部分支持中间截词。常用"?"代替 0 或 1 个字符（有限截词）" * "代表 0 或 n 个字符（无限截词）。

四、综合性搜索引擎举要

（一）百度

1. 概述　1999 年由李彦宏和徐勇共同创建，是全球最大的中文搜索引擎，包含新闻、网页、贴吧、知道、音乐、图片、视频、地图、文库、百科等多个功能性搜索。其网址为：http://www. baidu. com/。

百度还提供了快照、相关搜索、拼音提示、错别字提示、英汉互译词典、计算器和度量衡转换、专业文档搜索、股票、列车时刻表和飞机航班查询、高级搜索语法、高级搜索和天气查询、货币换算、搜索框等网页搜索特色功能。

百度首页实现了“门户化、导航化、定制化、应用化”，在页面可增加网址导航、实时热点、应用、新鲜事等界面，百度用户登录后即可看到新首页。百度开通了一号直达功能，只要从百度首页登录后，可直接到达其他很多网站。百度基于框计算技术概念为第三方开发者提供了开放平台。

知识链接

竞价排名

竞价排名是一种按效果付费的网络推广方式，由百度在国内率先推出，竞价排名按照付费最高者排名靠前的原则，对购买了同一关键词的网站进行排名的一种方式。

百度在竞价排名搜索的结果后面标注出“推广”二字。竞价排名给网络时代的企业带来效益和效率。有专家指出：“搜索引擎的竞价排名会将太多的商业因素引入检索结果的组织过程中，很有可能使得原本相关度不高的网站信息排名靠前而使相关度高的网站靠后，这将会在一定程度上使结果集合的相关度失真，从而影响用户对检索结果中所含信息的准确判断与获取。”

2. 检索方法

(1)基本检索：百度基本检索规则如表 3-1 所示。

表 3-1　百度基本检索规则

检索规则	符号	说明
逻辑与	空格	不支持：“AND”和“+”
逻辑或	|	语法是“A|B”
逻辑非	-	“-”之前必须留空格
完整关键词	“”	除“”外，百度特有支持《》
文件类型限定	file type:	支持 pdfdoc，xls，ppt，rtf 格式
网页标题限定	title:()	“()”为半角，“()”输入标题内容
站内搜索	Site:()	“()”为半角，“()”输入指定网址

(2)高级检索：在高级搜索中，用户通过检索文本框和下拉列表来确定检索条件，可从搜索结果、语言、文件格式、日期、字词位置、网域等多方面限定检索范围，可使用“高级搜索”页缩小复杂搜索查询的网页搜索结果的范围。点击百度首页右上方的“设置”，选择高级搜索，即可进入高级搜索界面。

【检索示例 3-1】用百度高级搜索筛选最近一年有关中药识别方面的文章。

操作步骤如下：

第一步：百度搜索首页，并点击设置中的高级筛选。

第二步：进入高级搜索界面，图 3-2；已修改图 3-2。

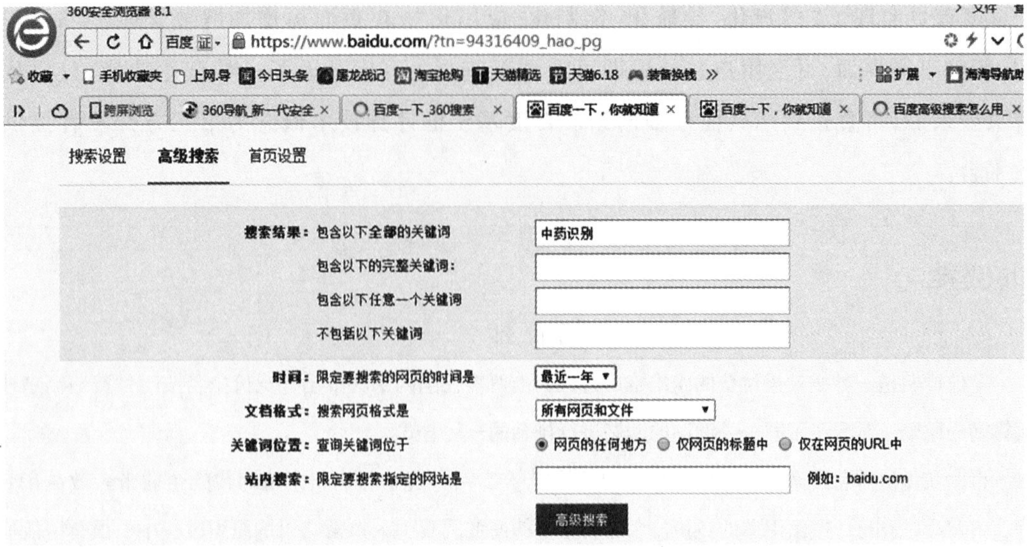

图 3-2　高级搜索界面

第三步:点击高级搜索,即可进入相应的界面(图 3-3),查找相关的文献。

图 3-3　搜索结果图

第四步:选择相似结果寻求答案。

百度高级搜索可划分为“搜索结果”区域和“检索控制条件”区域。

1)“搜索结果”区域,提供4个输入框,代表4种匹配方式,依次为逻辑“与”、精确检索、逻辑“或”、逻辑“非”。用户在该区域输入内容检索条件,用来表达检索内容的主题概念。需要注意的是“搜索结果”区域需要至少填写一个输入框,而且只能输入检索词,不能输入检索式,否则百度将无法检索。

2)“检索控制条件”区域,包含时间、文档格式、关键词位置、站内搜索,用于缩小检索结果范围。

(3)其他功能

1)百度百科:成立于2006年4月,旨在创造一个涵盖所有领域知识、服务所有互联网用户的中文网络百科全书。本着平等、协作、分享、自由的互联网精神,所有人共同协作编写百科全书,让知识在一定的技术规则和文化脉络下得以不断组合和拓展。

2)百度知道:全球最大的中文互动平台,是知识搜索的杰出代表。其最大的特点是与搜索引擎相结合,通过构建一个问答平台把用户的隐性知识变成显性知识,并对答案进行沉淀,组织形成了新的信息库。

3)百度文库是百度发布的供网友在线分享文档的平台。百度文库的文档由百度用户上传,需要经过百度的审核才能发布,百度自身不编辑或修改用户上传的文档内容。网友可以在线阅读和下载这些文档。百度文库的文档包括教学资料、考试题库、专业资料、公文写作、法律文件等多个领域的资料。百度用户上传文档可以得到一定的积分,下载有标价的文档则需要消耗积分。当前平台支持主流的doc(.docx)、.ppt(.pptx)、.xls(.xlsx)、.pot、.pps、.vsd、.rtf、.wps、.et、.dps、.pdf、.txt文件格式。

(二)Google

1. Google概述 Google是1998年创建的。是一家美国的跨国科技企业,致力于互联网搜索、云计算、广告技术等领域,目前被公认为全球规模最大的搜索引擎,每天处理数以亿计的搜索请求,允许100多种语言进行搜索,并向其他目录索引和搜索引擎提供后台网页查询服务,属于全义搜索引擎。可提供新闻、图片、翻译、视频、地图等多元化服务,并采用关键词检索和分类目录浏览两种检索方式,能搜索多种类型文件,包括HTML文件和PDF、DOC、PPT、SWF等多种非HTML文件类型。其网址为:http://www.google.com。

2. 检索功能

(1)关键词检索:是Google最主要、最常用的搜索,打开Google网站,默认显示网页搜索界面,可按照前面讲述的检索策略,输入关键词,然后选择“Google搜索”或“手气不错”,两者的区别是:“手气不错”将输出界面自动进入到“Google搜索”查询结果的第一个网络链接上,而其余结果不予以显示。其关键词检索包括简单检索和高级检索,简单检索用户只需将所要检索的关键词直接输入到检索框中即可。如果检出结果较多,为缩小检索范围,获取更加准确的信息,可以选择高级检索。用户只需点击Google主页右上角的选项,选择高级检索即可进入其检索界面。

(2)目录检索:如果检索人对查询的领域熟悉,只想寻找某些专题网站,首先考虑用目录检索,Google根据其专业的“网页级别”技术对目录中登录的网站进行了排序,可以使检索更具高效率,按所需主题确定沿某类分类目录层层查找网站。目录分类的检索方式明确,其下网站按专题分类信息集中,剔除了大量不相关的信息。

3. Google 特色

(1)网页快照:又称网页缓存。其作用是帮助我们查找某些原链接处不存在,或者更换了内容的网页。对于我们查找过去的一些页面是很有帮助的。

(2)Google 图片:用户可以直接在检索框中输入要检索的图片关键词。输出结果包括图片本身,还包括图片的来源、大小、类型等内容。此外,Google 的图片搜索还提供搜索 Logo(徽标)功能,在检索框中输入“logo-关键词”或“logo-网站名称”即可检索出网站徽标中含有该关键词的图标。

(3)生活应用:Google 可以进行资讯搜索、大学搜索、网站导航、实现货币转换、计算器、天气查询、金融信息、Google 翻译、地图以及在 Google 上投放广告等生活应用检索操作,非常方便。

4. Google 图书搜索　可以用来搜索并预览来自全球图书馆和出版商的千百万册图书。它通过与图书馆、出版社以及作家合作,将图书资料扫描存档,然后在网上提供搜索和浏览,以及选购或借阅这些图书的地址。目前 Google 图书搜索提供的图书分为四种显示方式:无预览、部分预览、内容摘录和阅读全书。Google 对那些不受版权保护的图书或出版商已经授权的图书,用户可以浏览全文,对于公众领域的图书,用户还可以免费下载 pdf 副本。其网址为:books. google. com。

5. Google 翻译　免费的翻译服务,可提供 80 种语言之间的即时翻译,支持任意两种语言之间的字词、句子和网页翻译。可分析的人工翻译文档越多,译文的质量就会越高。由于译文是由机器生成的,因此并不是所有的译文都是完美的。

2017 年 3 月,最新版手机 Google 翻译在国内可用,实现 32 种语言即时语音互译,甚至能同时识别两种语言。在谷歌翻译中输入内容即时显示翻译结果,能享受翻译的便利。除了同声传译,还可实现相机即时翻译,将相机镜头对准相应的图片,即时翻译出图片中的文字,且无须联网,不耗流量。相机拍照翻译功能只局限于水平拍摄的文本。

(三) 其他搜索引擎

网易,http://www. 163. com/

新浪,http://search. sina. com. cn/

搜狐,http://www. sohu. com/

(四) 图片与地图信息检索

1. 图片搜索　图片搜索是通过搜索程序,向用户提供互联网上相关的图片资料的服务。图像搜索的工作原理是利用网络蜘蛛(Smart Spider)技术,通过分析页面上图像附近的文字、图像标题以及许多其他元素来确定图像的内容,并使用复杂的算法删除重复信息,并确保在搜索结果中首先显示质量最好的图像。常用的图片搜索引擎有:

百度图片搜索,支持图片格式为 JPEG、GIF、PNG 和 BMP 格式的图片。在搜索时,您可以选择搜索全部图片,这样将最大范围地搜索到您要找的图片。您也可以选择仅搜索某一格式的图片。其网址为:http://image. baidu. com/。

Google 图片搜索,其以图搜索,可进行的逆向图片搜索功能搜索图片,使用图片进行搜索时系统返回的搜索结果可能包括类似图片、包含相应图片的网站、其他尺寸的匹配图片。其网址为:http://images. google. com。

TinEye 识图，是加拿大 Idée 公司研发的相似图片搜索引擎，典型的以图找图搜索引擎，上传本地图片或者输入图片网址，自动帮你搜索相似图片，搜索准确度相对来令人满意。允许上传的图片文件类型有 JPEG，PNG 和 GIF，图片文件大小限制为 1 兆字节的最大文件大小。其网址为：http://tineye.com/。

【检索示例 3-2】用百度搜索引擎进行指定图片搜索

图片搜索可以搜索出相似度一样的图片，比如用手机拍了一朵中草药植物图，但是不知道具体的名称，那么就可以用图片搜索得到答案。

操作步骤如下：

第一步：百度搜索首页，并点击图片标签页；

第二步：跳到图片页面之后，点击下百度搜索左边的照相机图标，点击之后进入图片搜索界面；

第三步：可以拖一个图片到这个框里面，也可以从本地上传，我们选择本地上传。点“百度一下”按钮，得到比对图片搜索结果页面；

第四步：选择相似结果寻求答案，OK！

需要注意的是，上传图片尽可能清晰，搜索匹配结果准确率也就越高，只要是图片数据库收录的图片都可以被快速定位出来了。在自己的手机上下载安装手机百度软件，也可方便地提交图片搜索功能搜索物品、地点等。

2. 地图信息检索　电子地图，即数字地图，是利用计算机技术，以数字方式存储和查阅的地图。电子地图储存资讯的方法，一般使用向量式图像储存，地图比例可放大、缩小或旋转而不影响显示效果。地图搜索衍生出的服务广泛，用户可以查询公交，查找路线，查询全国地图，也可查询街道、商场、楼盘的地理位置，也可以找到离用户最近的所有餐馆、学校、银行、公园等。在选择地图搜索服务时要考虑产品的及时更新准确性及搜索反应的速度等要素。

常用地图网站有：

百度地图，是百度提供的一项网络地图搜索服务，覆盖国内近 400 个城市、数千个区县。提供了普通搜索，周边搜索和视野内搜索三种方法，提供公交换乘、驾车导航等查询功能，实现了优化路线算法、实时路况功能；其公交搜索提供公交方案查询、公交线路查询和地铁专题三种途径。产品也提供丰富的周边生活信息。百度房产地图中用户可查阅目标房源地理位置、房价等基本信息，还可以了解房源周边环境、交通、生活配套等信息，更可通过强大的测距功能为网络看房带来身临其境的便利。其网址为：http://map.baidu.com。可通过百度移动助手“软件”导航下载，网址为：http://shouji.baidu.com/。

谷歌地图，是 Google 公司提供的电子地图服务，包括局部详细的卫星照片。整合了街景和 3D 技术，可为用户提供逼真的浏览体验。使用 Google 本地搜索查找世界各地的地址、地点和商家及评价信息。支持计算机和手机之间同步搜索、路线和最喜爱的去处信息。提供语音行车路线导航及全球各个城市的实时路况信息。在街景视图中可查看世界各地的 360 度全景图，浏览全球超过 10 万个商家的内部环境。其网址为：http://www.google.cn/maps。

凯立德地图，是国内移动导航系统知名品牌，提供全国范围内地图浏览，地点搜索，公交驾车查询服务。提供最新、最快、最权威城市及城际道路的独创事件型实时交通信息服务。例如道路施工、道路封闭、交通事故、临时检查、城际路况等信息，第一时间告知车主道路是否拥堵，并直接呈现出拥堵原因，让车主可以做出更有效的判断，极大地方便了消费者日常的行车导航和信息查询。

图吧导航，是图吧科技为手机用户开发的专业地图导航软件，有强大的地点搜索及路线查询功能，有持续数据更新，提供实时油价，直观价格显示，每天更新，带您找到最便宜的加油站；罗盘模式地图指南针，依据手机朝向自动旋转地图，让你不再迷失方向；驾车导航服务提供导航路线规划，全程语音播报、电子眼提醒，实时路况信息，支持我的位置周边餐饮、购物、停车场等信息点搜索。

彩虹公交，是一款基于安卓和 IOS 的公交查询手机软件，绿色无广告，全国、免费、数据最新最全，支持全国 400 多个城市，115 万个公交站点，4 万多条线路查询，包括夜班车、地铁线路图、公交地铁查询，换乘方案的地图走向对比，支持公交地铁混合换乘查询，支持地图选点查询换乘方案。数据包括站点名称、站点经纬度、线路名称和线路经纬度，首末班时间、票价、发车间隔、车辆类型、公交公司等信息。

五、学术搜索引擎

（一）学术搜索引擎

学术搜索引擎是搜索学术资源的引擎。其检索结果的资源以学术论文、国际会议、权威期刊、学者为主。随着新一代搜索引擎的快速发展，学术搜索引擎应具备个性化、智能化、数据挖掘分析、学术圈等特色。

（二）常用学术搜索引擎介绍

1. 百度学术　百度学术是涵盖中英文学术期刊文献、会议论文和学位论文等学术资源的搜索引擎。百度学术搜索可检索到收费和免费的学术论文，并通过时间筛选、标题、关键字、摘要、作者、出版物、文献类型、被引用次数等细化指标提高检索的精准性。信息主要来源于国内全文数据库中国知网、万方数据、维普资讯及国外的一些数据库如 Science Direct、WEB OF SCIENCE 等。可以对检索结果进行后限定，包括对时间、学科领域及是否来源于核心期刊进行筛选。百度学术提供基本检索和高级检索两种检索途径。其网址为：http：//xueshu. baidu. com。

ER-3-1　百度学术搜索

2. 谷歌学术　Google 学术搜索是一个专门用于搜索网上学术信息资源的搜索引擎。用户从一个位置可以搜索众多学科和资料来源，包括学术著作出版商、专业性社团、预印本、各大学及其他学术组织的经同行评论的期刊论文、学位论文、同行评议、书籍、预印本、标准文献、会议文献和技术报告等，学科范围包括自然科学、人文科学、社会科学等，侧重医学、物理、经济、计算机等学科，可反映出相关学术领域的科学前沿动态。Google Scholar 主要优点是按相关度排序，提供全文检索及非在线文章搜索，有多界面检索途径，方便好用。其网址为：http：//www. scholar. google. com/。

3. 其他学术搜索

万方学术搜索，http：//www. sciinfo. cn/

CNKI 知识搜索，http://scholar.cnki.net/

读秀学术搜索，http://www.duxiu.com/login.jsp

Medical Matrix，http://www.medmatrix.org/index.asp（临床医学及卫生保健类）

Medscape，http://www.medscape.com（临床医学、药学类）

Find Articles，http://findarticles.com/

六、医药专业搜索引擎举要

（一）中文医药搜索引擎

1. 用药安全网　用药安全网是以数字化信息和医药健康为核心的医药专业搜索引擎，拥有最全的国内疾病、药品资料数据库。该网站的药物数据库中药品信息都是来自国家审批的药物信息及中国药典等权威和专业机构。设有：健康全搜、药品查询、药品口碑、用药安全公告、医药新闻、专家咨询、医药常识、用药专题等版块，从不同角度向广大用户提供了寻医问药的专业化咨询。其网址为：http://www.yongyao.net。

2. 医药在线　医药在线网站是由中国市场学会主管、中国健康产业市场发展委员会主办，美国IBM公司参与战略合作的大型专业网站，是一个面向医药单位和消费者（患者）的公共信息平台。设有医药行业动态、药品、健康知识、医药单位及药品查询等内容。药品查询时，用户可以直接在检索框当中输入药品名称，即可了解到该药品的别名、适应证、药理作用、不良反应、用法用量、禁忌证等详细内容。其网址为：http://www.cnm21.com。

3. 中国医学生物信息网　中国医学生物信息网（CMBI）是由北京大学心血管研究所、北京大学人类疾病基因研究中心和北京大学医学部信息中心协作开发的综合性、非商业性医学生物信息网。设有：医学新闻、最新文章、特别报道、Insight、专题网页、今日临床、数据库和相关信息版块。其网址为：http://cmbi.bjmu.edu.cn。

4. 医学导航网　医学导航网收录的大量的医学实用和常用网址，为医学生和医务工作者深入了解医学网络资源提供导航服务。该网站内容包括：大众健康、医学学术、求职求学、组织机构、资源分类、生活医疗和医学期刊七大主题，每一主题下又设置若干小类，用户可根据需要进行分类目录浏览。有“网址推荐”和按学科分类的“医学实用网址”。其网址为：http://www.meddir.cn。

（二）英文医药搜索引擎

1. HON（Health On the Net Foundation）　HON 是瑞士日内瓦组织的非营利性“健康网络基金会”主办的免费的全文医学搜索引擎，为普通用户和医学专业人员提供可靠的在线健康信息。有 patient/individual（个人）、medical professional（医学专业人员）和 web publishier（网络出版者）三种入口形式，提供 HONcode、HONsearch、HONtool 和 HONtopic 四大栏目。其中，HONsearch 是医学专业的搜索引擎，为用户提供了方便可靠的检索结果，以便用户检索分子生物和稀有疾病等数据库，查询发生在全世界的健康会议和视频等。其网址为：http://www.hon.ch/index_cn.html。

2. Medical Matrix（医源）　Medical Matrix 是美国医学信息学会建立的临床医学信息资源指南系统，是以收集临床医学信息为主的医学专业搜索引擎。它设有：Specialities（分类）、Diseases（疾病)、Clinical Practioce(临床实践)、Literature(文献)、Education(教育)、Healthcare and Professinals(卫生保健和专家)等八大分类目录,以及包括 Medline(文献分析和检索系统)、Textbooks(教科书)、CME(医学继续教育)、News(新闻)、Journal(期刊)、Patient Education(患者教育)等特色链接。其网址为:http://medmatrix. org/。

3. Medscape(医景)　Medscape 是美国 Medscape 研制的由搜索引擎 AltaVista 支持的医学专业网站,主要为医务工作者提供最及时、最方便、最相关的高质量专业医学信息。该网站设有 News(新闻)、Reference(参考)和 Education(教育)三大栏目,内容涵盖临床与预防医学共 37 个学科与主题,还有关于心脏病学等 33 个临床各科相关链接,点击可以查看相应学科或相关疾病的新闻、观点以及期刊文献。其网址为:http://www. medscape. com/。

4. 其他医学专业搜索引擎

Omnimedicalseach,http://www. omnimedicalsearch. com/

MedExplorer,http://www. medexplorer. com/

myOptumHealth,http://www. myoptumhealth. com/

Medical World Search,http://www. mwsearch. com/

新一代智能搜索引擎关键技术结合了人工智能技术,除了能提供传统的快速检索、相关度排序等功能,还能提供用户角色登记、用户兴趣自动识别、内容的语义理解、智能信息化过滤和推送等功能。

在医学搜索引擎的选择时也应注意其可信度、检索方式、注册与付费与否等方面因素。

点滴积累

1. 搜索引擎的出现和应用,使得在网络中高效地获取信息成为可能,其搜索技巧的娴熟运用可以极大地提高信息获取的效率。
2. 搜索引擎的检索方式包括:分类目录浏览和关键词检索;常用检索技术有:布尔逻辑检索、字符串检索、截词检索、限定检索。提炼关键词须输入正确的关键词、细化搜索条件,搜索条件越具体,搜索引擎返回的结果也会越精确。
3. 学术搜索引擎是专门搜索学术资源的搜索引擎,具有信息涵盖广、重复率低、相关性好、学术性强等特点。随着新一代搜索引擎的快速发展,学术搜索引擎将更具备个性化、智能化、数据挖掘分析、学术圈等特色,是科学研究的好助手。

第三节　开放获取资源

一、开放获取资源概述

开放获取(Open Access,OA)是一种基于互联网,一般采取作者(机构)支付出版费,读者免费使用的新型学术交流和出版模式。是国际学术界、图书情报界和出版界为了促进科研成果的自由传播、免费供用户自由获取而发起的运动。

OA 兴起于 2001 年。用户通过公共互联网可以免费阅读、下载、复制、传播、打印和检索论文的全文,或者对论文的全文进行链接、为论文建立索引、将论文作为素材编入软件,或者对论文进行任何其他出于合法目的的使用。对复制和传播的唯一约束,以及版权在此所起的作用是,应该保证作者拥有保护其作品完整性的权利,并要求他人在使用作者的作品时以适当的方式表示致谢并注明引用出处。

二、开放获取期刊

开放存取期刊(Open access journal,OAJ)在 20 世纪 90 年代末兴起。通常有两种模式:一种采取是采用 OA 出版模式,一般需要作者支付出版费用,读者免费获取。分为完全 OA 期刊、部分 OA 期刊和延时 OA 期刊。另一种为开放仓储(Open Repositories and Archives)模式,研究机构或作者本人将已发表或未公开发表的文献存储在学科知识库、机构知识库或个人网站上供免费获取。

(一) 国内开放获取期刊

1. 中国科技期刊开放获取平台(China Open Access Journals,COAJ)　由中国科学院主管,中国科技出版传媒股份有限公司主办,北京中科期刊出版有限公司承办。为开放获取、学术性、非营利的科技文献资源门户,于 2010 年 10 月上线运行。目标是建设成为一站式的中国科技期刊 OA 集成平台和门户,强化科技期刊的学术交流功能,提升中国科技期刊的学术影响力,引领中国科技信息的开放获取。其网址为:http://www. oaj. cas. cn/introduction/index. jhtml。

2. 中国科技论文在线　经教育部批准,由教育部科技发展中心主办。该网站打破传统出版物的概念,免去传统的评审、修改、编辑、印刷等程序,给科研人员提供一个方便、快捷的交流平台,根据文责自负的原则,只要作者所投论文遵守国家相关法律,为学术范围内的讨论,有一定学术水平且符合中国科技论文在线的基本投稿要求,可在一周内发表。其网址为:http://www. paper. edu. cn。

3. 国家自然科学基金委员基础研究知识库　作为我国学术研究的基础设施,收集并保存国家自然科学基金资助项目成果的研究论文的元数据与全文,向社会公众提供开放获取。科学基金全部或部分资助的科研项目投稿并在学术期刊上发表研究论文,作者应在论文发表时,将同行评议后录用的终审定稿不晚于发表后 12 个月内存储到机构知识库。其网址为:http://or. nsfc. gov. cn/。

(二) 国外开放获取期刊介绍

1. 生物医学中心(BMC)(BioMed Central,BMC)　是全球领先的开放获取出版社,于 1999 年在英国成立,主要提供网上开放存取、经过同行评议的生物医学领域的研究论文。BMC 的学科范围涉及生物学、医学等领域,包括麻醉学、生物化学、生物信息学、生物技术、细胞生物学、化学生物学等学科。BMC 提供快速检索、高级检索功能,提供刊名字顺和主题分类两种导航模式。文献导航界面可按发表日期、热点、增刊等方式排序。用户需要先免费注册,其网址为:https://www. ncbi. nlm. nih. gov/pmc/。

2. OA 期刊列表 DOAJ(Directory of Open Access Journal,DOAJ)　由瑞典隆德大学图书馆创建和维护,其内容涉及了所有学科和多种语言,它提供可存取的经质量控制的开放存取期刊,通过同行评价保证文章质量，并通过 DOAJ 标识对文章进行分级。目前有 135 个国家的 10 048 种期刊被收录到了该目录中，其中的 5921 种可以进行全文检索。用户无须登录，可以通过主题分类和关键词检索两种途径查找期刊或文献，其网址为：http://www.doaj.org/。

3. High Wire Press　由美国斯坦福大学（Stanford University）于 1995 年建立，是免费提供全文的、全球最大的学术文献出版商之一，提供高质量、经同行评议的网络期刊。如《生物化学杂志》（the Journal of Biological Chemistry）、《科学》（Science Magazine）、《新英格兰医学杂志》（the New England Journal of Medicine）、《美国国家科学院院刊》（PNAS）等刊物。收录范围覆盖生命科学、医学、物理学、社会科学等学科领域，网站提供分类浏览和关键词检索。其网址为：http://highwire.stanford.edu。

三、预印本

（一）预印本概述

预印本（Preprint）是指科研工作者的研究成果还未在正式出版物上发表，而出于和同行交流目的自愿先在学术会议上或通过互联网发布的科研论文、科技报告等文献，具有交流速度快、利于学术争鸣、可靠性高的特点。

（二）常用预印本系统简介

1. 中国预印本服务系统　中国预印本服务系统是由中国科学技术信息研究所与国家科技图书文献中心联合创办的，为国家科学技术部科技条件基础平台面上项目的研究成果。该系统主要收藏国内科研人员提交的学术性预印本文章，并使其实现检索、浏览、评论等功能。提供自然科学、医药科学、人文与社会科学、工程与技术科学、农业科学等五大类分类浏览方式。目前，该系统已经并入 NSTL 网络系统中，注册用户可直接提交自己的文章电子稿，并可进行追加、修改，系统将严格记录作者提交文章和修改文章的时间，便于作者在第一时间公布自己的创新成果。其网址为：http://prep.istic.ac.cn/。

2. 国外常用预印本系统

1）RePEc：由全球 63 个国家的 100 多位志愿者共同建立的可以公开访问的网站，致力于促进经济学及相关学科研究成果的广泛传播与交流，从而促进经济学研究。其网址为：http://repec.org/。

2）BioRxiv：生物学家专有的预印本文献库。它只针对生命科学领域，不涉及医药学。人类基因数据是一个例外。其网址为：https://www.biorxiv.org/。

四、开放获取仓储

开放获取仓储改进了原有的学术传播机制与途径，促进了学术交流与进步，展示了科研人员的学术水平与社会价值。

（一）开放获取仓储概述

开放获取仓储（Open Access Repository），对于有版权，但是出版社允许进行自存储（self-archiving)的作品,作者可以放到信息开放存取仓库中,例如论文、专著等;对于没有版权的作品,作者可以直接放到信息开放存取仓储中,例如讲义、PPT 等。其类型分有个人型、机构型、学科型,其质量则良莠不齐,在使用时需要认真加以甄别。

(二) 常用开放获取仓储网站

麻省理工学院机构仓储,http://web. mit. edu/

香港科技大学机构仓储,http://repository. ust. hk/dspace/

五、开放获取资源检索

(一) Socolar

是中国教育图书进出口公司开发的“一站式”OA 资源检索平台。该平台是国内首个综合性的免费开放式获取资源平台。全面揭示和收录全球范围内的 OA 资源,该平台现有 OA 期刊 11 739 种,仓储书目 1048 个,总计文章 2389 万余篇。支持普通搜索,浏览式搜索,专家逻辑检索,通配符(*)搜索,高级搜索(基于文章名,作者,文摘,关键字,刊名,出版商,出版年度和学科)等搜索方式。Socolar 采用多服务器均衡负载,并且光纤接入教育网,能够保证在毫秒级的时间之内进行检索。其网址为:http://www. socolar. com。

(二) ScienceDirect 全文数据库

Elsevier 是荷兰一家全球著名的学术期刊出版商,每年出版大量的学术图书和期刊,大部分期刊被 SCI、SSCI、EI 收录,是世界上公认的高品位学术期刊。近几年该公司将其出版的 2,500 多种期刊和 11,000 图书全部数字化,即 ScienceDirect 全文数据库,并通过网络提供服务。其是 Clinical Medicine(临床医学)291 种、Life Science(生命科学)437 种。提供简单检索和高级检索,其网址为:https://www. sciencedirect. com/。

(三) OAIster

这是一个提供电子图书、电子期刊、学位论文、录音、图片及电影等数字化资料“一站式”检索的门户网站。资料源自 200 多家机构。可按关键词、题名、创作者、主题或资源类型检索。检索结果含资源描述和该资源链接。标引对象包括国会图书馆美国记忆计划、各类预印本及电子本文献服务器、电子学位论文。其网址为:http://www. oaister. org/。

点滴积累

1. 开放获取(Open Access, OA)是一种基于互联网,一般采取作者(机构)支付出版费,读者免费使用的新型学术交流和出版模式。 是国际学术界、图书情报界和出版界为了促进科研成果的自由传播、免费供用户自由获取而发起的运动。
2. 开放获取的核心特征是在尊重作者权益的前提下,利用互联网为用户免费提供学术信息和研究成果的全文服务。
3. 常见的开放获取资源包括开放获取期刊、预印本系统和开放获取仓储等。

第四节　移动互联网信息检索

一、移动互联网信息检索概述

（一）移动互联网和移动搜索的概念

移动互联网是一种通过智能移动终端，采用移动无线通信方式获取业务和服务的新兴业务，包含终端、软件和应用三个层面。终端层包括智能手机、平板电脑、电子书等；软件包括操作系统、中间件、数据库和安全软件等。应用层包括休闲娱乐类、工具媒体类、商务财经类等不同应用与服务。

移动搜索是指以移动设备为终端进行对互联网的搜索，从而高速、准确地获取信息资源。如Wi-Fi网络和移动互联网络，以手机、平板电脑及其他具有无线上网功能的移动终端为信息读取设备，将分布在传统互联网和移动互联网上的数据信息，进行搜集整理供用户查询。进一步打破了地域网络设备的局限，满足了用户随时随地检索信息的需求。

（二）移动信息检索的特点

1. 可以不受地点的限制　只需一部手机或是可以连入移动网络的平板电脑等移动终端设备，就可以满足用户任何地点的数据检索需要，完成检索过程。

2. 移动检索的技术多样化与个性化　移动检索除提供传统的桌面所采用的关键字检索，还增加了语音检索、图片检索、手势检索、视觉检索及基于地理位置的检索方式。移动检索可以针对用户的地理位置提供个性化的内容。

3. 检索方式客户端软件化　随着智能手机和iPad等移动终端设备的普及，人们正逐渐习惯于使用APP客户端上网的方式。这些APP支持更丰富的交互设计、更好的用户体验，可以获得用户位置，使用摄像头及高效互动，如主动推送通知、后台任务等。学术信息的出版机构也加入APP开发与应用的大潮，学术信息的检索出现客户端软件化的趋势。

二、移动搜索APP

APP是Application的简称，指智能手机的第三方应用程序，是基于各种移动智能终端系统，集平台、资源、社交于一体的移动应用程序。移动网络中各类信息多以各类APP为载体。比较著名的应用商店有苹果的App Store，谷歌的Google Play Store，安智市场，还有黑莓用户的BlackBerry App World，微软的Marketplace等。

1. 移动图书馆APP　信息源既包括信息机构，也包括信息载体，图书馆是最重要的学术信息来源，让读者在任何时间任何地点享受到图书馆的服务，一直都是图书馆服务追求的最高目标。在手机、IPad、电子阅读器等移动终端上使用。图书馆服务是图书馆服务发展的一种趋势。如超星移动图书馆、汇文掌上图书馆等。

2. 数据库APP　随着智能移动设备的普及和移动互联网的迅速发展，数据库出版商纷纷借助移动网络开展自己的移动服务。例如,中国知网、超星移动图书馆、EBSCO等国内外知名数据库出版商都提供移动服务。此类APP应用按内容可分为科研、学习、工作型应用、生活、事务型应用。图书馆也广泛借助数据库出版商的移动服务平台开展移动图书馆服务,并根据目标用户的不同提供多样化、差异化的服务。

三、移动互联网医疗应用

种类繁多的移动医疗APP,提供了便捷及时的医疗资讯和诊疗服务。移动互联网的快速发展催生了新的医疗健康信息化服务模式。移动互联网医疗应用涉及的范围非常广泛,有医疗咨询、诊疗知识宝典、预约挂号、健康自测、药物和疾病手册、急救助手、手机药店、慢病管理等。其主要模式可以分为两种:一种是面向医学专业人员的B2B模式,这种模式主要用于专业人员之间的交流、医学知识库的应用和常用医学工具等;另一种是直接面向用户或患者的B2C模式,主要用于寻医问药、远程医疗、预约挂号、信息查询和随访服务等。据不完全统计,目前关于移动医疗的App已达到数千个,丰富的应用形式拓展了医疗模式与手段,为人们的医疗保健服务提供了更多的选择空间。

(一)医学文献资讯类

为医药行业工作者和科研人员提供医学期刊、书籍等文献。

1. 杏树林医学文献 杏树林医学文献荟萃了全球近70个专科的300多本医学杂志的中外文论文文献,包括NEJM、Lancet、JAMA、Nature、Cell、Science、中华医学会系列杂志等。文献每日更新,并提供个性化推荐服务。用户可浏览文摘信息,部分文献还提供PDF格式全文下载。

2. 丁香园医学时间 医学时间是丁香园资讯频道移动客户端,致力于为临床医生和科研工作者提供专业的前沿医药信息,发布临床医学最新进展、指南、书籍、病例讨论、会议报道及产品资讯等信息。

其他常用的医学文献、资讯类APP还有文献宝贝系列、手机知网、万方创新助手、超星移动图书馆、Medscape、PubMed Mobile等。

(二)医学工具类

1. 丁香园用药助手 丁香园用药助手收录来自生产厂家的最新药品说明书,可通过商品名、通用名、疾病名称、形状等迅速找到药品说明书内容。数据来自于药品生产厂家的说明书。有药品中文名称、首字母简拼、商品名、通用名、适应证、药理分类等多种药品查询方式,并可随时收藏个人常用药;汇集常见药品的相互作用数据,并有参考文献来源,方便医生临床用药时参考;通过药品颜色、形状、剂型,可准确定位到不知名的药品;及时更新新药信息、药物使用警示信息。

2. 人卫用药助手 由人民卫生出版社开发人卫用药助手APP是人卫智慧平台药学互动型知识库,以用户临床用药实践需求为导向,以提供智慧智能的用药知识服务为目标,为广大的医、药、护、技专业人员提供科学、权威、前沿、实用的药学知识服务。包括药品说明书、超说明书用药、药物相互作用、常见病处方、用药案例、用药问答六个大库，涵盖合理用药的方方面面，有药学常用公式、药学英汉小词典、儿科用药、妊娠期用药、哺乳期用药、运动员禁用、麻醉和精神用药等实用工具。

3. 全科医生　是面向专业医护人员开发的掌上信息查询及决策工具平台，内容包括医学计算与临床评估、药物、检验、疾病、手术与操作、资源库等多个功能模块，它可以帮助临床一线工作者提高工作效率、降低差错。

其他国内常用医学工具类 APP 还有医药学大词典、杏树林医口袋、杏树林病历夹、检验助手、First Consult、临床指南等。

（三）医学教育类

1. 丁香园执考助手　丁香园执考助手是一款为参加执业医师资格考试的考生定制的一款题库软件，包括真题、模拟综合笔试，并根据用户的答题情况，量身定制做题计划，帮助考生更全面高效地准备考试。

2. 丁香园医学深造视频　丁香园医学深造视频是一款关于医学学习视频手机 APP，包括执考综合笔试课程考点专家讲解视频，实践技能考试课程解析，临床进修系列视频等，用户需付费购买相应课程。

3. 医学移动课堂　医学移动课堂 App 是一款学习教育类应用，为正保远程教育集团医学教育网旗下产品，可为用户提供移动课堂、医师课程和答疑等服务，让大家拥有一个便捷的学习环境。包括临床医师、中医医师、中西医师、口腔医师、护士资格等课程，有答疑板块功能。

4. 医学万题库　万题库是服务于大学和职业考试的智能题库。目前已上线英语四六级、考研、公务员、司法考试、会计从业、会计职称、注册会计师、经济师、一建、二建、造价师、执业药师、执业医师、职称英语、证券从业、银行从业、教师资格等项目，内容丰富，包括精选试题、智能练习、智能成绩评估、视频解析、移动笔记本等功能。

（四）医患交互型

1. 春雨医生　原名，春雨掌上医生，创立于 2011 年 7 月，是世界上最大的移动医患交流平台。通过建立疾病数据库和整合医生资源，为用户提供移动的自诊或在线问诊服务。春雨医生免费为用户提供了图文、语音、电话等多种方式的健康咨询，并由二甲、三甲公立医院主治医师以上资格的医生为用户进行专业解答。春雨医生的自我诊断功能支持多种查询方式，用户可自行查询疾病、药品和不适症状。医生还可以在春雨平台上开设自己的个人网络诊所，对所提供的服务项目和服务价格进行自定义。春雨私人医生服务是“线上+线下”的全流程就医服务。通过线上咨询+线下就医的方式为会员提供持续的健康管理，包括专属家庭医生，三甲专家预约、完善电子健康档案等。

2. 5U 家庭医生　5U 家庭医生是中国首个私人家庭医生模式的移动医疗服务平台，由北京协和医院的医生、护士和家属共同创办。通过手机和网络，便捷获得家庭医生提供的健康管理预约就医服务，目前重点在推广专业手机育儿问答服务。

（五）综合服务型

1. 移动医院　是一款利用智能手机终端由医院为患者提供的综合医疗服务平台，经过身份认证可随时随地得到对应医院的智能导诊、自助挂号、检查结果实时查询、个人健康档案记录共享、就诊时间提醒、用药及复诊提醒等网上医疗便捷服务。

2. 医事通　是亚德科技全力打造的基于医疗体制改革面向城乡统筹的医疗信息服务平台，主要通过现有医院、医保、疾控体系、药厂的医疗服务的深度整合，在综合国内无线信息基础服务的交互系统基础上，面向城乡居民服务的全方位个性化的移动医疗平台。它整合了重庆市三甲医院的就诊号源，并与各家医院的 HIS 对接，患者在这一个平台上就能预约到全市三甲医院的专家号、教授号及普通号，可实现手机预约挂号、医疗信息咨询、检查报告查询等服务。

目前很多大型医院也开发有综合医疗服务平台 APP。移动医疗必将成为未来人们生活中不可或缺的重要组成部分。

点滴积累

1. 移动信息检索以移动网络为数据传输方式，以手机、平板电脑及其他具有无线上网功能的移动终端为信息读取设备，将分布在传统互联网和移动互联网上的数据信息，进行搜集整理供用户查询。
2. APP 是 Application 的简称，多指智能手机的第三方应用程序，是基于各种移动智能终端系统，集平台、资源、社交于一体的移动应用程序。
3. 移动医药专业 APP，提供了便捷及时的医疗资讯和诊疗服务功能，内容价值性高，用户使用习惯成熟，用户黏合性好。

第五节　网络免费医药学术资源网站

随着人们对健康关注度的提高，网络上医药信息资源的数量与日俱增。医药相关的专业网站为广大用户快速检索学术信息提供了便捷的途径。下面就针对国内外常用医药信息网站导航进行简单介绍。

一、国内医药信息网站导航

（一）组织机构、学术团体类网站

在医疗卫生方面，组织机构类网站以发布医疗卫生宏观政策，医疗卫生信息查询服务为主要宗旨，其网站信息具有高度的权威性和准确性。

1. 中华人民共和国国家卫生健康委员会　是国务院组成部门，2018 年 3 月根据第十三届全国人民代表大会第一次会议批准的国务院机构改革方案设立。主要职责拟订国民健康政策，协调推进深化医药卫生体制改革，组织制定国家基本药物制度，监督管理公共卫生、医疗服务、卫生应急，负责

计划生育管理和服务工作,拟订应对人口老龄化、医养结合政策措施等。主页设有机构职能、新闻中心、政务公开、政务服务、交流互动、专题专栏等栏目。提供卫生相关权威数据查询信息查询平台。其网址为:http://www.moh.gov.cn/。

2. 国家食品药品监督管理总局　国家食品药品监督管理总局是国务院综合监督管理药品、医疗器械、化妆品、保健食品和餐饮环节食品安全的直属机构。网站设有:信息公开、公众服务、许可服务、专题专栏、数据查询等栏目。查询服务功能丰富,可供网站用户在线查询食品药品监管领域内产品、企业、广告、标准等信息。其网址为:http://samr.cfda.gov.cn/WS01/CL0001/。

3. 中华人民共和国国家中医药管理局　国家中医药管理局是政府管理中医药行业的国家机构,隶属于国家健康委员会。网站设有:信息发布、政策文件、办事服务、互动交流、专题专栏等板块。可检索与中医药密切相关的各项法律法规、统计数据、政策信息及科研信息等。提供执业资格查询、医疗机构查询、中医药服务贸易等管理服务信息发布。其中药基础信息库主要提供导航功能,选定一个查询项之后,选择一个查询范围,输入要查询的关键字,点击模糊查询或精确查询,则可得到查询结果。其网址为:http://www.satcm.gov.cn/。

4. 中华医学会　中华医学会是中国医学科学技术工作者自愿组成并依法登记成立的学术性、公益性、非营利性法人社团,成立于1915年。现有88个专科分会,67万名会员,下设部门16个。网站设有业务中心、学术活动、继续教育、科技评审、会员社区、对外交流与合作等栏目。提供旗下"中华医学会"期刊投/审稿平台。发布旗下分会、地方医学会等资讯。其网址为:http://www.cma.org.cn/。

5. 其他常用机构、学术团体网站

中国食品药品检定研究院 www.nicpbp.org.cn

中国疾病预防控制中心 http://www.chinacdc.cn

中国药学会 http://www.cpa.org.cn

中华预防医学会 http://www.cpma.org.cn

中国医药质量管理协会 http://www.cqap.cn

中国红十字会 http://www.redcross.org.cn

中国健康促进与教育协会 http://www.cahep.com

世界医学会 http://www.wma.net

美国医学院协会 http://www.aamc.orc

美国疾病控制与防御中心(CDC)http://www.cdc.gov

美国食品药品管理局 http://www.fda.gov

美国药剂师协会,http://www.pharmacist.com/

(二)医学论坛类网站

论坛是汇聚同行业人士交流互动平台。其交互性强,内容丰富、及时。

1. 医学论坛网　是一个医学专业的门户网站,专注于为广大医务工作者用户提供最新的国内外医学资讯、疾病诊疗的研究进展,报道重大国际国内医学会议,提供临床问题的解决方案,并为医生提供一个相互交流的平台。包括医学新闻、临床病例、会议活动、医学论文、CHTV频道、医学期刊、名医堂、医学社区、学科专区等板块。提供特色《名医堂》在线视频互动直播栏目、《专家访谈录》面向医生的视频录播访谈栏目,直观反映医学热点问题,且有业界专家深度解读,指导医生的临床实践。其网址为:http://www.cmt.com.cn/。

2. 丁香园医学论坛　该论坛含100多个医药生物专业栏目,提供实验技术讨论、专业知识交流、文献检索服务、科研课题申报、考硕考博信息等服务。论坛分为信息发布区、临床医学讨论区、基础医学和生命科学讨论区、药学讨论区、实验技术讨论区、公共卫生与预防医学讨论区、科研与学习交流区、考试交流区、丁香会员作品区、检索知识与求助区等栏目。其网址为:http://www.dxy.cn/bbs。

3. 医药论坛　医药论坛是专业的医药交流平台。该论坛设有医药营销、资源共享、健康保健、医疗器械、医药招标、生活杂谈等板块。其网址为:http://bbs.pharmnet.com.cn/。

4. 药智论坛　是汇集医药、生物、化工三大领域资源的分享学习交流平台,众多技术人才在线交流并发布执业药师、临床药师、GSP认证、GMP认证、药品注册药学动态、生物化工中药、药品制剂工艺等相关资源资料。其网址为:http://bbs.yaozh.com。

5. 中国生命科学论坛　是生物谷旗下网站,专注于生命科学领域相关学术科研信息的交流。论坛提供有谷友交流区、生物基础科学区、实验互助区、新药研发区、转化医学区、农林科技热点区、学习、检索与资源区、特色主题讨论区等内容。其网址为http://bbs.bioon.net/bbs/forum.php。

(三)健康类医学网站

健康类医学网站主要针对普通老百姓进行健康咨询、生活中常见病或多发病的诊疗及预防、医学常识的普及与推广以及健康档案的建立等医疗保健服务。

1. 39健康网　39健康网于2000年3月9日正式开通,是目前我国历史最久、规模最大、内容与用户最多的健康网站。它实时更新的疾病库、药品库等查询工具类产品、功能强大的在线咨询与论坛等交互类产品,为用户带来全方位的在线健康信息服务。主页设有:疾病中心、健康自测、药品频道、心理频道、保健饮食、育儿指南、老人养生等板块。39健康网研发的健康搜索引擎“39健康搜”为用户提供快速、全面的健康内容搜索服务,涵盖资讯、论坛、博客、医院库、药品库、疾病库、化妆品库、视频库等专业健康内容搜索。其网址为:http://www.39.net/。

2. 中国网络保健院　中国网络保健院是国家“十一五”科技支撑计划项目成果。它通过远程会诊、远程培训、远程专科为基层医疗机构提供业务指导;通过医疗咨询、保健医生、查询导医为广大民众提供方便快捷的健康服务。并且对边远地区的贫困患者给予倾斜支持,医疗扶贫,达到缓解“看病难,看病贵”的目的。主页设有:医学课堂、健康日志、保健照护、咨询医生、远程会诊等栏目,并有个人保健室、医生工作室和医院平台三种登录身份。其网址为:http://www.zgwlbjy.com/。

(四)医药电子商务网站

医药电子商务是指以医疗机构、医药公司、银行、医药生产商、医药信息服务提供商、第三方机构等以营利为目的的市场经济主体,凭借互联网等现代信息技术,进行医药产品销售及商务资源、市场行情服务等相关服务。

知识链接

互联网药品交易服务资格证书

互联网药品交易服务资格证书是由国家食品药品监督管理局给从事互联网药品交易服务的企业颁发的互联网药品交易服务机构资格证书，分为A、B、C三种，由国家食品药品监督管理局统一印制，有效期五年。互联网药品交易服务机构的验收标准由国家食品药品监督管理局统一制定。

A证为第三方平台，为国家局审批，全国只有43张，其特点为交易服务平台，只能作为药品生产企业、药品经营企业和医疗机构之间的平台服务商，服务范围广，产品线丰富；B证为B2B交易，由地方局审批，全国范围82张，属于企业间的批发交易证书；C证为B2C交易，由地方局审批，全国范围270张。其服务方式是向个人消费者提供药品，只能销售自营非处方药品。

1. 药房网　中国首家合法网上药店，率先通过国家药品监督管理局等机构的认证，实现“网上订购”、“专家用药咨询”等服务。该网站将不仅发布各类药品出售信息（包括医疗器械等），此外，主页还设有：热点咨询、最新评论、媒体报道等栏目。其网址为：http://www.yaofang.cn/。

2. 中国金药网　中国金药网是为医药卫生行业提供多项服务的电子商务网络平台，主要为医药企业用户提供电子商务、信息交流、医药招标等相关服务。主页设有：招标公告、行业动态、医药财经、健康家园、政府要闻、药品和非药品的招商及代理信息等栏目。其网址为：http://www.gm.net.cn/。

3. 其他常见的医药电子商务网站

金利达药品交易网，https://www.123ypw.com/

华源医药网，http://www.hyey.com/

康爱多网上药店，http://help.360kad.com/

八百方网上药店，http://www.800pharm.com/

健一网，https://www.j1.com/

北京同仁堂网上药店-华佗药房，http://www.huatuoyf.com/

金象网上药店，http://www.jxdyf.com

【检索示例3-3】使用药房网查询贫血药品并购买。

第一步：在药房网首页搜索框中输入关键词“贫血”，点击“搜索”按钮。

第二步：浏览查询结果。可以找到和贫血相关的药品。

第三步：找到需要购买的药品并双击，打开药品详细信息界面，再点击“加入需求清单”，按照提示一步步操作，即可进行购买。

（五）医疗器械类网站

医疗器械类网站主要从事医疗器械分类、企业产品展示等相关服务。

1. 中国医疗器械信息网　国家食品监督管理总局信息中心主办，经多年发展，已成为中国医械行业中最权威和专业的网络平台。主页设有信息纵览、地方动态、技术交流、法规文件、医疗器械网上博览会、医疗器械产品展示等栏目。其网址为:http://www.cmdi.gov.cn/。

2. **医疗器械网**　专业、权威的医疗器械信息服务。有医疗器械产品分类导航,提供国产器械、进口器械、器械专利、分类目录、标准目录、医疗机构等信息查询,有医疗器械英文产品分类导航。其网址为:http://www.chinamedevice.cn/。

3. **世界医疗器械网**　中国最权威医疗器械产品资讯、招商平台。为医院、医疗设备代理商提供最新12万条医疗器械产品资讯、招商、价格以及1万多家医疗设备和医用耗材的生产厂商信息。其网址为:http://www.medsoso.cn/。

(六)其他药学网络信息

中国医药信息网,http://www.cpi.gov.cn/publish/default/

临床药师网,http://www.clinphar.cn/portal.php

临床合理用药网,http://www.crdu.cn:8087//index.html

二、国外医药信息网站导航

(一)世界卫生组织

隶属于联合国,是国际上最大的公共卫生组织,总部设于瑞士日内瓦。它是联合国系统内卫生为题的指导和协调机构,负责对全球卫生事务提供领导,拟定卫生研究议程,制定规范和标准,阐明以证据为基础的政策方案,向各国提供技术支持,以及检测和评估卫生趋势。主页设有:Health topics(健康专题)、Data(数据)、Media centre(媒体中心)、Publications(出版物)、Countries(国家)、Programmes(规划)等栏目。其网址为:http://www.who.int/en/。

(二)美国国立卫生研究院

美国国立卫生研究院隶属于美国卫生与人类服务部,是世界一流的生物医学研究中心。目前有27个研究所和中心,包括著名的国立癌症研究所、国立人类基因组研究所、国立医学图书馆、国立综合医学研究所等。主页设有Health Information(卫生信息)、Grants&Funding(拨款和资金)、News & Events(新闻事件)、Research&Training(研究与培训)、Institutes at NIH(NIH机构)、About NIH(关于NIH)六个方面内容,是医学科研人员常用的综合性医学网站之一。其网址为:http://www.nih.gov/。

(三)其他常用的国外医药信息类网站

国际药学联合会,http://www.fip.org/

美国食品药品管理局,http://www.fda.gov/

美国疾病控制与防御中心,http://www.cdc.gov

加拿大药学协会,http://www.cspscanada.org/

世界医学会,http://www.wma.net

美国常用药物索引库,RxList http://www.rxlist.com

有机合成手册数据库,http://www.orgsyn.org

哈佛大学医学院,http://hms.harvard.edu/

剑桥大学医学院，http://www.med.cam.ac.uk/

三、医药卫生出版社网站

人民卫生出版社，http://www.pmph.com/

中国医药科技出版社，http://www.cmstp.com/

中国中医药出版社，http://www.cptcm.com/

北京大学医学出版社，http://pumpress.bjmu.edu.cn/

医药相关的专业网站非常之多，利用专业导航平台是查询相关信息的有效途径。如：医学导航，是北京金叶天翔科技有限公司医学系列产品之一，为国内最全最专业的医学网址导航网站。网站内容包括了“大众健康”“医学学术”“求学求职”“组织机构”“资源分类”“生活医疗”“医学期刊”七大主题，每一个主题下又设置了若干小类。如“组织机构”类下包括了“学会 & 协会”“国内医院”“政府机构”等子类，网站的类目达三百余个。每个类目下精心编排众多专业的、实用的医学网址。并及时的对网址链接进行添加和更新。其网址为：http://www.meddir.cn/。

点滴积累

1. 医药相关的专业网站为用户快速检索学术信息提供便捷的途径。按专题/专业了解行业优秀的信息资源分布，有助于获取高质量的专业资源信息，提高检索效率。
2. 目前成熟的学术型网络为互联网+学习提供了很好的支持。
3. 医药学类导航网站收录大量医学实用和常用网址，并保证及时添加和更新。为深入了解医学网络资源提供有力的帮助。

第六节　网络免费学习类资源网站简介

一、开放获取课件网站

课件网主要是为教育工作者提供各类教学素材，包括课件、试题、说课稿、教学论文等众多类别的各科目内容。

常用的课件网站有：

中国课件站，http://lunwen.cnkjz.com/

课件之家，http://www.kejianhome.com/

中国教师站，http://www.cn-teacher.com/

MIT 开放获取课件，http://ocw.mit.edu/

二、考试类资源网站

考试类资源可分为考研类、等级考试基础类、外语类、公务员考试类、专业及从业资格考试类等多种类别。

常用的中文考试类网站有:

中国教育在线,http://www.eol.cn/

国家医学考试网,http://www.nmec.org.cn

执业药师考试网,http://www.zhiyeyaoshi.com/

考研网,http://www.kaoyan.com

考试宝典,http://www.ksbao.com

中大网校-医药卫生考试网,http://www.wangxiao.cn/yiyao/

国家公务员考试网,http://www.chinagwy.org

全国大学四、六级考试网,http://www.cet.edu.cn

全国大学英语四、六级考试,http://www.cet.edu.cn/

托福官方网站,http://www.ets.org/toefl

中国雅思网,http://www.cnielts.com

新东方英语,http://www.neworiental.org

知识链接

考试类电子资源

商业类考试题库在内容质量、功能上有更好的质量保证,目前国内考试库产品有:新东方多媒体学习库、银符考试模拟题库、维普考试题库、爱迪科森就业培训库等。

另处在图书馆随书光盘系统中,可通过关键词、分类查找到很多考试复习的相关资源。

三、优质公开课资源利用

(一)“爱课程”网

“爱课程”网是教育部、财政部“十二五”期间启动实施的“高等学校本科教学质量与教学改革工程”支持建设的高等教育课程资源共享平台。网站集中展示“中国大学视频公开课”和“中国大学资源共享课”,面向高校师生和社会大众,提供优质教育资源共享和个性化教学资源服务,具有资源浏览、搜索、重组、评价,课程包的导入导出、发布、互动参与和“教”“学”兼备等功能,并对课程资源进行运行、更新、维护和管理。设有中国大学 MOOC、视频公开课、资源共享课三个主要频道。其网址为:http://www.icourses.cn/home/。

(二)国家教育资源公共服务平台

“国家教育资源公共服务平台”是中央政府提供教育基本公共服务的一次创新。充分依托现有公共基础设施,利用云计算等技术,逐步推动与区域教育资源平台和企业资源服务平台的互联互通,共同服务于各级各类教育,为资源提供者和资源使用者搭建起网络交流、共享和应用环境。将国内教育优势地区的名校、名师资源集中起来,为全国师生提供个性化的空间和服务。促进“优质资源班班通”和“网络学习空间人人通”，让优质资源和创新应用惠及人人。其网址为：http://www.eduyun.cn。

（三）开放大学

国家开放大学是在中央广播电视大学和地方广播电视大学的基础上组建，以现代信息技术为支撑，办学网络立体覆盖全国城乡，学历与非学历教育并重，面向全体社会成员，没有围墙的新型大学。其网址为：http://www.ouchn.edu.cn。

（四）智慧职教

“职业教育数字化学习中心”，亦称“智慧职教”网站。是国家“职业教育专业教学资源库”项目建设成果，是职业教育数字教学资源共享平台和在线教学服务平台，由高等教育出版社建设和运营，围绕“能学辅教”的功能定位，“智慧职教”针对不同的学习对象和教学要求，利用资源库搭建并运行在线课程与微课，教师可以在平台上在线备课、在线教学、在线评价，学习者可以在平台上在线学习、在线作业、在线实训、在线考试。其网址为：http://www.icve.com.cn。

（五）Coursera 免费大型公开在线课程项目

由美国斯坦福大学两名计算机科学教授创办。旨在同世界顶尖大学合作，在线提供免费的网络公开课程的教育平台，它与全世界最顶尖的大学和机构合作，提供任何人可学习的免费在线课程。至 2016 年，加盟高校达到 114 所，课程超过 800 门，全球的学习者达到一千万。2013 年 10 月，进驻中国，有北京大学、南京大学、上海交通大学、复旦大学等高校加入。每门课程都像是一本互动的教科书，具有预先录制的视频、测验和项目。其网址为：https://www.coursera.org/。

（六）edX

edX 是哈佛大学和麻省理工学院共同创立的非营利网络教育项目，旨在为全球提供来自哈佛大学、麻省理工学院、加州大学伯克利分校、清华大学、北京大学、香港大学、香港科技大学等全球顶尖高校及组织的慕课。课程主题涵盖生物、数学、统计、物理、化学、电子、工程、文学、历史、音乐、哲学、法学、人类学、商业、医学、营养学等多个学科。其网址为：https://www.edx.org/。

“大规模在线开放课程”在线教育的方式，让全球共享优质教育资源成为可能，也使得大规模并且个性化的学习成为可能。

（七）其他学习类相关网站

人卫开放大学，http://ou.pmph.com/

医学全在线，http://www.med126.com/

好大学在线，http://www.cnmooc.org/home/index.mooc

中医药远程教育网，http://www.tcmce.cn/index.shtml? memberId=

医学全在线，http://www.med126.com/

网易公开课，http://open.163.com

MOOC 中国，http://www.mooc.cn/

中国大学 MOOC，https://www.icourse163.org/

果壳网旗下的 MOOC 学院，http://mooc.guokr.com/

华文慕课,http://www. chinesemooc. org/

可汗学院(Khan Academy),https://www. khanacademy. org/

四、免费翻译网站

Google 翻译,http://translate. google. cn/

火云译客在线翻译,http://term. iol8. com/

百度词典,http://dict. baidu. com/

爱词霸翻译,http://www. iciba. com/

世界通,http://uinfo168. cn. b2b168. com/

青云翻译,http://zaixian-fanyi. com/

有道翻译,http://fanyi. youdao. com/

点滴积累

1. 网络课程学习类资源丰富，对于学生而言是一个丰富的知识宝库，尤其是具有代表性与前瞻性的微课、网络公开课以及 MOOC 这三类网络课程资源，对当今大学生专业学习品质的提升具有重大作用。
2. 医药相关的专业网站为用户快速检索免费学术信息提供便捷的途径。 按专题/专业了解行业优秀的信息资源分布，有助于获取高质量的专业资源信息。
3. 网络课程是随着计算机网络的飞速发展而开始盛行的一种新型的教学模式与传统的课堂教学相比，它具有资源共享性，学习的自主性，课程结构的开放性，学习的协作性等特点。大量的优质公开课资源为学习提供帮助。

第七节　就业、创业信息检索

一、就业信息及其检索

就业信息包括当前的就业形势、就业程序、就业派遣和《劳动法》《劳动合同法》中有关劳动合同与权益维护等方面的知识,以及职业规划、求职面试技巧、角色转换、事业立足与职业发展等方面的知识。这类知识除了课程学习和听专门讲座外,还可以在图书馆和网络上找到。

搜索就业信息的途径:一是利用就业主管部门为主线查找,从教育部、人力资源和社会保障部查找国家的就业政策、相关规定,国家级大型招聘活动,国家的整体就业形势分析。通过省市级主管部门网站的就业信息,可以了解该地区的招聘活动信息,省市人才需求状况、当地举办的大型招聘活动,用人政策,当地工资收入水平,甚至相关行业的平均工资水平等信息。通过学校相关部门了解本校举行双选会和专场招聘会信息,招聘的企业需求与岗位要求。二是以就业去向为主线查找,毕业生的就业去向一般为国家机关、事业单位、企业和自主创业四大方向。通过各级人事网站获得国家机关、事业单位招考信息，通过检索黄页，红盾查询网——企业工商信息查询导航（http://www.ubaike.cn/）、企业网站了解一个地区的企业分布、企业规范合法性及规模等信息。同时可通过检索企业员工发表的科技论文和申请的专利，了解企业的技术开发实力，通过企业网站了解企业文化、产品、招聘需求等信息。通过对企业的全面检索，可以加深对企业的了解，减少就业的盲目性。三是利用搜索引擎，输入相关关键词获得就业信息，如"医药代表 重庆 2017 年"。

企业往往通过公司自己的网站、第三方招聘网站等机构发布用人信息。利用现场面试招聘会、简历数据库或搜索引擎等工具等来了解求职者情况，完成招聘过程。

【案例分析】

网络虚假就业信息甄别

案例：

张某为某学院药学专业 2017 届毕业生，毕业后准备到当地的医药企业应聘工作，通过网络找到几个自己较中意的单位招聘信息，他想对这些信息的真伪进行判断。

分析：

虚假招聘一般具有以下一些特征：①需求岗位多，招聘条件要求低，待遇栏中除基本工资外有提成项和奖金，薪水超出平均水平的信息。②不留公司地址或地址模糊，企业网站无法打开。③收取费用。以培训费、服装费、报名费、手续费、体检费等为名向求职者收费。④要求完成一项技术性工作后再考虑是否录用。

通常我们需从主渠道了解信息更具可靠性，如目前国家、省毕业生就业指导服务机构和学校就业指导服务部门已经建立了三级就业信息网，实现互联互通，为毕业生提供咨询指导、就业信息和网上招聘服务。查询工商红盾网能反映注册年检等重要信息。也能通过网络查找所应聘公司是否有负面信息爆光。还可收集同类职位在全国或本地区的岗位需求分析，理性分析，可以帮助求职者开阔视野、调整就业思路，从中找到契合自己专业、兴趣和能力等方面的相关就业信息，提高就业机会。

二、就业、创业网站导航

（一）国家有关部门主办的就业网站

1. 中国人力资源市场网　是由国家人事部主办，面向社会提供人事人才政策咨询和人才服务的公益性网站，其网址为：http://www.chrm.gov.cn。

2. 中国国家人才网　是人事部全国人才流动中心主办的全国高级人才网站，提供网络招聘、人才查询、个人求职、招聘会、报纸广告，其网址为：http://www.newjobs.com.cn/。

3. 中国就业网　是由劳动和社会保障部主管，中国劳动力市场信息网监测中心主办，并向社会各界提供劳动力市场政策咨询和就业服务的公益性网站，其网址为：http://www.lm.gov.cn。

4. 其他就业网站:

国家公务员局,http://www. scs. gov. cn

中国人事考试网,http://www. cpta. com. cn

各省市级人事局网站

各省市级教育局网站

各省市级劳动局网站

各地市的人才网和招聘网

(二) 企业网站

中国黄页网,http://www. yellowurl. cn/

黄页 88 网,http://www. huangye88. com/

网络 114,http://corp. net114. com/

万方中国机构数据库(China Institution Database,CIDB),有三种分类查询方式:按企业机构、教育机构、科研机构、信息机构进行分类;按地区分类,按行业分类。提供企业排名信息。其网址为:http://institution. wanfangdata. com. cn/Institution/Navigation。

(三) 大学生就业网站

大学生就业网站一般提供下面信息:大学生就业形势分析、就业指导、就业信息、最新的就业政策。常用的有:

高校毕业生就业信息网-新职业,http://www. ncss. org. cn/

校园招聘,http://career. eol. cn/

共青团促进青年就业创业,http://www. ccyl. org. cn/zhuanti/jycy/

应届生求职网,http://www. yingjiesheng. com/

(四) 医药卫生类专业性网站

中国卫生人才网,http://www. 21wecan. com/

中国医疗人才网,http://www. doctorjob. com. cn/

中国医药招聘网,http://www. eyjob. cn/

医药英才网,http://www. healthr. com/

中国医学人才网,http://www. yixuezp. com. cn/丁香人才,http://www. jobmd. cn/

专业协会、专业门户网站也是及时了解就业信息的有效途径,且这类网站就业信息有更好的行业针对性。

(五) 招聘服务网站

中国高校就业联盟网,http://www. job9151. com/

前程无忧,http://www. 51job. com

中华英才网,http://www. chinahr. com

智联招聘,http://www. zhaopin. com

点滴积累

1. 就业信息包括当前的就业形势、就业程序、就业派遣和《劳动法》《劳动合同法》中有关劳动合同与权益维护等方面的知识，以及职业规划、求职面试技巧、角色转换、事业立足与职业发展等方面的知识。
2. 为避免受虚假信息影响，还应该了解收集就业信息的主要渠道和网站，以理性的方式利用网上人才信息资源，提高就业创业机会。

第八节　网络资源评价与合理利用

一、网络信息评价概述

网络信息资源具有非控制性、非均衡性、异构性及动态性特点。网络信息发布具有很大的自由度和随意性，其信息内容既有科学前沿研究报告，也有大众通俗读物，既有已经加工整理的信息，也有无序的原始信息，既有较大参考价值的信息，也有毫无用处的“信息垃圾”，甚至有不少虚假信息，这就导致了网络信息资源利用的价值差异较大，因此，如何有效地进行网络学术资源的评价显得更为重要。

二、网络信息资源评价与选择

（一）网络学术信息资源评价要素

对网络信息的评价主要是针对信息源的内容进行，主要从权威性、完备性、可靠性、原创性、新颖性、稳定性、网络资源形式等要素展开评价。

1. 权威性评价　权威性评价包括评价信息源在本学科领域的影响力、知名度、学术水平。通常会求证该网站的主办者是否为有声誉的大学、学会或协会、实验室；网站是否通过权威评价机构评价；所选的站点是否被多个网络站点链接；网站是否由某公司、机构或某领域的权威或专家赞助；其客观性如何，是否有商业网站的倾向性；信息提供者的教育背景、职业背景及专业研究方向、是否是权威专家或专业人士；信息是否过滤、是否经过同行评议；资源是否由相关的权威机构或专业人员推荐，是否与权威机构页面有共同的链接；信息是引用或是原创等诸多因素的评价。

2. 准确性评价　准确性评价包括信息资源是否准确、完整、规范，具体包括：①内容的准确性。②格式和链接的准确性，如资源的导航是否能正常访问，是否提供信息的来源和出处供用户进一步核查；网页引证的书目或提供的参考能否证实信息的准确性；句法和拼写是否准确等。

3. 稳定性评价　稳定性评价包括信息资源提供者是否是能稳定运行的机构，链接速度如何，子页面是否都能正常浏览，是否能持续提供给用户使用等。

4. 可获得性评价　可获得性评价主要考虑：①提供信息的完整度如何：是否提供题名、摘要或全文信息形式；②提供检索的方便性如何：是否提供简单检索、高级检索；③信息是否有使用限制：免费使用还是注册使用;④访问资源的方式是否依赖用户使用的设备:是否需要专门软件,是否有方便的导航,链接如何,是否有清晰的标签,是否提供方便的打印等功能,是否能发送到电子邮箱,是否提供多种检索方式,检索信息的效率如何,有无订制功能等。

5. 时效性评价　时效性评价包括提供信息的时间、更新频率、最近的修改日期如何等。数据内容的更新频率越高,内容的时效性就越强。

6. 形式因素评价　对网络资源形式因素进行评价主要包括:美观性、条理性、查检性、帮助性及易用性等因素。同时我们还可参考大型的门户网站、网上著名评价站点对网站的评价、网站排名结果,专家、学者和用户的评价意见,搜索引擎的评价结果,点击率状况以及专门评价软件的评价结果等多种方式进行综合评价。

(二)网络信息资源评价方法

按照评价者划分,网络信息资源评价方法可分为第三方评价、用户自我评价和网络计量法,第三方评价是目前主要的评价形式。目前提供网络信息评价的人员和机构主要有政府、商业机构、图书馆、信息机构、非营利性组织及个人。

1. 第三方评价法　第三方评价法是由第三方根据特定的信息需求,建立符合特定信息需求的信息评价指标体系,按照一定的评价程序或步骤,得出网络信息的评价结论。

2. 用户评价法　用户评价法是由网络资源评价的专业机构向用户提供相关的评价指标体系和方法,由用户根据其特定信息需求从中选择符合其需要的评价指标和方法。

3. 网络计量法　网络计量法是根据网络信息的自身规律进行定量网络信息评价的方法,它是一种基于数学和统计学的定量分析方法,通过对研究对象的外部特征定量分析间接反映内容的相关关系。网络计量学的研究对象主要包括三个层次:网络信息的直接计量,网上文献信息及其相关特征信息的计量,网络结构单元的信息计量。

点滴积累

1. 网络信息资源具有非控制性、非均衡性、异构性及动态性特点。
2. 网络学术信息资源评价的要素主要有权威性评价、准确性评价、稳定性评价、可获得性评价、时效性评价、形式因素评价。
3. 按照评价者划分，网络信息资源评价方法可分为第三方评价、用户自我评价和网络计量法，第三方评价是目前主要的评价形式。

实训1　免费学术资源检索实践

【实习内容】

1. 综合搜索引擎检索,全文检索、关键词检索
2. 医学专业搜索引擎检索

3. 利用开放获取平台,查找期刊

4. 移动互联网医疗应用 APP 实践

5. 利用常用医学网站获取资源

【实习目的】

1. 掌握运用计算机信息检索技术,提高获取和利用文献信息的能力。

2. 掌握搜索引擎的基本类型和语法规则。如布尔逻辑检索;空格、逗号、双引号的作用;通配符;检索词位置限定符的运用;文献类型搜索方法。

3. 掌握医学专业搜索引擎及其应用。

4. 掌握开放获取资源的检索范围和方法。

5. 学会下载 APP,并进行应用分析。

【参考实习项目】

1. 搜索引擎检索

1)利用搜索引擎,查找"心绞痛,但排除心肌梗死"的相关资料。写出检索式,并给出前 5 篇链接地址。

2)查单词"hydrophobia"和"diapedesis"的中文意思,写出步骤及答案。

3)在百度中查找有关"求职自荐书"的 word 文档,并下载。拓展:若需查找应聘药品专员岗位相关的信息需如何检索更有效?

4)利用搜索引擎检索本年度"药剂学概论"PPT 课件及教学视频资源。

5)利用搜索引擎查找你所学专业本年度本地区相关大学专升本的招考信息。

6)用百度搜索引擎查找网页标题中含有 2017 年中共十九大的相关信息,写出检索表达式。

7)利用读秀学术搜索查找"日照新妆水底明,风飘香袂空中举"的上一句是什么?它的作者是谁?

8)利用中国生物医学文献数据库(CBM WEB 版)查找"大隐静脉曲张手术治疗的疗效观察"请写出检索步骤。

9)查看 Medscape 上有关心血管病的信息资源,写出检索步骤。Medscape 哪个版块提供心血管病免费全文?

2. 开放获取的应用

1)登录利用中国预印本系统,检索出你所学某个专业课题的相关文献,并下载全文。

2)在中国预印本服务系统上,尝试上传自己的一篇论文。

3. 医学 APP 操作应用实践

1)请推荐随手查阅药物性质,用法,用量以及常见疾病的医学类 APP,并简要介绍。

2)下载春雨医生 APP,发出病症及治疗咨询,体验专业医学服务。

3)利用 APP 完成所在地区三甲医院内分泌科教授级专家挂号预约(可取消),体验移动医疗便捷服务。

4)利用人卫用药助手 APP,查找处方药盐酸克林霉素注射液药品说明书。

4. 常用医学网站检索

1)访问国家卫生健康委员会网站,查找 2016 年 6 月底全国医疗卫生机构数,请写出检索路径及结果数据。

2)请你推荐有关考 3、4 级英语学习方面的网站 2 个,并作简明介绍。要求写出所用检索系统、检索操作过程与步骤和结果。

3)通过智慧职教网站,注册进入药学资源库《医学信息检索》课程学习资源,选择 2 个不同类型的素材下载。

4)通过万方机构库查找本专业重庆(或其他目标城市)的药品企业,并从企业网站上找到本年度专业岗位招聘信息。

ER-3-2　第三章思维导图

【目标检测】

一、选择题

(一) 单项选择题

1. 在上网过程中,我们可以借助于(　　)更快更有效地在 Internet 上找到自己想要的信息

A. 浏览器　　B. 搜索引擎　　C. Windows 的文件查找功能

D. 资源管理器　　E. 网盘

2. 在机检中,布尔算符的运算次序是(　　)

A. OR>NOT>AND　　B. NOT>OR>AND　　C. NOT>AND>OR

D. AND>NOT>OR　　E. OR>AND>NOT

3. “追溯法”是指通过下列哪种途径检索(　　)

A. 参考工具书　　B. 参考文献　　C. 引文索引

D. 检索工具　　E. 计算机检索

4. 查找某种药物的历史进展情况,较准确的检索方法应使用(　　)

A. 回溯法　　B. 倒查法　　C. 顺查法

D. 分段法　　E. 抽查法

(二) 多项选择题

1. 检索中使用逻辑算符“与”表示(　　)

A. 扩大检索范围率　　B. 减小检索范围　　C. 提高查准率

D. 降低查准率　　E. 降低查全率

2. 网络信息资源检索方法（　　）

A. 基于索引的信息查询　B. 基于题录的查询　C. 基于超文本的信息查询

D. 基于目录的信息查询　E. 基于搜索引擎的信息查询

3. 下列哪些是检索型搜索引擎（　　）

A. Yahoo　B. Google　C. 百度

D. AltaVista　E. 天网

4. 实现开放存取出版的主要途径为（　　）

A. 电子期刊　B. 数字化期刊　C. OA 期刊

D. OA 图书　E. OA 仓储

5. 信息检索的基本方法是（　　）

A. 直查法　B. 顺查法　C. 倒查法

D. 抽查法　E. 分类法

6. Internet 提供下列哪些服务资源（　　）

A. WWW 浏览　B. E-mail　C. FTP

D. Telnet　E. 远程登录

二、判断题

1. 在搜索引擎中输入"科技管理"和输入:科技管理的检索结果是一样的。（　　）

2. 布尔逻辑检索中常用的组配方式有与、或、非三种。（　　）

3. 所谓搜索引擎，简单地说，是采用信息自动跟踪、标引等技术，在因特网上建立专门提供网络信息资源导航服务的检索工具。搜索引擎其实也是一个网站，只不过该网站专门为你提供信息“检索”服务。（　　）

4. 百度是以卓越的分类目录型导航服务而称誉全球。（　　）

5. Google 支持多达 132 种语言，包括简体中文和繁体中文；其优势在于掌握的信息量以及检索模型和检索速度。（　　）

6. 百度，2000 年 1 月创立于北京中关村，是全球最大的搜索引擎。（　　）

7. 开放存取的特征是作者付费出版或提交网络服务器、读者免费享用。（　　）

8. 网络信息资源是指人们通过各种手段可以利用的各种信息资源的总和。（　　）

9. OR 或+运算符实现逻辑“与”组配，用来组配不同的概念的检索词。是一种概念相交和限定关系的组配。其基本作用是对检索范围加以限定，逐步缩小检索范围，提高检索结果的查准率。（　　）

10. NOT 或-运算符实现逻辑“非”组配，是用来排除含有某些词的记录，其基本作用是缩小检索范围，但并不一定能提高文献命中的准确性，一般只起到减少文献输出量的作用。在联机检索中可降低检索费用。（　　）

三、思考题

1. 简述网络信息资源的特征。
2. 简述因特网搜索引擎的概念、类型及意义。
3. 搜索引擎常用的运算符或检索规则有哪些？
4. Google/百度的主要语法有哪些？
5. 什么是网络免费学术资源，其特点和主要内容形式有哪些？
6. 请谈一谈移动医学 App 应用现状及未来发展趋势。
7. 简述网络资源的评价要素与方法。

（贾文雅）

第四章

图书馆及其高效利用

学习目标

掌握图书馆馆藏书刊的排架规则，体系分类检索语言及其与图书馆排架组织的关系。图书馆 OPAC 系统及其应用。图书馆网站基本功能及其应用。

熟悉索书号的构成方式；移动图书馆、电子图书的定义、常用电子图书格式及其阅读软件的功能与操作。

了解图书馆的发展历史，大学图书馆的主要服务；信息资源共享的概念，数字图书馆的含义及其服务功能。

能应用图书馆 OPAC 系统进行图书馆文献资源的查找；学会常用电子图书系统的操作方法与应用，高效利用图书馆资源。

图书馆拥有丰富的学术资源、良好的信息服务设施设备和阅读空间环境，有专业的图书情报服务团队，是学习研究、思想交流、知识传播、知识创造、信息享受的最佳场所之一。要高效地利用图书馆的资源，就需要读者去了解图书馆的管理和服务，学会利用图书馆方法，充分体验并认识图书馆的作用。本章的学习将提高大家利用图书馆的能力。

第一节　图书馆及其服务

一、图书馆的历史

图书馆的历史可远溯到公元前 3000 年以前，当时的美索不达米亚已有保存泥板文献的图书馆，古代埃及、中国和希腊等人类文明的发源地出现了图书馆，约公元前 23 世纪前的古代埃及时期，就有了王室图书馆和寺院图书馆。“图书馆”一词也至少出现了两千多年，18～19 世纪，西方的国家图书馆开始出现并获得了较大发展，19 世纪中叶出现了由政府举办的向社会开放的公共图书馆。

我国的图书馆历史悠久。中国的文献管理机构，在古代无“图书馆”之名，但有图书馆之实，中国文献管理机构最早产生于中原，发端在商代，至两汉至明清，各类藏书机构更是蔚为大观，有关文献收藏、组织和整理的理论和方法均达到了很高的水平。中国古代的各种藏书处所，主要为官府所设，宋代以后私家藏书楼迅速发展，寺观和书院藏书也很普遍，被称为“府”“阁”“观”“台”“殿”“院”“堂”“斋”“楼”等，如西周的盟府、两汉的石渠阁、东观和兰台、隋朝的观文殿、宋朝的崇文院、明代的澹生堂、清朝的四库全书七阁等等，被统称为藏书楼。而我国文献中最早出现“图书馆”一词的是1894年《教育世界》第62期中所刊出的一篇《拟设简便图书馆说》。直到20世纪初，中国才出现近代意义的公共图书馆。

目前，图书馆类型和数量不断增多，提供的服务更趋社会化、多样化，同时专业图书馆员向读者提供专业服务与咨询，在图书馆人们能够从中获取高质量的资源信息。

二、图书馆及其类型

（一）图书馆的定义

国内外图书馆学对图书馆的定义有多种不同的表述：

美国《图书馆学与情报科学词典——英汉汉英对照》描述为：“图书馆是藏书楼、藏书室及其他文献资料收藏的地方，并有组织、有系统地提供大众阅读、参考，以及研究学术的地方，它是传播情报知识的工具，同时亦是一个服务机构，它的主要任务是使藏书发挥作用为广大读者服务。”

柯平先生在2012年发表的《重新定义图书馆》一文中描述为：“图书馆是通过对文献和信息的收集、组织、保存、传递等系列活动，促进知识的获取、传播和利用，实现文化、教育、科学、智力、交流等多种职能的社会有机体。”

初景利先生认为：“我们需要对今天的图书馆有一个完整而全新的认识，它不是一个单纯的物理概念，不仅仅是一个建筑，而是包括数字图书馆、移动图书馆、智慧图书馆在内的复杂概念体。图书馆更重要的意义和价值不在于其场所和空间，而在于其为用户提供从文献、信息到知识和智能服务的一种功能”。

不管学者专家从何种角度进行图书馆定义的阐述，图书馆就是一个兼具服务与学术科研功能的机构，是资源中心、信息中心、知识中心、创新中心，其核心就是为读者用户提供更加人性化的服务。

（二）图书馆的类型

图书馆的类型呈现多样性特点，按藏书范围划分为综合性图书馆、专业性图书馆；按馆藏文献划分为报刊图书馆、专利文献馆、电影资料馆、唱片资料馆、地图图书馆等。国际标准化组织颁布的ISO2789-1974(E)《国际图书馆统计标准》把图书馆分为国家图书馆、高等学校图书馆、其他主要的非专门图书馆、中小学校图书馆、专门图书馆和公共图书馆等6种类型。

我国业内则是按行政隶属关系并结合其他标准将图书馆分为学校图书馆、科学图书馆、专业图书馆、技术图书馆、工会图书馆、军事图书馆、儿童图书馆、盲人图书馆、少数民族图书馆等。通常认为公共图书馆、科学图书馆、高等院校图书馆是我国整个图书馆事业的三大支柱。

1. 国家图书馆　由国家所办面向全国的服务文化机构，担负着国家总书库职能的图书馆，是国家的藏书中心、书目中心、图书馆研究中心、馆际互借中心和国际书刊交换中心，它代表了一个国家图书馆事业的发展水平。国家图书馆主要有4种类型：①公共性的中央图书馆，具有公共图书馆的性质，但侧重于为科学研究服务。如苏联国立列宁图书馆、中国国家图书馆等。②国会图书馆兼作国家图书馆。如美国国会图书馆、日本国立国会图书馆等，都设有相应的研究机构专门为国会提供服务，但同时也履行国家图书馆的职能。③大学图书馆兼作国家图书馆。如1482年建立的丹麦哥本哈根大学图书馆。④科学图书馆兼作国家图书馆。如罗马尼亚科学院图书馆，美国国立医学图书馆等。

2. 公共图书馆　是面向社会公众开放的图书馆，担负着为大众服务和为科学研究服务的双重任务，其藏书范围非常广泛，藏书内容涉及各个学科，通俗性与学术性兼顾。除满足一般读者的需求外，公共图书馆一般都拥有地方文献专藏，如首都图书馆的地方志文献特藏。我国的公共图书馆按行政区划建立，包括国家、省、市、自治区图书馆，地、市图书馆和县（区）图书馆。如中国国家图书馆、重庆图书馆、北京市海淀区图书馆等。

3. 大学图书馆　在 2015 年 12 月 31 日教育部出台的《普通高等学校图书馆规程》中明确指出：高校图书馆是“人才培养和科学研究服务的学术性机构，是学校信息化建设的重要组成部分，是校园文化和社会文化建设的重要基地”。其主要职能是教育职能和信息服务职能。要开展的工作任务主要是：文献信息服务，并承担参与学校人才培养、信息化建设和校园文化建设、各种资源共建共享、为社会服务等。

4. 科学和专业图书馆　服务对象主要是各种专业人员，主要任务是为科学研究和生产技术开发服务。它的特点是：藏书的学科专业性强，一般按所属单位的科研、生产任务建立藏书体系。收藏重点是能够支持本单位科学研究的专著、学术会议录、学术期刊和参考工具书；除日常业务工作外，还根据各单位的研究课题，开展有针对性的情报服务。如中国科学院、中国社会科学研究院所属的各级文献情报机构，以及其他一些学术性专业协会等所属的图书情报单位，还包括我国各部委、各系统所属的专业性图书馆等。

三、大学图书馆的主要服务

图书馆利用馆藏和设施直接向读者提供文献和情报服务活动，针对不同类型的读者提供差别化服务。了解图书馆的服务内容与形式，有利于我们更好的利用图书馆。大学图书馆开展的主要服务有：

（一）外借服务

外借服务是大学图书馆最基本、最普遍的读者服务方式。外借方式主要有个人外借、集体外借、预约借书和馆际互借 4 种。为了保证外借服务的正常而有序地进行，各图书馆会制定相应的外借规则，对馆藏文献的出借范围、读者外借数量和借期、续借手续和借期、催还、过期罚款、失书与损坏的赔偿办法等方面都做出十分详细的规定。读者需要注意的是并非图书馆的所有文献都可外借，像古籍珍本善本书、工具书、学位论文、现期期刊都是不外借的，这些在图书馆的外借规则和馆藏目录中会有所说明。随着数字图书馆建设的普及，这类需求能通过利用电子资源、馆藏特色文献数据库的方式解决。

（二）阅览服务

图书馆有良好的阅读环境，往往根据文献的类型、语种设立不同的阅览室或阅览区，目前大学图书馆大都提供无差别化阅读服务，除古籍、珍藏特藏类资源，均提供开架阅览。图书馆信息共享空间的打造为读者阅读提供了更好的体验。

（三）参考咨询与文献传递服务

参考咨询是图书馆服务的重要组成部分，是读者向图书馆工作人员或其他专家提问并获得解答的一种信息服务方式。随着网络技术和信息科学的飞速发展，参考咨询的形式和内容都发生了根本性的改变，在线咨询、实时咨询、互动咨询、可视咨询等各种方式纷纷涌现，为读者提供了实时、动态、便捷高效的信息服务，数字参考咨询服务是信息时代图书馆的核心业务之一。目前国内也出现了全国性、地区性的参考咨询联盟，如全国图书馆参考咨询联盟、国家科学图书馆网上咨询台、CALIS 虚拟参考咨询系统、上海图书馆网上联合知识导航站等。《图书馆参考咨询服务规范》于 2015 年 6 月审定通过，经文化部批准为推荐性行业标准（文科技发［2015］9 号），标准编号为 WH/T71-2015，自 2015 年 8 月 1 日起实施。这是国内首个以参考咨询为规范主题的行业标准，该行业标准的推出与实施对推动图书馆参考咨询业的发展具有里程碑式的意义。

文献资源呈现出海量级增长，任何一个图书馆都无法百分之百地满足读者对文献信息资源的需求，目前很多图书馆开展了馆际互借与文献传递服务。在开展馆际互借的图书馆或文献收藏机构之间，往往签订有互惠协议和互借规则，通常服务的方式有：①在同一地区内，互发通用借书证，由读者自己到有互借关系的任何一个图书馆或其他文献收藏机构利用文献。②图书馆员帮助读者获取文献。③针对读者直接进行文献传递的服务方式，如读者进入本馆所购的超星的“读秀学术搜索”“百链云图书馆”，就可方便进行文献传递请求来获取所需文献。文献传递服务是指将特定文献从文献源传递给用户的一种服务，是在信息技术的支撑下从馆际互借发展而来，但又优于馆际互借的一种服务，具有快速、高效、简便的特点。随着电子资源的大量涌现，网络技术服务平台的广泛应用为文献传递提供了更广泛的可供选择的资源范围。

【案例 4-1】 利用“全国图书馆参考咨询联盟平台”进行免费文献传递

全国图书馆参考咨询联盟平台（http://www.ucdrs.net/）依托百链建立元数据仓储检索平台（图 4-1），提供免费文献检索，为全国读者免费提供云图书馆文献传递服务（图 4-2）。

图 4-1　全国图书馆参考咨询联盟检索平台

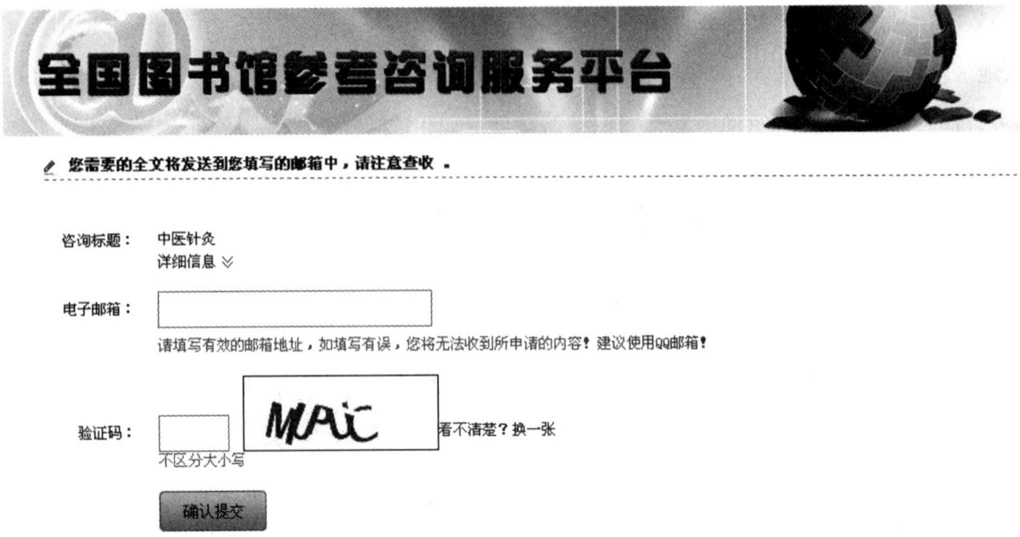

图 4-2　全国图书馆参考咨询联盟云图书馆文献传递服务

知识链接

图书馆联盟服务方式

图书馆联盟是以实现资源共享，利益互惠的目的而组织起来，并受共同认可协议和合同制约的图书馆联合体，可以理解为传统图书馆与数字、虚拟图书馆，纸质资源与电子资源的互补，它整合了社会信息资源和提供文献保障服务功能的新型图书馆体系，很大程度上改变了本行业、本地区，以至全国的图书馆信息资源共享的面貌。按合作模式可划分为共建共享式、会员制及联合办馆式；按区域划分为全国性、省级和地区性联盟。按联盟所属系统划分为大学图书馆联盟、专业图书馆联盟、公共图书馆联盟和综合性图书馆联盟。

国外有代表性的图书馆联盟如：国际图书馆协会联合会（简称“国际图联”，IFLA）（http://www.ifla.org/）；国际图书馆联合会（The International Coalition of Library Consortia，简称 ICOLC）（http://icolc.net/）。

国内有代表性的图书馆联盟如：中国高等教育文献保障系统（CALIS），http://opac.calis.edu.cn/opac/simpleSearch.do；大学数字图书馆国际合作计划（CADAL），http://www.cadal.zju.edu.cn/；中国高校人文社会科学文献中心（CASHL），http://www.cashl.edu.cn/；国家科技图书文献中心（NSTL），http://www.nstl.gov.cn/；全国文化信息资源共享工程，http://www.ndcnc.gov.cn/等。

（四）读者教育

开展读者教育活动是图书馆开发利用文献资源和实现其教育职能的一项重要工作，其目的是帮助读者了解文献知识、图书馆馆藏和服务内容，掌握信息检索和利用的方法，以提高读者的信息素养综合能力。其方式有：参观及导览服务、播放相关主题视听媒体、专题讲座、编制图书馆使用手册、信息检索的利用课程等。

（五）科技信息检索与查新服务

科技查新是文献检索和情报调研相结合的情报研究工作，它以文献为基础，以文献检索和情报调研为手段，以检出结果为依据，通过综合分析，对查新项目的新颖性进行情报学审查，写出有依据、有分析、有对比、有结论的查新报告。

科技查新与一般文献检索主要区别在于，文献检索是针对课题的需要，为其提供原文或二次文献，对课题不进行分析和评价。而查新是以检出文献的客观事实来对项目的新颖性作出结论。因此，查新有较严格的年限、范围和程序规定，有查全、查准的严格要求，要求给出明确的结论，查新结论具有客观性和鉴证性。这些都是单纯的文献检索所不具备的。

在国内，原国家科委（现为中华人民共和国科学技术部）对各科技系统下属信息咨询单位所颁发的查新资格证书，从1990—1997年共分三批给38家科技信息机构颁发了一级查新单位资格，2000年后不再进行资格认证，由各个行业科技情报和信息所担任查新业务，其查新资质由科技部奖励办进行了备案，查新报告具有国家级别权威。1992年之后教育部为规范高校科技查新工作而进行"教育部科技查新工作站"的资格认证，之后于2003年重新进行了认证。后分几个批次对高校科技查新中心进行了认证，目前大概有几十家高校图书馆获得了查新资质。查询网址为：http://www.chaxin.edu.cn/views/DownPage.xhtml。

目前一些数据商也推出"科技查新系统"平台，这类平台往往会基于包含海量数据的元数据仓储，包括期刊论文、学位论文、会议论文、专利、标准、政策法规、科技成果、图书专著、媒体信息、科技动态、SCI、EI引文等覆盖国内外主流数据库海量科技信息资源，具有"学科、组织机构、专家、主题、基金"等重要查新要素检索功能，对查新项目进行挖掘和分析，同时可自动生成查新报告。如万方科技查新服务系统。

四、图书馆网站的利用

图书馆网站发布内容是以读者为中心展开的，它高度整合图书馆的资源与利用信息，为读者创造了有序的数字化信息服务平台，是读者获取文献信息及图书馆特色服务的重要门户。

（一）图书馆网站内容

图书馆网站通常为读者提供服务指南、咨询服务、拓展服务、特色服务、大量的有使用权限的资源数据库链接等内容，包括图书馆概况、新闻通知、读者指南、书目检索、电子资源、读者培训、科技查新、原文传递、FAQ等栏目，基本覆盖了高校图书馆的主要功能，读者可利用网上书目检索系统进行馆藏书刊信息查询、通过网站的数据系统链接进行资源的查找与全文下载，方便开展参考咨询、阅读推广等各种服务。

目前有更多的图书馆网站应用WEB 2.0技术，以用户为中心，提供方便的增值服务功能，如：RSS内容聚合、资源整合的一站式检索、WEB OPAC服务、个性化门户、我的图书馆、空间提供、虚拟参考咨询、推荐阅读等。图书馆2.0是建立在传统业务模式之上，以图书馆书目数据，二次文献、数字资源库的服务为基础，强调互动与体验，为图书馆服务注入了新的活力。

（二）图书馆网站基本功能

1. 信息发布功能 发布图书馆最新服务动态、电子资源信息等。

2. 信息服务功能 通过本网站上的应用程序直接向读者提供信息服务。如馆藏书刊查询、读者信息查询、新书通报、书刊荐购、读者咨询、读者培训等。

3. 资源导航功能 提供本馆馆藏资源、电子资源、网络资源的入口及访问方式。其中图书馆购买的数字资源只有数据库商认可的合法用户才能使用，以访问权限进行管理，目前访问权限大多是通过 IP 地址控制方式完成。但图书馆网站中往往也提供大量免费资源链接服务。

点滴积累

1. 图书馆主要功能是提供文献保障和信息服务，高效地利用图书馆是读者提高检索效率的主要途径之一。
2. 图书馆的类型呈现多样性特点，掌握现代图书馆服务的特点及技术应用手段、图书馆网络平台利用方法是有效利用图书馆的基础。
3. 参考咨询是图书馆服务的重要组成部分，是读者向图书馆工作人员或其他专家提问并获得解答的一种信息服务方式。
4. 联盟式资源的共建共享是图书馆协作服务的发展趋势，为读者提供了更广泛的可供选择的资源范围，是有效提高文献资源保障的重要手段之一。
5. 图书馆网站是读者了解图书馆指南及特色服务、进行参考咨询服务、书目检索、获取文献信息的重要门户。通过访问与使用图书馆数据库是专业信息资源获取的主要途径。

（陈 燕）

第二节 《中国图书馆分类法》及其应用

在图书馆，面对学科门类繁多、品种数量庞大的书刊，需要有序组织以方便图书馆管理与读者利用，通常情况下，我国图书馆按照《中国图书馆分类法》对藏书进行分类。图书分类就是依照一定的分类体系，根据图书的知识内容和其他特征进行划分，将相同的图书集中在一起的方法，其作用就是组织和揭示藏书。

一、《中国图书馆分类法》简介

ER-4-1 《中图法》分类视频

《中国图书馆分类法》（原称《中国图书馆图书分类法》），简称《中图法》。《中图法》始编于 1971 年，初版于 1975 年出版；第 2 版于 1982 出版；第 3 版于 1989 出版；第 4 版于 1999 年出版并改为现名；2010 年 8 月《中图法》第 5 版由国家图书馆出版社出版。《中图法》是我国新中国成立后编制出版的一部具有代表性的大型综合性分类法，是当今国内图书馆使用最广泛的分类法体系。目前最新版第五版的 Web 版网址为：http://clc5. nlc. cn。

《中图法》作为我国目前通用的类分图书的工具，已普遍应用于全国各类型的图书馆，国内主要大型书目、检索刊物、机读数据库，图书在版编目（CIP）等。国内 1975 年后编目的中文书刊就有《中图法》分类号的标注内容。

二、《中图法》的类目排列基本规则

《中图法》以各门学科的特点和规律为基础，按照知识门类的逻辑次序划分类目，以图书学科内容作为分类的主要标准和依据，其类目体系由基本大类、简表、详表、复分表几个部分组成。从类目体系的微观结构讲一个类目由类号、类名、类级、注释和参照组成。

《中图法》由五大基本部类、二十二个基本大类、简表、详表及复分表五个部分组成。基本大类是图书分类表中首先区分出来的第一级类目，它是类目表的纲目，所以也称之为大纲。其顺序如表4-1所示。

表 4-1 《中国图书馆图书分类法》基本大类

五大部类	二十二个基本大类
马克思主义、列宁主义、毛泽东思想、邓小平理论	A. 马克思主义、列宁主义、毛泽东思想、邓小平理论
哲学	B. 哲学、宗教
社会科学	C. 社会科学总论 D. 政治、法律 E. 军事 F. 经济 G. 文化、科学、教育、体育 H. 语言、文字 I. 文学 J. 艺术 K. 历史、地理
自然科学	N. 自然科学总论 O. 数理科学和化学 P. 天文学、地球科学 Q. 生物科学 R. 医药、卫生 S. 农业科学 T. 工业技术 U. 交通运输 V. 航空、航天 X. 环境科学、安全科学
综合性图书	Z. 综合性图书

《中图法》采用拉丁字母与阿拉伯数字相结合的混合号码，基本采用层累制编号法，用一个字母代表一个大类，以字母顺序反映大类的次序，在字母后用数字作标记。根据类目的不同等级给予相应的不同位数的号码，使用概念层层划分的方法，分别将基本大类划分成若干二级类目，再将各二级类划分成众多的三级类目，以此类推，这样层层展开形成一个树形结构，显示知识分类的等级结构。其中A—Z是代表各学科基本大类的标识符，阿拉伯数字则是对各学科细分类目的进一步标识。此外还有其他相关辅助符号用以标识总论复分、地区、民族、时间地点等。其排列的方式是从左到右，

诸位对位的方法，先比较字母，字母相同的比较第一位数字，其数字以 0 到 9 十进制排列顺序，如：A22、R2、R29、R3、TH71、TH73、TP3、Z228。

知识链接

体系分类法的几个概念

类目符号：大写字母和阿拉伯数字组成，是混合制的标记符号。决定类目在分类体系中的位置。标记符号用作文献分类排架的排架标识、组织分类检索工具的检索标识。

类名：类名是类目的名称，用描述文献信息内容的术语直接或间接表达类目的含义和内容范围。

类级：类级是类目的级别，在印刷版中用排版的缩格和字体表示，代表该类目在分类体系中的等级（划分的层次），显示类目间的等级关系。

上位类：一个被区分的类目，称为上位类，亦称母类。

下位类：由上位类区分出来的类目。

同位类：就是从一个上位类直接区分出来的一组下位类。

【示例 4-1】 层累制举例

R	医药、卫生	一级类目
R6	外科学	二级类目
R69	泌尿科学	三级类目
R692	肾疾病	四级类目
R692. 1	肾畸形	五级类目
R692. 11	肾数目异常	六级类目
R692. 12	肾大小及结构异常	
R692. 13	肾形态异常……	

《中图法》（表 4-2）的每一个分类号代表特定的知识概念，类目之间的关系有：隶属关系、并列关系、交替关系和相关关系。

隶属关系，通过设置上、下位类表示类目间的等级隶属关系。分类表中所有知识依概念逐级划分，每划分一层就形成一批并列概念及下位概念；它们同属于一个被划分概念就是上位概念。

并列关系，由一个上位类按某种划分标准划分出来的若干个平级的下位类之间的关系，这些直接区分出的各个类彼此称为同位类。

交替关系，对表达同一事物的正式使用类目与非正式使用类目之间的关系，它体现了同一事物的多重隶属关系，在分类表上用“宜入×××”或“×××入×××”的注释表示，便于分类法用户按实际需要集中有关文献。

相关关系，在分类表上用参照方式来表示，称之为类目参照。

表 4-2 《中国图书馆分类法》层累制结构示意

- R 医药、卫生
  - R1 预防医学、卫生学
  - 2 中国医学
    - R2-0 中国医学理论
    - R21 中医预防、卫生学
    - R22 中医基础理论
    - R24 中医临床学
    - R25 中医内科
    - R26 中医外科
    - R28 中药学—
    - R281 本草
    - R281.2 本草经
    - R281.3 综合本草
    - R281.4 地方本草
    - R281.5 食物本草
    - R282 中药材
    - R29 中国少数民族医学
  - 3 基础医学
  - 4 临床医学
  - 5 内科学
  - 6 外科学
  - 71 妇产科学
  - 72 儿科学
  - 73 肿瘤学
  - 74 神经病学与精神病学
  - 75 皮肤病学与性病学
  - 76 耳鼻喉咽喉科学
  - 77 眼科学
  - 78 口腔科学
  - 79 外国民族医学
  - 8 特种医学
  - 9 药学
    - R91 药物基础科学
    - R917 药物分析
    - R92 药典、药方集(处方集)、药物鉴定
    - R93 生药学(天然药物学)
    - R94 药剂学
    - R95 药事组织
    - R96 药理学
    - R97 药品
    - R99 毒物学(毒理学)

【示例 4-2】交替关系举例

［R145］放射性物质对环境的污染及防护

宜入 X591

X591　放射性物质污染及其防治

说明:X 环境科学、安全科学;分类法用户根据实际需要,必要时可以将交替类目改为使用类目。

【示例 4-3】参见注释举例

R33　人体生理学

参见 Q4 生理学

由于分类体系的系统性和聚类特点,可方便地进行扩检或缩检,在查找某一学科或专业文献时,利用类系层层隶属、外延渐小的原理,满足不同查全和查准的要求;利用参考注释进行相关联概念的查找。即类以求,触类旁通是分类检索的显著特征。

点滴积累

1. 随着网络技术的发展，分类法的应用方式、应用环境、应用范围发生了巨大的变化，特别是网络环境下,分类法已成为分类检索、知识组织、学科信息门户、最终用户的使用工具。
2. 《中国图书馆分类法》是中华人民共和国成立后编制出版的一部具有代表性的大型综合性

分类法，是当今国内图书馆使用最广泛的分类法体系。按照人们认识事物的习惯，以学科分类为基础，方便族性检索。

3. 体系分类法的分类号能够体现类目的等级关系，便于扩检或缩检。利用分类法便于相同学科专业的文献集中检索，同时还能揭示出相关学科间的逻辑关系。其查准率的准确度与类目的粗细有关，类目越细，专指度越高，查准率也就越高。

（陈　燕）

第三节　图书排检与 OPAC 系统应用

在图书馆中为保证有序管理与利用，馆藏的每一种图书均会分配一个索书号，索书号是确定一本书排架的依据。图书馆通常把藏书的索书号贴在书脊的下方。

一、图书的排检

（一）图书馆图书排架方法

图书馆按一定的次序将馆藏文献有序进行排列组织管理，用于文献排架的编码称为排架号。排架的方法主要有两大类：一类是内容排架法，即按出版物的内容特征排列文献，包括分类排架法和专题排架法，其中分类排架法使用更广泛；另一类是形式排架法，即按出版物的形式特征排列文献，包括字顺排架法、固定排架法、文献登录号排架法、文献序号排架法、文种排架法、年代排架法和文献装帧形式排架法等等，其中字顺排架法、固定排架法和登录号排架法较常见。

上述各种排架法中，除固定排架法和文献登记号或文献序号排架法可单独用于排列某些藏书外，其他任何一种排架法都不能单独使用。图书馆通常是用由两种以上的排架法组配而成的复合排架法排列馆藏文献；对于不同类型、不同用途的文献采用不同的排架法，例如对于图书多采用分类排架法，对于期刊通常会综合采用多种排架法。

（二）索书号及其构成

索取号是收藏单位赋予一个文献单位的存放位置号，又称排架号。是文献外借和馆藏清点的主要依据，由于图书馆藏书排架方法基本上可分为分类排架和形式排架两大类，因此，索书号也基本上可分为分类索书号和形式索书号两大类，其中以分类索书号最为常见。

ER-4-2

ER-4-2　索书号及其构成视频

分类索书号主要包括著者字顺索书号、书名字顺索书号、年代顺序索书号、图书编目次序索书号4种形式。在通常情况下，分类索书号由两部分组成：分类号和书次号，一部分为分类号，列于上行；另一部分为书次号，即著者号、书名编号、图书出版年代号、该类图书编目先后次序号（文献次序号），列于分类号下一行。常被印在目录卡片的左上角、书脊下方的书标上以及图书书名页或封底的上方。一个索书号只能代表一种书。

我国大部分图书馆常见的分类索书号有以下两种形式：

1.“分类号+文献次序号”形式　其“文献次序号”是依据文献分类时的先后次序，按同类文献所给予的顺序号，这种形式最大的作用是以类集中文献，并方便了解同类文献到馆的先后。这是目前最常用的排架方法之一，排架总的原则是：对不同类目的图书按类目字母和阿拉伯数字顺序逐级比较排列；同类目下的图书再按种次号和辅助区分号的顺序逐级比较排列。如：R5/23、R5/24、R5-61/16、R5-62/33、R51/23、R562.3/711、R562.31/77、R563/88、R563/89。

2. "分类号+著者号"形式　"著者号"采用"字母+数字"的方式来标识，是字母取著者拼音的头一个字母，然后再根据《汉语拼音著者号码表》取对应的数字。其排列规则是排分类号，分类号完全相同时，比对著者号排列。依著者号字母 A~Z 顺序排列，相同字母的图书分别集中排列，字母相同的图书，比对数字部分排列，采取自然数排列原则。如：TP3/A123、TP3/A124、TP3/A216、TP3/B321、TP3/W52。这种形式最大的作用是在同类文献中进一步以作者姓氏集中文献。

通常馆藏图书依据分类索书号，在书架上按自然列从上到下，从左到右的排架顺序进行有序的管理。

另一种为形式索书号，主要有财产登记号索书号和架层编号索书号。前者是用图书的财产登记号做索书号，例如 A128901。后者则以一书所在书架的架号、层号和书序号组成的编号做索书号。例如 001-1-015，即表示第一架 1 层的 15 号。这两种索书号在必要时须再附加文种号和工具书标识符。此外，形式索书号也可以直接利用文献自身的编号。如用国际标准书号（ISBN）、标准文献的编号、科技报告号等作为索书号。形式索书号的结构虽然比分类索书号简单，但不能揭示图书的学科属性。

二、图书馆 OPAC 系统及其利用

联机公共目录查询系统是对图书馆庞大的馆藏书刊资源揭示的工具。以计算机编码形式存贮在计算机系统内，供读者通过终端设备进行联机检索的图书馆目录。包括馆藏公共目录、联合目录两种形式，单独馆的 OPAC 我们把它称为馆藏联机公共目录查询系统，多馆的 OPAC 我们称为联合目录系统。

（一）联机公共目录查询系统（OPAC）

联机公共目录查询系统，（Online Public Access Catalogue，简称 OPAC），它是一种在因特网上对馆藏信息资源进行查询的工具，也就是说通过因特网，读者可在任何地方对提供 OPAC 服务的图书馆馆藏资源进行远程检索。OPAC 通常提供基本检索与高级检索功能，如：组合检索、限制检索、布尔检索。OPAC 检索系统除了能够满足馆藏书刊查询外，通常还可以实现预约服务、读者借阅情况查询、发布图书馆公告、读者留言等一系列功能。

（二）馆藏公共目录查询系统利用

不同机构的公共目录查询系统在软件平台界面布局、功能上会有所差异，但通常有如下主要功能：

1. 提供公共目录查询　公共目录查询系统能反映全部馆藏各种类型文献收藏情况，显示馆藏地点，能及时更新数据，并提供多途径检索方便用户查找/浏览书刊书目信息。

2. 查询个人借阅情况功能　公共目录查询通常提供允许读者执行某些流通功能，如：续借、预约/取消预约、申请馆际互借等。读者能浏览自己的流通记录，查看借阅的资料和了解过期、罚款、停

借、违章等信息。

3. 提供实时信息服务　对馆藏信息进行实时反映，如藏书信息、读者借还信息、“可供借阅”的流通状态信息等。

下面以《金盘图书馆集成管理系统 GDLIS》为例介绍公共目录查询系统的使用方法。

【案例 4-2】 书目查询方法

OPAC 提供的检索点通常有：著者、题名、主题、分类/索书号、关键词等。中文著者和题名包括全拼式汉语拼音和汉语拼音首字母检索点。其操作步骤如下：

第一步，选择要检索的数据库，在条件选择窗口输入所要查询图书等文献的检索条件，然后点击查询按钮。（图 4-3），书目窗口会显示查询到相关信息（图 4-4）：

图 4-3　查询检索条件窗口

图 4-4　查询结果显示

第二步，选中该窗口中某一项，查询一本书的基本信息，在详细数据窗口会显示该查询结构的书目数据，典藏，流通等方面的详细信息（图 4-5）：

图 4-5　查询结果详细信息

【案例 4-3】期刊检索方法

在系统中通常会提供刊名、题名、主题、关键字、索书号、文献号、ISSN 号等检索点作为期刊的检索入口。用户可根据自己的已知信息和检索需求选择其中一个检索点进行检索（图 4-6）。

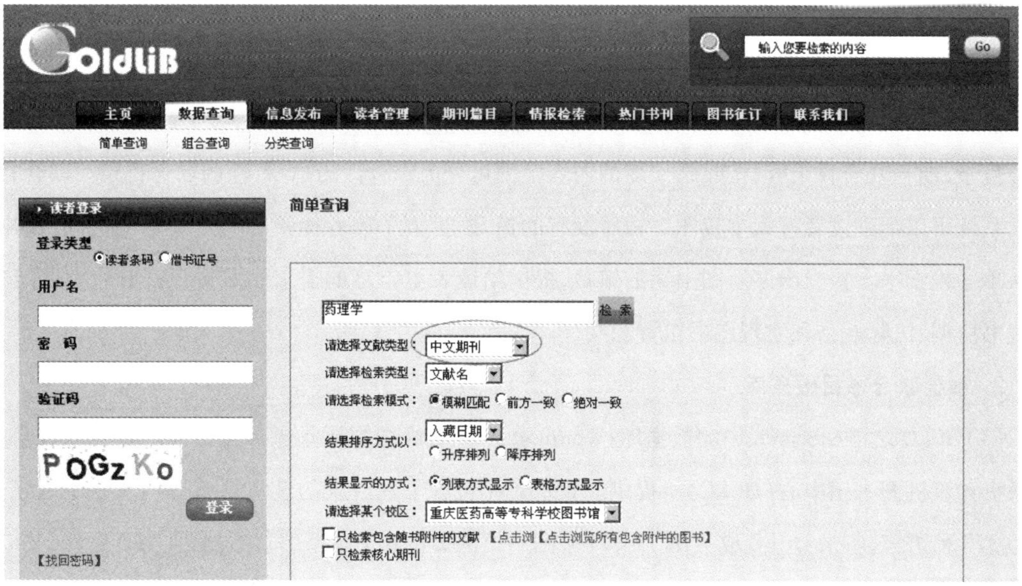

图 4-6　期刊检索界面图

【案例 4-4】读者外借信息查询

首先，选择“读者外借查询”一栏，正确输入读者条码（或证号）和密码后点击查询，如果系统确定无误，“姓名”处会显示出该读者姓名。信息栏显示该读者正在外借文献的信息（图 4-7）：

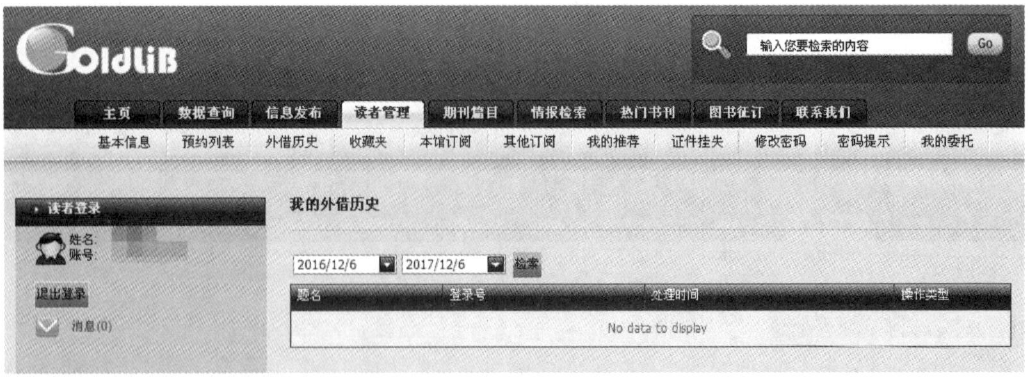

图 4-7　外借文献的信息检索结果示意图

知识拓展

图书馆求职应聘资源的查找

图书馆丰富的资源中，我们使用馆藏公共目录查询系统，利用关键词，如职业规划、职业着装、人际交往、求职攻略、面试指南、公文写作等等，可很方便地找到指导求职应聘的资源。同时可利用行业报告、年鉴、专业期刊等查找信息理性地了解分析应聘企业及行业现状与发展趋势。

（三）联合目录

1. 联合目录概述　联合目录反映多个文献信息服务机构文献的收藏情况，其优势在于目录的每条记录均标明馆藏代码（参加单位的名称代号或简称），读者通过一次检索就能检出所需文献有哪些机构收藏。

联合目录按地域范围可分为国际性的、国家性的和地区性的联合目录，按文献类型可分为图书联合目录、期刊联合目录等，按收录文献的内容范围可分为综合性的、专科性的联合目录。联合目录检索系统可以帮助读者搜索本校图书馆所没有的馆藏，扩大了读者检索和利用文献的范围，使用者能从单一检索平台检索出多所图书馆的馆藏，提供给读者更丰富的需求馆藏资讯，同时也便于图书馆藏书协调、馆际互借和实现图书馆资源共享。

2. 重要联合书目数据库

（1）OCLC 之 FirstSearch 中的数据库：WorldCat：WorldCat 数据库是世界上最大的在线联合目录，由联机计算机图书馆中心（OCLC）所提供。WorldCat 包含了其收录的全世界范围内 170 个国家，覆盖了 370 种语言，收录 OCLC 成员馆 72 000 家图书馆的 2 亿 6 千余条书目数据，且每日更新，并以每年 200 万条记录的速度增长。其目录采用了“OPAC 2.0”的许多功能，包括关键词的检索方式、在搜索结果页的分面浏览、通过提供书目信息和内容提要，对资源信息提供更详细的内容说明。其网址为：https://www.worldcat.org/。

（2）CALIS 联合目录公共检索系统：是多语种书刊联合目录数据库和联机合作编目、资源共享系统，包括中文期刊目次库、西文期刊目次库、联合书目数据库、高校学位论文数据库、会议论文数据库。

它是以全国“985”“211 工程”100 所高校图书馆为主的馆藏联合目录数据库，检索范围包括 CALIS 联合目录中心数据库的所有中文、外文数据，目前包含书目记录 6 626 018 条。CALIS 联合目录公共检索系统（图 4-8）采用 WEB 方式提供查询与浏览，提供多库分类检索、有排序、检索历史、多种显示格式、多种格式输出、浏览、收藏夹等功能，提供简单检索、高级检索方式。成员馆的读者可直接发送请求到本馆的馆际互借网关，进行馆际互借。其网址为：http://opac. calis. edu. cn/opac/simpleSearch. do。

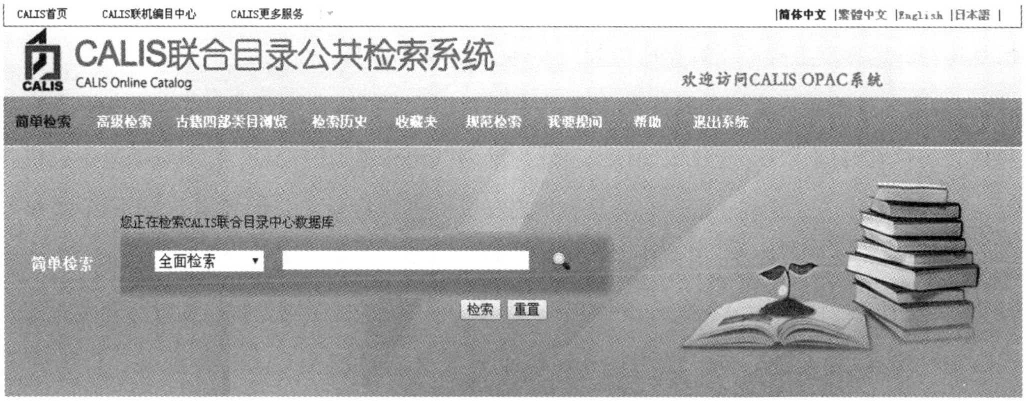

图 4-8　CALIS 联合目录公共检索系统

（3）全国高等院校医药图书馆期刊联合目录：是原卫生部（现为：中华人民共和国国家卫生健康委员会）为发展我国医学文献资源保障体系而设定的重点研究项目。该项目以卫生健康委员会全国医学文献资源共享三级网络为依托，由国家医学中心馆中国医学科学院和协和医科大学图书馆牵头，已建成《1983—2000 年全国外文生物医学期刊馆藏联合目录数据库》《1999—2015 年预定期刊联合目录》网络版。馆藏数据依据《国际标准书目著录》（ISBD（S））、《国家标准连续出版物著录规则》（GB/T 3792. 3-1985）、《中国机读目录格式手册》（USMARC）格式著录。提供刊名、并列刊名、出版国、出版地、出版商、出版年、ISSN、订购号、主题词、馆代码等 11 种途径进行检索，能直接点击馆代码查到收藏馆的联系信息，为全国用户提供了一个文献资源共享的可靠工具。其网址为：http://www. library. imicams. ac. cn/lm/。

其他使用面较广的国内联合联合目录系统还有：

CASHL 高校人文社科外文图书联合目录

http://www. cashl. edu. cn/portal/search. html? res=book

CASHL 高校人文社科外文期刊目次数据库

http://www. cashl. edu. cn/portal/search. html? res=jnl

中国国家图书馆联机公共目录馆藏查询

http://www. nlc. gov. cn/

三、跨库检索系统

跨库检索也称联邦检索（Federated Search），数据库检索（Multi-Database Search）或集成检索（Integrated Access），是以多个分布式异构数据源为对象的检索系统，这种系统向用户提供统一的检索接口，对存在于多个数据库中的所需资源进行相关搜索，所以也称为统一检索平台，其方便性在于用户只需“一次”就能同时对多个数据库或信息源进行检索，而不必考虑这些检索引擎的协议、平台、产品或生产商。

跨库检索将用户的检索要求转化为不同数据源的检索表达式并发地检索本地的和广域网上多个分布式异构数据源，并对检索结果进行整合，在经过去重和排序等操作后，以统一结果呈现给用户。具有统一的检索入口、并发检索、结果整合的优点。跨库检索的发展不仅方便了用户的信息获取，而且还在一定程度上提高了数据库的利用率，促进了资源共享。

跨库检索在基于异构系统的跨库检索系统中通常以提供“组合检索条件”功能来提高检索精度，包括组配检索、日期限制、排序限制以及字段内容的截词和逻辑检索等。在查询结果中提供较为详细的记录，并提供全文下载功能。它只是一种提高资源整合检索的关键技术，在实际中需要与开放链接、学科导航、个性化服务、用户认证和权限控制等功能结合在一起，才能构成一个实用的数字资源门户。目前国内跨库检索系统的开发主要有两个方式，一是由图书情报机构自行开发跨库整合系统，如中科院文献中心自主开发了“CSDL 跨库集成检索系统”、CALIS 技术中心自主开发了“CALIS 资源统一检索系统”等；二是由国内软件公司/机构开发的跨库整合系统，如汇文公司的“一站式文献检索系统”“清华同方异构数据库统一检索平台”等。

四、数字图书馆 OPAC——资源发现系统

大数据时代给我们带来了巨大的改变与无限创造的可能，但同时它也给我们带来了大量的信息垃圾、信息碎片、信息冗余等负面效应影响，我们的图书馆面临的困惑是资源太多，在这个背景下，新型的数字图书馆 OPAC 系统——资源发现系统出现了。数字图书馆 OPAC 系统能对无序的数字资源进行有序地系统管理与利用。2011 年 1 月的《图书馆技术报告》(Library Technology Reports)中对网络级资源发现系统的定义是：“为一种能够快速且无缝地对一系列跨越本地及远程、并且经过预收割及索引的内容进行检索，并把结果按照相关性排序，呈现为今天的信息搜寻者所期望的一种直观界面的系统”。

2009 年，Prquest 旗下的 Serials Solution 公司推出第一款网络级资源发现系统 Summon。作为一种新型的信息资源整合检索平台，它从问世以来便受到国内外图书馆及读者用户们的青睐。其优势在于拥有海量数据，并依托快速检索向用户提供一站式信息服务。发现系统覆盖的数据库范围和可检数据数量成为评价其优劣的重要因素。目前国外的网络级资源发现系统主要有：Summon、Primo、EDS、worldcat Local、Encore 等 5 种。但是，这些系统对中文数据的处理能力还不尽如人意。

2013 年，国内的超星公司推出了我国第一个中文网络级资源发现系统——超星发现系统。超星发现以数十亿海量元数据为基础，通过现代化数据收割技术，利用数据仓储、资源整合、知识挖掘、数据分析、文献计量学模型等相关技术，建立了庞大而有序的元数据预索引，较好地解决了复杂异构数据库群的集成整合，以及高效、精准、统一的学术资源搜索，进而通过分面聚类、引文分析、知识关联分析等，实现高价值学术文献发现、纵横结合的深度知识挖掘和可视化的全方位知识关联。系统提供简单检索、高级检索和专业检索功能，可按文献的主题维度、类型维度、时间维度、作者维度等检

索，同时无缝对接各类全文获取系统，实现文献传递，快速获取信息资源。

目前国内的其他发现系统产品还有万方的创新助手、维普智立方等。

【案例 4-5】超星发现的“电子资源的目录体系”功能

超星发现系统建立在日益增长的海量数字资源基础之上，能对中英文电子资源进行统一检索和揭示。截至 2017 年 6 月份，已经拥有 8.4 亿条数据，同时内嵌有主题词表库、作者库、机构库、同义词表库、刊名表等控制词库数据。系统采用分面搜索技术，使用户根据实际需要进行任意维度的组配检索、自由扩检和缩检，从而实现文献发现的精练聚类和精准化搜索。超星发现包括了图书、期刊、报纸、学位论文、会议论文、标准、专利、视频、科技成果、法律法规、信息咨询、特色库资源等十余个类型的丰富信息（图 4-9）。系统提供馆藏分面、年份分面、作者分面、作者机构分面、地区分面、刊种分面、学科分面、核心期刊分面、基金分面等多维度聚类展示和可视化分析功能，能在整合本馆资源的基础上，更多地利用到网络资源，就是一个现代数字图书馆的 OPAC 系统。

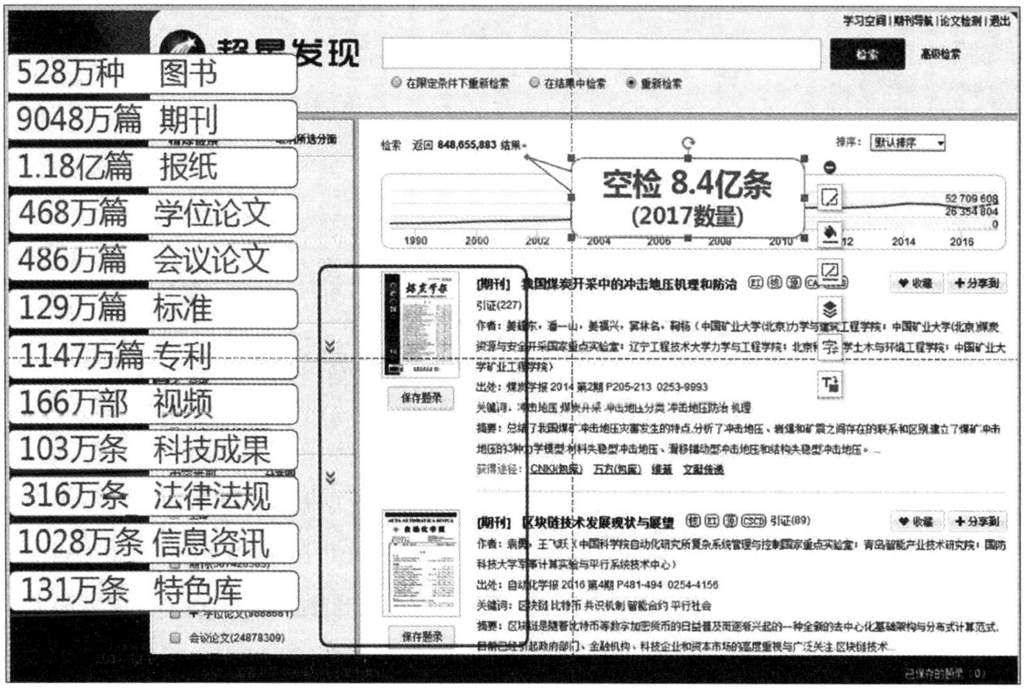

图 4-9　超星发现“电子资源的目录体系”功能示意图

【案例 4-6】超星发现“可视化知识关联图谱”功能的应用

超星发现系统的一个显著优势是将大数据可视化分析与展示方法引入知识发现系统。在对每一个知识点进行深度挖掘的同时，发现和建立了与知识点密切联系的人与人、人与知识、知识与知识、机构与人、机构与机构等之间纵横交错的相互关系，并通过可视化知识关联图谱表达出来（图 4-10）。例如，在论文选题时，利用可视化的知识关联图谱，可以直观而准确地揭示所检主题相关主题的研究的起点、发展趋势和兴衰过程。利用主题关联图谱，可以快速了解知识之间的相互作用和学科交叉融合关系和程度。通过多维度的“排序”功能文献升序排序功能，从搜索结果就可以知道在这个领域中，谁最早进行相关主题的研究；相反，通过降序排序，则可迅速了解最新进展。通过

“相关作者”“相关机构”揭示功能，就能直观地呈现知识与人、机构的关系图谱，你就能很清楚知道在这个研究领域中最具影响力的人物和机构。利用这些信息，可帮助我们开拓思路，甚至借此拓展或收缩检索范围，达到理想的文献筛选结果。

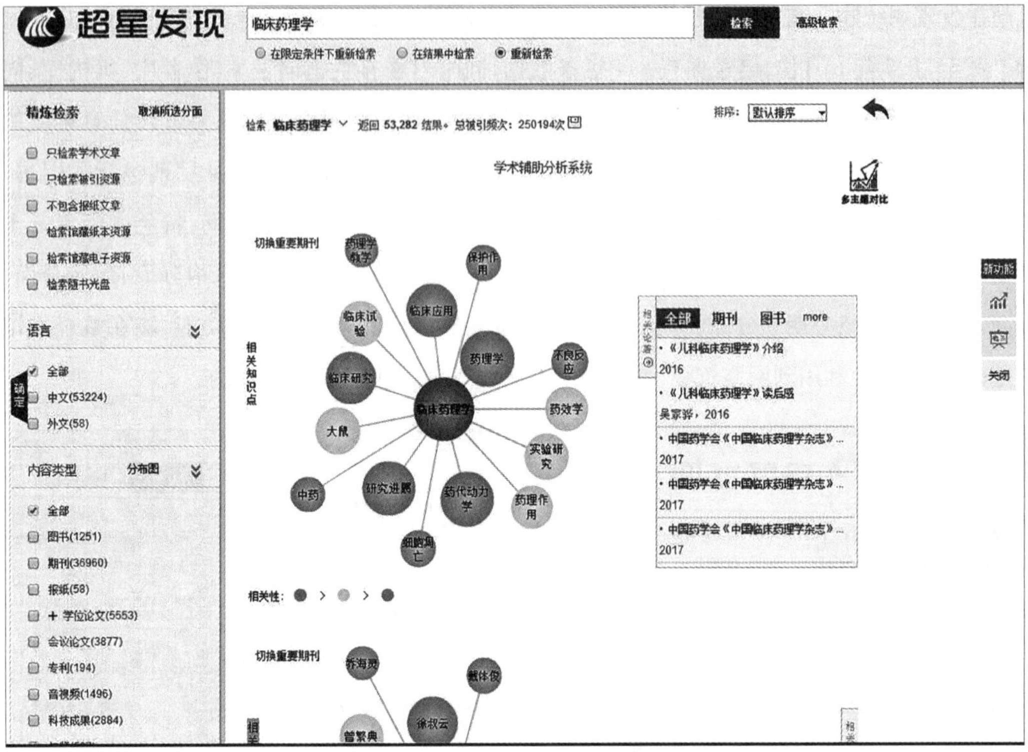

图 4-10　超星发现“可视化知识关联图谱”功能示意图

【案例 4-7】 利用超星发现查证专业学者的学术成就及影响力

利用超星发现能进行客观全面的学术产出分析。发现系统可以揭示以作者、科研学者个人为中心学术产出情况。对学者的学术成果进行分析。输入机构单位及专业学者姓名，检索结果能揭示出此人学术成果总状况，在检索结果页对所有检出结果进行重要期刊收录情况以及被引量的标识与标记，如成果被引次量、被引用次数最多论文、著作发文量趋势等信息(图 4-11)。系统也提供最多达五个主题的多主题对比分析。这样，我们可以直观地获得同领域系统水平的学者或机构之间学术产出能力及影响力的综合对比图谱，从而取得客观的评价结论。

五、图书出版信息的获取

图书出版信息的获取不仅可从图书馆网站、OPAC、联合目录或数字图书馆进行查询。另外出版机构在网上发布的书讯、网上书店、书评站点和出版组织发布的信息也是获取图书出版信息的有效途径。

1. 利用征订书目　是查检我国图书出版信息的重要途径。我国主要的征订书目有：《社科新书目》《科技新书目》《标准新书目》等。国外图书出版信息往往是通过各个出版社征订自己的书目，报道在版图书和新书。出版社目录通常会对重点新书有比较详细的介绍。

2. 利用书目工具书　书目工具书通常是用来报道已出版的图书，有现行书目和回溯性书目两

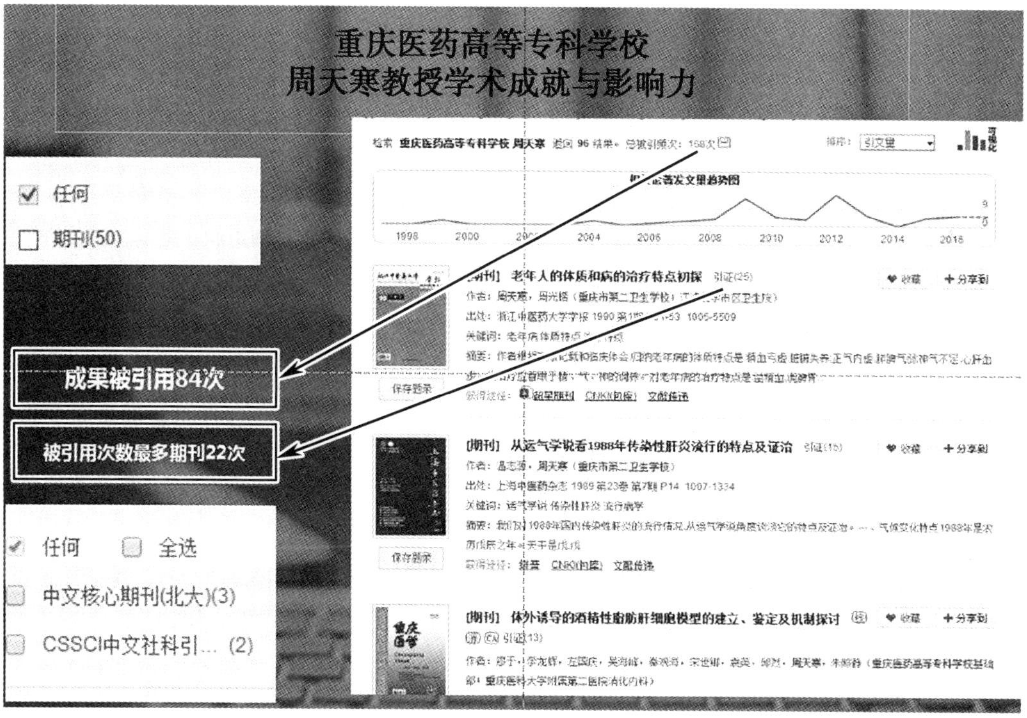

图 4-11　超星发现"学术成就及影响力"分析功能示意图

种。现行书日主要是报道在版图书，回溯性书目是报道若干年前出版的图书。我国比较重要的现行书目有《全国总书目》《中国国家书目》，国外有《在版书目》(Books in Print)等。

3. 利用出版社网站　通过出版商网站可得书刊在版信息、新书预告、出版政策和经营特色、订购服务、图书出版趋势等信息。每个专业都有自己权威的出版社，这些出版社网站是查找专业图书的好去处。如：

人民卫生出版社，http://www.pmph.com/

约翰·威利父子公司，http://as.wiley.com/WileyCDA/

施普林格，http://www.springer.com/cn/

4. 利用出版信息类网站　此类网站主要是面向图书出版单位和从业人员提供服务，通常有新书资讯、书摘书评、图书排行等栏目，可为查找、选择印刷型文献提供参考，如《中国图书出版网》(http://www.bkpcn.com)。

5. 利用网上书店　网上书店提供在线销售图书的服务，其检索方便，较 OPAC 更为直观、详细，且内容更新快，是获取图书出版信息的很好来源。网上书店对图书的每条书目提供书名、著者、出版者、ISBN、售价等信息。用户可以从著者、题名和主题等多途径进行检索。且多附有新书评介。如：

当当网上书店，http://www.dangdang.com/

亚马逊网上书店，http://www.amazon.com/

京东图书网上书店，https://book.jd.com/

文轩网上新华书店，http://www.winxuan.com/

6. 利用全文图书数据库　读者可利用本馆所购全文数据库提供的相应电子图书全文就可直接

下载阅读。若本馆全文数据库中没有所需全文，可根据找到的文献信息查找馆藏目录，利用馆藏满足文献需求；若馆藏不能满足，再考虑通过联合目录查找哪些图书馆收藏有该文献，进行馆际互借、文献传递。

点滴积累

1. 图书的排检与书刊目录检索系统保证了馆藏资源的有序化管理组织，是读者查找资源的有效途径。
2. 图书馆馆藏图书是按索书号排架的，索书号是表明馆藏中的某一图书的排架位置以便提取和归架的一套编号。 索书号由分类号和种次号（排架号）两部分组成。
3. OPAC 公共联机书目查询系统，主要用于检索馆藏所有书刊著录信息和收藏信息。 通过一个图书馆的 OPAC 可获取一个图书馆的馆藏。 通过一个联合目录文献保障体系可获取一个地区、一个系统、一个国家、几个国家收藏的信息资源。
4. 发现系统是学术研究中的一个有力工具，可以帮助学术研究选题与实施，进行学术研究成果管理，是深入的知识挖掘与数据分析，是现代化的数字图书馆的 OPAC。
5. 图书出版信息的获取不仅可从图书馆网站、OPAC、联合目录或数字图书馆进行查询，也能从征订书目、书目工具书、出版社网站、出版信息类网站、网上书店及全文图书数据库多途径进行查询。

（陈　燕）

第四节　移动图书馆及其应用

以无线网络、3G/4G 技术等为代表的移动网络技术的兴起和普及，移动图书馆应运而生。人类的学习和阅读已迈进“移动时代”。

一、移动图书馆概述

移动图书馆是以无线通讯网络为支撑，以图书馆集成管理系统平台和基于元数据的信息资源整合为基础，以适应移动终端一站式信息搜索应用为核心，以云共享服务为保障，通过手机、ipad 等手持移动终端设备，为图书馆用户提供搜索和阅读数字信息资源，自助查询和完成借阅业务，帮助用户建立随时随地获得全面信息服务的现代图书馆移动服务平台，它是现代数字图书馆信息服务的新型服务系统。移动应用是一种移动增值服务模式，具有功能丰富、可定制、趣味性强等特点，目前在国内外图书馆应用中已逐渐普及。

目前移动图书馆 APP 服务通常整合二维码、简易信息聚合、基于位置服务、增强实境（AR）等移动应用技术，为用户创造全新的信息服务体验。目前国内移动图书馆系统平台的开发模式基本上是通过与第三方合作，将图书馆已有的系统功能延伸到移动网络平台，系统平台通过应用元数据整合技术对馆内外的中外文图书、期刊、报纸、学位论文、标准、专利等各类文献进行了全面整合，在移动终端上实现了资源的一站式搜索、导航和全文获取服务。

知识拓展

智慧图书馆

“智慧图书馆”一词首次出现于2003年，芬兰学者Aittola在题为《智慧图书馆：基于位置感知的移动图书馆服务》一文中提出的“Smart Library”的概念。从此，理论到实践层面关于智慧图书馆的研究快速展开，从一开始图书馆的物理实体的智能化构建、馆内绿色环境的创造、空间布局等，到物理感知技术的运用再到更深层次的智慧化信息服务，表明了数字图书馆在互联网时代、物联网环境下已经迈入了智慧图书馆的大门。国内学术界对于“智慧图书馆”的内涵和定义，出现了“智能建筑”派、“感知”派、“双重”派和“综合”派。无论是哪一种定义，无不体现出智慧图书馆智能、泛在、高效、移动、精准等一系列特点，以及通过物理基础和数字架构为用户提供优质个性化服务的最终目的。

国内图书馆学家，上海图书馆馆长吴建中先生提出，第三代图书馆具有更注重人的需求，注重可接近性，注重生态环境，并将生态技术有机地融合进各种服务功能之中，注重资源融合等基本特征。走向第三代图书馆从功能上讲它不在于规模大小，而在于其精神文化积淀，第三代图书馆将以人为本，注重于促进知识流通、创新交流环境、注重多元素养、激发社团活力。

二、超星移动图书馆应用

（一）超星移动图书馆简介

超星移动图书馆除了支持网页版的浏览还提供基于IOS,Android系统的手机客户端体验。超星移动图书馆客户端的布局内容模块化,在客户端内嵌入了基于元数据整合的一站式搜索引擎,不仅提供海量图书的检索与全文阅读,还提供图书资源的下载,阅读资源更加方便快捷。馆藏书目模块与传统OPAC系统对接,实现馆藏查询、续借、预约等功能,另外客户端推出条码扫描功能,馆藏书目情况一拍即得。超星移动图书馆在国内各类型图书馆被广泛使用。

（二）安装超星移动图书馆APP

1. 在移动终端的IOS,Android电子商城中下载并安装超星移动图书馆客户端,或者扫描二维码进行快速安装。

2. 下载之后,打开客户端,首先在客户端左上角点击图标,选择地区、查找到单位列表中搜索所购软件机构名。

3. 登录并完善个人信息。

4. 输入图书馆本人借书证账号、密码登录。可对借阅证号、手机号和邮箱进行绑定。

5. 完成登录。

（三）超星移动图书馆客户端功能应用

1. 馆藏查询功能 超星移动图书馆通过移动图书馆平台与图书馆集成管理系统的对接,提供借阅证挂失、馆藏查询、预约借书、个人借阅历史查询、图书续借、咨询、移动图书馆检索历史记录、浏览历史记录等个性化自助服务。

系统应用元数据整合技术对馆内外的中外文图书、期刊、报纸、学位论文、标准、专利等各类文献进行了全面整合，在移动终端上实现了资源的一站式搜索、导航和全文获取服务。

【案例 4-8】 馆藏查询应用：检索、续借、预约馆藏图书

从馆藏查询入口，有本馆动态、资源动态、热门图书等展示。利用所检图书详细信息展示此书在架情况。用读者预约，获取图书到馆优先获取权。进入我的借阅，点选"续借"功能按键，可完成未还图书的一键续借。

2. 学术资源查询与全文获取　超星移动图书馆系统基于数字资源的移动服务，应用元数据整合技术对馆内外的中外文图书、期刊、报纸、学位论文、标准、专利等各类文献进行了全面整合，在移动终端上实现了资源的一站式搜索、导航和全文获取服务。在"检索"条件框提供多频道一站式检索，可按时间、相似度、多字段筛选进行查找，提供二次检索精确定位，对检索结果图文立体展示，提供包括阅读全文、下载到书架、文献传递等多种获取方式。

其资源导航模块包括：热门书推荐功能，与 OPAC、网站对接，提供热门书排行榜。图书分类导航功能，提供馆藏图书分学科导航。期刊分类导航界面，提供馆藏图书馆分学科导航。

在全文资源获取方面，超星移动图书馆接入有云共享服务体系，平台提供 24 小时云图书馆文献传递服务，读者只需要通过手机发送一条文献传递的请求，填写自己的电子邮箱，申请的全文资源就会被发送到用户的电子邮箱当中，其文献传递请求的满足率高。解决了读者对本馆资源与本馆没有资源获取的方便性。从一定意义上说，手机已经成为读者的"信息采集器"。

目前超星提出"云舟理念"，把移动图书馆与知识空间打通，建立读书社交圈，其核心是把微信的分享、小组、朋友圈、转发、评论等社交功能与移动图书馆对接，使得每本书、每个章节甚至页面，每篇论文都变成"微信的段子"，通过读书好友的推荐、转发和评论得到更广泛的传播。从而营造浓郁的阅读推广氛围。云舟打破传统书报刊的限制，将其进行重组，以全新的域方式将资源进行组织，按照读者需求进行更新，域的服务方式更加富有乐趣，更有图片、音视频加入到域中，轻松实现资源的结构化、富媒体化。

【案例 4-9】 利用超星图书馆查找《中草药图鉴手册》一书，并下载原文。

（一）查找检索步骤

第一步：在首页选择图书频道。

第二步：输入检索词进行检索，检索方式采用的是精确的检索模式，得到检索结果页面。

第三步：查看本图书详细信息。

（二）获取全文方式操作步骤

第一步，点击"全文阅读"，以图片格式查看图书原貌。

第二步，点击"下载到书架"，以离线阅读图书，你也能方便地设置明度、纸张、书签等参数，以满足自己个性化的阅读习惯。

第三步，查看图书的全国馆藏信息。

第四步，文献传递所需内容页到邮箱，选择需要传递的图书页码，点击提交即可获得。（一次能传递原书总页码的 15%，但不得超过 50 页上限值），完成图书的全文传递信息。

3. 专属视听阅读空间打造　超星移动图书馆提供了大量的优质有声读物、课程的在线视频等资源，用户可通过其提供的视频收藏、视频资源分类、视频列表，按学科分类列表、公开课分集列表、现代多媒体教学、有声读物收藏、音频列表等功能操作，进行专属视听阅读个性化订阅及管理，打造专属视听阅读空间。

4. 公开课资源利用　设有"精选公开课推荐"栏目，同时提供"公开课资源分类列表"浏览方式，呈现课程简介、课程信息展示信息，提供课程下载管理以及播放记录查询等功能。

5. 个性化订阅体验　系统集成了 RSS 订阅功能，通过"我的订阅"提供个性化信息服务，包括新闻、时评、图书、报纸、杂志、图片、有声读物和视频课程、资讯等近 30 种频道分类，方便用户在任何时间里可以有针对性地阅读自己所需的信息，实现了为用户提供多来源信息的个性化阅读体验。其操作步骤如下：

第一步：点击首页中"添加订阅"或者右下角的"+"图标，进入内容中心，读者可以订阅自己感兴趣的新闻频道或报纸视频等。

第二步：订阅一个频道，例如教育类频道。

第三步：进入"教学精选"频道后，在点击右下角的"+"即可添加所订阅资源，若需取消已经订阅的频道，可以返回首页，长按图标，待图标上出现叉，点击即可删除。

6. 个人中心管理功能　利用"个人中心"管理功能，可完成定制各种通知和推送服务，可以收藏和订阅喜欢的书籍和期刊，查看检索和浏览的历史，真正使手机成为了一个随时随地的采集工具。单击首页左上角的"人像"图标，进入个人中心页面，提供以下管理功能：

用户信息编辑：可根据实际情况进行用户信息修改。

我的借阅：进入"个人借阅信息"，读者可以查看纸本馆藏借阅信息。我的收藏：点击"我的收藏"，读者可以查看自己收藏的新闻资讯。

扫描历史：点击"扫描历史"，读者可以查看自己扫描图书的记录。

借阅信息：点击"借阅信息"，读者可以查看自己借阅馆藏图书的相关信息，点击续借，可以直接进行续借。

账号绑定：点击"账号绑定"，读者可以绑定自己的微博账号，包括新浪微博和腾讯微博，绑定后可以随时分享给好友。

离线下载：点击"离线下载设置"，读者可以对订阅的各个频道进行下载的设定。

设置：点击设置可以对系统的离线管理、风格、亮度进行设置和查看等方式进行个性化设置。

7. 信息发布模块　图书馆根据需要自主完成移动图书馆提供的新闻、图书馆通告、新书推荐、借书到期提醒、预约到书通知等信息服务订阅与取消操作。

点滴积累

1. 移动图书馆帮助用户建立随时随地获得全面信息服务的现代图书馆移动服务平台，真正实现数字图书馆最初的梦想：任何人、在任何时间、任何地点获取所需资源。
2. 智慧图书馆是传统图书馆功能的扩展，也是一个不断发展的概念。在互联网时代，创新带来技术的变革，第三代图书馆（云图书馆）是图书馆的未来发展形态。

3. 目前移动图书馆系统平台将图书馆已有的系统功能延伸到移动网终平台，通过应用元数据整合技术对馆内外的各类文献进行了全面整合，在移动终端上实现了资源的一站式搜索、导航和全文获取服务。

（陈 燕）

第五节 电子图书及其应用

一、电子图书概述

（一）电子图书的定义

电子图书(electronic book)，又称 e-book，是采用二进制的数字化形式将图书文献的文本存贮在计算机磁盘或光盘载体上，在计算机软件的支持下形成电子图书数据库，并再现出来供人们阅读利用。

（二）电子图书的发展和现状

20 世纪 80 年代初全文检索技术的出现，极大地促进了电子图书的发展，尤其是多媒体技术和超文本技术广泛应用，促使电子图书赢得了更多的读者，使电子图书具有图、文、声、茂的特征，也使得电子图书具有亲切的感受力、强大的检索功能、资源的共享、稳定性等特点。电子图书被人们接受与应用越加广泛。1998 年，美国 NuvoMedia 公司出品的“火箭书”(Rocket E-book)可以作为第一代电子书诞生的标志。在中国，2000 年 8 月，辽宁出版集团宣布开发“掌上书房”。同年，天津津科公司推出“翰林电子书”。同期，人民出版社创办的人民时空网站提出了研发“电子书包”的构想。2004 年，SONY 公司推出基于电子墨水(E-ink)技术的电子书阅读区；2008 年，亚马逊 Kindle 上市；2009 年，汉王推出电子书。2010 年 1 月，苹果发布 iPad，电子书成为其应用之一；2013 年，亚马逊中国官网开始网上销售 Kindle 电子书阅读器和平板电脑，当当网和“汉王科技”也推出了自己品牌的电子书阅读器。目前，电子书阅读器、平板电脑和智能手机在电子书阅读业务上形成交集，在获得主流终端地位上形成竞争。

当下，电子图书已广泛进入各个高校图书馆、公共图书馆、科研机构等。随着数字版权贸易和互联网技术的发展，电子书的用户可以以更低的价钱方便的购买到更多的图书，为电子书的流行奠定了基础。业内专家预测未来的电子书的外形将与纸质书籍相差无二，加上“双面显示，多屏重叠阅读”的技术，电子书的应用将更为广泛，同时应用于数字学习 E-Learning 将电子书融入教学，电子教科书的出现将会掀起教育行业的一大变革。

（三）电子图书的特点和类型

与传统纸书相比，电子图书具有以下特色：一是获取与携带方便，可通过网络下载或很小的电子设备就能有大量的阅读资料。二是易于检索与互动，电子书能提供全文检索，作者与读者、读者与读者、读者与出版社都能在网络上互动交流，并可从网络超链接的特性获得更进一步资料，使用更为方便。三是阅读的平台多元化，电子书内容呈现出多媒体资源特征。四是具有个人订制功能，读者可根据需要订制电子书。同时具有存储量大,密度高,出版成本低,价格低廉的优势。

电子图书类型丰富,具有光盘电子图书,这种电子图书只能在计算机上单机阅读;网络电子图书,包括免费网络电子书、网络图书馆,可通过互联网访问阅读;便携式电子图书,存储了电子图书内容的电子阅读器。

二、电子图书常用格式及阅读软件

(一)电子图书常用格式

电子图书的格式,是对使用电子图书时的文件编码方式。不同格式的电子书要用不同的方法阅读。目前电子书的格式可分为个人计算机支持的电子书格式和掌上阅读器常用电子书格式,个人计算机支持的电子书格式包括 EXE、TXT、HTML、EPUB 等,掌上阅读器电子书格式包括 UMD、JAER、TXT 等。

(二)电子图书的阅读硬件和阅读软件

电子图书由内容、数字存储设备、阅读软件三要素构成。

E-book 的内容主要是以特殊的格式制作而成,可在有线或无线网络上传播的图书,一般由专门的网站组织而成。

电子图书的数字存储设备包括桌面上的个人计算机、个人手持数字设备(PDA)及专门的电子设备,很多智能手机也加入了阅读电子图书的功能。

电子图书阅读软件是用来将电子图书文档中的文本、图片、声音和影像等信息识别并以相应的形式呈现出来的应用软件。通常这类软件也被称作电子图书阅读器,常用的电子图书软件有 Adobe 公司的 Acrobat Reader、Glassbook 公司的 Glassbook、微软的 Microsoft Reader、超星公司的 SSReader 等。电子图书阅读软件通常都支持"查找""书签""笔记"等扩展功能,方便检索与阅读管理,能有效地提高资料的利用率。常见中文手机阅读电子书 APP 有:多看阅读、豆瓣阅读、掌阅 iReader、当当读书、微信读书、网易云阅读、字节社、京东阅读、静读天下等。

三、常用中文电子图书数据库

(一)超星数字图书馆

1. 资源介绍 "超星数字图书馆"提供大量的电子图书资源提供阅读,其中包括文学、经济、计算机等五十余大类,数百万册电子图书,500 万篇论文,全文总量 13 亿余页,数据总量 1 000 000GB,大量免费电子图书,超 16 万集的学术视频,拥有超过 35 万授权作者,5300 位名师,一千万注册用户并且每天仍在不断的增加与更新。为目前世界最大的中文在线数字图书馆。超星数字图书馆里面包括汇雅电子图书(图像版 pdg 格式的)和书世界图书(纯文本 epub 格式的),其中超星汇雅电子图书,其网址为:http://www. sslibrary. com/。

2. 检索方法 超星汇雅电子图书提供分类浏览、快速检索和高级检索三种途径。

(1)分类浏览:超星汇雅电子图书首页左侧有分类列表,分医药卫生、生物科学等 22 个大类,点击分类展开下级类目,点击下级类目,页面右侧呈现分类下的所有图书(图 4-12,图 4-13)。分类检索为读者提供了在不知道具体的书名或作者时一种方便的按类求书的途径。

图 4-12　汇雅电子书分类浏览

图 4-13　汇雅电子书医药卫生类

（2）快速检索：提供书名、目录、作者和全文检索四个检索入口，还提供二次搜索功能。检索结果可按照出版日期和书名首字母升序排列。

（3）高级检索：提供对书名、作者、主题词、年代进行组合检索，多检索途径，能进行条件限定的精确检索。检索结果可以按照出版日期和书名升序排列。

3. 图书阅读　超星汇雅电子图书实现对购买电子图书的分类检索、快速检索、高级检索;可以通过网页阅读、超星阅读器和文本阅读进行图书的在线阅读和下载;实现基于图书阅览量、推荐程度的排行;搜集图书阅读的反馈资料。

4. 超星阅读器　超星阅读器(SSReader)是超星公司推出的一款超星网电子书阅读及下载管理的客户端软件。软件支持下载图书离线阅读,并支持其他图书资料导入阅读,支持的图书资料文件格式有 PDG、PDZ、PDF、HTM、HTML、TXT 等多种常用格式。提供软件集成书签、标记、资源采集、文字识别等功能。除阅读图书外,超星阅览器还可用于扫描资料、采集整理网络资源等,是国内外用户数量最多的专用图书阅览器之一。其软件内嵌的数字图书馆资源列表,囊括超星网所有图书,能够快速导航,帮助读者方便准确地查找图书。利用其本地图书馆列表能方便地管理读者下载的图书。

目前提供超星阅读器 Windows 版、超星阅读 iPad 版、超星阅读 Android Pad 版、超星公开课 iPad 版多个版本,其中 iPad 版本超星阅览器提供 10 万册电子图书的免费在线阅读。其客户端网址为:http://app. chaoxing. com/。选择阅读器阅读方式需要下载并安装超星阅览器。

【案例 4-10】 请查找《生理及药理基础》一书,并下载阅读。

第一步:打开超星汇雅电子图书首页面,在搜索框中输入图书书名《生理及药理基础》(图 4-14)。

第二步:在检索结果页面(图 4-15),可以选择 PDF 阅读(图 4-16)、阅读器阅读(图 4-17),还可以下载本书。

第三步:点击"下载本书"(图 4-18),在超星阅读器中,本地书架中点击阅读。

图 4-14　汇雅电子图书首页面搜索《生理及药理基础》

图 4-15　汇雅电子图书检索页面

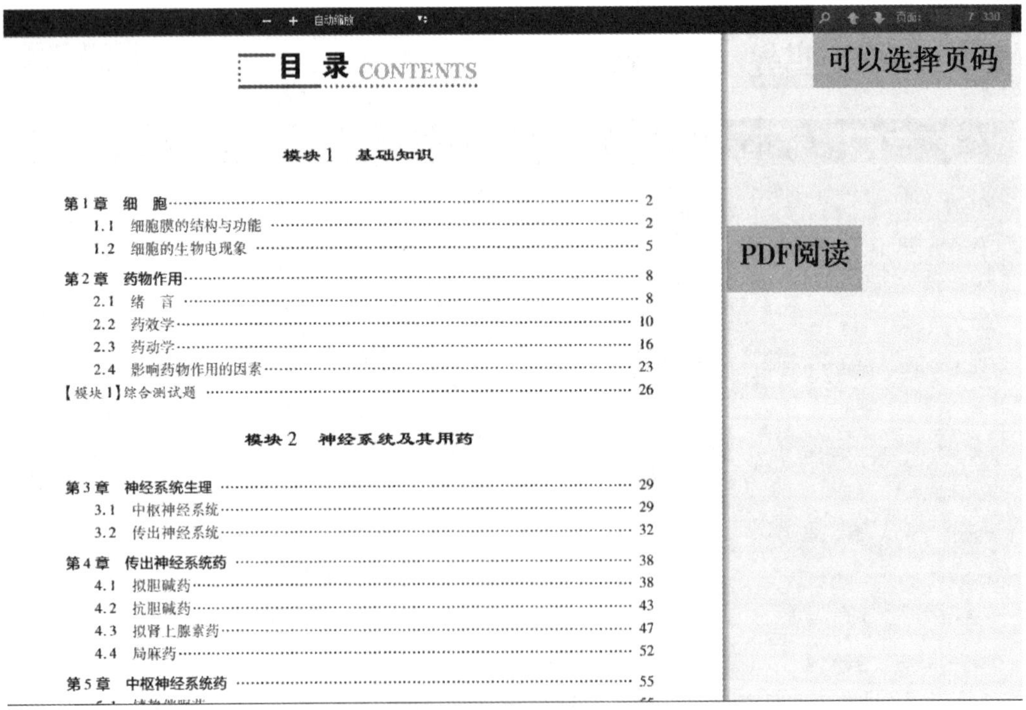

图 4-16　汇雅电子图书检索页面选择 PDF 阅读

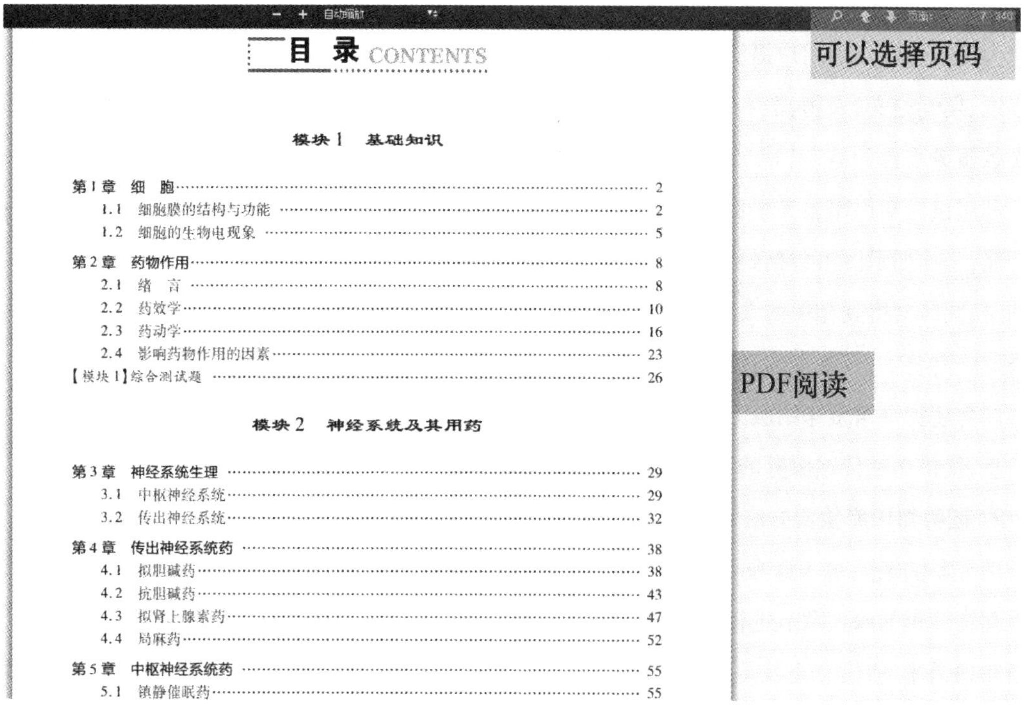

图 4-17　汇雅电子图书检索页面选择阅读器阅读

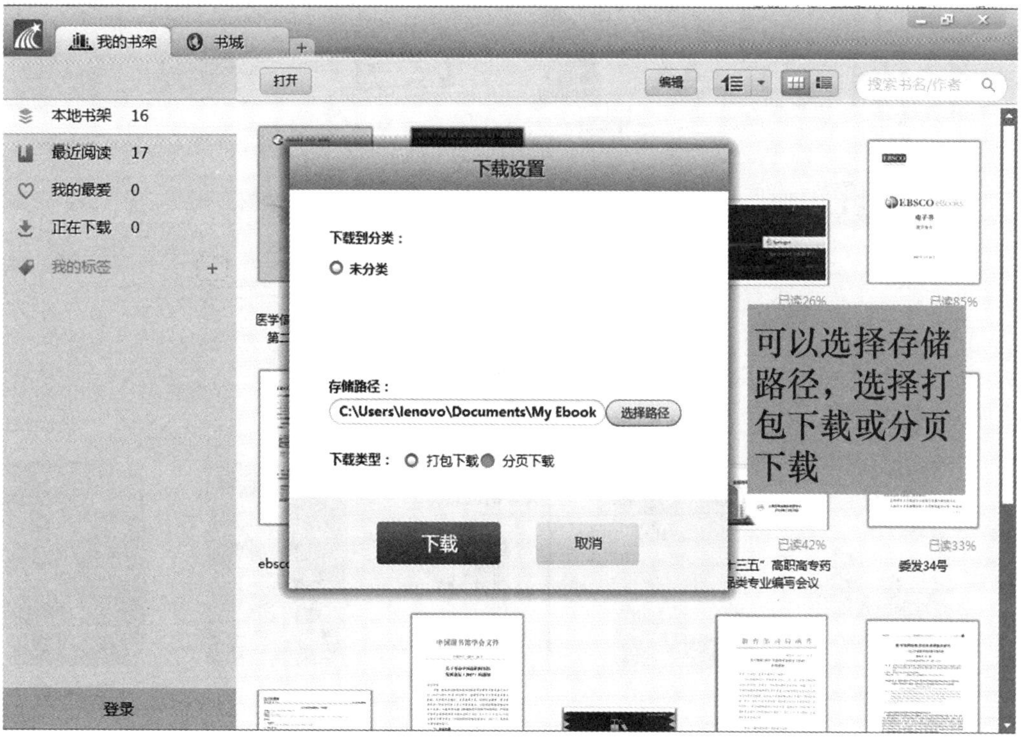

图 4-18　汇雅电子图书检索页面点击“下载本书”

（二）读秀知识库

1. 读秀知识库概况　读秀知识库，由超星数字图书馆开发，是一个海量全文数据和元数据组成的超大型数据库。为用户提供深入到图书章节内容的全文检索、部分文献的原文试读，以及查找获取报纸、期刊论文、人物、学术视频等各类型学术文献的一站式检索系统，是一个集成式的学术搜索和文献服务平台。

利用读秀知识库服务平台多面搜索功能，能全面揭示馆藏：提供统一查询馆藏纸质图书、电子图书功能，全面揭示图书包括封面页、版权页、书名页、前言页、目录页、部分正文页等信息。在检索任何词时，同时会得到相关的人物、工具书、图书、期刊、报纸、会议论文、学位论文、网页、图片、视频、专利、标准等信息。其基于内容的检索特色，能保证检索深入到章节目次及全文。

读秀还提供馆藏印刷版图书、电子版图书的收藏信息和超星电子图书的链接。还提供其他馆收藏信息，提供文献传递服务的平台，极大方便了读者的利用。

2. 读秀知识库检索方法

（1）基本检索：进入读秀首页，默认为“图书”检索状态（图 4-19），输入关键词，系统将在所有资源中围绕检索词深入章节进行查找，并搜索与关键词相关的扩展知识点，为用户提供围绕检索点的全面知识描述，使信息查找更为精准（图 4-20）。点击“知识”，在全文范围内检索。把所有图书打碎，以章节目录为基础，形成一本大百科全书。目前，可搜索的信息量超过十亿页，为读者提供深入到图书内容的全文检索。点击“图书”基本检索还提供二次检索功能。

图 4-19　读秀知识库图书检索

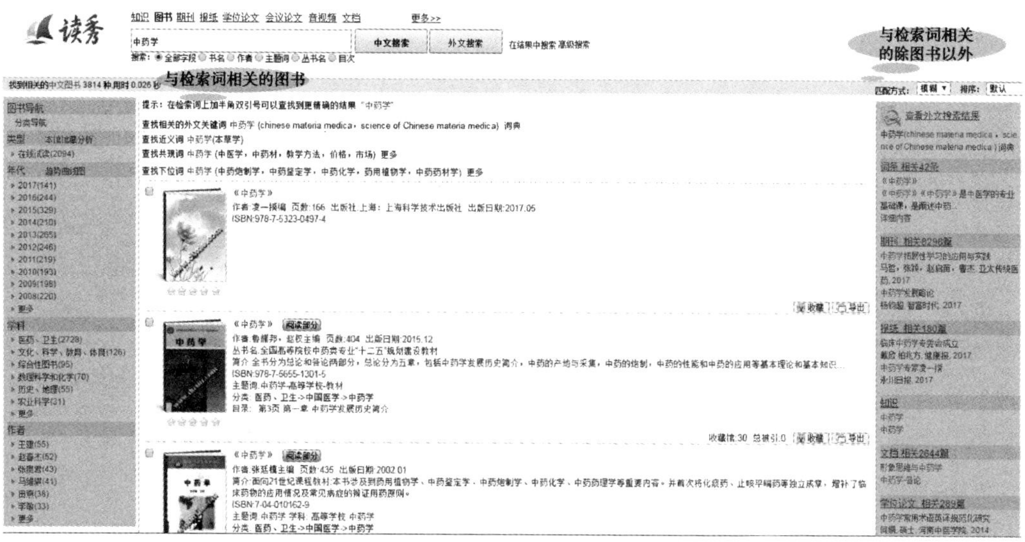

图 4-20　读秀知识库图书检索结果

(2)高级检索:读秀知识库提供书名、作者、主题词、出版社、ISBN、分类、中途分类号、年代等多途径组合查询(图 4-21)。

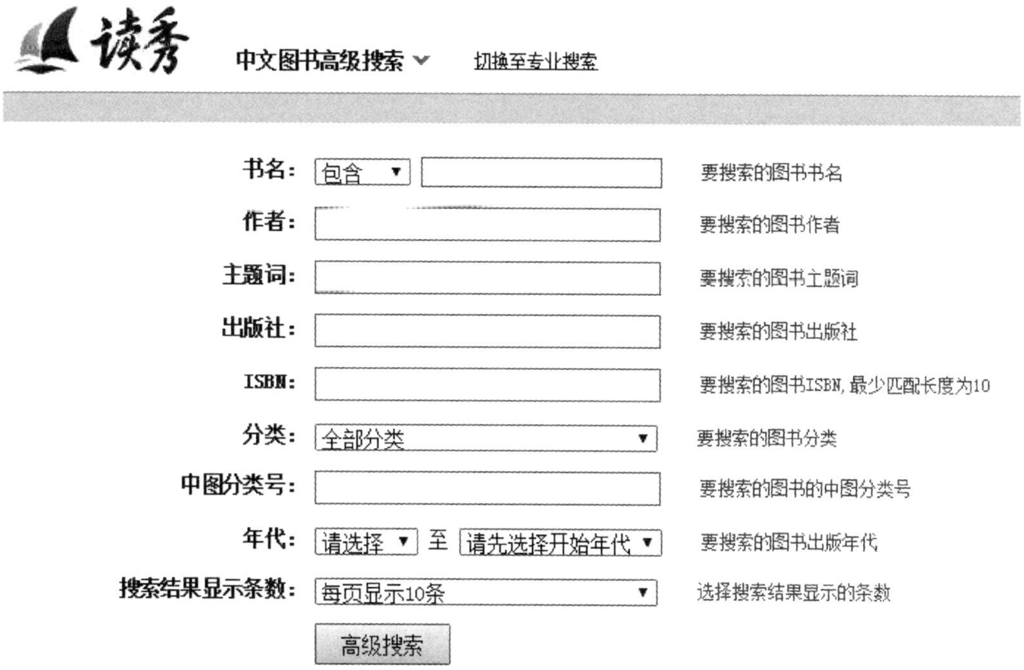

图 4-21　读秀知识库高级检索

(3)分类导航:读秀知识库提供分类导航。分为马列主义、毛泽东思想、邓小平理论;哲学、宗教;社会科学总论等 22 大类(图 4-22)。

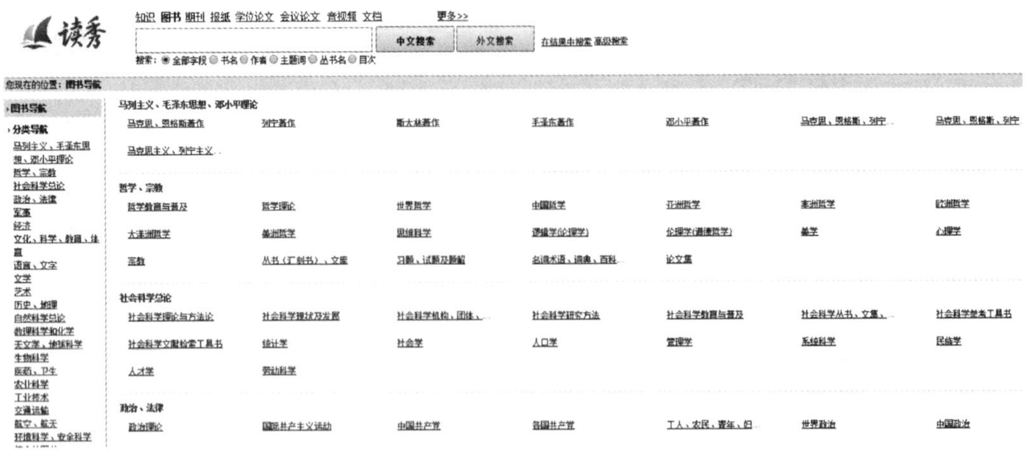

图 4-22　读秀知识库分类导航

(4)图书馆文献传递中心：利用此功能，对本馆没有的资源，读者可在平台上填写咨询传递表单实现图书的自动的文献传递，相当于建立了一个馆际互借平台。

知识链接

超星百链云图书馆

超星百链云图书馆是数字图书馆专业学术搜索门户，包含海量的中外文文献数据搜索，为读者提供了互联网搜索引擎方式的检索体验。目前，百链实现了与700多家图书馆馆藏书目系统、电子书系统、中文期刊、外文期刊、外文数据库系统集成，读者直接通过网上提交文献传递申请，并且可以实时查询申请处理情况，以在线文献传递方式通过所在成员馆获取。

目前，百链拥有3.8亿条元数据，百链整合264个中外文数据库，310万中文图书书目，收录中文期刊6420万篇元数据，外文期刊10 872万篇元数据。其基于元数据检索的搜索引擎将实现检索速度快、检索结果无重复，格式统一等特点。

(三) Apabi 数字图书馆

Apabi 数字资源平台是阿帕比公司推出的华文数字内容整合服务平台。数字资源平台以数据库方式收录了新中国成立后的图书全文资源、全国各级各类报纸及年鉴、工具书、图片等特色资源产品，内容涵盖了社会学、哲学、宗教、历史、经济管理、文学、数学、化学、地理、生物、医学、工程、机械等多种学科。提供全文检索、知识检索、在线阅读、离线借阅、移动阅读、下载、打印等数字内容和知识服务。提供分类浏览检索、快速查询、高级检索三种检索方式查找图书，但须使用方正的阿帕比阅读器客户端软件阅读，其网址为：http://www.apabi.com/。

(四) CADAL 高等学校中英文图书数字化国际合作计划

大学数字图书馆国际合作计划(China Academic Digital Associative Library, CADAL)前身为高等学校中英文图书数字化国际合作计划。与“中国高等教育文献保障系统(CALIS)”一起共同构成中国高等教育数字化图书馆的框架。项目一期建设100万册(件)数字资源，2009年CADAL项目二期正式立项，在一期百万册的基础上，完成150万册(件)数字资源，并建立分布式数据中心和服务体系，实现数据安全和全球服务。CADAL项目建设的数字图书馆，提供一站式的个性化知识服务，将包含理、工、农、医、人文、社科等多种学科的科学技术与文化艺术，包括书画、建筑工程、篆刻、戏剧、工艺品等在内的多种类型媒体资源进行数字化整合，通过因特网向参与建设的高等院校、学术机构提供教学科研支撑，并与世界人民共享中国学术资源，宣传中国的文明与历史，具有重大的实用意义、研究价值和发展前景。其网址为：http://www.cadal.cn/index.htm。

（五）中文在线电子图书数据库

《中文在线电子图书数据库》是中文在线特别推出的“基于互联网数字图书馆”服务，可通过电脑、手机、平板等形式访问，目前该网站上已推出10万册电子图书和3万集有声图书，电子图书内容包括经典名著、名家小说、畅销书籍、教育读物、文艺精粹、网络原创等各类图书，有声图书则包括名家的经典评书、相声、流行畅销的文学作品录制的有声图书。中文在线推出全媒体出版模式将资源有效整合，实现“一种内容，多种媒体，同步出版”。其网址为：http://www.chineseall.com/。

（六）书生之家数字图书馆

“书生之家数字图书馆”由北京书生数字技术有限公司于2000年创办，目前可提供10多万种图书全文在线阅读。其中大部分为近几年出版的新书，侧重教材教参与考试类、文学艺术类、经济金融与工商管理类图书。“书生之家”的搜索引擎提供分类检索、单项检索、组合检索、全文检索、二次检索等检索功能，也可按分类或按出版年浏览图书。需安装阅读器并注册使用。

四、常用国外医学类电子图书数据库简介

（一）Springer

1. 数据库简介　Springer Link是全球最大的在线科学、技术和医学领域学术资源平台。Springer的电子图书数据库包括各种的Springer图书产品，如专著、教科书、手册、地图集、参考工具书、丛书等。到2009年已经出版超过30000余种在线电子图书，每年增加3500种新书，这些图书分12个学科主题：行为科学、工程学、生物医学和生命科学、人文、社科和法律、商业和经济、数学和统计学、化学和材料科学、医学、计算机科学、物理和天文学、地球和环境科学、计算机职业技术与专业计算机应用、能源。其网址为：https://link.springer.com/。

2. 检索方法

（1）搜索：大多数用户通过搜索功能浏览我们的内容，因此在主页上搜索功能是最明显和最突出的，同时主页还提供高级搜索和搜索帮助（图4-23）。

（2）浏览：在页面左方的框中，浏览功能按学科分类如果点击某个学科，将会进入到该学科的新页面，也可以按内容的类型来浏览在学科导航框的下方，您可以找到详细的内容类型：（期刊）文章、参考文献、（图书）章节、实验室指南（图4-24）。

（3）检索结果：SpringLink检索结果页面提供题录、标题、文献类型、DOI信息、出处、作者、摘要、文献全文等详细信息。用户可以通过直接下载、E-mail发送、保存、打印当前列表、生成RSS代码等方式获得检索结果。通常其检索结果排序按时间及文献相关度排列。当使用算符AND、NERA检索时，相关度按被检文献中两词距离排序。两词在文献中距离越近，相关度越高，文献排列越靠前。

图 4-23　Springer 搜索

（二）EBSCO 生物医学电子书数据库

1. 资源介绍　EBSCOhost 平台上的 eBookCollection 数据库（原名 NetLibrary），目前整合提供了 700 多个出版商的电子图书，覆盖了全部的学术领域以及普通阅读和通俗阅读领域，其中 80%的电子图书面向大学与研究型读者层。有生物和生命科学、医学主题类电子书，这些电子图书覆盖所有主题范畴，内容新颖，近 90%的电子图书是 1990 年后出版的。其网址为：http://search. ebscohost. com/。

通过点击上方工具栏中的电子图书，可以进入电子书资源库，在电子书页面上，可以利用关键词检索，也可以利用目录浏览，查看新增书目，或者查看精选电子书，点击"查看全部"可以看到新增图书和精选书的全部结果列表（图 4-25）。

2. 检索方法

（1）浏览：提供两种浏览方式，按目录分类浏览；或在"突出（Highlights）"和"精选电子书（Featured eBook）"中选择"查看全部"浏览。

（2）检索：EBSCO eBooks 电子书提供多种检索界面，有英文、法文、德文、西班牙文、日文、韩文、泰文和中文（简、繁体）。检索界面可在中英文之间进行切换，但检索词仍须用英文。检索模式包括布尔逻辑/精确词组、查找全部检索词语、查找任何检索词语、智能文本检索（复制粘贴文本最多 5000 个字符含空格）等，也可多字段进行逻辑组配检索，限制检索结果。

（三）Elsevier ScienceDirect 电子图书

荷兰 Elsevier 公司的 Science Direct 数据库是世界著名的科学文献全文数据库之一，2010 年 8 月，Elsevier 公司将 ScienceDirect、Scopus 以及 Scirus 整合在一个集成性的检索平台即 SciVerse 上，SciVerse ScienceDirect 平台资源涉及自然科学与工程、生命科学、健康科学、社会科学与人文科学四大学科领域，涵盖了 24 个学科。除期刊以外，Science Direct 平台也提供电子图书及电子参考工具

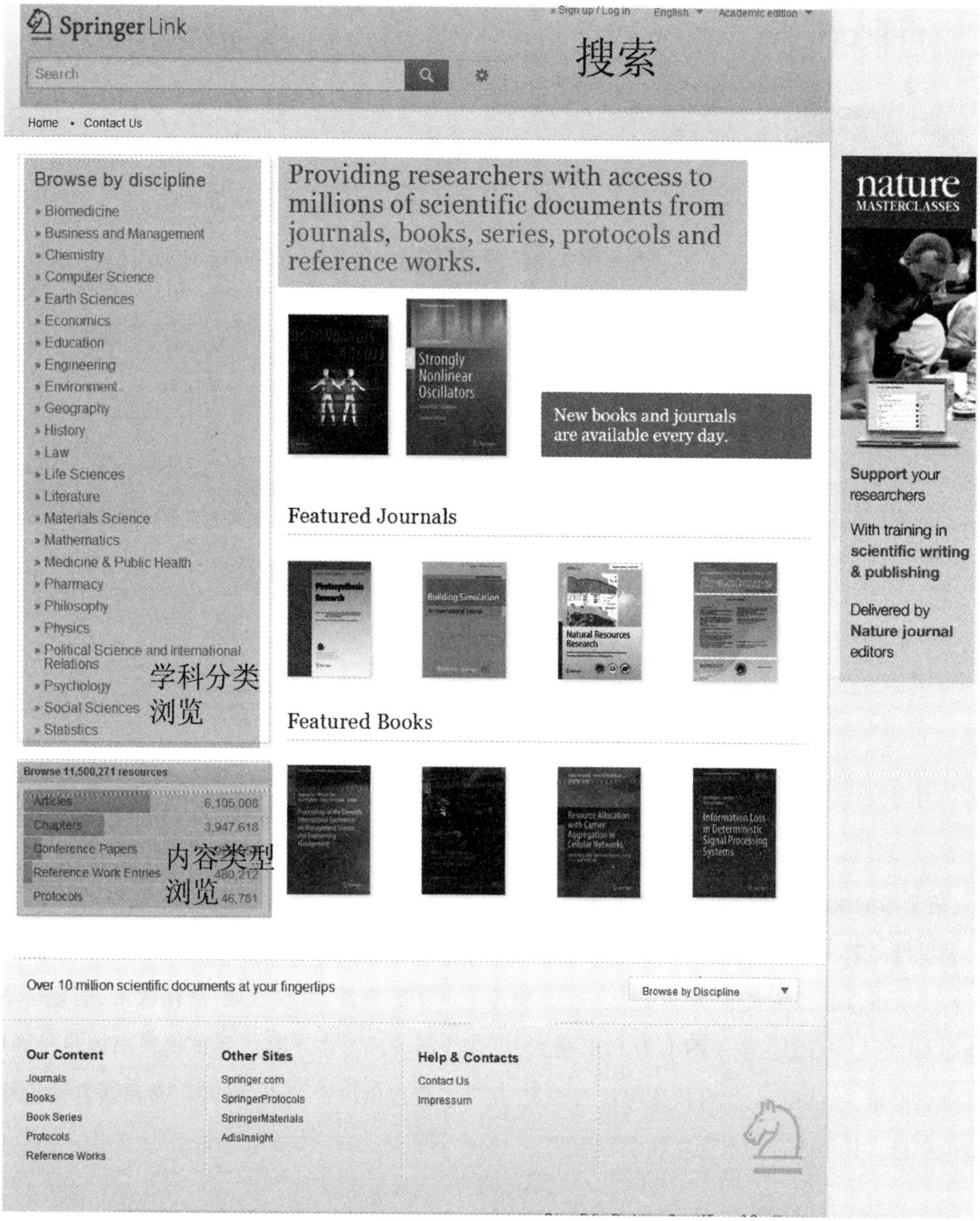

图 4-24　Springer 浏览

书。其网址为：http://www.sciencedirect.com/。

（四）Thieme Clinical Collections

德国 Thieme 出版社是一家拥有百年历史的医学和科学出版社，出版物内容专注于医学和有机合成化学领域，迄今已出版 5000 多种图书。一贯坚持高品质出版水准，内容覆盖神经外科学、整形外科学、放射学、耳鼻喉科学、听力学、牙医学、神经学、内科学、眼科学等医学领域。所有图书均附以全彩插图以及丰富的临床照片和医学影像图片，可为临床医师解决日常工作中的问题提供指导。其网址为：http://www.thieme-connect.com/products。

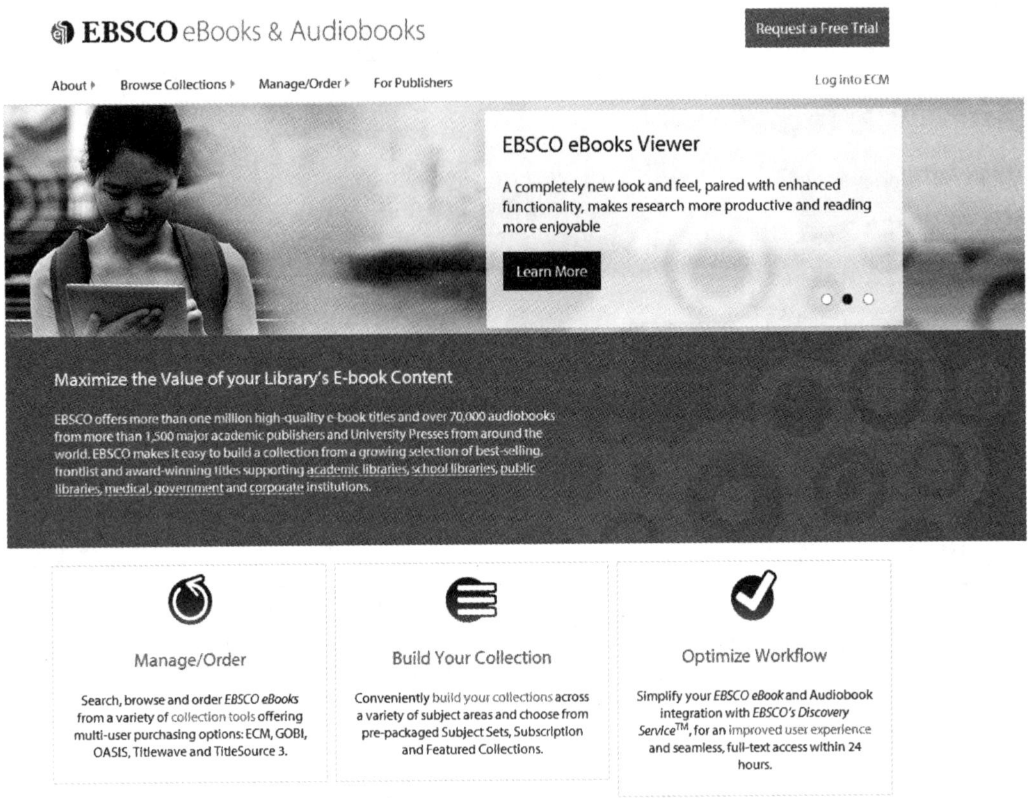

图 4-25　EBSCO 电子书

（五）American Star FL 美星外文数字图书馆

美星外文数字图书馆是由北京亚美瑞德公司与赛尔网络共同研发的为高校提供外文阅览服务的平台。提供世界经典文学、地理、世界史、人物传记、诗歌、教育、财政金融、法律政治、信息科学和旅游等 10 个大类资源。电子图书为 PDF 格式，可在线阅读或整本下载。系统提供书内目录导航，提供分类检索、单项检索、组合检索等检索方式，在其主页提供语音图书、新闻速递和西方文化礼仪等特色栏目。其中语音图书为在线学习形式。

五、因特网电子图书

目前，因特网上的电子图书按照付费方式可以分为单本销售、整库购买、免费访问三种。

（一）单本销售

众多网上书店都提供付费方式的电子图书，付费方式比较灵活，购得的图书可以是电子版的，也可以是印刷版的，是电子商务模式。如亚马逊网上书店（http://www.amazon.com/）和当当网上书店（http://book.dangdang.com/）等。

（二）整库购买

这类电子书一般依托一定的图书检索和阅览系统，必须依靠相应的浏览器才能阅读和下载，图书的学科门类齐全，数量庞大，也称为数字图书馆。有个人读书卡，机构授权访问或镜像图书数据库形式，如京东阅读。

（三）免费访问

1. 国内常用电子图书免费网站

中国青少年新世纪图书网，http://www.cnread.net

新浪电子书下载，http://book.sina.com.cn/ebook/

国学网，http://www.guoxue.com/

IT 电子图书分享论坛，http://www.itebook.org/

我爱 E 书，http://www.52ebook.com/

鸠摩搜书，https://www.jiumodiary.com/

kindle 推，http://www.kindlepush.com/

时代书城，http://www.mypcera.com/book

E 书联盟，http://www.book118.com/

2. 常用外文电子图书免费网站

FreeBookSpot，http://www.freebookspot.es

Free-eBooks，http://www.free-ebooks.net

ManyBooks，http://manybooks.net

GetFreeEBooks，http://www.getfreeebooks.com

FreeTechBooks，http://www.freetechbooks.com

总之，在图书馆未来的发展过程中，纸本图书和电子图书将各自发挥其优势，相互补充，相互促进，平衡发展。

点滴积累

1. 电子图书是以数字化方式发行、传播和阅读的图书。具有存储量大、密度高、出版成本低、价格低廉等特点。更重要的是其具有检索方便、快捷的优势，更具开放化、共享性。目前数字化电子资源类数据库产品朝强化资源整合、数据挖掘的方向发展。
2. 对电子图书的知识产权保护将会更加规范。不同电子图书数据库也各具特色，且大都有其使用权限限制。
3. 电子图书格式多样，选择电子书设备时需格式的兼容性，以保证良好的阅读体验。不同来源的电子图书的格式通常不同，阅读器也就不同，中文电子图书大都有自己开发的阅读器，而外文基本上都使用 PDF 格式，用 Adobe Reader 阅读。
4. 电子图书阅读软件通常包括下载、文字识别、图像复制、引用格式、书内搜索、标注、翻页、到指定页面等功能。
5. 电子图书数据库的常用检索方法是相似的，往往提供简单检索、高级检索方式，使检索更加准确。我们在查找专业相关的图书，可用书名或主题词或图书分类导航方式寻找；利用高级搜索功能查找特定的图书；使用系统提供的推荐功能查找专业相关新书和热门书籍。用户也可以灵活运用数据库的文献传递、文献互助等功能获取所需文献。

（刘　娜）

实训 2 图书馆利用实践

【实训目的】

1. 掌握馆藏图书和期刊的检索方法。
2. 掌握馆藏书刊的排架规则。理解体系分类检索语言与图书馆排架组织关系。
3. 熟悉《中图法》分类表一般结构和功能,学会使用它查找馆藏资源。
4. 掌握 OPAC 系统、联合目录检索系统的使用方法,理解多途径检索的作用。
5. 能充分利用图书馆服务,快速全面获取需求信息。

【实训内容】

1. 参观图书馆
2. 应用 OPAC 系统进行馆藏资源查找
3. 联合目录的上机操作应用
4. 实地体验图书馆排架方式

【实训参考项目】

1. 图书是按什么标准分类的? 使用《中图法》查出你所学专业任一最专指的类名,并用图书馆分类目录查出一本专业书,并记下其书名及馆藏索书号。

2. 查找本馆收藏的药学专业期刊有哪些?

3. 总结在查找一本具体的书或一类图书时,其检索方式有何不同?

4. 在图书馆馆藏目录查询中检索一本你所学专业的参考图书,要求写出该书的作者、分类号、收藏书库、索取号以及现在是否可以外借等信息。

5. 利用馆内 OPAC 查找馆内计算机等级考试的新书。并利用馆藏书目系统下载有随书光盘的课件资源。

6. 查询某馆藏所需图书,但馆内这种图书都已借出,请利用 OPAC 信息查询系统进行外借图书预约服务。

7. 利用馆藏目录查找一本所需图书本馆没有的情况下,请尝试通过联合目录能否查找到该书?如能找到,哪些馆有收藏?

(陈 燕)

实训3　超星移动图书馆应用实践

【实训目的】

1. 学会安装超星移动图书馆软件。

2. 以“超星移动图书馆”为例，掌握其操作使用方法及主要功能的应用。

3. 体验移动图书馆的优势——资源就在您手中。

【实训内容】

1. 超星移动图书馆 APP 下载、注册与登录。

2. 进行移动图书馆“馆藏资源查询”“学术资源查询”“阅读视听空间”“我的订阅”“个人中心管理”等功能的应用。

【实训参考项目】

1. 手机下载“超星移动图书馆”APP，完成自己的账号注册。

2. 利用移动图书馆客户端馆藏查询功能进行：馆藏查询、图书预约、借阅信息查询、借阅图书续借、条码扫描。

3. 学术资源查询：尝试用多字段筛选、二次检索精确定位查找你所需的，包括电子书、论文、报纸、章节、视频等不同类型的资源。

4. 电子书下载：选择你喜欢的书下载到书架，点击“绑定”，完成绑定自己的账号（新浪微博、腾讯微博等），完成分享给好友。

5. 电子书下载：选择一本书用文献传递方式到你的邮箱。

6. 具体点开一本书，进行阅读、批注、目录、进度跳转、字体亮度调节，加书签等操作。

7. 进入“公开课”，查找重庆医药高等专科学校何坪教授主持的“全科医学概论”课程，选择第一课完成学习。

8. 个性化订阅，打造专属视、听、阅读空间：进入“个人中心”，点击添加订阅，选择订阅分类，尝试订阅您感兴趣的主题，如科研、就业、四级英语考试、时事新闻、有声读物、视频。并利用“离线下载设置”对订阅的各个频道进行下载的设定。

9. 操作体验个性化服务功能的应用：如用户信息编辑、查阅我的收藏、查看扫描历史、了解自己学习历程、查阅借阅信息、收看消息中心信息、离线下载设置、账户绑定设置等。

（陈　燕）

ER-4-3 第四章思维导图

【目标检测】

一、选择题

（一）单项选择题

1. 联机公共目录查询系统的英文缩写是（　　）

A. OPAC　　B. LIBRAEY　　C. OCLC

D. CALIS　　E. CASHL

2. 所谓族性检索和特性检索是两个相对的概念，一般认为，从学科专业出发的检索要求是（　　）

A. 特性检索要求　　B. 专指性检索要求　　C. 族性检索要求

D. 主题性检索要求　　E. 著者检索要求

3. 通过文献资料的内容主题进行检索文献信息的途径是（　　）

A. 主题途径　　B. 分类途径　　C. 著者途径

D. 出版社途径　　E. 族性检索途径

4. 读者要在图书馆查阅一本图书是否馆内有及可借阅状态，通常选用（　　）进行

A. 手工目录　　B. 新书通告　　C. 推荐书目

D. 馆藏目录查询系统　　E. Calis 联合目录检索

5. 索书号 I247.57/W312 中 W312 是（　　）

A. 分类号　　B. 种次号　　C. 著者号

D. 卷册号　　E. 架位号

6. 在《中图法》中对概念的隶属关系，通过设置（　　）表示类目间的等级隶属关系

A. 上、下位类　　B. 参照注释　　C. 引文索引

D. 主题索引　　E. 同义词参照

7. 依据《中国图书馆图书分类法》下列哪一项是错误的分类（　　）

A. 政治、法律［D 类］　　B. 历史、地理［K 类］

C. 艺术［E 类］　　D. 文化、科学、教育、体育［G 类］

E. 政治、法律［D 类］

8. 在《中图法》中类目越细，专指度越高，（　　）也就越高

A. 查全率　　B. 查准率　　C. 误检率

D. 漏检率　　E. 平均率

（二）多项选择题

1. 参考咨询服务有（　　）几种主要方式

A. 实时交互咨询　　B. 智能化自行检索咨询服务
C. 网上信息站点导航　　D. 知识体系的咨询服务
E. 咨询导读服务

2. 高校图书馆的职能有哪些(　　)
A. 对学生进行思想品德教育的职能
B. 直接配合教学进行专业教育的职能
C. 扩大学生的知识面,进行素质教育的职能
D. 进行书目教育、信息教育的职能
E. 对用户利用文献和现代化技术手段提供方法指导

3. 在图书馆中对同类图书的排列方法,大体上有(　　)种类型
A. 顺序号　　B. 著者号　　C. 卷册号
D. ISBN 号　　E. 种次号

4. 查找国内图书出版情况的主要工具有(　　)
A.《全国新书目》　　B.《中国国家书目》
C.《全国总书目》　　D.《联合书目》
E.《书展书目》

5.《中图法》基本部类有(　　)
A. A 马克思主义、列宁主义、毛泽东思想　　B. B 哲学
C. C 社会科学　　D. N 自然科学
E. Z 综合性图书

二、判断题

1. 一个类与其直接细分出来的小类之间的关系,称为“并列关系”。(　　)

2. 分类途径就是按照文献的名称体系查找文献的途径。(　　)

3. CALIS 是中国高等教育文献保障系统的简称。(　　)

4. 利用某个图书馆的书刊目录查询系统(OPAC),可以了解该图书馆收藏有哪些印刷型图书和期刊。(　　)

5. 使用超星移动图书馆可在校外查询馆藏书目。(　　)

三、思考题

1. 阐述如何利用《中图法》分类体系结构进行馆藏资源的查找。
2. 图书馆分类与图书排架规律是怎样的? 索书号的组成方式?
3. 简述书目期刊信息检索与文献检索的区别。
4. 如何知道图书馆的新资源、新服务?
5. 如何全面地了解图书馆的馆藏信息?
6. 馆藏目录和联合目录各有什么用处?

7. 简述高校图书馆提供的主要服务内容。

8. 如何获取本馆没有的资源？

9. 请结合你的专业谈谈如何有效利用图书馆的各种资源。

10. 简述移动图书馆的特点及主要功能。

ER-04练习题

（陈　燕）

第五章

工具书及其利用

学习目标

掌握医药学常用参考工具书的利用。

熟悉常用的在线医药参考工具书。

了解工具书的基本知识。

能够利用常用的参考工具书和在线参考工具书进行医药学知识的检索。

第一节　工具书概述

在实际的检索应用过程中，经常会有一些事实与数据的检索，比如说，查找某种药物的不良反应、查找某一年中国药品生产企业的数量等，像这样的事实与数据检索就可以利用工具书来进行查找。

一、工具书的定义及其作用

工具书是根据一定的社会需要，广泛汇集某一范围的知识信息，按照特定方法编排，专为人们解决疑难或检索有关信息的文献，是按照易于检索的方式编排的一种信息密集型文献，本质上来说，工具书就是汇总了用来解决某一类问题知识的书。

工具书具有查考性、概括性、易检性等特点。其编排方法总是按某种特定体例编排，易于检索。从工具书内容而言，它广泛吸收已有研究成果，所提供的知识、信息比较成熟可靠，叙述简明扼要，概括性强。可以在解答疑难问题、指示读书门径、提供参考资料、掌握科研信息等方面提供帮助，可以在查字词、查事项、查人物、查产品、查数据等事实与数据检索方面有较好的利用。

二、工具书的编排体例

工具书就编排结构而言，都大体相同。一部结构完备的参考工具书通常由序、凡例、目录、正文、辅助索引、附录等六部分组成。

正文的编排方式大致可以分为字顺编排和分类编排两大类，此外还有时序法、地序法等，其中字顺编排法最常使用。

（一）字顺法

字顺排检法：又称字序法，是按照一定顺序排检单字或复词的一种方法。一般字典、辞典、百科全书和索引等都常用这种方法。字顺法又包括形序法（有部首法、笔画法、笔顺法）、号码法和音序法。

（二）分类法

分类法分成体系分类法和功能分类法。体系分类法实际上是按学科分类的方法，书目、索引、类书、政书、年鉴、手册、指南等工具书大都采用这种方法。功能分类就是按收录的内容功能不同分类。大多数的电子元器件及其产品特性手册、电气电子类产品目录或电气电子类的其他各种手册，都是按功能分类的。

（三）时序法

时序法是按事物发生发展的时间顺序或人物生卒年月日、生平经历的先后次序编排查检文献的方法。一般查找年代和历日的年表、历表、记载个人生平的年谱、大事记都采用这种方法编排。

（四）地序法

地序法是按一定时期的行政区域或自然地域来排检资料的方法。这种方法利于编制查考地理和地方资料的工具书。如洲、国家、地区、省、市、县等地名录、机构名录类工具书，许多是按地序排检的，也有一些年鉴、人名录或产品目录按地序排检。

三、工具书的选择

根据工具书的基本性质和使用功能，可以划分为检索性工具书和参考性工具书，其种类繁多、数量庞大，内容质量上存在很大的差别，要选择一种好的工具书，主要靠实践和使用。一般我们要从内容的丰富程度、材料的准确性、资料的新颖性、结构的完备性、体例的实用性几个方面来考察工具书的科学性；从知识性和思想性统一、科学性与政治性统一来注意工具书的客观性和政治倾向性；从印刷质量和价格上把握工具书的经济价值。

四、常见医药类参考工具书简介

参考工具书是一种依据特定的需要，广泛汇集相关的知识或文献资料，按照字序、分类、主题、年代、地区等特定的方法和检索方式编排而成的图书。根据编撰体例、内容、作用等的不同，参考工具书通常可分为字典、词典、百科全书、类书、政书、年表、年鉴、手册、名录、图录、表谱、指南、资料汇编等类型，具有很强的知识性、资料性、检索性。

（一）字典与词典（Dictionary）

字典和词典是收录字、词的出版物，其内容在于注释字、词、科技名词术语、缩略语的形、音、义、全称、用法、不同文种的对译等。科技类的辞（词）典，主要是学科名词术语或定义的解释或不同文种互译对照。如《现代电子学辞典——英汉、汉英名词对照》《英汉计算机辞典》《电子工业技术词典》均属于此类，它们还兼备英汉对照的功能。字、词、辞典是汉语划分，英语没这种区别。

字典与词典一般按字顺法编排。字典是主要以字为收录单位，解释文字形、音、义的工具书。辞典（也称词典）是以词语为收录单位，说明一般语词和特殊语词的概念、用法和读音的工具书，基本作用是解答有关字和词的问题。

常用医学辞典有《辞海》（医药卫生分册）《英汉医学词典》《诊断学大辞典》《临床医学综合征词典》《道兰图解医学词典》。综合性在线词典有韦氏词典、金山词霸在线词典等。医学在线词典有

Medical Dictionary Online、英汉医学词典等。

（二）药典（Pharmacopoeia）

药典是记载药品标准和规格的国家法典。是国家管理药品生产、供应、使用与检验的依据。药典一般由国家编撰并由政府颁布施行，具有法律约束力。其基本作用是查询特定药品的别名、化学结构、性状、用途、用法与用量、禁忌证与副作用、含量测定、鉴别、炮制、规格、储藏等。

常用药典有《中华人民共和国药典》（2015 年版）《美国药典/国家处方集》（The United States Pharmacopoeia/National Formulary）《欧洲药典》（European Pharmacopoeia）《马丁代尔大药典》（Martindale：The Complete Drug Reference）等。

（三）百科全书（Encyclopedia）

百科全书是广泛汇集人类已有的知识，以概要方式表述，并提供检索手段的多功能工具书。百科全书收录的内容包括各学科或专业的定义、原理、方法、基本概念、历史及现状、统计资料、书目和重大事件等各方面的资料。百科全书有综合性和专科性之分：综合性百科全书包含多个学科和领域的知识；专科性百科全书提供的是只限于某个学科或领域的知识。百科全书多采用词条的方式编排，其基本作用：回答"是什么"（what）、"时间"（when）、"地点"（where）、"人物"（who）、"怎么样"（how）、"为什么"（why）等问题，被称为"工具书之王"。

世界著名的综合性百科全书有《不列颠百科全书》《美国百科全书》《科里尔百科仝书》等。医学百科全书主要有《中国医学百科全书》（共 76 个分册，89 个分卷）《默克索引：化合物、药物和生物制品百科全书》，网上自由百科全书主要有维基百科等。

（四）年鉴（Eearbook 或 Annal）

年鉴是收录某年内发生的事情和其他动向性问题的年度性出版物。其内容包含年内的各类事实、数据、统计资料、图表、图片及近期发展动向等等。年鉴有综合性和专科性之分。按照习惯，Almanacs 多指综合性年鉴，Yearbooks 多指专科性年鉴。按其收录的地域范围不同，则有地区性年鉴、国际性年鉴和世界性年鉴等。

作为年度性的各类统计资料，尤以统计年鉴最权威和详尽。如要查找我国某年度电气电子类工业企业的人员、各种产品的产销数据、重要研究成果或产品的进出口等各类事实和数据，可以在专业性年鉴或统计年鉴中检索。

我国医学类年鉴主要有《中国医学科学年鉴》《中国卫生年鉴》《中国外科学年鉴》《中国内科学年鉴》《中国药学年鉴》等。

（五）手册（Handbook 或 Manual）

手册是汇集某一学科领域、某一方面基本知识和数据以供随时翻检的实用便捷性工具书。手册文字简练，图文并茂，内容充实可靠，查阅携带方便，实用性强。其基本作用是：综合性手册包括众多领域的实用知识和资料，供一般用户查找各种基本知识和资料；专业性手册多半是围绕某一学科或某一领域汇编而成，供专业人员查找专门知识和资料。

常用医学手册有《临床医师手册》（有外科、妇产科、儿科、内科、耳鼻咽喉科、皮肤科、口腔科、眼科、针灸理疗、检验、药剂、放射等多个分册）《人体正常数据手册》《常用药物手册》《医学常用数据手册》《默克诊疗手册》《医师桌上手册》等。

（六）名录(Directory)

名录是收录专名(人名、地名和机构名等)、提供其基本信息的工具书。包括:人名录:又叫名人录,简要介绍特定地域、时间、专业领域内专家或知名人士的姓名、生卒时间、生平、职务、论著、成就等情况。如:《国际医学名人录》《中国中医人名录》等;机构名录是介绍组织机构名称及有关信息的工具书,一般包括以下内容:机构名称、地址、电话、成立日期、宗旨、成员、历史及当前业务状况等。

（七）图谱(Atlas)

图谱是以图像揭示事物的工具书。包括:地图集:用图像表述地球表面各种自然现象、社会现象、地理分布的工具书,如《世界地图集》《精神卫生地图集》;历史、文物图录:用图像表述历史事件、历史人物和文物的工具书,如《简明中国历史图册》等;学科图谱:汇集了某一学科的图像。如医学图谱品种繁多,有解剖图谱、病理组织学图谱、细胞图谱、中药图谱等。同时,网上也有许多免费图谱。

（八）表谱(Tables)

表谱是汇集某一方面资料,采用表格或类似表格的形式编制而成的工具书。包括:年表:可用来查考历史年月、大事,如《中外历史年表》;历表:可用来换算不同历法,如《两千年中西历对照表》;人物表谱:可查考某人物逐年活动,如《马克思恩格斯生平事业年表》;各种学科用表:可用来查考该学科常用数据、公式等,如《高等数学公式表》。

点滴积累

1. 工具书就是汇总了用来解决某一类问题知识的书。
2. 工具书在编排上通常采用多种排检方法，包括字顺法、分类法、主题法、地序法和时序法等。
3. 中文工具书主要字典与词典、药典、百科全书、年鉴、手册、名录、指南、图谱、表谱等。

第二节　医药学常用参考工具书利用

一、药典类工具书的应用

（一）《中国药典》

1. 简况　《中华人民共和国药典》(简称中国药典,英文名称 Chinese Pharmacopoiea,缩写为 Ch. P),由国家药典委员会根据《中华人民共和国药品管理法》的规定组织编纂,每五年修订一次。它是国家监督管理药品质量的法定技术标准,是中国历史上最大的一部药典。

中国药典比较全面地记载了各类药品和制剂的形状、鉴别和检查方法、各类制剂的通则、一般检验法和测定法、试药、试液、指示剂、溶液的规格和配置方法等,并介绍了药品的主要作用和用途、用法与计量、允许使用的最高剂量(极量)、禁忌证和不良反应、药品的储藏和保管的基本要求等。

2. 内容和编排 2015 版中国药典调整为凡例、通则与方法、药用辅料等单独成卷,正文由一部、二部、三部组成,药典一部收载中药;药典二部收载化学药;药典三部收载生物制药;收载品种总计 5800 种,其中新增 1200 种,药典四部收载药典通则和药用辅料。每年编制一版增补本。

【案例 5-1】 利用《中国药典》进行疫苗方面知识的检索

(1)明确疫苗属于生物制药,进而明确应检索《中国药典》的三部。

(2)检索《中国药典》三部新增品种名单可查看新增的预防和治疗类疫苗。

(3)检索总论目次可查看人用疫苗总论。

(4)检索各论目次可查看预防类疫苗种类。

(5)以皮内注射用卡介苗为例,若需要检索该类疫苗相关知识,可从各论目次下找到该品种,查看页码,直接翻阅至相应页码,如皮内注射用卡介苗为 115 页。

(6)翻阅至 115 页即可查看关于皮内注射用卡介苗的基本要求,如何制造,如何检定,如何保存运输以及使用说明等相关知识。

(二)《美国药典》

《美国药典/国家处方集》(U. S. Pharmacopeia/National Formulary C,USP/NF)由美国药典委员会编写。USP 是政府对药品质量标准和检定方法作出的技术规定,也是药品生产、使用、管理、检验的法律依据。NF 收载了 USP 尚未收入的新药和新制剂。

美国药典最新版为 USP39-NF 34 于 2015 年 12 月份出版,2016 年 5 月 1 日生效。美国药典正文药品名录分别按法定药名字母顺序排列,各药品条目大都列有药名、结构式、分子式、CAS 登记号、成分和含量说明等常规项目,正文之后还有对各种药品进行测试的方法和要求的通用章节以及对各种药物的一般要求的通则。可根据书后所附的 USP 和 NF 的联合索引查阅本书。

(三)《英国药典》

英国药典(British Pharmacopoeia,简称 BP)是英国药品委员会正式出版的英国官方医学标准集,是英国制药标准的重要出处,也是药品质量控制、药品生产许可证管理的重要依据。英国药典不仅为读者提供了药用和成药配方标准以及公式配药标准,而且也向读者展示了许多明确分类并可参照的欧洲药典专著。

(四)《欧洲药典》

《欧洲药典》(European Pharmacopoeia,简称 EP)为欧洲药品质量检测的唯一指导文献。新版《欧洲药典》第六版在第五版的基础上对所有内容进行了重新修订,并于 2008 年 1 月开始生效,欧洲药典有英文版与法文版,有印刷版、USB 闪存版和在线版。

《欧洲药典》的基本组成有凡例、通用分析方法、容器和材料、试剂、正文和索引等。正文品种的内容包括:品名、分子结构式、CA 登录号、化学名称及含量限度、性状、鉴别、检查可能的杂质结构等。

二、药学百科全书的利用

（一）《中国医学百科全书》

《中国医学百科全书》由上海科学技术出版社出版，收录题目20 000多条，主要内容包括祖国医学、基础医学、临床医学、预防医学和特种医学等各个学科和专业，共计93个分卷本。全书用条目形式撰写。1991年后又在分卷本基础上编纂出版了包括中医学、军事医学、预防医学、基础医学、临床医学五部综合本。综合本同样以条目分类编排，以知识体系分类为主，附有字顺索引。网络版由中国学术期刊（光盘版）电子杂志社出版，并被收录在《中国工具书网络出版总库》中。

（二）《中华医学百科全书》

《中华医学百科全书》是系统、概要地介绍现代医药卫生领域知识和中国传统医药卫生领域知识的大型专业百科全书，定位于通用医学参考工具书，主要读者是医药卫生专业人员及其他相关专业人员，汇集了医药卫生领域国内著名学者及国外杰出华人学者，保证了学术水平和权威性，内容以全、准、精、新为原则，包括图书版、电子版和网络版三种出版形态，《中华医学百科全书》纸质版分为基础医学、临床医学、公共卫生、军事医学与特种医学、中医药学、药学6类144卷，1.2亿字。

知识链接

著名的综合性百科全书

《中国大百科全书》：1993年由中国大百科全书总编辑委员会，中国大百科全书出版社出版的图书。 全书共计74卷，包括哲学、社会科学、文学艺术、文化教育、自然科学、工程技术等各个学科和领域。

《美国百科全书》《大英百科全书》《科里尔百科全书》合称“ABC百科全书”。《美国百科全书》（EA）于1829年至1833年在美国出版，共13卷，全书条目按字顺编排，主要读者是普通成年人至高级知识分子；《新不列颠百科全书》（EB）：又称《大英百科全书》，被认为是当今世界上最知名也是最权威的百科全书，于1771年在苏格兰爱丁堡出版，共三卷，以后不断修订出版。1941年版权归美国芝加哥大学所有。 现由总部设在美国芝加哥的不列颠百科全书公司出版。《科利尔百科全书》（EC）：由是美国科利尔出版公司1949年创编出版，共24卷，是20世纪新编的大型英语综合性百科全书。

三、药学词典的利用

（一）《中国药学大辞典》

《中国药学大辞典》由《中国药学大辞典》编委会编写，由人民卫生出版社出版，是我国收载药学学科词汇量最大的工具书，收载词汇近30 000条，涉及药用化学物质、化学药物、药剂学、药物化学、中药学和生药学、微生物药学、生物药学、药物分析、药理学和毒理学、医院药学、临床药学、药学史、药事管理、信息科学、药学相关学科和专业、技术和设备、教育学名词等方面常见的基础词、常用词、重要词和新词。

（二）《中国医学大辞典》

《中国医学大辞典》是1998年天津科学技术出版社出版的图书。收载了我国众多的医学名词，如温、清、补、夺等十三剂，大方脉、小方脉等十三科，汗、和、下、消等八法，古方分量之沿革，君臣佐使、汤丸膏散之解释，亦皆源本而详释之。全书辞条不下七万，排比之法，以首字笔画为序，首字相同者，则以次字笔画为序，依此类推；另设辞头索引、辞条索引，以便检索。书中难字，采用直音注音。

（三）《中医方剂大辞典》

《中医方剂大辞典》由彭怀仁编写，人民卫生出版社2005年出版的一本书籍。本书对所有方剂分散在各种文献中的不同主治、方论、验案以及现代实验研究资料分别设项进行整理筛选，汇集于各方之下，为读者全面了解方剂提供了极大的便利。《中医方剂大辞典》对我国上自秦、汉，下迄现代（1986年）的所有有方名的方剂进行了一次系统的整理，力求使上述各种问题得到合理的解决。以方剂检索而言，本书汇集古今有方名的医方，按照辞书形式编纂，既有目录，又有索引，从而解决检方的难题。以方源而言，本书参考古今各种中医药文献，对每一首方剂的方源进行认真的考证，而注明其原始出处，这对研究方剂的历史，澄清方剂的源流，是十分必要的。

（四）《中药大辞典》

《中药大辞典》是中华人民共和国成立后出版的第一部大型中药专业工具书，共收载中药5767味，其中包括植物药4773味，动物药740味，矿物药82味，以及传统作为单味药使用的加工制成品等172味。第二版于2006年出版，共收载药物6008味，增补了初版后近30年来有关栽培（饲养）技术、药材鉴定、化学成分、药理作用、炮制、现代临床研究等方面的中药研究成果。

【案例5-2】 利用《中国药学大辞典》进行氨基糖苷类药物方面知识的检索。

基本过程如下：

1）明确氨基糖苷类药物有哪些，《中国药学大辞典》是否收录该药物。

2）以半合成氨基糖苷类药物阿米卡星为例，可根据中文名阿米卡星利用中文索引找到阿米卡星所在页码。

3）检索中文索引，发现阿米卡星在第4页。

4）翻阅至第4页即可查看关于阿米卡星的英文名、别称、临床应用等相关知识。

5）也可根据阿米卡星的英文名Amikacin利用英文索引找到阿米卡星所在页码，然后再查看相关知识。

四、药学年鉴的利用

（一）《中国药学年鉴》

《中国药学年鉴》是我国唯一的药学学科专业年鉴，由全国著名药学专家、教授组成的编委会负责编纂，中国工程院院士彭司勋教授任主编。《中国药学年鉴》系统、全面、概括地记载了我国药学领域各方面的发展和成就，自1980年起逐年连续出版。全书共分十一个大栏目，内容包括专论、药学研究、药学教育、药物生产与流通、医院药学、药品监督管理、药学人物、学会与学术活动、药学书刊、药学记事、附录等。

（二）《中国中医药年鉴》

《中国中医药年鉴》由国家中医药管理局主办，《中国中医药年鉴》编委会负责编写，由中国中医药出版社出版，是综合反映中国中医药工作各方面情况、进展、成就的史料性工具书，自1983年起连续出版，自2003年起分为行政和学术两卷出版。行政卷是综合反映中国中医药工作各方面情况、进展、成就的史料性工具书。学术卷是一本反映中医药学术进展的资料性工具书。

（三）《中国卫生和计划生育统计年鉴》

《中国卫生和计划生育统计年鉴》是一部反映我国卫生计生事业发展情况和居民健康状况的资料性年鉴。本书收录了全国及31个省、自治区、直辖市卫生计生事业发展情况和目前居民健康水平的统计数据，以及历史重要年份的全国统计数据。全书分医疗卫生机构、卫生人员、卫生设施、卫生经费、医疗服务、基层医疗卫生服务、中医药服务等16个部分。分为纸质版和电子版，电子版主要收录在随书的光盘内。

【案例5-3】 利用《中国药学年鉴》进行了解药学专业师资队伍建设基本情况

检索基本过程如下：

1）明确《中国药学年鉴》由专论、药学研究、药学教育、药物生产与流通、医院药学、药品监督与管理、药学人物、药学记事等部分组成。

2）在《中国药学年鉴》中药学教育部分包括高等药学教育、中等药学教育、专业介绍、师资队伍建设等内容。

3）从目次中以此检索药学教育-专业介绍-＊＊年高等药学院校（系）师资队伍情况，可获得相关的资料信息，如2011年《中国药学年鉴》就有2010年底统计的47所高等药学院校（系）师资队伍基本情况以及专业课教师情况。

五、药学手册、名录、指南的利用

（一）《默克诊断和治疗手册》

《默克诊断和治疗手册》自第一版问世以来，100多年间作为一种临床工作指南，为医生们在诊疗时提供参照，经过几代人的不断努力和完善，这本手册已经成为世界著名的临床工作指南。目前已出版至第十九版。

《默克诊断和治疗手册》不但是世界著名，发行量最大的临床工作指南，也是广大患者的良师益友。最大的特点是其公益性：在互联网上也可以免费检索，查询全文，了解国际医学界主流观点和可靠治疗方法。增长知识的同时，还可以自觉抵制和监督不规范的医疗行为，客观上有利于减少医患纠纷。在国外，一直是发行量最大的临床医学工作指南，有“医师圣经”之美誉。

（二）《临床用药速查手册》

《临床用药速查手册》由华中科技大学同济医学院附属协和医院心血管内科博士苏冠华撰写，结合当前最新的循证医学证据和疾病防治指南，按通用名、常用商品名、英文名、药理作用特点、适应证、禁忌证、不良反应、注意事项、剂型规格、用法与用量、临床应用要点、分项阐述。《临床用药速查手册》取材多贴近临床实际应用，书中所介绍的中药注射液，仅供参考，其用法用量及注意事项应以国家药监(检)部门的相关规定为准。是临床主治医师、住院医师、进修医师、研究生、实习医师的一本“新颖、科学、简明、实用”的“口袋书”。

(三)《国家基本药物目录》

国家基本药物目录,是医疗机构配备使用药品的依据,包括两部分:基层医疗卫生机构配备使用部分和其他医疗机构配备使用部分。基本药物目录中的药品是适应基本医疗卫生需求,剂型适宜,价格合理,能够保障供应,公众可公平获得的药品,国家基本药物目录是各级医疗卫生机构配备使用药品的依据。

目录中的药品包括化学药品和生物制品、中成药和中药饮片 3 部分。目录后附有索引。化学药品和生物制品为中文笔画索引、中文拼音索引和英文索引;中成药为中文笔画索引、中文拼音索引。化学药品和生物制品主要依据临床药理学分类,共 317 个品种;中成药主要依据功能分类,共 203 个品种;中药饮片不列具体品种,用文字表述。药品的使用不受目录分类类别的限制。

(四)《中国药品通用名称》

《中国药品通用名称》(China Approved Drug Names,CADN)是中华人民共和国卫生部药品委员会编写的中国药品命名的规范。CADN 是以国际非专利药品名称为依据,结合具体情况制定的。CADN 由国家药典委员会负责组织制定并报国家药品监督管理局备案。命名原则中的“药品”一词包括中药、化学药品、生物药品、放射性药品以及诊断药品等。药品的命名避免了可能给患者以暗示的有关药理学、解剖学、生理学、病理学或治疗学的药品名称,并不得用代号命名。

(五)《中国中医名人榜》

《中国中医名人榜》是由吴大真主编,由中医古籍出版社出版的图书,全书介绍了新中国成立初期到 21 世纪初期中医战线涌现的共计 300 位老中青中医代表和典型事迹,包括国家级名中医、各省市名中医代表、中医世家三部分。

(六)《中国医师药师临床用药指南》

《中国医师药师临床用药指南》是由卫生部合理用药专家委员会组织中国执业药师协会、中国医师协会和四川美康医药软件研究开发有限公司编写,由重庆出版社出版的图书,国家食品药品监督管理局药品审评中心对本书中所有专论信息进行了质量监督。包括药物分类索引、药物名称索引、药物专论、附录等内容,是临床医师和药师必备的工具书。

【案例 5-4】 利用《国家基本药物目录》进行抗感染药物的检索

(1)明确抗感染药物属于化学药品和生物制品,进而明确应检索第一部分。

(2)明确《国家基本药物目录》第一部分包括抗微生物药、抗寄生虫病药、麻醉药等二十四种,而抗感染药物并不属于这二十四种。

(3)明确抗感染药物在皮肤科用药和眼科用药均有涉及。

(4)以阿昔洛韦为例,若需要检索阿昔洛韦相关知识,可从第一部分找到眼科用药,在眼科用药下找到阿昔洛韦,查看页码,直接翻阅至相应页码,如阿昔洛韦在第 271 页。

(5)翻阅至第 271 页即可查看关于阿昔洛韦的相关知识。

点滴积累

1. 医药学常用参考工具书有药典类工具书、药学百科全书、药学词典、药学年鉴、药学手册、名录、指南等。
2. 在工具书领域，著名的综合性参考工具书及本专业权威性参考工具书，具有系统完整，数据精确可靠，内容不断更新的特点。只有掌握工具书的编制体例和使用方法，才能根据问题的要求，确定正确的检索途径，达到迅速查检的目的。
3. 检索工具属于二次文献，主要提供文献线索；参考工具属于三次文献，主要提供各种基本知识，即数据与事实资料。

第三节　常用在线医药参考工具简介

一、在线参考工具概述

（一）在线参考工具的概念

在线工具书从狭义上讲，是指将传统的印刷型工具书数字化后形成的网络版。从广义上看，在线工具书是指一切用来查检和查考的数字型网络资料，如百度百科、爱问知识人、金山词霸。

（二）在线参考工具的特点

信息技术的发展和计算机的普及使得互联网上出现的各种类型的在线工具书弥补了印刷型工具书体积大、使用时相对困难的劣势，它们具备更多的特点。

1. 内容更加丰富　数字化的存储技术让在线工具书容量更大，可以在印刷版的基础上增加大量新的内容，并且普遍使用多媒体技术展示，具有动态性和即时性特点，如在某些电子百科全书中查询“心脏”这个词条，除了文字内容外还可以看到心脏的血流变化图，并听到心音。

2. 数据更加新颖　在线工具书的更新可以是按周、按月或者按季度更新，有的甚至能按天更新，因此其数据比印刷版占有绝对的优势。

3. 使用更加方便　移动终端和互联网的普及使得读者可以随时随地联网使用在线工具书，并可以实现多用户共享。同时，在线工具书利用新的检索技术融入了许多新的检索功能和检索途径，提高了读者检索效率，瞬间找到所需的信息资源已经成为现实。

（三）在线参考工具的类型

在线工具书本质上是一种网络检索工具，通常网络为门户，具有突出的“工具”性质，是典型的工具书与信息技术结合的产物。在线参考工具书的主要有三种类型。

1. 衍生型在线工具书　它是传统工具书数字化形成的网络版。它们以印刷版工具书为母本，完全不改变传统工具书的内容、体系，只是简单增加了相关条目之间的联系，如中国大百科全书数据库。

2. 集成型在线工具书　它包括多种工具书的集成整合网站，如中国知网工具书频道 http://

mall. cnki. net/reference/index. aspx,包括字典和辞典、百科全书、类书和政书、目录、索引、年鉴、手册、文摘、表谱、图录10个大类。也有以知名工具书为基础并整合其他资源,既保留了原有工具书的权威性、科学性与内容特色,又集成了其他工具书,同时对网络资源进行筛选与提供,如不列颠在线。

3. 开放型在线工具书 它是指使用维基(Wiki)技术的在线免费参考工具书,也称维基百科。Wiki是一种超文本系统,这种超文本系统支持面对社群的协作式工作,不但可以在Web的基础上对维基文本进行浏览,还可以任意创建和更改。也就是说,每位访问者可以同时扮演读者和作者的双重角色。

二、常用在线医药参考工具

(一)中国大百科全书数据库

本数据库内容源自《中国大百科全书》第一版和第二版。收录近16万条目,80余个学科,近100万知识点,2亿文字量,近10万幅高清晰图片、地图,提供图片检索数据。总容量超过6G。该数据库作品还可以根据用户需求,增加其他专业百科全书、地区百科全书的内容。本着忠于印刷版作品原貌的原则,作品未对原内容进行更改。具有完善的检索手段和浏览功能,提供跨库检索、多卷检索、条目顺序检索、条目分类检索、全文检索、组合检索、逻辑检索等途径。可按学科体系浏览、按汉语拼单字头顺序浏览。根据用户单位不同的性质,提供公共版、教育版、政府机关版、军队版、国际版等多个版本定制。其网址为:http://www.ecph.com.cn/。

【案例5-5】 利用中国大百科全书数据库进行胰岛素的检索

(1)打开网址http://www.ecph.com.cn/main访问大百科全书出版社网页。

(2)选择"产品中心"栏目中的"数字出版"进入检索界面。

(3)基本检索下直接输入检索词"胰岛素"即可得到相关知识。

(4)也可以进入高级检索功能限定范围进行检索或直接点击搜索栏下方的选择检索范围进行检索。

(5)还可以按字母顺序浏览条目或按学科分类体系浏览条目进行层层检索。

(6)得到初步检索结果后可以点击进入条目进行查看或对检索结果进行二次检索。

(二)大英百科全书在线数据库(EB online)

大英百科全书公司1994年推出了Britannica Online(Encyclopedia Britannica online,不列颠百科全书网络版),是因特网上的第一部百科全书。大英百科全书公司以其强大的内容编辑实力及数据库检索技术,成为全球工具书领域的领航者。目前,不列颠百科全书网络版已被世界各地的高等院校、中、小学、图书馆及政府机构等广泛使用。除印刷版的全部内容外,不列颠百科全书网络版还收录了最新的修订和大量印刷版中没有的文字,可检索词条达到100 000多条,并收录了24 000多幅图例、2600多幅地图、1400多段多媒体动画音像等丰富内容,提供120 000个以上的优秀网站链接,从而拓宽了知识获取渠道。提供全文检索、按大事纪年表浏览、按分类浏览、世界地图浏览、字母顺序浏览等多种查阅方式,功能强大,使用方便。其网址为:https://www.britannica.com。

【案例 5-6】 利用 EB online 进行 Cancer 的检索

(1)打开网址 https://www. britannica. com 访问大英百科全书在线数据库。

(2)在搜寻栏中,选择"Cancer"所属条目,接着点"Go"即可开始搜寻。

(3)在检索区中输入所需检索的"Cancer",或输入前几个字母,模糊搜索建议相关的标题,接着选择所需搜寻的百科数据来源,最后点选"Go"。

(4)选取其中的主题,大英百科<Encyclopedia Britannica>的检索结果显示在荧屏。

(5)点击任何一个标题,左边会显示文章的简介。

(6)在搜寻结果页面左边"导航菜单"中,可依个人需求点选数据类别:大英百科<Encyclopedia Britannica>,大英年鉴<Year in Review>,韦氏<Merriam-Webster>字典,辞典及格言等。

(三) 生命大百科全书

网络生命大百科全书(Encyclopedia of Life EOL)是史无前例的科学研究群体和公众共同合作的网络信息共享平台。其目标是为所有人提供完全免费获取有关世界生物有机体的知识。任何人都可以通过登记注册成为 EOL 的成员,向其提供生物物种的文本、图片、多媒体、评论或标签等信息。EOL 专门的专家管理系统来保证从各个研究项目、个人所提供数据的质量。EOL 是由 John D. and Catherine T. MacArthur Foundation 基金和 Alfred P. Sloan Foundation 基金及澳大利亚生命图谱、中国科学院、自然历史博物馆、哈佛大学、海洋生物实验室、密苏里植物园、荷兰生物多样性中心、亚历山大图书馆、美国国立博物馆、南非国家生物多样性研究所、生物多样性遗产图书馆等多个研究机构提供支持,目前已经有超过 40 多个研究组织加入了 EOL 系统。其网址为 http://eol. org。

(四) 药品标准查询数据库

药品标准查询数据库(药品质量标准)是药物在线开发的系列药物数据库之一。该数据库收载国内外药品标准及药典在线全文。目前该数据库收载包括中国药典、美国药典、欧洲药典、英国药典、日本药典、WHO 药典诸版,以及大量国内药品标准。其网址为:http://www. drugfuture. com/standard。

(五) 事实数据库 MICROMEDEX

由美国 TRUVEN HEALTH ANALYTICS,Inc. 制作。MICROMEDEX 为综述型事实数据库,通过医药学专家针对全球 7,000 余种医药学期刊文献进行收集、筛选、分类后,按临床应用的需求,编写具有实证的综述文献。数据库由药品信息(Drug & complenmentary medicine)、病人教育信息(Patient Education)、紧急救护信息(Disease Management)、毒理学信息(Toxicology)四部分内容组成,能提供专业、快速、且完整的药物、疾病、毒物、检测与另类辅助医学等信息,同时协助降低药物治疗的失误、支持病患安全方案,确保医院一贯的照护。产品广受全球医药界的重视,在全球医院、药厂、研究机构、政府单位、医学院校中广泛使用。其网址为:http://truvenhealth. com/products/micromedex。

(六) 缩略语词典

缩略语词汇,http://www. acronymfinder. com/

网络缩略语服务,http://silmaril. ie

缩略语辞典,http://abbr. dict. cn

（七）其他在线参考工具简介

1. 百科全书

中华百科全书，http://ap6. pccu. edu. tw/Encyclopedia_media

互动百科，http://www. hudong. com

百度百科，https://baike. baidu. com

维基百科，https://www. wikipedia. org

美国国立医学图书馆卫生插图百科全书 ADAM，http://www. adam. com/

2. 字典、词典

新华字典，http://xh. 5156edu. com

汉典，http://www. zdic. net/

中国译典，http://www. tdict. com

在线康熙字典，http://www. name999. com/zd/

百度词典搜索，http://www. baidu. com/search/dict. html

汉英医学词典，http://www. esaurus. org/

医学词典，http://www. drdict. com/

化工字典，http://cheman. chemnet. com/dict/zd. html

计算机专业词典，http://foldoc. org/contents. html/

韦氏大词典，http://www. m-w. com

CNKI 翻译助手，http://dict. cnki. net/

美国 Your Dictionary，http://www. yourdictionary. com

OneLook Dictionary Search，http://www. onelook. com

3. 药典类

药典在线，http://www. newdruginfo. com

ER-5-1 药典在线的使用

4. 年鉴类

中华人民共和国国家统计局网站，http://www. stats. gov. cn

中国统计年鉴医药卫生计生专题，http://www. tongjinianjian. com/

CNKI《中国年鉴网络出版总库》，http://nianjian. cnki. net/

联合国统计数据库，http://unstats. un. org/unsd/default. htm

5. 手册类

网上化学元素周期表，http://www. webelements. com/

《默克诊疗手册》，http://www. merckmanuals. com/home

6. 综合类

中国工具书网络出版总库（知网版），http://gongjushu. cnki. net/refbook/default. aspx

7. 医药学类专题数据库

临床医药学知识互动平台，http://cmkd. hnadl. cn/Main. html

国家人口与健康科学数据共享平台,http://www.ncmi.cn/

病毒资源数据库,http://www.virus.csdb.cn/

香港浸会大学,https://www.hkbu.edu.hk/eng/main/index.jsp

药用植物图像数据库,http://library.hkbu.edu.hk/electronic/libdbs/mpd/

中药材图像数据库,http://library.hkbu.edu.hk/electronic/libdbs/mmd/

中药标本数据库,http://library.hkbu.edu.hk/electronic/libdbs/scm_specimen

点滴积累

1. 工具书包括参考工具和检索工具，是以特定编排方式和检索方法，为人们提供某方面的基本知识或资料线索，当人们遇到疑难问题时，提供查考和检索的出版物。
2. 参考工具属于三次文献，主要提供各种基本知识，即数据与事实资料。 其类型主要有：字词典、百科全书、年鉴、手册、名录、表谱与图谱等。 在编排上通常采用字顺法、分类法、主题法、地序法和时序法等多种排检方法。
3. 网络版工具书的优点是内容更丰富、使用更方便、数据更新颖。 包括数据库、百科全书、地图、年鉴、词典等类型。 网络版工具书通过可直接访问参考工具书网站、利用搜索引擎检索、积累常用的网络版工具书加入收藏夹等方式进行利用。

实训 4　工具书利用实践

【实训目的】

1. 掌握《中国药典》《中国药学大辞典》《中国药学年鉴》的使用；
2. 熟悉中国大百科全书数据库的操作；
3. 了解中文工具书主要编排方式和种类；
4. 学会通过在线工具书获取医药信息资源。

【实训内容】

熟悉查找数据与事实信息的基本方法

各种在线参考工具资源的检索方法

【实训参考项目】

1. 利用万方汉英英汉双语科技词典，翻译各自专业的名词术语 3 个(自选)，记录检索的网址及检索操作过程。

2. 百度国学(http://guoxue.baidu.com/)能提供上起先秦、下至清末历代文化典籍的检索和阅读。请用它查找“三字经”，粘贴部分三字经的具体内容。说明你的检索策略、粘贴结果的网址。

3. 利用《中国药典》进行脊髓灰质炎疫苗的检索。
4. 利用《中国药学大辞典》进行罗加米定的检索。
5. 利用《中国药学年鉴》进行科学基金项目的检索。
6. 利用《国家基本药物目录》进行红霉素的检索。
7. 利用中国大百科全书数据库进行阿司匹林的检索。
8. 利用 EB online 进行 Confucius 的检索。

ER-5-2　第五章思维导图

目标检测

一、选择题

（一）单项选择题

1. 中文工具书的编排方式中最常用的方法是(　　)

A. 字顺法　　B. 分类法　　C. 主题法
D. 时序法　　E. 地序法

2. 下列哪项不是工具书具有的应用(　　)

A. 查字词　　B. 查事项　　C. 查文献
D. 查产品　　E. 查数据

3. 下列哪项不属于工具书(　　)

A. 附录　　B. 药典　　C. 百科全书
D. 年鉴　　E. 手册

（二）多项选择题

1. 工具书具有(　　)特点

A. 查考性　　B. 概括性　　C. 易检性
D. 权威性　　E. 多样性

2. 工具书具有哪些方面的应用(　　)

A. 查字词　　B. 查事项　　C. 查人物
D. 查产品　　E. 查数据

3. 中文工具书的编排方式大致有哪些(　　)

A. 字顺法　　B. 分类法　　C. 主题法
D. 顺序法　　E. 地序法

4. 下列属于工具书的是(　　)

A. 字典与词典　　B. 药典　　C. 百科全书

D. 年鉴　　E. 手册

5. 常用医学辞典有(　　)

A.《辞海》　　B.《英汉医学词典》　　C.《诊断学大辞典》

D.《临床医学综合征词典》　　E.《汉语大词典》

6. 我国医学类年鉴主要有(　　)

A.《中国医学科学年鉴》　　B.《中国卫生年鉴》　　C.《中国外科学年鉴》

D.《中国内科学年鉴》　　E.《中国药学年鉴》

二、判断题

1. 所谓主题法,就是按主题词的字顺编排的方法。(　　)
2. 时序法即是按时间顺序编排的方法,年鉴等类工具书都有这种排检方法。(　　)
3. 字典与词典一般按分类法编排。(　　)
4. 药典是记载药品标准和规格的国家法典。(　　)
5. 药典一般由国家编撰并由政府颁布施行,但是不具有法律约束力。(　　)
6. 年鉴是收录某年内发生的事情和其他动向性问题的年度性出版物。(　　)
7. 作为年度性的各类统计资料,尤以统计年鉴最有权威和详尽。(　　)

三、思考题

1. 工具书是如何进行编排的?
2. 医药学常用参考工具书有哪些?
3. 常用的在线医药参考工具有哪些?

(张小蒙)

第六章

国内外医药文献数据库检索与利用

学习目标

掌握国内常用医药文献数据库的检索方法，熟悉不同数据库的检索入口、界面规则及特点。

了解国内外常用的医药相关的文献数据库的名称、特点，检索入口及检索方法，能在日常学习生活中高效利用。

通过初步的实践训练，掌握一般科研项目文献查阅的基本步骤。

医药领域属于高新技术领域，无论是基础理论还是新药开发相关的应用研究，都迫切需要掌握国际前沿最新的思路和技术，即使是对于技术相对落后的发展中国家，也有丰富的传统医药学知识及药物资源期待被外界接受和认可，而这些宝藏及获得宝藏的线索都埋藏在国内外的各种文献及数据库当中。

通过本章节的学习，期望大家能了解国内外常用的医药相关的文献数据库的名称、特点、检索入口及方法，并能在日常工作、学习或生活中得到高效利用。

第一节 文献数据库概述

20 世纪 60 年代初，各文摘出版社为克服信息爆炸带来的困难，纷纷将文献信息整理和加工后输入计算机，并经编辑后发展成为文献数据库。其优势在于对海量资源数据进行了高度整合，可直接通过计算机进行检索，检索途径多、内容丰富、资源量大、更新及时、易于操作、检索方便、速度快，用户利用文献数据库可进行信息检索和咨询、原文传递、科技查新，工作效率得到了极大的提升。

一、数据库类型

数据库按语种可分为中文和外文数据库；按收录文献类型可分为图书、期刊、报纸、学位论文、会议论文、专利、标准、多媒体及工具书数据库等；按文献完整程度可分为文摘（或索引）、全文，及事实数据库。其中，全文数据库因收录了原始文献的全文数据而最具直接的利用价值，国内代表性的有中国期刊全文数据库、万方全文数据库等。

二、文献数据库一般检索方法

常用的文献数据库在线检索方法主要有以下五种。

（一）初级检索

初级检索适合于简单检索，在规定好的检索字段中输入检索词，一般输入一个检索项，其检索界面简单、检索条件少、检索精度低。但具有多种功能，如：简单检索、多项单词逻辑组合检索、词频控制、最近词、词扩展。在初级检索还可以选择时间范围、数据范围、期刊范围、匹配模式、精确检索来控制检索结果。其查询快速方便，效率高。其步骤为：选择检索字段—输入检索词得到检索结果。

（二）高级检索

高级检索是一种比较复杂的检索方式，其检索条件的设定更加精确，组配方式更加灵活。提供多项双词逻辑组合检索方式，支持多字段和检索词的逻辑组配检索，如选择检索词间的布尔逻辑关系增减检索项，也能选择字段，输入检索词及其他检索条件，这种方式保证了检索结果准确性。

（三）专业检索

专业检索又称命令检索或专家检索，专业检索比高级检索功能更强大，但必须根据系统的检索语法规定，使用字段标识、布尔逻辑运算符、括号和字符等来创建检索式进行检索，适用于熟练掌握检索技术的专业检索人员。

【检索示例 6-1】 利用 CNKI 专业检索查找钱伟长在清华大学期间发表的题名或摘要中都包含“物理”的文章，列出其检索式。

检索式：AU = 钱伟长 and AF = 清华大学 and（TI = 物理 or AB = 物理）

（四）二次检索

二次检索又称在结果中检索，是指在当前这次检索结果范围内，再次输入不同的检索词，运用布尔逻辑检索、截词检索等方式进行检索。经过多次的二次检索，逐渐缩小文献范围，使检索结果更符合查询目标。二次检索功能设置在实施检索后的检索结果页面。二次检索在大部分网站及文献数据库中得到广泛的应用。

（五）分类导航检索

利用系统提供的专辑目录及其展开的树形分类目录快速获得某领域的文献，适用于学科分类明确的情况。检索导航主要有控制检索范围、直接检索文献两个功能。通过选择导航范围对检索进行范围控制。用户可以直接点击相应数据库分类导航目录，进入相应子类，直接检索文献。通常在文献条目过多时，还可以进行二次检索。

期刊导航功能多提供刊名、ISSN、CN（统一刊号）三条检索途径供用户直接浏览期刊基本信息，还能按出版的刊期查找期刊文章。

三、全文型文献数据库评价与选择

全文型文献数据库检索性能强大、类型多、收录文献全、数据库质量高，主要可从内容、界面设计和检索功能，以及可获得性三个方面对其进行评价。

（一）内容要素评价

全文型文献数据库内容的质量受权威性、覆盖范围、收录时间 3 个要素影响。权威性体现在出版者、审查制度和收录文献方面，如收录的文献是否是特定专业领域的高质量论文、是否有严格的审查制度来保障其权威性；覆盖范围体现在内容和时间方面，其覆盖原文的广度、提供内容的多少均是评价全文型文献数据库质量的重要指标；在收录时间方面，许多数据库已经实现了与纸质型文献出版零时差。

（二）界面设计及检索功能要素评价

界面设计体现在界面是否简洁直观、使用是否方便快捷。检索功能体现在是否为用户提供了适用的检索工具，如检索途径、二次检索、高级检索及其他检索技术的应用、功能菜单等，其次是系统响应速度、使用灵活性，以及浏览功能和下载速度。

（三）可获得性要素评价

包括数据库产品的采购和传递方式、在线及售后服务评价、付费方式是否方便、是否有镜像数据库，以及检索速度和稳定性、数据更新是否及时、用户培训等。

点滴积累

1. 文献资源数据库产品对海量资源数据进行整合，集题录、文摘、全文文献信息于一体，检索途径多、内容丰富、可靠性高、检索快捷。
2. 在把握各数据库检索方法共性的同时，还应该了解某些数据库特色性的检索方法，实现高效、灵活地利用各种数据库资源。
3. “没有想不到，只有找不到”，在具备能够充分地挖掘各种文献数据库资源的能力之前，不要过早做出“数据库里面没有”的判断。

第二节　常用国内医药文献数据库

一、中国知网-CNKI

（一）资源简介

“中国国家知识基础设施（China National Knowledge Infrastructure，CNKI）工程”由清华大学和清华同方在 1996 年发起成立，是以实现全社会知识资源传播共享与增值利用为目标的信息化建设项目，其先后建成了“CNKI 数字图书馆”、《中国知识资源总库》及 CNKI 网格资源共享平台等多个项目，CNKI 网址为：“http://www.cnki.net/”。

CNKI 建立的数字图书馆和数字出版物超市，涵盖了我国自然科学、人文与社会科学、工程技术、期刊、博硕士论文、报纸、图书、会议论文等各公共知识信息资源。其主要由四大部分组成：

1. 中国知识资源总库（简称《总库》）　作为 CNKI 的核心资源，包括源数据库、特色资源、国外资源、行业知识库、作品欣赏和指标索引共八大领域。主要数据库包括：

(1)期刊:包括中国学术期刊网络出版总库(中国学术期刊网络版,CAJD)、中国学术辑刊〔学术机构定期或不定期出版的学术论文集〕全文数据库、世纪期刊、商业评论数据库、中国学术期刊网络出版总库(特刊)。收录中国学术期刊8000种以上,独家收录期刊2000种以上,独家收录的核心期刊1000种以上,从创刊开始收录的期刊要3000种以上。

(2)学位论文:包括中国博士学位论文全文数据库(简称CDFD)和中国优秀硕士学位论文全文数据库(简称CMFD)。内容覆盖基础科学、工程技术、农业、医学、哲学、人文、社会科学等各个领域,产品被分为基础科学、工程科技Ⅰ、工程科技Ⅱ、农业科技、医药卫生科技、哲学与人文科学、社会科学Ⅰ、社会科学Ⅱ、信息科技、经济与管理科学共十大专辑。

(3)报纸:中国重要报纸全文数据库收录了自2000年以来国内重要报纸刊载的学术性、资料性文献。

(4)会议论文:重点收录1999年以来中国科协系统及其他重要会议主办单位举办的在国内召开的国际会议上发表的文献。

(5)中国标准全文数据库:收录自1950年以来国家标准化管理委员会管理的国家标准,收全率占国家标准总量的90%以上,全部具有合法版权。要求产品具有标准基本信息、标准全文、标准间关联、本领域专利与科技成果、本标准研制背景、本标准应用动态、本标准所涉技术研究动态、知识链接。

(6)中国专利全文数据库:收录总量1100万条以上,与国家知识产权局知识产权出版社合作,取得合法授权。要求产品与科技研究、科技产出整合关联,专利基本信息、专利全文、法律状态查询、专利产出状态分析、本领域科技成果与标准、发明人发表文献、申请机构(个人)发表文献、本专利研制背景、本专利应用动态、所涉核心技术研究动态、知识链接。

(7)国际文献总库:代表性的有Elsevier、Springer、Taylor & Francis、ProQuest、Wiley、PubMed、美国计算机协会、英国皇家物理学会、剑桥大学出版社和中国图书书目。

(8)学术图片知识库:CNKI图片知识库是我国第一个学术类图片的知识库产品,具有智能挖掘技术,从各类学术文献中提取图形、图像等内容,加以规范化编辑整理,提供相似图表的检索、对比和分析功能等知识发现功能,提供图片类型导航、学科导航。

(9)中国高等教育期刊文献总库:全面集成整合1979年以来我国正式出版发行的高等教育教学类报刊文献的全文数据库,能够为高等院校的教育、教学研究、学校管理、教师备课、学生学习等提供相关信息资源。能够为教材编写、课程答疑等教学研究和日常教学活动提供支持;能够促进学生了解科学前沿,培养学习兴趣,辅助课程知识的学习;能够为学校各部门提供学校管理、教育管理类文献,用借鉴国内外经验,提高管理水平。

(10)中国工具书网络出版总库:收录国内知名出版社8,000部工具书,类型包括:汉语词典、双语词典、专科辞典、百科全书、图谱年表、手册、名录、语录、传记等,内容涵盖自然科学、工程技术、农业、医学、哲学与人文科学、社会科学、经济管理等各学科领域。具备选词链接、屏幕取词等功能,并与其他类型的学术文献无缝链接。

(11)国学宝典数据库:收录先秦至清末的古籍文献5,000种以上。包括古籍基本信息、相关古籍及研究动态、研究作者发表文献、参考文献、相关期刊、相关专题会议、相关研究机构、相关文献作者等资源。

2. 国际文献总库　涵盖国外上百个与期刊、会议、图书有关的数据库。

3. 行业知识服务平台　包括教育与文化、党政和社团、生命与环境、基建与能源、科技与企业、海外行业公司六大类，其中生命与环境项目下又分为医疗保健、农业食品、药业预防、资源环境与水利气象共五个小项。

4. 个人/机构数字图书馆　个人数字图书馆已拥有个人读者 1200 万，可全方位协助个人读者跟踪科研情报，其中，“我的个人馆”按文献检索式跟踪研究主题的最新发文，“学者圈”跟踪同行学者最新发文动态并与学者在线交流，“科研项目”能及时获取申报中项目并跟踪已立项项目成果进展，“学术趋势”可了解某个研究领域的学术研究发展趋势。

（二）检索途径与方法

1. 简单检索　简单检索的检索框位于首页正上方，首先，选择数据库类别，默认为对所有文献进行跨库检索，或者对期刊、博硕士、会议、报纸各种类型进行专门检索；然后，点击左侧检索字段框的下拉列表，可对全文、主题、篇名、作者、单位、关键词、摘要、参考文献、中图分类号、文献来源共十个字段的内容进行检索；接着，在检索框中输入检索词，点击检索按钮进行检索。

2. 高级检索

该模式最常用且适合较专业的检索者。首先，点击首页右侧的“高级检索”，进入高级检索页面（图 6-1）；在高级检索选项卡中，可输入内容检索条件和检索控制条件；内容检索条件中，从左至右：“+”和“-”的含义是增加或减少检索条件；检索字段下拉列表包含主题、篇名、关键词、摘要、全文、参考文献和中图分类号；空白位置可输入检索者指定的检索词；“词频”表示该检索词在所选字段中出现的频次；“精确”代表检索词必须完整的出现在检索字段中，而“模糊”则代表组成检索词的各个字随机出现，相对位置可发生变化。

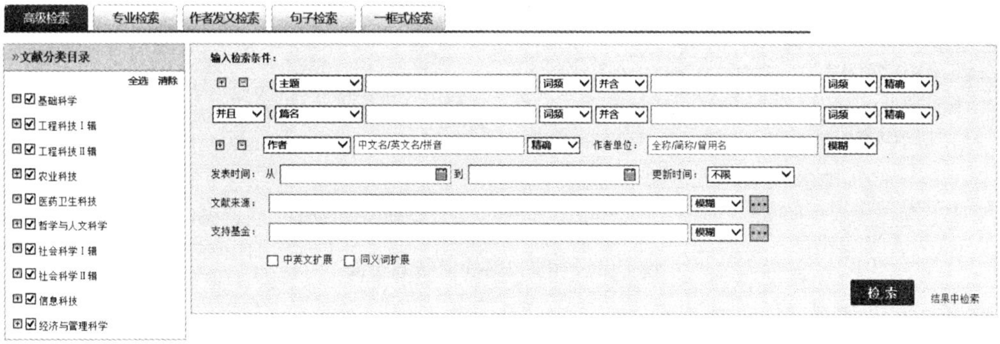

图 6-1　中国知网高级检索页面

检索控制条件中，从上往下依次为文献的发表时间、文献来源的刊物名称、所支持的基金名称、作者姓名和单位，可与内容检索条件中的检索词进行组合检索；“结果中检索”代表继续增加检索条件，以达到缩小检索范围的目的。

除了高级检索外，还包括以下五种检索模式：

(1)专业检索:专业检索是较复杂的一种检索方法,需要用户自己输入检索式来检索,并且确保所输入的检索式语法正确,才能检索到想要的结果。每个库的专业检索都有说明,点击右侧的"检索表达式语法"可参看详细的语法说明。

(2)作者发文检索:用于检索某作者发表的文献,输入相应作者的姓名、单位即可。

(3)科研基金检索:用于检索某基金资助发表的文献。

(4)句子检索:用来检索文献正文中所包含的某一句话或某一个词组。

(5)文献来源检索:来源期刊数据库主要针对想了解期刊来源的用户,包括期刊的来源类别,期刊名称、年限等进行组合检索。

3. 出版物检索　点击首页右侧的"出版物检索",进入出版物检索页面:上方检索栏可对期刊、博士学位授予单位、硕士学位授予单位、会议论文集、报纸、年鉴和工具书的来源名称、主办单位、出版者、ISSN、CN、ISBN 共六个字段进行检索;左侧的全部文献来源分类目录将各种期刊按学科进行了分类。

(三) 检索结果处理

1. 检索结果页面

(1)主要显示信息:此页面(图 6-2)主要显示的内容有分组浏览、文献排序方式、每页显示文献篇数、全选/清除、导出/参考文献、分析/阅读、检索结果命中的总篇数;以及检索结果的篇名、作者、刊名、年/期、被引、下载、预览、分享。

图 6-2　中国知网检索结果页面

(2)分组浏览:可按来源数据库、学科、发表年度(默认)、研究层次、作者、机构和基金共七种方式进行分组浏览。

(3)文献排序:可按主题、发表时间、被引次数和下载次数四种方式对检索的文献进行排序。

(4)导出/参考文献:可全选或部分选择所需文献,点击导出/参考文献可实现导出题录作为参考文献使用。

(5)查看细览:点击篇名可进入文献细览页并查看该文献的详细信息,点击作者可查看该作者被数据库收录的其他文献，点击刊名和年/期可查看该卷/期文献的相关信息，被引次数和下载次数表明该文献被其他文献引用或从该数据库下载的次数，从侧面反应该文献受读者欢迎的程度，点击预览可看到该文献第一页的具体内容细节。

（6）下载全文：下载次数左侧的箭头若为黄色，表面客户端的 IP 地址无法直接下载，需注册后收费下载；若显示绿色，表明 IP 地址或客户端用户被授权可以直接下载，通常为机构用户或者已注册缴费的个人用户；点击下载全文可将文献下载保存到本地磁盘。

（7）结果中检索：在第一次的检索结果基础上进行二次检索。

2. 文献细览页面　点击文献标题可进入文献细览页面（图 6-3）。

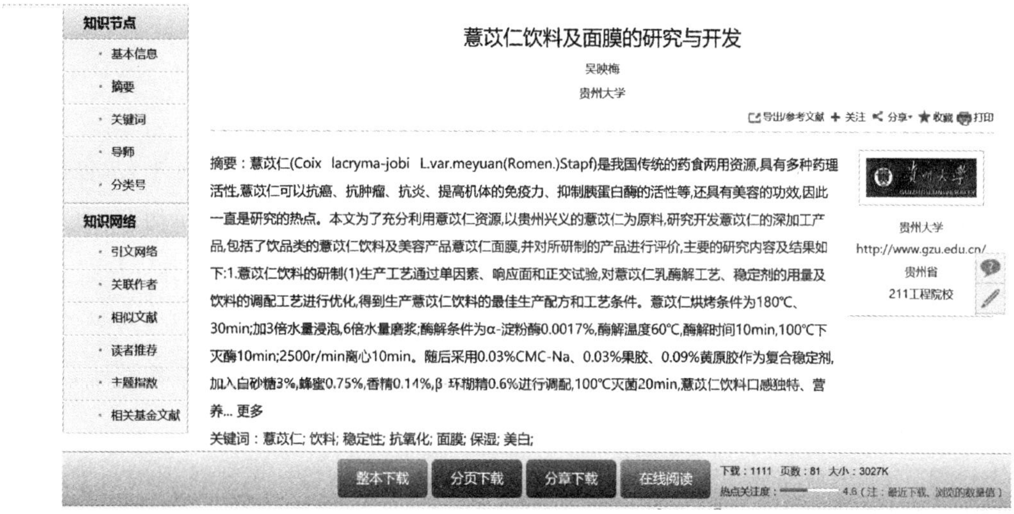

图 6-3　中国知网文献细览页面

（1）显示信息：该页面包括了中英文对照的作者姓名、机构地区、来源出处和单位名称；另外，还包括中文的题名、摘要、关键词、文内图片、基金资助、所属期刊栏目、以及文献分类号、被引和下载频次、参考文献。

（2）下载全文及阅读器：在中文标题下方可点击 Caj 下载或 PDF 下载，下载两种不同格式的文件，其中 Caj 格式的文件用右侧 CNKI 专用下载工具“CAJ Viewer”打开，PDF 格式的文件可用 Foxit-PDF 阅读器、ADOBE PDF 等 PDF 专用阅读工具打开；值得一提的是，CAJ Viewer 可兼容 PDF 格式，但 PDF 专用阅读工具通常不兼容 Caj 格式的文件。而且，对于部分扫描的 Caj 格式的文档，若要复制其中的文字到其它软件进行编辑，推荐使用 CAJ Viewer 的 OCR 文字识别功能。

（3）节点链接：点击蓝色字体的作者姓名、作者单位和来源期刊、关键词，以及参考文献和相似文献，可进入链接查看相关联的信息。

【检索示例 6-2】对 CNKI 中收录的面膜祛痘功能相关的文献情况进行简单的文献调查和分析。

1. 在检索框中输入 http://www. cnki. net/，或通过搜索引擎检索“CNKI”选择其主页进入。

2. 可使用主页上方的简单检索功能，在空白检索对话框中输入“面膜 祛痘”，共检索得到 109 条记录。值得注意的是，一方面，对于较复杂的对多个字段进行检索的情况，推荐使用页面右侧跨库检索中的高级检索功能进行检索；另外，如果检索结果中的多数文献都不符合检索者的要求，那就需要更换其他更常用的检索词进行检索,或者通过调整检索词扩大检索范围进行检索。

3. 在检索结果页面左侧,可看到所有检索结果的学科分类情况,其中 88 篇属于医药卫生领域;在页面右侧,可针对"标题、作者、关键词、起止年"四个字段继续在结果中进行二次检索,得到更具针对性的检索结果。

4. 在检索结果页面右侧,可依次阅读各文献的引文内容(包括标题、期刊名称、发表时间和作者、部分摘要和关键词),选择符合要求的文献下载全文。

5. 对下载的文献进行进一步的阅读、整理、归类,删除不符合要求的文献,对有用的文献可打印全文、装订后作为资料保存。

二、万方数据知识服务平台

(一) 资源简介

北京万方数据股份有限公司成立于 1993 年,其建立的万方数据知识服务平台,包括学术论文、期刊、学位、会议、外文文献、科技报告、专利、标准、地方志、成果、法规、机构、图书、专家、学者,以及刊名库、会议名库和志书名库,提供集题录、文摘、全文文献信息于一体一站式文献信息服务。系统还提供了知识脉络分析、查新/跨库检索、科技文献分析、论文相似性检测、期刊统计分析与评价、万方创新助手科技信息挖掘分析评估工具等特色增值服务。其网址为:http://www.wanfangdata.com.cn/。

2008 年,万方数据与中华医学会、中国医师协会等机构建立了万方医学网,并获得了这些机构医学期刊全文的独家发行权。其网址为:http://med.wanfangdata.com.cn。

(二) 检索途径与方法

进入万方数据知识服务平台首页(图 6-4),点击空白检索框左侧的下拉列表,即可针对"学术论文、期刊、学位、会议、外文文献、科技报告、专利、标准、地方志、成果、法规、机构、图书、专家、学者,以及刊名库、会议名库和志书名库"共 18 个子数据库进行检索。

图 6-4　万方数据检索首页

在选择学术论文检索时,系统默认在期刊、学位、会议、外文期刊和 OA 论文库中进行跨库检索;在选择其他子数据库时,只在选择的数据库内进行单库检索。

【检索示例 6-3】 万方期刊单库检索方式

以最常用的期刊检索为例,在下拉列表中点击"期刊"后,在空白检索框下方出现检索字段下拉列表,共包含"题名、关键词、摘要、作者、作者单位和刊名"共六个字段,点击字段名称,即可在检索框中输入检索词对该字段进行检索。可输入多个检索词并用空格间隔,代表"逻辑与",如输入"针

灸 颈椎”，即检索字段中同时包含“针灸”和“颈椎”两个关键词的相关论文。

（三）检索结果处理

1. 检索结果页面　在检索结果页面（图6-5），为进一步缩小检索范围，可继续输入检索条件并选择“在结果中检索”。

图6-5　万方数据检索结果页面

在检索结果页面左侧，显示了总共检索得到的文献篇数及按学科、年份和期刊分类情况，以及相关的检索词和相关的学者姓名；在检索结果列表上方，可选择性显示全部文献或收录有全文的文献，并按照相关度、出版时间和被引次数进行排序。

在检索结果列表中，还显示了文献的标题、来源刊名和卷期号、作者姓名，及部分中文摘要。

2. 文献细览页面　点击文章题名，可查看文献的详细信息（图6-6），包括中文和英文标题、快捷工具栏、中文摘要、中文和英文作者姓名，作者单位、中英文刊名（含卷期号），以及分类号、关键词、在线出版日期及基金项目。

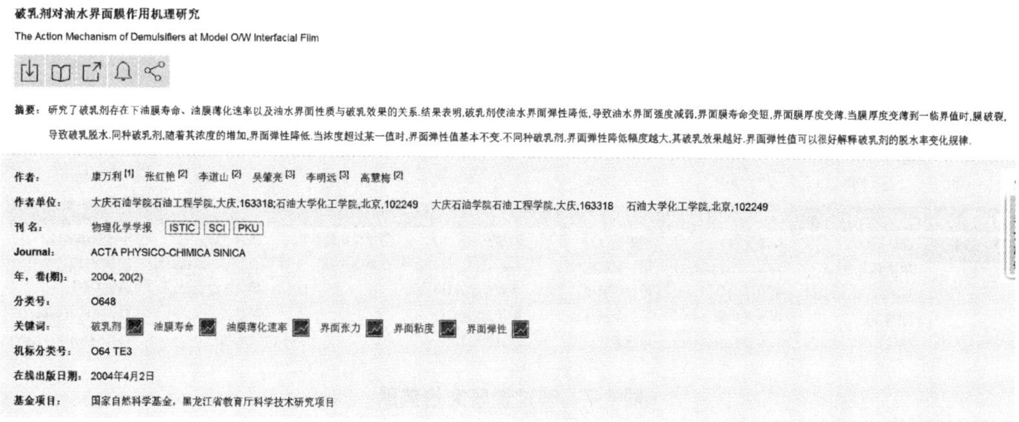

图6-6　万方数据文献细览页面

在快捷工具栏中，包含了下载全文、查看全文、导出、引用查询和分享五个功能。点击作者姓名、刊物的名称及卷期号、关键词，均可查看到与之相关联的信息。

【检索示例 6-4】 对万方数据库中收录的面膜祛斑功能相关的文献情况进行简单的文献调查和分析

1. 在检索框中输入 http://www.wanfangdata.com.cn/，或通过搜索引擎检索万方数据库主页进入万方数据知识服务平台。

2. 可使用主页上方的简单检索功能，在空白检索对话框中输入“面膜 祛斑”，共检索得到 109 条记录。值得注意的是，一方面，对于较复杂的对多个字段进行检索的情况，推荐使用页面右侧跨库检索中的高级检索功能进行检索；另外，如果检索结果中的多数文献都不符合检索者的要求，那就需要更换其他更常用的检索词进行检索，或者通过调整检索词扩大检索范围进行检索。

3. 在检索结果页面左侧，可看到所有检索结果的学科分类情况，其中 88 篇属于医药卫生领域；在页面右侧，可针对“标题、作者、关键词、起止年”四个字段继续在结果中进行二次检索，得到更具针对性的检索结果。

4. 在检索结果页面右侧，可依次阅读各文献的引文内容（包括标题、期刊名称、发表时间和作者、部分摘要和关键词），选择符合要求的文献下载全文。

5. 对下载的文献进行进一步的阅读、整理、归类，删除不符合要求的文献，对有用的文献可打印全文、装订后作为资料保存。

（四）知识脉络分析

万方知识脉络分析（Knowledge Trend Analysis）是以主题词为核心分析海量文献资源，通过统计文献中的知识点及相关知识点的共现关系，并用趋势图的方式描述其研究趋势。

以研究碘过量相关的知识脉络为例，输入检索词“碘过量”，点击“知识脉络检索”按钮，即得到该知识点相关的研究趋势图（图 6-7）。

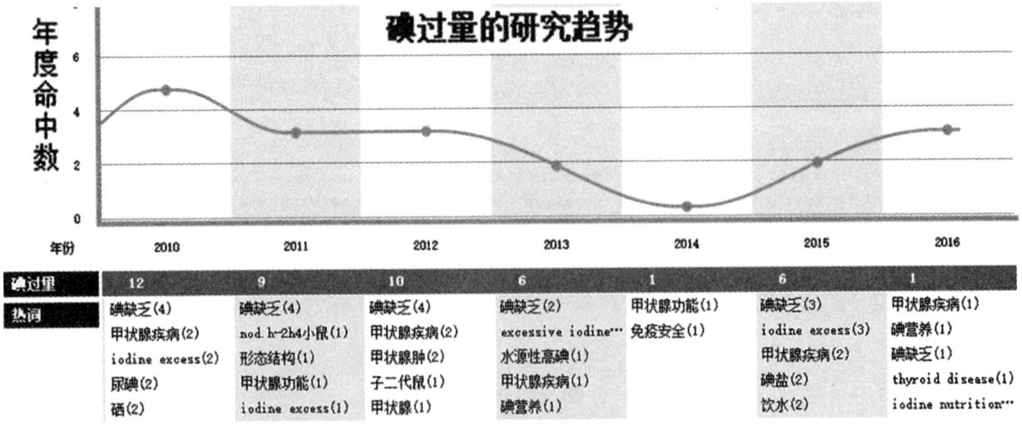

图 6-7　碘过量研究趋势图

对于多个知识点，则将检索词（如“碘过量、碘缺乏和甲状腺激素”）以“，”号隔开，点击“比较分析”按钮，即可对比分析三个知识点的研究趋势情况。

知识脉络分析从某个知识点出发，结合时间维度，从相关的人物、期刊、机构和主题词等多方面进行数据挖掘，最终展现出知识点随时间变化的演化关系，这将有助于发现知识点之间交叉、融合的演变关系，以及新的研究方向、趋势和热点，对学术研究具有积极的参考意义。

三、其他国内医药文献数据库简介

（一）维普资源系统

1. 资源简介　重庆维普资讯有限公司原为中国科技情报研究所重庆分所数据库研究中心，其先后推出了《中文科技期刊篇名数据库》、《中文科技期刊数据库》、《中国科技经济新闻数据库》、维普考试资源系统、维普期刊资源整合服务平台、维普论文检测系统等产品。其网址为：http://www.cqvip.com.

2. 检索途径与方法

（1）简单检索：在浏览器中输入网址"http://www.cqvip.com/"即进入维普网仓储式在线出版平台，页面上方为简单检索的检索栏（图 6-8），左侧为检索字段，包括文献、期刊、学者、机构、帖子共五个字段；在右侧的空白文本框中可选择标题/关键词、作者、机构、刊名，并输入相应的检索词即可进行检索。

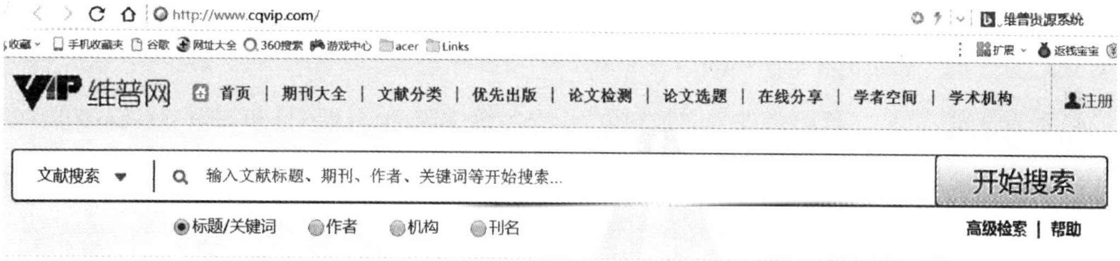

图 6-8　维普资源系统简单检索页面

维普主页的左侧为学科分类导航，依次点击进去可找到相关学科类别所收录的期刊信息，及各领域所推荐的论文作品列表。

（2）高级检索：在维普主页点击简单检索右侧的高级检索，即可进入"维普期刊资源整合服务平台"（图 6-9），其包括期刊文献检索、文献引证追踪、科学指标分析、高被引出文献、搜索引擎服务共

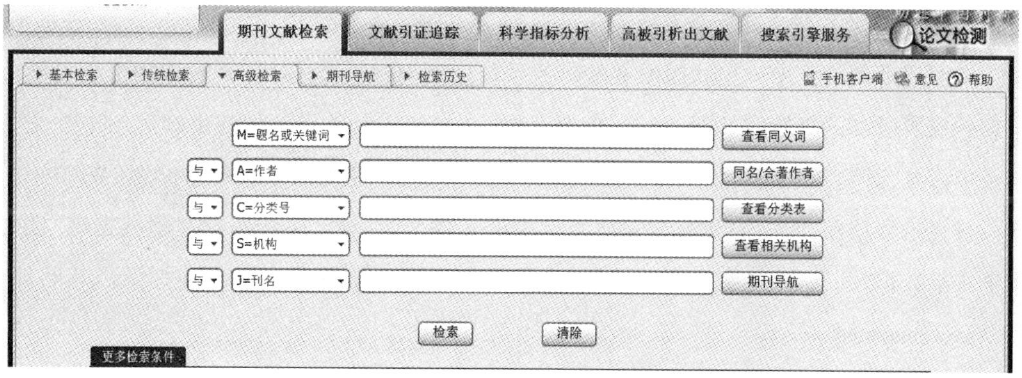

图 6-9　维普资源系统高级检索页面

五个选项卡，其中最常用的期刊文献检索选项卡内包含基本检索、传统检索、高级检索、期刊导航和检索历史。

以基本检索的主要操作步骤为例，点选基本检索选项卡，即能方便的对期刊文献的不同字段进行检索。

（1）选择检索字段：基本检索共提供 14 种检索字段，分别为任意字段、题名或关键词、题名、关键词、文摘、作者、第一作者、机构、刊名、分类号、参考文献、作者简介、基金资助和栏目信息，用户可根据实际需要选择字段，并点击“+”或“-”增加或减少检索条件栏。

（2）限定检索范围：涉及刊载时间、刊载期刊类型和文献学科类型。其中文献刊载时间最早从 1989 年开始到最近更新；刊载范围主要用于限制期刊来源的范围，包括全部期刊、核心期刊、EI 来源、SCI 来源、CAS 来源、CSCD 来源和 CSSCI 来源的期刊；学科类型共分为 45 种，可根据需要进行选择。

3. 检索结果处理　检索结果页面的主要内容包括：

（1）主要显示信息：此页面主要显示的内容有检索结果命中的总篇数、检索式、全选/清除/导出选项、按时间筛选项，以及检索结果的题名、作者、出处、基金、摘要。

（2）按时间筛选：限定筛选 1 个月内、3 个月内、半年内、一年内、当年内发表的文献。

（3）导出题录：选中检索结果题录列表前的复选框，点击“导出”，可以将选中的文献题录以文本、参考文献、XML、NoteExpress、Refworks、EndNote 的格式导出。

（4）查看细览：点击文献题名进入文献细览页，查看该文献的详细信息和知识节点链接。

（5）阅读或获取全文：点击在线阅读按钮可在线阅读全文；点击下载全文可将文献下载保存到本地磁盘。

（6）二次检索：可进行重新检索，也可以在第一次的检索结果基础上进行二次检索。

点击文献标题可进入文献细览页面，其主要内容包括：①显示信息：该页面包括了中英文对照的题名、作者、机构地区、来源出处、基金资助、摘要和关键词，以及文献分类号和参考文献。②获取全文：在中英文标题下方可点击在线阅读或下载全文。③节点链接：点击蓝色字体的被引量、作者姓名、作者单位和来源期刊、关键词和分类号，以及参考文献和相似文献，可进入链接查看相关联的信息。

（二）中国生物医学文献服务系统

1. 系统资源简介　中国生物医学文献服务系统（SinoMed）（图 6-10）是由中国医学科学院医学信息研究所研制的集检索、统计分析、免费获取、全文传递服务于一体的生物医学中外文整合文献服务系统，其包括中国生物医学文献数据库（CBM）、西文生物医学文献数据库（WBM）、中国医学科普文献数据库、北京协和医学院博硕学位论文数据库、日文生物医学文献数据库、俄文生物医学文献数据库、英文文集汇编文摘数据库、英文会议文摘数据库共 8 种资源。其网址为：http://www.sinomed.ac.cn/。

2. 检索途径与方法

选择不同的数据库，系统会自动显示不同数据库所允许使用的检索字段。

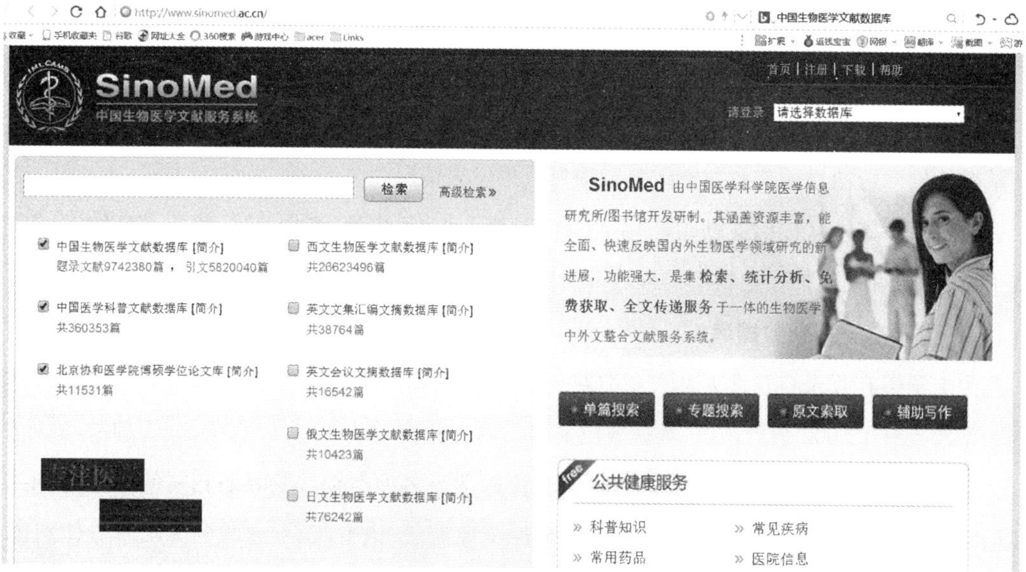

图 6-10　SinoMed 首页

【检索示例 6-5】“中国生物医学文献数据库”检索方法和结果处理功能

该子数据库一共包含九种检索路径或字段选择，分别为快速检索、高级检索、主题检索、分类检索、期刊检索、作者检索、机构检索、基金检索和引文检索，各位于不同的选项卡。

快速检索　在空白检索框中输入检索词，点击检索按钮即可。检索词不超过 5 个时，在全部字段执行智能检索。如输入“艾滋病”，系统将用“艾滋病”“获得性免疫缺陷综合征”等表达同一概念的一组词在全部字段中进行智能检索。支持逻辑运算符“AND”“OR”和“NOT”检索，多个检索词之间的空格执行“AND”运算。如：肝炎 AND 预防。支持单字通配符（?）和任意通配符（%）检索，通配符的位置可以置首、置中或置尾，如“胃？癌”“肝%疫苗”“%PCR”。

高级检索　构建表达式的检索字段包含常用字段、全部字段、中英文标题、摘要、关键词、主题词、特征词、分类号、作者、第一作者、作者单位、国省市名、刊名、出版年、期、ISSN 和基金，其中常用字段同时包含中文标题、摘要、关键词和主题词。在构建表达式右侧的空白文本框中，每次只允许输入一个检索词，然后点击发送到检索框，即可将多个不同逻辑关系的检索词以检索表达式的形式显示在上方的最大得到空白文本框中。勾选智能检索可实现检索词及其同义词（含主题词）的扩展检索。除此以外，还可对年代、文献类型、年龄组、性别、对象类型等进行限定检索。

主题检索　基于主题概念检索文献，利于提高查全率和查准率。美国国立医学图书馆《医学主题词表（MeSH）》中译本、《中国中医药学主题词表》是中国生物医学文献数据库（CBM）进行主题标引和主题检索的依据。可用中文主题词、英文主题词及同义词查找对应主题词。当有多个主题词时，可使用逻辑运算符“AND”“OR”和“NOT”进行组配。

分类检索　输入分类名或分类号后，系统将在《中国图书馆分类法 · 医学专业分类表》中查找对应的类号或类名。分类检索从文献所属的学科角度进行查找，能提高族性检索效果。

期刊检索　期刊检索提供从期刊途径获取文献的方法，并能对期刊的发文情况进行统计与分析。

作者检索　通过作者检索或导师检索，可以查找该作者（导师）署名发表的文献，还能查找该作者（导师）作为第一作者（导师）发表的文献。并能通过指定作者（导师）的单位，准确查找所需文献。

机构检索　可了解指定机构及作为第一机构时论文发表情况和被引用情况。

基金检索　可协助用户查找特定基金项目成果发表情况。

引文检索　支持从被引文献题名、主题、作者/第一作者、出处、机构/第一机构、资助基金等途径查找引文，可了解某文献在生物医学领域被引用情况。

（三）龙源电子期刊数据库

龙源电子期刊收录综合性人文大众类期刊，与纸版刊物同步发行。包括全球首家大型中文电子期刊网站每年有 12 000 余册杂志，规模效应显著。内容涵盖时政新闻、经济法律、管理财经、社科历史、文学文摘、健康生活、文化艺术、科技科普、教育教学等多种类别。龙源期刊网使用方便，不需下载任何阅读器即可全文阅读。期刊实行文本版、原文原貌版、语音版、专题版的多版本立体阅读，符合读者阅读习惯。提供全文检索。其网址为：http://www.qikan.com.cn/。

【检索示例 6-6】 利用 CNKI 数据库对《面膜中毒害成分的检测方法研究》课题进行文献资源检索。步骤如下：

1. 分析研究项目　《面膜中毒害成分的检测方法研究》项目检索的主要目的是了解国内面膜中常见的违规添加或非人为因素混入的有毒有害物质种类，为协助药检部门制定及完善面膜质量抽检方案提供依据。

面膜是护肤品中的一个类别，其核心用途是作为营养成分的载体，促进皮肤对功效成分的接触和吸收，起到补水保湿、美白、抗衰老、平衡油脂等系列作用。活性成分是决定面膜功效最主要的因素，在制备面膜的过程中，一些商家为了提升产品效果，会违规添加（超量或禁用）某些成分到面膜中，另外，面膜在加工和储运过程中也可能受到微生物及其毒素的污染，两者均会对消费者的知情权和产品的安全性造成潜在威胁。

2. 制定检索策略

（1）选择检索手段和工具：从时效和方便角度考虑，本课题检索手段选择网络数据库检索方式。课题组所在单位能免费使用的国内中文数据库主要是中国知网（CNKI）与维普期刊资源整合服务平台（VIP），考虑到前者收录的文献资源种类更齐全，故选择 CNKI 作为检索工具。

（2）选择检索方法和途径：CNKI 数据库检索可通过高级检索、专业检索、作者发文检索、句子检索和一框式检索共五种途径，其中一框式检索最简单直接，适合业余非专业的检索者使用，但可能会有较多非目标文献或者漏检的情况发生，因此本课题选择了最常用且同样较为简便易用的高级检索途径进行检索。

3. 试探性检索　对 CNKI 期刊数据库进行试探性检索，在“篇名”中检索“面膜”，其他条件全部选择默认，共得到 892 篇文献，时间范围从 1983 年到 2017 年，尤其从 2014 年开始，每年的相关报道增加到约 80 篇。

简单浏览检索结果，所有文献均与面膜相关，获得此高命中率的原因在于默认将检索词设置为精确，且“面膜”这一检索词所针对的概念范围非常明确，无其他常用的同义词或近义词。继续在

“篇名”中检索“面膜 AND 检测”“面膜 AND 测定”，共检索得到 11 篇期刊文献，通过阅读引文信息，所有文献均符合检索课题要求。

［1］余佩佩，程俊，顾华，等．高效液相色谱法测定美白面膜中 7 种荧光增白剂［J］．分析科学学报，2016，（06）：805-809.

［2］胡佳，赖源发，陈君怀，等．单片式面膜中 6 种防腐剂的高效液相色谱法测定［J］．福州大学学报（自然科学版），2016，（02）：273-276.

［3］罗辉泰，黄晓兰，吴惠勤，等．固相萃取/液相色谱-串联质谱法同时测定面膜类化妆品中非法添加的 53 种糖皮质激素［J］．分析测试学报，2016，（02）：119-126.

［4］刘志刚，李雪玲，翁立冬，等．水飞蓟素磷脂复合物面膜的制备及其含量测定［J］．辽宁中医药大学学报，2013，（06）：51-53.

［5］侯勇．自制中药面膜及其重金属含量测定［J］．农产品加工（学刊），2013，（4）：74-75.

［6］庄宇．液相色谱质谱法测定面膜中六溴环十二烷 3 种异构体［J］．中国卫生工程学，2013，（02）：157-159.

［7］刘芳，傅超美，张慧敏．HPLC 测定丹参护肤面膜丹酚酸 B 含量及局部刺激性研究［J］．中药与临床，2012，（04）：27-29.

［8］陈明，张苏娜，谢伟容，等．高效液相色谱法测定剥离祛斑面膜中的甘草酸含量［J］．福建中医学院学报，2008，（02）：19-21.

［9］曾祖平，何薇．消痤洁肤面膜中盐酸小檗碱的含量测定［J］．中草药，1998，（05）：313-314.

［10］田明，卫世安．祛斑面膜中丹参酮Ⅱ_A 的高效液相色谱法定量测定［J］．中成药，1994，（05）：13-14.

［11］秦丽云，张伯兰，王苋．面膜类化妆品微生物检测结果及分析［J］．现代预防医学，2008，（17）：3434.

4. 正式检索、全文下载及打印　CNKI 提供了 CAJ 和 PDF 两种格式的文件下载，但前者没有文件合并功能，为了打印方便还是建议下载 PDF 格式。这里，我们将以上 11 篇文献的全文全部以 PDF 格式下载并归类存档。

5. 文献原文的阅读与使用　在文献数据库系统，能更方便获得文献全文或引文。在本研究课题中，对检索得到的 11 篇相关文献全文进行阅读发现，面膜中主要有三类物质被作为有毒有害成分进行过研究，分别为合理或违规添加的活性功效成分（糖皮质激素、水飞蓟素磷脂复合物、丹酚酸 B、甘草酸、丹参酮ⅡA、盐酸小檗碱、荧光增白剂）、人为添加的功能性辅料（六溴环十二烷-阻燃剂、防腐剂）和非人为因素造成的潜在的有毒有害物质污染（微生物、重金属）。

可见，通过阅读全文，不仅了解到了对应各种成分的活性机制、添加的原因、检测方法等方面的知识，还为检验机构科学全面检测面膜类产品的安全性提供了重要参考依据。与此同时，根据文献全文还能查找到文献作者所在的单位名称及联系方式，以及参考文献中列出的被引用的其他更多相关联的文献信息，均可综合利用本书中所介绍的各种数据库进行进一步的检索和搜寻。

点滴积累

1. 熟悉全文数据库要从收录范围及特点、检索功能及检索方法进行掌握。对期刊全文数据库的评价包括：系统检索和服务功能的评价、所收录期刊的学术质量，通常就是指期刊全文数据库所收录的核心期刊的状况。

2. 期刊全文数据库具有网络服务、收录期刊更新快、多种检索技术、个性化服务等特点。

3. 原文获得的方式，利用免费或收费数据库查询；文献传递服务；通过某些生物医药领域的论坛进行求助；综合性文库，均是获取原文的辅助手段途径。

第三节　常用国外医药文献数据库

一、化学文摘

《化学文摘》(Chemical Abstracts,CA)创刊于1907年,由《美国化学学会》下属的《化学文摘服务社(Chemical Abstracts Service,CAS)编辑出版,是全世界最大、最全面的化学和科学信息数据库。其网址为:http://www. cas. org/。

1969年,CA合并了具有140年历史的著名的德国《化学文摘》。截至目前,其共收录报道150多个国家和地区的56种语言出版的1.7万余种科技期刊、学位论文、科技报告、会议、新书,以及29个国家和地区及2个国际专利组织发表的专利,内容覆盖化学、化工、生物化学、生物工程、生物遗传、农业和食品化工、医用化学、地球化学和材料科学等领域。其收录的化学化工文献占全世界化学化工文献总量的98%,其中70%来自美国以外的国家和地区,年报道文献约50万条。

CA共分为5部80大类类目,目前主要以网络数据库(SciFinder Scholar)形式出版,利用其可对书目参考资料数据库、化学反应数据库、化学物质数据库、商业化学物质数据库、化合物目录数据库和医学数据库等多个数据库进行检索,覆盖自1907年以来CA所有的期刊文献和专利摘要,以及四千多万条化学物质记录和CAS注册号。

SciFinder包括以下六个主要的子数据库:

Caplus　包含化学及相关学科的文献记录2700多万条,包括1907年以来的源自1万多种期刊论文、50个现行专利授权机构的专利文献,以及会议录、技术报告、图书、学位论文、评论、会议摘要、e-on1y期刊、网络预印本,每日约增加3000条新记录。

化合物信息数据库(CAS REGISTRY)　可查找化合物结构图示、CAS化学物质登记号和特定化学物质名称,包含3300多万个化合物及5900多万个序列,还有相关的计算性质和实验数据。

管控化学品信息数据库(CHEMLIST,Regulated chemicals)　查询全球重要市场被管控化学品信息,已收录近75万种备案/被管控物质。

化学反应数据库(CASREACT)　收录了自1840年以来超过1400多万个单步或多步反应,记录内容包括反应物和产物的结构图,反应物、产物、试剂、溶剂、催化剂的化学物质登记号等。

化学品商业信息数据库(CHEMCATS,Chemical catalog information)　包含1900多万个化学品商业信息,可查询化学品提供商的联系信息、价格情况、运送方式,或了解物质的安全和操作注意事项等信息，同时还记录了化学品的目录名称、定购号、化学名称和商品名、化学物质登记号、结构式和质量等级等信息。

MEDLINE(Biomedical literature)　主要收录 1950 年以来与生物医学相关的 3900 种期刊文献，目前共有记录 1600 多万条。

二、美国生物科学信息服务引文数据库

1926 年，美国国家研究委员会(NRC)、美国生物学联合会(UABS)和美国科学促进会(AAAS)共同创办了《生物学文摘》(Biological Abstracts，BA)，编辑出版单位为美国生物科学情报服务社(BioScience Information Service of Biological Abstracts，BIOSIS)。

在 BA 的基础上，通过增加非期刊内容以及报告、综述、会议论文等内容，逐渐形成了互联网版本的《美国生物科学数据库》(BIOSIS Previews，BP)，其核心内容包括 BA、BA/RRM，及 Web of Science 核心平台上的 Medline。

2011 年，汤森路透(Thomson Reuters)公司在 BP 的基础上，将 1926 年-2005 年间约 60%的高影响力期刊论文，以及 2006 年以后的所有文献都增加了独特的具高附加值的引文索引，从而构建了全球生命科学领域内容最权威、功能最强大的引文数据库——《美国生物科学信息服务引文数据库》(BIOSIS Citation Index，BCI)。BCI 总共搜集了来自 5000 多种期刊和其他非期刊来源的近 1800 万条文献信息，其网址为："http://wokinfo.com/products_tools/specialized/bci/ "。

三、PubMed 医学数据库查询系统

PubMed 是美国国立医学图书馆(NLM)所属的国家生物技术信息中心(NCBI)开发的 Entrez 检索系统中最常用的医学数据库查询系统(图 6-11)，主要用于检索 MEDLINE，免费向全球用户开放使用。其网址为：https://www.ncbi.nlm.nih.gov/pubmed/。

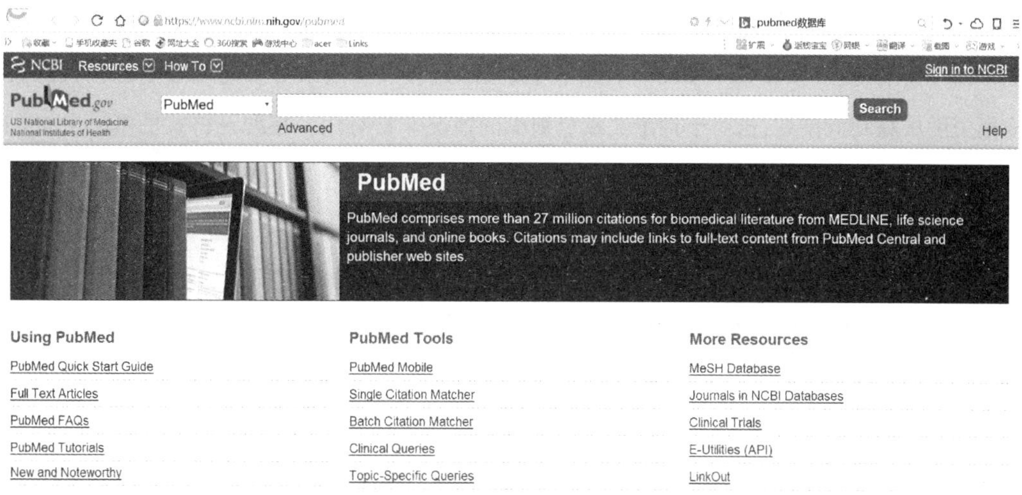

图 6-11　PubMed 检索首页

PubMed 收录了 1947 年以来 80 多个国家 39 种语言的近 4 万种期刊，文献总量达 2100 多万篇，其中约 47%的文献发表在美国，约 92%为英文刊物、约 82%有英文摘要，部分可通过 NLM 开发的免

费生物医学数字化全文期刊数据库(PubMed Central,PMC)获取全文。PubMed每天都在持续更新数据,其中由出版商通过电子期刊平台发布的预出版论文("Epub ahead of print")甚至早于新出版的印刷型期刊。PubMed中每条记录都有一个唯一识别号(PubMed Unique Identifier,PMID),可快速检索到该ID号对应的文献。

PubMed提供基本检索、高级检索、限定检索、主题词检索、期刊检索、引文匹配检索和临床文献检索等。

1. 基本检索　点击PubMed主页面上方检索区左侧的下拉菜单,选择PubMed,即可在右侧的文本框中输入关键词或检索式,点击"Search"按钮即可进行基本检索。

2. 高级检索　在PubMed主页上方空白检索框的下侧,点击Advanced,即进入高级检索页面,包括以下三个部分。

(1)检索式输入框:需激活方可使用,有三种激活方式:1)点击"Edit"激活,然后编辑检索式,点击"Search"进行检索;2)在检索式生成器中输入关键词,检索式可自动显示在检索式输入框中。

(2)检索式生成器(Builder):点击All Fields下拉菜单,设定检索字段,输入检索词(此时点击Show index list可显示检索词所在的索引片段并进一步选择检索词);随后根据检索要求选择适当的逻辑运算符(AND、OR、NOT);点击"Search"或"Add to history"进行检索或加入检索历史。

(3)检索历史(History):包括检索式序号、检索词(式)、检索时间、检出篇数,其作用是回顾已经完成的检索,并提供检索式序号进行逻辑组配检索。PubMed检索结果页面显示了检索结果的详细内容,可对其进行保存和打印。在检索结果上方,点击格式(Format),可设置检索结果显示的格式,较常用的为题录(Summary)或摘要(Abstract)。点击排序(Sort by),可按照时间、出版日期、作者姓名、期刊名或者文章标题首字母顺序对所有的检索结果重新进行排序。点击发送至(Send to),可以将检索结果以特定的格式进行保存。

PubMed检索结果默认显示格式是题录格式,可显示记录中的篇名、著者、出处、PMID号、记录标记和相关文献链接(Related citations),点击相关文献链接可检索出与当前记录主题相关的文献,并按相关度从高到低排列,这对于检出文献量很少的情况非常有用。在题录格式的基础上,增加摘要、著者单位和地址、人名主题、全文链接、出版类型(Publication Types)、MeSH词(MeSH Terms)、化学物质(Substances)等,即为摘要格式。

如果某篇文献全文来自用户所在机构订购的全文数据库,或来自PMC以及开放获取期刊,点击全文链接(Free Article)即可获取全文。

四、其他

其他世界各国常用的或规模较大的数据库还有:

1. 美国

Wiley,http://as. wiley. com/WileyCDA/Section/index. html

ISIknowledge,http://www. isiknowledge. com/

IEEE,https://www.ieee.org/index.html

EBSCO,https://www.ebsco.com/

ProQuest,http://www.proquest.com/APAC-CN/

Netlibrary,http://www.netlibrary.net/

MEDLINE,https://www.nlm.nih.gov/bsd/pmresources.html

LWW,http://journals.lww.com/pages/default.aspx

Science Online,http://www.sciencemag.org/

2. 荷兰

Sciencedirect,http://www.sciencedirect.com/

EMBASE,https://www.embase.com/login

Cell Press,http://www.cell.com/cellpress

OVID,http://gateway.ovid.com

Kluwer,http://wolterskluwer.com/

3. 英国

Ingenta,http://www.ingenta.com/

Wiley-Blackwell,http://onlinelibrary.wiley.com/

BMJ,http://www.bmj.com/

4. 德国

Springer,http://www.springer.com/cn/

5. 瑞士

Karger,http://www.karger.com/

点滴积累

1. 外文文献收录了世界各国科学技术的先进水平的科研成果和科研动向，是科研人员研究新课题、推出新成果的重要情报源。
2. PubMed 数据库具有收录范围广泛、更新速度快、检索系统完备、链接广泛的特点。 掌握其检索方法可以全面的了解国际的科研。
3. SpringerLink 收录期刊的学术价值较高，大多是被 SCI、SSCI 和 EI 收录的核心期刊，大部分期刊优先以电子方式出版(一般先于印刷版出版)，掌握其检索方式可以即时了解国际先进水平的科研成果和动向。

实训 5　万方数据库检索实践

【实训目的】

系统掌握万方数据库检索方法,学会使用万方数据库进行知识脉络分析。

【实训内容】

1. 万方数据库资源构成、检索方式、检索方法及下载。

2. 利用知识脉络分析功能了解手足口病研究趋势。

【实训参考项目】

1. 就自己所学专业的知名教师发表的文章进行检索，并利用二次检索使检索结果更符合自己的学习方向或兴趣。

2. 自拟检索课题，利用万方知识平台高级检索方式，通过调整检索词检索式，检索到与课题相关文献。把检索式及检索结果页面截图，注明检索结果条数，简单评价检索结果。

3. 利用万方期刊数据库检索出 5 篇“大学生就业创业”主题的参考文献，并写出具体检索过程（包括检索词、检索方式、检索结果）。

4. 运用万方数据进行跨库检索，查找钟南山近 5 年发表的医学论文有多少篇，其中期刊论文和会议论文各有多少篇。

5. 利用“期刊导航”功能查找国内药学类期刊信息。

6. 在万方系统中检索关键字为“阿司匹林”的文献被收录情况。

7. 整理出与手足口病相关的主题词。利用知识脉络分析功能检索近 5 年手足口病的研究趋势，选择三组不同的相关词，对知识点随时间变化的演化关系，以及知识点之间相互交叉、融合的演变关系进行简单描述。

ER-6-1

ER-6-1　第六章思维导图

目标检测

一、选择题

（一）单项选择题

1. CNKI 是以下哪一种称谓的简称？（　　）

A. 清华同方　　B. 重庆维普　　C. 中国知识基础设施

D. 中国期刊全文数据库　　E. 超星数字图书馆

2. 扩大检索范围的方式是（　　）

A. 使用“逻辑与”　　B. 使用“逻辑或”　　C. 使用“逻辑非”

D. 使用优先运算符　　E. 增加检索词

3. 下列能够检索图书信息的数据库是（　　）

A. 维普中文科技期刊数据库　　B. 万方数据资源系统

C. 人大复印报刊资料全文数据库　　D. 超星数字图书馆

E. 中国期刊全文数据库

4. 下述各项中,影响数据库质量的是(　　)

A. 检索式是否正确　　B. 检索者是否正确分析检索课题

C. 检索词的选择质量　　D. 数据库的信息量

E. 数据库购买价格

5. 某条文献记录的内容为"生命之线—基因与遗传工程/(英)苏珊．奥尔德里奇;喻国根等译,南京,江苏人民出版社,2000. 7,ISBN7-214-02750-X,14. 00 元",此文献为(　　)

A. 科技报告　　B. 图书　　C. 期刊论文

D. 会议论文　　E. 专利文献

6. 想找到某学位论文的电子版并下载到本地计算机,应在下列哪个数据库查找?(　　)

A. 维普中文科技期刊数据库　　B. 复印报刊资料全文数据库

C. 超星数字图书馆　　D. 万方数据资源系统

E. 中国标准全文数据库

7. 根据国标 GB/T 7714-2005 规定,"萧钰．出版业信息化迈入快车道[EB/OL]．(2001-12-19)[2002-04-15]. http://www. … . htm. "描述的是(　　)参考文献的著录条目。

A. 标准文献　　B. 期刊杂志　　C. 电子文献

D. 会议文献　　E. 专利文献

8. 根据国标 GB/T 7714-2005 规定,"昂温 G,昂温 PS．外国出版史[M]. 陈生铮,译．北京:中国书籍出版社,2001:15-20"描述的是(　　)参考文献的著录条目。

A. 期刊　　B. 图书　　C. 科技报告

D. 会议文献　　E. 专利文献

(二) 多项选择题

1. 在下列文献信息标引中,属于外表特征有(　　)

A. 分类号　　B. 文献篇名　　C. 主题词

D. 作者工作单位　　E. 关键词

2. 以文献外部特征为检索途径的有(　　)

A. 题名途径　　B. 机构途径　　C. 分类途径

D. 著者途径　　E. 索引途径

3. 信息筛选是对原始信息进行(　　)

A. 检索　　B. 挑选　　C. 鉴别

D. 收集　　E. 查询

4. 期刊论文的文献出处包括(　　)

A. 作者　　B. 工作单位　　C. 刊名

D. 年卷期　　E. 文献摘要

5. 已知孙钱章 1999 年出版了一本书，若想找到该书电子版并下载到本地计算机，不应在下列哪个数据库中查找(　　)

A. 维普期刊数据库　　B. 报刊资料全文数据库

C. 超星数字图书馆　　D. 万方数据资源系统

E. 复印报刊资料全文数据库

二、判断题

1. 检索时将检索词限定在“关键词”字段比限定在“文摘”字段的查全率高。(　　)

2. 在文献检索中，查全率与查准率之间存在互逆相关性，如果追求高的查全率就必然降低查准率。(　　)

3. 概念检索的检索标识是具体的检索词或词组，每个检索词表达一个概念。(　　)

4. 检索数据库时使用“逻辑与”可以扩大检索范围。(　　)

5. 常用布尔算符有：and、or、not 等，当采用同义词进行检索时应当选用“or”。(　　)

三、思考题

1. 一个完整的检索过程包括哪几个步骤？

2. 请列举五个学位论文数据库。

3. 维普数据资源系统包含哪几个数据库？

4. 根据检索出的文献线索(题目、作者、出处)，试举 4 条获取原始文献的途径。

5. CNKI 中国期刊全文数据库、万方数字化期刊、维普中文科技期刊数据库三大中文全文检索系统的检索功能比较。

6. 简述全文数据库的特点及常用检索方法。

(陈　念)

第七章

特种文献检索

学习目标

掌握 IPC 分类法。掌握专利、标准、会议文献及学位论文的用途、相关资源及检索方法。

了解专利的类型、特点、专利分类法及专利制度。

学会在学习和科学研究中充分利用专利、标准、会议、学位论文等特种文献信息。

特种文献是指出版发行和获取途径都比较特殊的科技文献，其出版形式多样，种类繁多，一般包括会议文献、科技报告、专利文献、学位论文、标准文献、科技档案、政府出版物等七大类型，同时具备报道内容新、技术含量高、专业性强、参考价值大等特点，是一种非常重要的信息资源。

第一节　专利及专利文献检索

据统计，世界上 95%以上的新发明、新技术都来源于专利信息，查阅专利信息可以开发新思路、避免重复研究，缩短研究开发进程、有效配置创新资源，提高技术创新起点和层次。

一、专利及其类型

（一）专利（Patent）与专利权（Patent Right）

专利是指一项发明创造的首创者所拥有的受保护的独享权益。专利权是发明创造人或其权利受让人对特定的发明创造在一定期限内依法享有的独占实施权，具有独占性、地域性和时间性的特点。

独占性是指专利权人对其发明创造享有独占性的制造、使用、销售和进口等实施权。非专利权人要想使用他人的专利技术，必须依法取得专利权人的授权或许可。

地域性是对专利权的空间限制，是指一个国家或一个地区所授予和保护的专利权仅在该国或地区的范围内有效，对其他国家和地区不发生法律效力，其专利权是不被确认与保护的。如果专利权人希望在其他国家享有专利权，必须依照其他国家的法律另行提出专利申请。除非加入国际条约及双边协定另有规定之外，任何国家都不承认其他国家或者国际性知识产权机构所授予的专利权。

时间性指任何专利的保护都有一定的法律期限，即专利权人对其发明创造所拥有法律赋予的专有权只在法律规定的期限内有效。多数国家自专利申请日起，发明专利的保护期限是 20 年，实用新型和外观设计专利是 10 年。药品专利可适当延长，如美国规定 FDA 批准的药品专利保护可延长 5

年,但不超过产品上市之日后的 14 年,日本与美国类似,最多可延长 5 年。欧共体规定自 1993 年 1 月 2 日以来的药品专利在获得有关卫生部门的生产许可后,如果专利保护期不足 15 年,可以延长 5 年。

(二) 专利的类型

我国专利法将专利分为发明专利、实用新型专利和外观设计专利三种。

发明专利是指对产品、方法或者其改进所提出的新的技术方案,包括产品发明和方法发明。产品发明是指人工制造或机器制造的具有特定功能或性质的有形或无形物,如机器、设备、材料、合成气体等。方法发明是指生产加工制造某种产品的方法,可以是一种新产品的制造方法,也可以是一种已有产品的新的制造方法。

实用新型专利是指对产品的形状、构造或者其结合所提出的适于实用的新的技术方案。

外观设计专利是指对产品的形状、图案或者其结合以及色彩与形状、图案的结合所作出的富有美感并适于工业应用的新设计。

(三) 专利族(Patent Family)

专利族是由至少一个优先权相同的、在不同国家或国际专利组织多次申请、多次公布或批准的一组专利文献构成,即不同国家授予给同一项技术发明的一组专利(具有不同的专利号)。同一专利族中的每件专利均为该专利族成员,即同一专利族中每件专利文献互为同族专利。同一专利族中最早优先权(最先申请)的专利文献称基本专利。

(四) 专利的优先权

优先权是由《保护工业产权巴黎公约》规定的一项优惠权利。它是指同一发明首先在一个缔约国正式提出申请后,在一定期限内(此期限被称为优先权期限。公约规定,发明和实用新型专利为 1 年,外观设计专利为 6 个月),再向其他缔约国申请专利时,申请人有权要求将第一次提出的申请日期作为后来提出的申请日期,第一次提出申请的日期称为优先权日。优先权的规定可以使申请人在向国外技术申请时不至于因为其他人在优先权期限内公开和利用该发明创造或提出相同的申请而丧失申请专利的权利。我国于 1985 年加入巴黎公约,我国专利申请人向其他缔约国提出专利申请时享有优先权。

(五) 专利制度与专利法

1. 专利制度的发展　专利制度是国际上通行的一种利用法律的和经济的手段确认发明人对其发明享有专有权,以保护和促进技术发明的制度。专利制度旨在保护技术能够享受到独占性、排他性的权利,权利人之外的任何主体使用专利,都必须通过专利权人的授权许可才能获得使用权。

专利法是确认发明人(或其权利继受人)对其发明享有专有权,规定专利权的取得与消灭、专利权的实施与保护,以及其他专利权人的权利和义务的法律规范的总称。

专利制度是随着商品经济的发展而产生、发展起来的一定历史阶段的产物。1474 年威尼斯颁布了第一部具有近代特征的专利法,是最早实行专利制度的国家。随后,专利制度在世界各国得到了广泛的应用。1883 年,在法国巴黎由 11 个国家缔结的《保护工业产权巴黎公约》(简称《巴黎公约》)是第一个也是至今为止最重要的国际专利公约,截至 1984 年已有 94 个国家参加。

1985 年 4 月 1 日,《中华人民共和国专利法》正式实施。同年,中国加入《保护工业产权巴黎公约》,于 1994 年 1 月 1 日起成为《专利合作条约》的成员国。此后,《中华人民共和国专利法》历经多次修正,2010 年 2 月 1 日修改施行的《中华人民共和国专利法实施细则》对《专利法》的实施作出了相应的具体规范。

专利法从专利权的授予和保护两个方面对专利事物做出规范,它是专利制度的核心,专利法的颁布标志着现代专利制度的建立。

2. 专利的申请、审批的授予

专利申请　申请人可以直接面交,或通过邮寄的方式向国家知识产权局递交专利申请,也可以通过设在地方的代办处递交专利申请。国家知识产权局于 2004 年 3 月 12 日建立了电子申请系统,申请人可通过国家知识产权局政府网站递交专利申请。

专利审批　一项发明向专利局提出申请后,专利局依照法律程序进行审查和批准,大致有以下几种:

(1)形式审查制:也称登记制,这种审查制只对专利进行形式审查,视其是否符合专利申请的法定程序,申请文件是否符合要求,申请的发明是否属于专利法的保护范围,是否违反法律和社会道德,是否满足发明单一性的要求,是否缴纳了申请费等。

(2)实质审查制:不仅进行形式审查,还对发明进行实质性审查。该制度审查的专利质量高,审查时间长。

(3)延迟审查制:指专利局收到专利申请后,经初审合格后,即将申请案公开,并给予临时性保护。申请人在规定期限内随时均可提出实质审查请求。

专利授予　专利申请要获得授权需要满足形式条件和实质条件,形式条件主要为专利申请文件应当以专利法及其实施细则规定的格式,并依照法定程序履行各种必要的手续。实质条件主要为授予专利权的发明和实用新型应当具备新颖性、创造性和实用性。

知识链接

PCT 国际检索单位

PCT 是专利合作条约（PATENT COOPERATION TREATY）的简称，是专利领域进行合作的一个国际性条约。其产生是为了解决就同一发明向多个国家申请专利时，如何减少申请人和各个专利局的重复劳动。

国际检索单位和国际初审单位的国家局和政府间组织目前共包括：澳大利亚知识产权局、奥地利专利局、中国国家知识产权局、日本特许厅、韩国知识产权局、俄罗斯联邦工业产权局、西班牙专利商标局、瑞典专利与注册局、美国专利商标局、欧洲专利局。

我国于 1994 年加入 PCT，同时中国国家知识产权局作为受理局、国际检索单位、国际初步审查单位，承担 PCT 中所规定的义务，并行使其权利，接受中国公民、居民、单位提出的国际申请。

国际检索和初步审查指南是关于检索单位和国际初步审查单位的操作指南，几乎每年均有更新，查询网址：

http://www.wipo.int/pct/en/texts/gdlines.html

在国内对提出申请的专利首先要进行初步审查，即对专利申请是否符合专利法规定的形式要求及是否具有明显实质性缺陷进行审查；发明专利初步审查合格后，还需要进行实质审查，实质审查合格即可授予专利权；实用新型和外观设计专利初步审查合格即可授予专利权。在医学领域，用于各种疾病的诊断及治疗的仪器和设备属于机械领域，其他大部分发明专利申请属于化学、生物、医药领域。除科学发现、智力活动的规则和方法，疾病的诊断和治疗方法等按规定不授予专利权外，其他在医疗工作中产生的科技新成果，只要具备新颖性、创造性和实用性，都可申报专利。

二、国际专利 IPC 分类法

（一）IPC 专利分类法背景

国际专利分类法（International Patent Classification，简称 IPC）。1954 年 12 月 19 日，欧洲理事会主要国家签订了《关于发明专利国际分类法欧洲公约》，根据该公约制定的《发明的国际（欧洲）分类表》即 IPC 第一版，于 1968 年 9 月 1 日生效；1971 年《斯特拉斯堡协定》建立的国际专利分类提供了一种由独立于语言的符号构成的等级体系，用于按所属不同技术领域对专利和实用新型进行分类。据此制定的 IPC 第二版于 1975 年 7 月 10 日正式生效。之后直到 2005 年，都是每五年更新一次版本。2006 年起每年修订 1～2 次。中国自 1985 年 4 月 1 日起在出版的专利文献上标注 IPC 分类号。

IPC 主要是对发明和实用新型专利文献，包括出版的发明专利申请书，发明证书说明书，实用新型说明书和实用证书说明书等进行分类。是目前惟一国际通用的专利文献分类和检索工具，问世的 30 多年里，广泛应用于海量专利文献的组织、管理和检索。

外观设计专利文献使用国际外观设计分类法（也称为洛迦诺分类法）进行分类。

（二）IPC 分类法结构

ER-7-1 IPC 结构示例视频

IPC 采用等级结构形式，将内容逐级分类，分为部（Section）、分部（Subsection）、大类（Class）、小类（Subclass）、主组（Main group）、分组（Subgroup）6 个级别，形成完整的分类系统。

1. 部（Section）　IPC 的第一个分类等级。在 IPC 中，首先将与发明专利有关的全部技术领域划分为 8 个部，并分别用大写英文字母 A-H 进行标记。这 8 个部分别是：

A 部：生活必需品（农、轻、医）

B 部：技术操作、交通运输

C 部：化学、冶金

D 部：纺织、造纸

E 部：固定建筑物

F 部：机械工程、照明、采暖、武器、爆破

G 部：物理（仪器、原子能）

H 部：电学

2. 分部(Subsection)　分部只有标题,没有类号。如:A 部:人类生活必需品,可分为以下几个分部:农业;食品、烟草;个人和家庭用品;保健与娱乐。在 IPC 的 8 个部中,除 H 部电学之下未设分部外,其他部下均设有不同的分部。

3. 大类(Class)　IPC 的第二级类目,是对部的进一步细分。大类类号由部的类号加 2 位数字组成,例如,A61 医学或兽医学、卫生学。

4. 小类(Subclass)　大类被细分为若干小类,每个小类类号由大类类号加一个大写字母组成。例如,A61B 诊断、外科、鉴定。

5. 主组(Main group)　小类被细分为若干组,组又分为主组和分组,每个主组的类号是由小类类号加上 1-3 位数字及用斜线分开的 00 组成,如 A61B7/00 表示听诊仪器。

6. 分组(Subgroup)　是在主组的基础上进一步细分出来的类目。其类号标记是将主组类号中"/"后的 00 改为其他数字,如 A61B5/04 表示电听诊器。

三、其他专利法简介

(一)美国专利法

美国于 1790 年颁布和实施了第一部专利法,现行专利法于 1952 年颁发,此后又经过多次修改、补充和完善。与大多数国家相比,美国专利制度有其独特之处:

实行先发明制:专利权授予最先做出发明创造的人而不是最先向美国专利商标局提出申请的人。此原则只适用于在美国做出的发明,对于在外国做出的发明则实行"申请在先"原则;申请人必须是发明者本人,而不是其所在地单位或受让人;全审查制及临时申请:美国的正式专利申请都要受到实质审查;采用美国本国专利分类法与联合专利分类体系;无强制许可的规定;任何国家的发明人都可在美国申请专利,无对等条件的限制;对不能申请专利的技术内容限制极少。除了用于武器的原子核裂变物质的发明不能获得专利之外,其余的发明均可获得专利。

(二)欧洲专利法

欧洲专利组织于 1973 年在德国慕尼黑成立,目前有 20 个成员国,包括立法体(管理委员会)和执行体(欧洲专利局)。欧洲专利局于 1973 年 8 月 5 日在德国慕尼黑成立,主要任务是授权欧洲专利。欧洲专利局及其成员国携手共建的新网站 Espacenet 为用户提供免费专利信息资源。

(三)日本专利法

1899 年,日本正式将"专利条例"更名为"专利法",并沿用至今。日本专利制度历史悠久,专利申请审批制度几经变化,因而专利说明书种类繁多。通过日本经济产业省特许厅网站 JPO 以及独立行政法人・工业所有权情报・研修馆 J-PlatPat 专利信息平台可检索到各种不同类型的专利文献,如:公开特许公报、公开实用新案公报、特许公报、实用新案公报等。最常用的文献类别是 A 和 B,其中 A 表示特许的公开,即未经实质性审查的发明,一般在文献上表示为"特开",为第一公布级;B 表示特许的公告,即已经通过实质性审查,获得专利权的发明,一般在文献上表示为"特公",为第二公布级。检索日本专利信息主要通过 J-PlatPat 专利信息平台网站,网站包括日文版和英文版两种文字版面,但两种版面网页上的内容有所区别。

四、专利文献及其检索

（一）专利文献及其特点

专利文献是包含已经申请或被确认为发现、发明、使用新型和工业品外观设计的研究、设计、开发和试验成果的有关资料，以及包含发明人、专利所有人及工业品外观设计和实用新型注册证书持有人的有关资料的已出版或未出版的文件（或其摘要）的总称。按一般的理解，专利文献主要是指各国专利局的正式出版物。专利文献有以下特点：

1. 综合情报。专利文献是一种法律信息载体，记录了发明创造的内容、发明创造的实施效果，揭示了每件专利保护的技术范围，记载了专利的权利人、发明人、专利生效时间等信息，有利于人们依据专利法进行相应的活动。

2. 新颖实用。专利文献记载的都是最新的技术、最前沿的科技，而且，专利申请者一般都是在项目或实验即将成功，抑或正在进行时就开始向专利局申请，这就使得专利文献对技术的报道要早于其他文献。

3. 质量高。专利说明书必须符合创新性、新颖性和实用性才能通过专利部门的审查，因此专利申请文献在准确性方面高于一般的科技文献。专利申请要花费大量的时间和金钱，专利申请人在申请专利时会选择那些真正有价值的发明创造，所以专利文献质量高。

4. 地域性。专利权的法律效力是有地域限制的，各国的法律效力只能在其管辖范围内生效。专利文献的地域性要求人们在运用专利文献时，一定要按国别或地区严格区分。

5. 良性循环利用。专利文献可以作为申请新的专利、制定企业专利战略的情报源，为国家和产业界提供指导，占领新的专利制高点，进入专利文献循环，产生更高级的专利文献。

（二）专利文献类型

专利文献按内容性质和加工层次，可分为三类：

一次专利文献，指各国专利局和国际专利组织出版的各种形式的专利说明书。专利说明书是专利文献的主体，其作用一是公开新的发明技术信息，二是限定专利权的范围，用以寻求法律的保护。

二次专利文献，由专利局出版发行，通常与一次专利文献同步出版。不仅对一次专利文献进行内容上的概括，同时也是对一次专利文献内容的补充。

三次专利文献，即专利分类资料、诉讼类专利文献。《国际专利分类表》（IPC）是专利国际化和统一化的标准，我国自 1985 年实施专利法以来，就采用 IPC 对发明专利和实用新型专利进行分类管理。

（三）专利文献信息的作用

1. 辅助决策　政府有关科技、经济管理部门在制定工业发展计划和确定何类技术应得到优先发展时，可以通过使用各国专利局、知识产权组织公布的专利信息统计数字以及对特定技术领域的专利信息进行探究。政府主管部门还可通过应用专利信息，为国家政府机构的宏观决策提供科学依据。

2. 促进科研　专利信息汇集了人类的发明创造构思与研究成果，为技术研发人员学习、借鉴世界各国的先进技术提供了重要的参考依据,科研、生产单位在制定科研计划,确定科研课题时,应进行专利信息检索,并在研发过程中及完成后,要进行必要的跟踪检索。通过信息查询,可了解本技术领域及相关领域的技术发展历史和趋势,提高研究开发的水平和效果。

(四)专利信息检索方法

专利信息检索是指根据一项或数项特征,从大量的专利文献或专利数据库中挑选符合某一特定要求的文献或信息的过程。简单地说,专利信息检索就是有关专利信息的查找。专利技术信息检索方法主要有:字段检索、号码检索、IPC分类导航检索、主题检索。

1. 字段检索　用户可根据已知条件,从专利检索系统提供的检索入口做选择,进行单字段检索或多字段限定检索。专利检索系统通常对每个检索字段均可进行模糊检索,常用%(必须使用半角格式)代表一个任意字母、数字或字;可使用多个模糊字符,且可在输入检索字符串任何位置,首位置可省略。

2. 号码检索　每项专利都有专利编号,包括申请号和文献号。申请号包括申请号、临时申请号、优先申请号、分类申请号、继续或部分继续申请号、增补或再公告专利申请号、复审或再审查请求号。文献号包括公开号、申请公开号、申请公布号、展出号、审定公告号、授权公告号、专利号、注册号、登记号。

专利编号体系较为复杂,包含了专利的法律信息及外在形式信息。一项专利有多个编号,但每个编号都指向特定的专利信息,因此可以从专利编号入手检索某项特定专利。

需要注意的是,每一个号码前须先写国家代码。如公开(或授权号):国家代码+数字,如WO03075629。申请号为国家代码+年+数字,如CN91302978.5。

知识链接

中国专利的编号体系

受理申请号:对决定受理的申请,专利局给予一个顺序号,这个编号叫申请号。

公开号:在形式审查合格后自审请日或优先日起18个月内不管申请人是否请求实质性审查其申请内容予以公开,出版专利申请公开说明书,给予公开号。公开号由国别号+专利类型+流水号+文献种类法律状态代码组成,如CN1098761A。

授权公告号:实质性审查合格后,审查专利是否符合三性。实质性审查合格后,即发公告,授权公告号延用公开号,出版专利申请审定说明书。

文献种类法律状态代码:发明专利授权,为C(1993年以前为A或B)。实用新型专授权,为Y(1993年以前为U)。外观设计授权,为D(1993年以前为S)。

专利号:是在授予专利权时给出的编号。如CN91302978.5,91为申请年份,3为区分三种不同专利类型,02978为沿用相应的专利申请号,最后一位为计算机校验码。

3. IPC分类检索　利用IPC类表中各部、大类、小类,逐级查询到感兴趣的类目,点击此类目名称,可得到该类目下的专利检索结果(外观设计除外)。检索专利的IPC号可以登录到国家知识产权局(http://epub.sipo.gov.cn/ipc.jsp),点击IPC分类进行查询。

4. 主题检索 利用《国际专利表关键词索引》,查找关键词与分类号的转换,这种方法适用于不熟悉专利分类的用户,直接从技术主题途径查找专利信息。

通常在IPC分类导航检索系统中,同时会提供关键词检索,用户可在选中某类目下,在发明名称和摘要等范围内再进行关键词检索,以提高检索的准确性。

5. 人名检索 每项专利都有其名称,其相关人员(专利权人、申请人、发明人、受让人、代理人及代理机构)也有自己的名称。因此也可从专利或其相关人员的名称对专利文献进行检索。利用人名检索时要注意:姓在前,名在后。例如:Cooper Henry;申请者的名字常常用缩写,如:Cooper H,同时在选择利用人名或公司名称检索时,避免使用Inc.或Corp.这样的词在公司名称里。另外,专利人/专利权人,可以是个人,也可以是组织,如公司或大学。

知识链接

发明人、申请人与专利权人

发明人(inventor):完成发明创造的人。仅包括自然人(个人)。

申请人(applicant):提出发明创造专利申请的人,可以是法人(机构),也可以是自然人(个人)。

专利权人(patentee):拥有发明创造专利所有权的人。发明创造专利授权后,申请人就成为了专利权人。

专利的发明人不一定是专利权人。2015年4月出台的《中华人民共和国专利法修改草案(征求意见稿)》规定"执行本单位任务所完成的发明创造"为职务发明创造,同时明确了"利用单位物质技术条件所完成的发明创造"的权属划分,规定双方对其权利归属有约定的,从其约定;没有约定的,申请专利的权利属于发明人或者设计人)。职务发明申请专利的权利归单位,单位作为专利权人有权占有、使用、处分其专利,发明人(或设计人)享有署名权和获得必要报酬的权利,但无权占有、使用和处分专利,不能擅自转让专利获取利益。

五、专利检索系统与数据库应用

(一)国内专利信息检索

1. 中国国家知识产权局专利系统 我国的专利管理部门是中华人民共和国国家知识产权局,在其官网上建立了"专利检索与服务系统"(PSS),向公众提供专利检索和专利分析服务,还可查询中国及多国专利审查信息、中国专利公布公告和中国专利事务信息。公众可免费获取专利全文,注册用户还可使用专利分析服务。其网址为:http://www.sipo.gov.cn。

(1)检索内容

1)专利检索及分析

检索功能:常规检索、表格检索、药物专题检索、检索历史、检索结果浏览、文献浏览、批量下载等。

分析功能：快速分析、定制分析、高级分析、生成分析报告等。

数据范围：收录了103个国家、地区和组织的专利数据，以及引文、同族、法律状态等数据信息，其中涵盖了中国、美国、日本、韩国、英国、法国、德国、瑞士、俄罗斯、欧洲专利局和世界知识产权组织等。

数据更新：中外专利数据，每周三；同族、法律状态数据，每周二；引文数据，每月更新。

2）中国专利公布公告查询

时间范围：1985年9月10日至今；

服务内容：中国专利公布公告；

检索功能：可以按照发明公布、发明授权、实用新型和外观设计四种公布公告数据进行查询；

数据范围：中国专利公布公告信息，以及实质审查生效、专利权终止、专利权转移、著录事项变更等事物数据信息；

数据更新：每周三。

3）中国及多国专利审查信息查询

电子申请注册用户：每日更新的注册用户的案件基本信息、费用信息、审查信息、公布公告信息、专利授权证书信息；

公众用户：每周更新的公众用户（申请人、专利权利人、代理机构等）的案件基本信息、审查信息、公布公告信息。

4）多国发明专利审查信息查询

中国国家知识产权局、欧洲专利局、日本特许厅、韩国特许厅、美国专利商标局受理的发明专利申请及审查信息。

5）中国专利事物信息查询

服务内容：提供收费信息、代理机构、专利证书发文信息、通知书发文、退信信息、事务性公告的网上查询功能及专利年费计算功能。

数据范围：收费信息（2002年至今）、专利证书发文信息（2006年至今）、通知书发文信息（2006年至今）、退信信息（2002年至今）、事务性公告信息（1985年至今）。

（2）检索方式：检索方式有常规检索、表格检索、多功能查询器及药物专题查询。此外还在首页上提供法律状态查询和分类号查询。

1）常规检索：提供申请要素（包括摘要、关键词、权利要求和分类号）、申请号、公开（公告）号、申请（专利权）人、发明人和发明名称6个检索入口。

2）表格检索：表格检索提供两种检索方式，一种是将数据库的可检索字段设为表格，可同时检索多个字段，在各字段检索框中可输入单个检索词或多个检索词组成的检索式，系统默认各检索字段为逻辑“与”的关系；另一种是直接使用各种语法命令，在命令编辑区自行完成检索式的编辑。

检索完成后，系统以题录形式在检索区下方显示检出专利的基本信息。通过页面提供的功能按钮可进一步对检出结果进行处理，包括查看文献详细信息（可查看专利说明书全文）、同族信息、引证/被引证信息、法律状态、申请人(专利权)基本信息等。

3)多功能查询器:此检索方式必须注册后方能使用,包括 IPC 分类、同族专利、法律状态、引证/被引证等查询等。其中 IPC 分类表查询提供分类浏览、中文含义和英文含义查询。

4)药物专题查询:这一检索方式与表格检索类似,不过根据药物检索的特点,增加了与药物相关的多个检索字段,如药物范畴分类号、治疗应用、方剂信息、化合物信息。

(3)专利分析:PSS 提供专利分析,以帮助利用专利信息。例如,可以分析出竞争对手在不同区域或国家的技术布局、研究热点和盲点,以及市场趋势等,从而提供决策依据。其分析功能包括快速分析、定制分析和高级分析,每个分析模块下面提供多种分析功能。主要从区域、技术领域、申请人、发明人角度分析其趋势、分布、构成等,并以图表的形式直观显示。每一个功能模块下还可进一步分析,如“快速分析”的“区域分析”进一步还可进行区域构成分析、区域趋势分析、区域技术领域分析、区域申请人分析、区域发明人分析等。

2. 中国知识产权网专利数据库　由知识产权出版社有限责任公司建立的专利信息平台(CNIPR),提供对中国专利和美国、日本、英国、德国、法国、加拿大、EPO、WIPO、瑞士等 98 个国家和组织的国外专利的检索。提供免费 .tif 格式的专利说明书全文下载。系统提供包括专利分析、专利跟踪(预警)、自建专题库、自建导航检索等个性化服务功能,同时提供专利运营信息检索和热点专题专利信息服务,专利运营信息检索包括专利权转移检索、专利质押保全检索、专利实施许可检索,热点专题则为用户集中提供当前热点研究的国内外专利,其网址为:http://search. cnipr. com/。

(1)定期预警:CNIPR 的这一服务类似于文献数据库的定制检索式,通过设定检索条件,周期性地检索指定领域的专利文献信息,从而跟踪了解关注领域的技术发展动态。在完成一次检索后,可点击结果预览界面下方的“定期预警”按钮,系统弹出预警定制对话框,填写定期预警名称后确认即完成预警定制。可在“专利管理”模块对定制的预警进行管理。这一功能可用于相关领域的专利跟踪。

(2)专利分析:专利分析包括趋势分析、国省分析、区域分析、申请人分析、发明人分析、技术分类分析、中国专项分析、自动分析报告八大类。

3. 其他中文专利检索网站及数据库

(1)万方中外专利数据库:万方中外专利数据库提供基础版和加强版检索。基础版提供文献检索、IPC 导航、文献浏览和文献下载;加强版功能更多,除基本版提供的 4 种功能以外,还提供专利法律状态查询、竞争环境分析、技术生命周期分析、机构对比分析、文献对比分析、发明人专利成果跟踪及检索式订阅。其检索规则与万方学术论文基本相同,其 IPC 分类导航为类名导航,点击特定 IPC 类名,就可检出相应类名下的所有专利,可进一步限定检索,也可直接浏览选择。其网址为:http://www. wanfangdata. com. cn。

(2)CNKI 中国专利全文数据库:CNKI 中国专利全文数据库一框式检索提供专利名称、关键词、申请号、公开号、主分类号、申请人、发明人、同族专利项、优先权、代理人等字段检索;其“高级检索”功能可提供专利名称、关键词、摘要、申请号、公开号、主分类号、申请人、发明人、同族专利项、优先权等字段检索,申请日和公开日限定等选择。其网址为:http://www. cnki. net。

(3)国家科技图书文献中心中外专利检索:国家科技图书文献中心是2000年6月12日成立的一个基于网络环境的科技信息资源服务机构,由中国科学院文献情报中心、中国科学技术信息研究所及多个行业的信息研究所(馆/院)组成,提供期刊、会议论文、学位论文、科技报告、标准、专利等多种类型的文献检索。点击该网站首页的"中外专利",即可对中国及美、英、法、德、日、韩、瑞士、欧洲及世界知识产权知识等地区和组织的专利进行检索。其网址为:http://www.nstl.gov.cn。

(4) SOOPAT专利搜索引擎:SooPat是一个专利数据搜索引擎,它将所有互联网上免费的专利数据库进行链接、整合,并加以人性化的调整,其中国专利数据的链接来自国家知识产权局互联网检索数据库,国外专利数据来自各个国家的官方网站。能提供高级检索、IPC分类检索、表格检索等多检索途径方式,可全文浏览和下载,提供中国专利全文免费快速打包下载功能。SooPat提供有强大的专利分析功能,可以对专利申请人、申请量、专利号分布等进行分析,用专利图表直观展现。其网址为:http://www.soopat.com/。

(二)其他专利与专利检索数据库简介

1. 欧洲专利局专利数据库 Epoline　欧洲专利局Epoline专利检索系统收录包括欧洲专利内的90余个国家和组织的专利信息,可供检索欧洲专利及指定欧洲的PCT专利的法律状态信息及中间文件。有英语、德语、法语界面。其网址为:http://ep.espacenet.com/。

2. 美国专利商标局专利检索系统　美国专利商标局专利检索系统免费提供1790年以来的美国各种专利的数据查询,设有专利授权数据库(Issued Patents)、专利申请公布数据库(Published Applications)、法律状态检索库(PAIR)、专利权转移数据库(Patent Assignment Database)等。1976年至今的专利文献提供专利号、授权日、发明人名字、受让人名字、发明名称、摘要、说明书和权利要求等多检索途径;1790-1975年之间的专利只能通过专利号(patent number)、授权日期(issue date)和当前美国专利分类号(current US classification)查找。其网址为:http://patft.uspto.gov/。

3. 日本专利局专利检索系统　日本专利局网站提供1885年以来公布的所有日本专利、实用新型和外观设计免费检索。提供法律状态检索库、专利权转移数据库供不同需求用户选择。其网址为:http://www.jpo.go.jp。

4. 德温特出版公司专利检索系统　Derwent Innovations Index(DII)专利信息和专利引文信息数据库是世界上最大的专利文献数据库,收录了来自全球41个专利机构(涵盖100多个国家,包括中国的实用新型专利信息)的超过1,800万条基本发明专利,3,890多万条专利情报;数据回溯到1963年;DII与Web of Science(SCIE)双向连接,这样就将基础研究或应用基础研究的成果与技术应用的成果有机地联系在一起,从而能够了解基础研究成果与市场应用前景之间的关系,分析全球知识产权领域的竞争态势,加速知识创新与技术创新的互相推动与转化。须购买有偿使用,其网址为:http://suo.im/1ylf6J。

(三)专利信息检索案例与分析

【检索示例7-1】专利新颖性分析

某医药公司科研人员计划研发一种植入式心脏起搏器,在起搏器电极头部上涂敷有一层金属铱,使起搏电极头的感知面积增大100倍以上,不但刺激面积可制作得很小,而且刺激阈值和感知功能均取得了满意的效果。该公司准备申请专利,在申请专利之前,进行了专利新颖性检索。

1. 检索课题分析 在专利申请前,申请人应事先针对要申请专利的权利要求进行专利文献和非专利文献检索,从而判断项目技术是否具备新颖性和创造性条件,决定是否申请。若是在引进专利技术前的新颖性和创造性检索分析,能够帮助判断该技术的专利性是否可靠,这种分析同样适用于专利侵权检索。

2. 检索步骤

1)在万方数据库专利数据库中,输入专利关键词“植入式心脏起搏器”(图 7-1)。

图 7-1 “植入式心脏起搏器”专利情况

2)通过仔细阅读已有的检索结果,发现在起搏器电极头部上涂敷有一层金属铱,使起搏电极头的感知面积增大 100 倍以上,此种方法已经被人申请专利,公开号为 CN2519675。因此,此项技术不具备专利申请的新颖性原则,放弃申请。

【检索示例 7-2】专利法律状态分析

请利用中国知网专利数据库查询专利申请号为“CN201130074558. 1”,专利名称为“心脏临时起搏器”的专利法律状态。

1. 检索课题分析 专利法律状态检索是指对一项专利或专利申请当前所处的状态进行的检索,其目的是了解专利申请是否授权,授权专利是否有效,专利权人是否变更,以及与专利法律状态相关的信息。通常通过专利法律状态检索所获得的信息包括:专利权有效、专利权有效期届满、专利申请尚未授权、专利申请撤回、专利申请被驳回、专利权终止、专利权无效和专利权转移等。

2. 检索步骤

1)进入中国知网专利数据库,在检索对话框里分别输入专利申请号和专利名称,查询到该专利。

2)点击右下角“查询法律状态”(图 7-2),发现该专利已于 2013 年 4 月终止专利权。

申请号：CN201130074558.1

法律状态公告日	法律状态	法律状态信息
2011-10-05	授权	授权
2014-06-04	专利权的终止	未缴年费专利权终止 主分类号:24-01 申请日:20110413 授权公告日:20111005 终止日期:20130413
		共2条数据

图 7-2　专利法律状态检索结果情况

【检索示例 7-3】 查找同族专利

请利用中国知网专利数据库检索深圳信立泰药业股份有限公司心血管专利药“阿利沙坦酯”的同族专利情况。

1. 检索课题分析　同族专利检索是对一项专利或专利申请在其他国家申请专利并被公布等有关情况进行的检索，该检索的目的是找出该专利是否在其他国家申请有专利及专利号情况。

2. 检索步骤

1）进入中国知网查询到深圳信立泰药业股份有限公司有关“阿利沙坦酯”的专利有三项，得到专利申请号。

2）进入中国国家知识产权局专利系统 http://www.sipo.gov.cn，点击“同族查询”，分别输入专利号，进行同族专利查询，得到需求结果。

点滴积累

1. 新颖性、创造性、实用性是取得发明专利的三个必备条件。
2. 专利信息检索是一项复杂的工作，是由多种因素构成的，如：数据量、数据特点、检索系统、检索方式、检索入口、检索种类、检索目的、检索范围、检索技巧以及检索经验等。
3. 常用的专利检索途径有：IPC 分类号、关键词、申请人/发明人/专利权人。因专利文献行文的特殊性，描述技术的名称说法独特，因此，查找某一技术或工艺的专利，利用 IPC 分类进行检索会有更好的检索结果保障。
4. 对专利文献进行检索和分析，不仅可以避免重复研究和专利侵权，有效地保护自己的科研成果，也对指导科研决策、推广应用新技术与方法具有十分重要的意义。

第二节　标准文献及其检索

标准是为了在一定范围内获得最佳秩序，经协商一致制定并由公认机构批准，共同使用的和重复使用的一种规范性文件，通常包含可以用来为某一范围内的活动及其结果制定规则、导则或特性定义的技术规范或者其他精确准则，其目的是确保材料、产品、过程和服务能够符合需要。

一、标准文献概述

（一）标准文献概念及特点

标准文献狭义的概念是指按规定程序制订，经公认权威机构（主管机关）批准的一整套在特定范围（领域）内必须执行的规格、规则、技术要求等规范性文献，简称标准。广义的概念是指与标准化工作有关的一切文献，包括标准形成过程中的各种档案、宣传推广标准的手册及其他出版物、揭示报道标准文献信息的目录、索引等。标准文献与一般科技文献相比，有如下特点：

1. 每个国家对于标准的制订和审批程序都有专门的规定，并有固定的代号，标准格式整齐划一。

2. 标准是从事生产、设计、管理、产品检验、商品流通、科学研究的共同依据，在一定条件下具有某种法律效力，有一定的约束力。

3. 时效性强，它只以某时间阶段的科技发展水平为基础，具有一定的陈旧性。随着经济发展和科学技术水平的提高，标准不断地进行修订、补充、替代或废止。

4. 通常一个标准一般只解决一个问题，文字准确简练。

5. 不同种类和级别的标准在不同范围内贯彻执行。

（二）标准文献分类系统

通常标准文献具有其自身的检索系统。常用的标准文献分类系统主要采用国际标准分类法、中国标准文献分类法、国际十进分类法等分类系统。

1. 国际标准分类法（ICS）　国际标准分类法（International ClassificationforStandards，简称 ICS）是由国际标准化组织编制的标准文献分类法。它主要用于国际标准、区域标准和国家标准以及相关标准化文献的分类、编目、订购与建库，从而促进国际标准、区域标准、国家标准以及其他标准化文献在世界范围的传播。国际标准化组织发布的标准 1994 年以前使用 UDC，1994 年以后改用 ICS 分类。我国从 1997 年 1 月 1 日起在国家标准、行业标准、地方标准上标注新的 ICS 分类号。

ICS 分类法由三级类构成。一级类包含标准化领域的 40 个大类，每一大类号以 2 位数字表示，如 01，03，07。二级类号由一级类号和一个被点隔开的三位数字组成。全部 40 个大类分为 335 个二级类，335 个二级类中的 124 个被进一步分成三级类。三级类的类号由二级类的类号和一个被点隔开的 2 位数字组成，如 43. 040. 02 表示照明和信号设备。

2.《中国标准文献分类法》　我国于 1983 年编制了一部《中国标准文献分类法（CCS）》，其类目设置以专业划分为主，适当结合科学分类。CCS 类目设置以专业划分为主，适当结合科学分类。序列采取从总到分，从一般到具体的逻辑系统。本分类法采用二级分类，一级主类的设置主要以专业划分为主，二级类目设置采取非严格等级制的列类方法；一级分类由二十四个大类组成，每个大类有 100 个二级类目；一级分类由单个拉丁字母组成，二类分类由双数字组成。

具体分类如下：

A 综合
B 农业、林业
C 医药、卫生、劳动保护
D 矿业
E 石油
F 能源、核技术
G 化工
H 冶金
J 机械
K 电工
L 电子元器件和信息技术
M 通信、广播
N 仪器、仪表
P 工程建设
Q 建材
R 公路、水路运输
S 铁路
T 车辆
U 船舶
V 航空、航天
W 纺织
X 食品
Y 轻工、文化与生活用品
Z 环境保护

（三）标准文献类型

1. 按标准适用范围划分：

(1)国际标准：由国际标准化组织(ISO)制定，并作为国际上通用的标准；

(2)区域标准：由其一区域标准化组织批准的标准，只适用于某一区域，如全欧标准(EN)；

(3)国家标准：经国家标准化机构批准，在国内执行的标准，如中国国家标准(GB)；

(4)部颁标准：由国家主管部门批准，适用于某一专业范围内的标准，如中国卫生部标准(WS)；

(5)企业标准：由某一企业或部门批准，适用于本企业或本部门的标准。

2. 按内容划分：

(1)基本标准：是指对科研和生产活动具有广泛指导意义的最基本的标准，如专业名词、符号和计量单位等；

(2)产品标准：对有关产品的形状、尺寸和性能等要求；

(3)方法标准：对产品的试验、检查和测定等规定。产品标准和方法标准是技术标准的主要内容。

3. 按成熟程度划分：法定标准、推荐标准、试行标准(试用)和标准草案。

4. 按标准化对象划分：技术标准、管理标准和工作标准。

5. 中国标准按级别划分：《中华人民共和国标准化法》将我国标准分为国家标准、行业标准、地方标准、企业标准四级。各级标准的对象、适用范围、内容特性要求和审批权限，由有关法律、法规和规章做出规定。国家标准、行业标准可分为强制性标准、推荐性标准(/T)和指导性技术文件(/Z)三种。

（四）标准代号及其组成形式

每份标准都有标准号，其一般形式为“标准代号+顺序号+制定(修订)年份”。

中国标准代号有以下几种：

1. 国际标准代号，如 ISO 表示国际标准化组织标准代号。

2. 国家标准代号，如 GB 和 GB/T 分别表示强制性和推荐性国家标准的代号。

3. 行业标准代号，如 JY 和 YY 分别表示教育和医药行业标准的代号。

4. 企业标准代号，一般以“QB”作为代号。

二、中国标准信息检索

（一）利用手工检索工具

常用的手工检索工具有：《中华人民共和国国家标准目录及信息总汇》《中华人民共和国行业标准目录》《中国国家标准汇编》等，这些检索工具均按标准文献的分类编排。《中国标准化年鉴》也可做为辅助工具进行相关信息查找。

网上标准信息资源的出现使标准文献的查找变得简单快捷。

（二）利用标准文献的网络（数据库）

标准文献网络检索通常提供有标准号、中文标题（关键词）、英文标题（关键词）、发布日期、发布单位、实施日期、采用关系、被替代标准等的多检索途径，利用其获取全文和标准信息的新颖性、及时性等方面的优势胜过手工检索方式。

1. 中国标准服务网　中国标准服务网是国家级标准信息服务门户，其标准信息主要依托于国家标准化管理委员会、中国标准化研究院标准馆及院属科研部门、地方标准化研究院（所）及国内外相关标准化机构。收录了 60 多个国家 70 多个国际和区域性标准化组织的标准，此外，还收集了 160 多种国内外标准化期刊和标准化专著。提供标准动态跟踪，标准文献检索，标准文献全文传递和在线咨询等功能。其网址为：http://www. cssn. net. cn。

2. 标准信息服务网　标准信息服务网由深圳市标准技术研究院开发，拥有包括全套国家标准、行业标准、主要国际标准化组织标准、主要发达国家的国家标准、国外主要专业团体标准在内的 50 多万件标准文本，以及超过 470 个国内外标准化组织发布的超过 100 万条标准题录。其网址为：http://standard. sist. org. cn/。

3. 万方数据中外标准数据库　万方数据的“中外标准数据库”包括标准文摘数据库和标准全文数据库，收录包括由国家技术监督局等单位提供的中国国家标准、行业标准、国际标准，以及美国及英国、法国、日本、德国等国的标准。其网址为：http://suo. im/1bRcl5。

4. 中国知网标准数据总库　中国知网“标准数据总库”分为“中国标准题录数据库”（SCSD）、“国外标准题录数据库”（SOSD）、“国家标准全文数据库”和“中国行业标准全文数据库”。其中，“中国标准题录数据库”（SCSD）收录中国国家标准（GB）、国家建设标准（GBJ）、中国行业标准的题录摘要数据约 13 万条。“国外标准题录数据库”（SOSD）收录世界范围内重要标准约 31 万条。“国家标准全文数据库”收录了由国家标准出版社出版的，国家标准化管理委员会发布的所有国家标准，占国家标准总量的 90%以上。“中国行业标准全文数据库”收录了现行、废止、被代替及即将实施的行业标准。其网址为：http://www. cnki. net/。

5. NSTL 中外标准数据库　国家科技图书文献中心（NSTL）标准数据来源于中国标准化研究院标准馆，收藏中国国家标准（GB）、英国国家标准（BS）、德国国家标准（DIN）、法国国家标准（AFNOR）、日本工业标准（JIS）、国际标准化组织（ISO）、国际电工委员会标准（IEC）等 7 个国内外标准库。其网址为：http://www.nstl.gov.cn/NSTL/

ER-7-2　国家标准免费在线查询

三、国外标准信息网站与数据库简介

（一）PERINORM

美国 ISI 集团旗下 Techstreet 公司开发的标准数据库。被称为第一国际标准数据库，提供了世界上 45 万余条标准，包括 ISO，ETSL，ASTM，ASME，IEEE 等组织制定的标准，可以看到简要说明，用户注册后可以购买原文。其网址为：http://www.cssinfo.com/perinorm.html。

（二）ISO 国际标准检索

ISO（International Organization for Standardization，ISO）国际标准化组织是一个由国家标准化机构组成的世界范围的联合会，现有 140 个成员国。ISO 的所有标准每隔 5 年将重新审定一次，使用时应注意利用最新版本。其网址为：http://www.iso.ch。

（三）美国国家标准（ANSI）

美国国家标准中有一小部分是美国国家标准学会（American National Standards Institute，简称 ANSI）制订的，大部分是该学会各专业标准中选择的对全国具有重要经济意义的标准，这些标准经 ANSI 各专业委员会审核后提升为国家标准，并给以 ANSI 代号和分类号。标准号的形式是：ANSI-分类号-序号-年代。其网址为：http://www.ansi.org/

（四）英国标准（BS）

英国标准是英国标准学会（British Standards Institution，简称 BSI）制订的，标准的编号方法是 BS——序号年代，现有标准 11000 多件。英国国家标准不分类，标准目录按专业出版，共分 40 种专业目录。其网址为：https://www.bsigroup.com/。

（五）日本工业标准（JIS）

日本工业标准（Japenese Industrial Standard，简称 JIS）由日本工业标准调查会（JISC）制订，是日本国家级标准中最重要、最权威的标准。JIS 标准对象除对药品、农药、化学肥料、蚕丝、食品以及其他农林产品制定有专门的标准或技术规格外，还涉及到各个工业领域。标准的编号方法是“JIS-字母类号-数字类号-序号年代”。其网址为：http://www.jisc.go.jp/。

点滴积累

1. 通过标准文献可以了解各国经济政策、技术政策、生产水平、资源状况和标准水平。 在科研、工程设计、工业生产、企业管理、技术转让、商品流通中，采用标准化的概念、术语、符号、公式、量值、频率等有助于克服技术交流的障碍。 也是鉴定工程质量、校验产品、控制指标和统一试验方法的技术依据。
2. ICS 作为国际、区域性和国家标准以及其他标准文献的目录结构，并作为国际、区域性和国家标准的分类基础，也应用于数据库和图书馆中标准及标准文献的分类。我国从 1997 年 1 月 1 日起在国家标准、行业标准、地方标准上标注新的 ICS 分类号。

3. 检索网络检索标准信息，可以从国内权威标准化机构或组织的网站资源，国内行业标准全文在线检索数据库资源、国际性标准化组织和区域性标准化组织网站进行查找。

第三节　医学会议文献检索

一、医学会议文献检索概述

（一）概念与特点

医学会议文献指国内外各种医学学术会议过程中产生的各种信息的总和，除学术期刊外，会议文献是获取最新学术信息的重要来源。

由于医学学术会议召开的目的是让医药卫生工作者交流经验、报告新发现和研究新问题，且高水平、高层次的医学会议都可能有著名的专家讲座、学术论文报告、小组交流等丰富的内容，因此会议文献具有内容新颖、专业性和针对性强、数量多、形式多样、发行分散、传递信息迅速等特点。

（二）类型

按照会议进程，可将会议文献分为会前文献、会间文献和会后文献。

会前文献。会议召开前产生的文献，有会议通知、会议论文预印本、论文摘要等，往往会在会前或会议开始时发给会员。其中会议通知是参加学术会议和准备为会议提供论文必须查找的信息。

会间文献。会议过程中产生的文献，包括议程、开幕词、闭幕词、会议记录、会议决议等。其中会议决议是会中重要材料，有的会后立即发表，有的不公开出版。

会后文献。会议结束后，集结成册的会议录、论文集、会刊等。内容比较完整，编排比较系统。有可能不公开出版。

二、会前信息检索

（一）国内医学会前信息检索网站

1. 利用会议类网站、专业协会网站资源

（1）中国学术会议在线网站：教育部主管的中国学术会议在线网站，提供“会议预告”栏目，可对各学科会议关键字、学科、会议论文被国际检索工具收录情况及地区进行检索，也可直接在首页浏览最新发布和即将召开的境内境外会议。其网址为：http://www.meeting.edu.cn/。

（2）365 医学会议网：365 医学会议网可按时间、会议名称、论坛、讲题及专家查询会议日程，或在网站首页上浏览近期会议通知信息。其网址为：http://www.365huiyi.com/。

（3）EI 学术会议在线：EI 学术会议在线，以优化科研创新环境、优化创新人才培养、净化当前会

议环境、努力为广大科技人员科学研究和学术交流提供一个可信赖的信息服务平台为宗旨。作为全球领先的中文科学类网站，致力于全方位服务华人科学家、高等教育界及其广大海内外科研人才，以网络平台为基础构建起面向全球华人科学家的网络社区，促进科技创新、学术交流和强大的科研人才流动。其网址为：http：//www. meetingonline. ac. cn/。

（4）艾会网：艾会网学术会议在线是学术会议信息发布和学术会议管理的平台，网站提供数据全面、分类详实准确的会议信息。用户可以通过关键字、学科领域、办会机构、所在地区、时间等多种方式在艾会网查询、订阅国际和国内会议信息和动态。其网址为：https：//www. aconf. cn/。

（5）其他医学专业学会、协会及专业门户、论坛类网站

中华医学会网站，http：//www. cma. org. cn

医学会议在线，http：//www. medig. com. cn

学术会议中心-好医生网站，http：//conference. haoyisheng. com

首席医学网，http：//www. 9med. net/

医脉通会议网，http：//meetings. medlive. cn/

2. 利用搜索引擎检索　查找国内外医学会前信息资源，利用谷歌、百度等搜索引擎，以会议相关关键词进行检索，可查询国内外相关的学术会议信息。会议相关关键词中文可用会议、研讨会、学习班、讨论会和研修班等；英文可用 Conference、Congresses、Convention、Symposium 等也是一种可行的途径。

（二）国外医学会前信息检索

医生指南-会议资源中心，http：//www. docguide. com/crc. nsf/web-bySpec

丁香会议-会议预告，http：//meeting. dxy. cn/tag/list

Medicon 医学会议预报，http：//www. medicon. com. au/mediconConference

HON 会议信息，http：//debussy. hon. ch/cgi-bin/confevent

MeetingsNet 医学会议，http：//meetingsnet. com/medicalmeetings

三、会后会议信息检索

会后文献是会议论文最主要的来源。会议文献的出版形式多样，有图书、期刊、科技报告、在线会议网站等，检索相对比较困难。用户通常会利用网站、搜索引擎及会议类数据库产品进行检索。

（一）中国会后资源检索

1. CNKI 国内外重要会议论文全文数据库　CNKI 的"国内外重要会议论文全文数据库"重点收录 1999 年以来，中国科协系统及国家二级以上的学会、协会、高校、科研院所，在政府机关举办的重要会议及国内召开的国际会议上发表的文献。其网址为：http：//www. cnki. net/。

2. 万方会议论文数据库　万方会议论文数据库由中文全文数据库和西文全文数据库两部分构成，以国家级学会、协会、研究会组织、部委、高校召开的全国性学术会议论文为主，每年涉及近 3000 个重要的学术会议。其网址为：http：//www. wanfangdata. com. cn/。

3. NSTL 中文会议论文检索　主要收录 1985 年以来我国国家级学会、协会、研究会，以及各省、部委等组织召开的全国性学术会议论文。其网址为：http://www.nstl.gov.cn/NSTL/。

（二）国外会后资源检索

1. NSTL 外文会议论文检索　收录 1985 年至今世界各主要学会、协会、出版机构出版的学术会议，目前有会议论文 730 余万篇，可检索字段与中文会议相同。

2. Web of Science　汤森路透公司的统一检索平台 Web of Science（原 ISI Web of Knowledge）提供了 Web of Science 核心合集数据库检索，其中包含 Science Citation Index Expanded（SCIE）、Conference Proceedings Citation Index-Science（CPCI-SSH）等数据库。医学会议论文主要收集在 CPCI-S中。CPCI-S 前身是 Index to Scientific & Technical Proceedings（简称 ISTP，科学技术会议录索引），是美国 ISI（科学情报研究所）四大检索工具之一，是检索国外会议论文的重要工具，为有偿使用。

3. 其他常用国外医学会议论文数据库　OCLC PapersFirst（1993-）国际学术会议论文索引，为 OCLC Firssearch 中的一个子库，可以检索到"大英图书馆资料提供中心"收藏的 650 多万篇世界各地学术会议的会议论文。每两周更新一次。

CSA-Conference Proceedings、PapersFirst，都是 OCLC FirstSearch 中的子库。Proceedings 可以检索"大英图书馆资料提供中心（BLDSC）"收藏的会议录，每周更新 2 次。PapersFirst 是国际学术会议论文索引库，包括大英图书馆资料提供中心（BLDSC）的会议录中所收集的自 1993 年 10 月以来在世界各地的学术会议，包括代表大会、专题讨论会、博览会、座谈会以及其他会议上发表的论文，可通过馆际互借获取全文，每半月更新一次。

另外，如 BIOSIS Preview（BP）、INSPEC、EI、SciFinder Scholar（CA）等涉及生物、科技、工程、化学化工等领域的文摘型数据库中也有专业性会议文献信息，且部分做有全文链接，所以通过这些数据库可以直接获得部分会议文献全文。

4. 利用搜索引擎检索　利用关键词（conference or Meeting or Symposium）and 主题词 and 时间，可进行会议文献的查找。

点滴积累

1. 会议文献的特点是传递情报比较及时，内容新颖，专业性和针对性强，种类繁多，出版形式多样。 它能及时反映科学技术中的新发现、新成果、新成就以及学科发展趋向，是一种重要的情报源。
2. 会议文献没有固定的出版形式，有的刊载在学会协会的期刊上，作为专号、特辑或增刊，有些则发表在专门刊载会议录或会议论文摘要的期刊上。
3. 利用国家出版的各种会议文献检索工具或建立数据库，能更好地利用会议文献，获取相关信息。

第四节　学位论文检索

学位论文是指为了获得所修学位，按要求被授予学位的人所撰写的论文。根据《中华人民共和国学位条例》的规定，学位论文分为学士论文、硕士论文、博士论文三种。学位论文是通过大量的思维劳动而提出的学术性见解或结论，具有一定的独创性，其中博士学位论文具有较高的学术价值。

一、学位论文概述

（一）学位论文概念与特点

学位论文是表明作者从事科学研究取得创造性的结果或有了新的见解，并以此为内容撰写而成、作为提出申请授予相应学位时评审用的学术论文。学位论文具有以下特点：

1. 内容的独创性与科学性。学位论文也是学术论文的一种，在内容上具有独创性和科学性。

2. 论述的系统性和详尽性。学位论文的系统性与图书不同，图书一般是围绕某个大问题进行系统论述，而学位论文则是围绕某个具体问题；同时由于其篇幅远远大于期刊论文，因此对研究的背景、材料与方法，以及结果与讨论都有详细的阐述。

3. 结构的固定性。学位论文结构比较固定，大部分包含封面、独创性声明、目录、中英文摘要、论文正文、参考文献及致谢。

4. 出版的多样性。学位论文一般不公开出版，以前部分学位授予单位的图书馆对纸质学位论文进行收藏、加工和利用，因此利用比较困难。随着各类数据库建设，学位论文大部分在网络上出版发布，不过仍有部分处于保密的目的不公开。

5. 论据的充足性。学位论文往往引用大量参考文献作为论述的依据，在提供信息的同时也有助于提供文献线索，帮助查找相关文献。同时它的参考文献多、全面，有助于对相关文献进行追踪检索。

（二）学位论文类型

我国的学位论文分为学士论文、硕士论文、博士论文三种。

按照研究方法，学位论文可分为理论型、实验型、描述型三类，理论型论文运用的研究方法是理论证明、理论分析、数学推理，用这些研究方法获得科研成果；实验型论文运用实验方法，进行实验研究获得科研成果；描述型论文运用描述、比较、说明方法，对新发现的事物或现象进行研究而获得科研成果。

按照研究领域，学位论文可分人文科学学术论文、自然科学学术论文与工程技术学术论文。

二、学位论文文献检索

（一）万方《中国学位论文全文数据库（CDDB）》

万方数据“中国学位论文全文数据库”与国内600余所高校、科研院所等学位授予单位合作，精选全国重点学位授予单位的硕士、博士学位论文及博士后报告，收录了自1980年以来论文，部分回溯至1977年，每年增加约30万篇。内容涵盖理学、工业技术、人文科学、社会科学、医药卫生、农业科学、交通运输、航空航天和环境科学等各学科领域。其网址为：http://suo.im/15iYtm。

（二）CNKI《中国优秀博硕士学位论文全文数据库（CMFD）》

CNKI"中国优秀博硕士学位论文全文数据库"是目前国内连续动态更新的学位论文全文数据库。目前，累积博硕士学位论文全文文献300万篇。全国433家培养单位的博士学位论文和722家硕士培养单位的优秀硕士学位论文。其网址为：http://kns.cnki.net/KNS/。

（三）NSTL博硕士论文数据库

国家和科技图书文献中心（NSTL）提供中文学位论文和外文学位论文两个数据库，学科范围涉及自然科学各专业领域，并兼顾社会科学和人文科学，其中中文学位论文数据库主要收录了1984年至今我国高等院校、研究生院及研究院所发布的硕士、博士和博士后的论文。每年增加论文6万余篇，目前有学位论文270余万篇。外文学位论文数据库收录了美国ProQuest公司博硕士论文资料库中2001年以来的优秀博士论文，目前有学位论文37万余篇，有极少原文暂不能提供。其网址为：http://www.nstl.gov.cn/。

（四）CALIS高校学位论文库

CALIS高校学位论文数据库提供学位论文的文摘检索，全文需通过成员馆"文献传递"服务获取。收录包括北京大学、清华大学等全国著名大学在内的83个CALIS成员馆的硕士、博士学位论文，网站的学位论文中心服务系统提供中外文学位论文检索和获取，数据持续增长中。其网址为：http://suo.im/1NjWKv。

（五）国外学位论文常用数据库

1. ProQuest Dissertaions and Theses（PQDT）（1637-）

PQDT是美国UMI公司出版的博士论文文摘数据库，涵盖文、理、工、农、医等各个学科领域，收录欧美1000余所大学的270万篇学位论文记录，是目前世界上最大和最广泛使用的学位论文文摘索引库。

2. FirstSearch—WorldCatDissertations

WorldCat硕博士论文数据库收集了WorldCat数据库中所有硕博士论文和以OCLC成员馆编目的论文为基础的出版物，涉及所有学科，涵盖所有主题。WorldCat硕博士论文数据库最突出的特点是其资源均来自世界一流高校的图书馆，如美国的哈佛大学、耶鲁大学、斯坦福大学、麻省理工学院等等，主要来自欧美几千所大学，共有博硕士论文800多万条。从高级检索的"互联网资源"中，可获近20%约100多万篇全文。

3. 网上免费国外学位论文全文资源

EBSCO美国博士论文档案数据库，http://search.ebscohost.com/

NDLTD美国国家自然科学基金学位论文库，http://www.ndltd.org/

Theses Cadana加拿大学位论文，http://www.collectionscanada.gc.ca/

Trove澳大利亚国家图书馆学位论文，https://trove.nla.gov.au/

点滴积累

1. 学位论文是高等院校和科研单位的毕业生、研究生在获取博士、硕士及学士学位时向有关方面呈交的体现其学术研究水平并供审查答辩用的研究论文，它具有较高的学术研究价值和实用价值。
2. 学位论文专业性强，阐述问题较为系统、详细，是有一定独创性的参考资料。学位论文参考文献多、全面，有助于对相关文献进行追踪检索。
3. 学位论文数据库，学位论文网络数据库的出现，为用户检索和共享研究生学位论文信息资源提供了极大的便利。中国知网学位论文库、万方数据中国学位论文库、国家科技文献中心学位论文数据库、CALIS 高校学位论文库是检索国内学位论文的主要途径。

实训 6　专利信息检索实践

【实训目的】

1. 掌握专利的适用范围。
2. 掌握专利的检索方法。
3. 利用专利获取信息解决问题。

【实训内容】

1. 专利信息检索。
2. 应用专利解决不同信息需求。

【实训参考项目】

1. 请分别在国家知识产权局“专利检索与查询”服务系统、知识产权出版社专利服务平台查询关键词包含“心血管药物”的专利情况。分析比较两个平台检索的结果情况，并进行评价。

2. 请查询公开号为“CN102145089A”专利的详细内容，同族专利情况。

3. 请检索有关“糖尿病”的实用新型专利情况，列举三个你认为最好的结果，描述他们的专利法律状态。

4. 某医药公司计划研发有关糖尿病的医疗器械并申请专利，请你利用所学对此进行专利新颖性检索，提出是否可行的论证。

5. 查询近五年“中药治疗肺癌”的相关专利情况。

6. 访问国家知识产权局网站（http://www.sipo.gov.cn），查找蓝牙听诊器（发明专利）专利资料。

7. 请检索近三年本校申请的专利有多少项，请写出检索过程。

实训 7　标准、医学会议、学位论文检索实践

【实训目的】

1. 掌握标准、医学会议、学位论文的适用范围。
2. 掌握标准、医学会议、学位论文的检索方法。
3. 利用标准、医学会议、学位论文解决问题。

【实训内容】

1. 学位论文、标准、会议信息检索方法。
2. 应用标准、学位论文、医学会议解决不同信息需求。

【实训参考项目】

1. 请分别在中国知网标准数据库、万方标准数据库、国家科技图书文献中心（NSTL）、标准信息服务网中查询中药材袋运输包装件的国家标准，并对四种检索途径进行评价。

2. 请在中国标准服务网上查询“医院消毒卫生标准”的详细内容。

3. 请分别在 CALIS、中国知网、万方数据库上查询第三军医大学李隆贵导师指导的 2001 年以后的博士毕业论文情况，并比较评价检索结果。

4. 请在万方数据库、中国知网数据库的学位论文库中检索主题为“心力衰竭药物治疗”的硕士学位论文信息，并比较评价检索结果。

5. 请利用 Web of Science CPCI-S、HON、365 医学会议网、丁香园等途径检索近期国内外即将召开的有关“药学”“心脏病”“高血压”的学术会议信息。

ER-7-3　第七章思维导图

【目标检测】

一、选择题

（一）单项选择题

1.《中国标准文献分类法》是目前国内用于标准文献管理的一部工具书。该分类法由（　　）个一级大类目组成，用英文字母表示，每个一级类目下分 100 个二级类目，二级类目用 2 位数字表示

A. 24　　B. 22　　C. 20

D. 25　　E. 27

2. 学位论文按照研究领域划分　可分人文科学学术论文、自然科学学术论文与(　　)论文

A. 工程技术学术　　B. 理工　　C. 农业科学

D. 天体物理学　　E. 哲学

3. (　　)是经国务院批准的我国高等教育"211 工程",以及"九五"计划、"十五"规划中三个公共服务体系之一。其宗旨是,在教育部的领导下,建设以中国高等教育数字图书馆为核心的教育文献联合保障体系,实现信息资源共建、共知、共享

A. NSTL　　B. 中国知网

C. 中国国家图书馆　　D. 中国高等教育文献保障系统

E. 哲学社会科学网

4. 同一专利族中最早优先权(最先申请)的专利文献称(　　)

A. 子专利　　B. 基本专利　　C. 专利法人

D. 专利申请人　　E. 专利族

5. 我国于(　　)年颁布并于同年 4 月 1 日正式实施了《中华人民共和国专利法》

A. 1984　　B. 1980　　C. 1990

D. 1986　　E. 1990

6. 自 1992 年—2008 年,《中华人民共和国专利法》历经(　　)次修正。现行《专利法》为 2008 年 12 月 27 日第十一届全国人民代表大会常务委员会第六次会议审议通过,自 2009 年 10 月 1 日起施行

A. 四　　B. 二　　C. 五

D. 三　　E. 六

7. 当没有明确目标或不清楚专利的具体名称,而需要检索某个主题内容的专利时,可以从途径入手进行检索

A. 关键词　　B. 分类号　　C. 主题

D. 新颖性　　E. 申请人

8. (　　)公司是世界上最早及最大的博硕士论文收藏和供应商

A. ProQuest　　B. 爱思唯儿　　C. 德温特

D. 汤森·路透　　E. 中国知网

(二) 多项选择题

1. 我们学位制度有(　　),可以从不同途径进行相应学位论文检索

A. 博士　　B. 硕士　　C. 学士

D. 博士后　　E. 教授

2. 专利权属于知识产权,具有(　　)

A. 地域性　　B. 共享性　　C. 时间性

D. 独占性　　E. 时效性

3. 以下(　　)是国家标准的代号

A. GB　　B. GB/T　　C. ISO

D. TY　　E. GD

4. 在医学领域,除科学发现、(　　)等按规定不授予专利权外,其他在医疗工作中产生的科技新成果,只要具备新颖性、创造性和实用性,都可申报专利

A. 智力活动的规则和方法　　B. 疾病的诊断和治疗方法

C. 艾滋病药物　　D. 基因重组技术

E. 有悖医学伦理的研究

5. 标准文献是一种特殊文献,与一般科技文献相比,它具有(　　)。标准制定后,每隔3~5年复审一次,分别予以确认、修改或废止,修订后标准号不变

A. 严肃性　　B. 法律性　　C. 时效性

D. 滞后性　　E. 地域性

二、判断题

1. 我国专利法将专利分为三种,即发明专利、实用新型专利和外观设计专利三种类型。(　　)

2. 按照会议进程,可将会议文献分为会前文献、会间文献和会后文献。(　　)

3. HON(http://www.hon.ch/)提供医学会议专栏,可浏览或查阅国际上即将召开的医学会议信息。还可按照日期、会议召开地等进行限定。(　　)

4. 标准文献主要采用国际标准分类法(ICS)、《中国标准文献分类法》、国际十进分类法(UCD)等分类系统。(　　)

5. 一般认为,威尼斯1624年制订的《垄断法规》是现代专利法的开始,对以后各国的专利法影响很大。(　　)

三、思考题

1. 专利权的特点是什么?

2. 对专利进行新颖性检索的意义是什么?

3. 学位论文的特点是什么?

4. 获取会前信息和会后信息的有效途径有哪些?

5. 简述标准文献主要采用国际标准分类法(ICS)、《中国标准文献分类法》。

(田　柳)

第八章

中医药文献检索

ER-08章PPT

学习目标

掌握中医药古典文献的疑难字检索；中医药古文献临证、医案、本草、方剂、针灸五大专题文献检索。

熟悉中医药文献检索的检索方法和步骤；常用的中医古籍书目；古文献馆藏目录类工具书；中医药文献计算机信息检索；中医药标准文献信息检索。

了解中医药光盘数据库检索；中医药网络数据库检索；中医药古典文献概况；中医药常用网站；中医药相关组织机构。

中医药学在现代科学、西方医学的冲击之下，一直保持了完整的理论体系，它是中华五千年文明史上一朵奇葩，经过上千年的发展，中医药学的理论、经验与方法依赖于中医文献而保存下来。中医文献是无数医家代代相传累积起来的医学理论与医疗经验的结晶，它以中医理论体系为核心，记录了我国人民防病、治病的丰富经验，对现今的医疗实践与医药科研仍具有重要而有效的指导作用和应用价值，它是一份珍贵的文化遗产与财富。

第一节　中医药文献检索基本知识

一、中医药文献检索研究对象、内容

中医药文献检索是在有序的中医药文献集合中以科学的方法，利用检索工具和检索系统，检出所需信息的一种方法。它是获取中医药信息的捷径，为获取中医药相关信息知识，可利用中医书目检索、搜索引擎、中国知网、万方数据库、生物医学文献数据库等。中医药文献检索研究内容包含以下几个方面：

1. **检索对象**　包括中医药文献的类型、特点。古代文献信息检索和利用的图书，现代文献信息检索和利用的对象的期刊及其他类型文献，中医药文献数据库的检索及网络信息检索应用等。

2. **检索原理和方法**　中医药文献检索策略、检索方法、检索途径、步骤等。

3. **检索工具**　以中医药学专业为主的常用参考工具书及工具书使用方法等。

4. **文献信息的利用**　中医药文献的收集、积累、开发与利用，文献综述等。

二、中医药文献检索方法和步骤

人们对中医药文献信息的检索需求是复杂多样化的,如有的人需要查找医古文中疑难字的参考书;有的人需要查关于"中医美容""中医养生"等方面的有关论述;而有的人却要查阅"针刺治疗法"的专家学者所著述的医学论文和专著。虽然因课题内容、中医文献需求等检索条件的不同,文献检索的步骤有所差异,但总体上来讲,我们要根据研究项目,使用恰当的文献检索工具,按照一定的检索方法通过不同的检索途径和步骤来查找所需的文献资料。

【案例 8-1】请查询有关"糖尿病中医疗法"方面的文献。请利用中国知网(CNKI)要求查询这个平台上的期刊全文库,选取 3 篇典型中文文献写出标题、著者单位、出处及中文摘要,相关专家学者都有哪些人?

一、检索步骤

第一步:分析题干,提炼出 2 个关键词:糖尿病 中医疗法。

第二步:分析两者之间的逻辑关系为"与",检索式为:"糖尿病 AND 中医疗法"。

第三步:直接在简单检索框中输入"糖尿病 AND 中医疗法"。

第四步:在检索框前面选择相应的字段,可以是主题、关键词、篇名、全文等。

第五步:点击检索按钮或回车键即可输入相应的检索结果。

二、中文文献检索结果

1. 标题:中医中药治疗非胰岛素依赖型糖尿病必须研究胰岛素抵抗

著者:熊曼琪、朱章志

著者单位:广州中医学院

出处:中医杂志 1995(01)

中文摘要:中医中药治疗 NIDDM 必须研究胰岛素抵抗,认为中医治疗 NIDDM 的最终目的就是使胰岛素抵抗逆转或减轻,寻找能使 NIDDM 的胰岛素抵抗逆转的方药是当代医学的迫切需要。建立胰岛素抵抗的综合评估指标及 NIDDM 的病证结合模型是研究胰岛素抵抗的基础和前提。中医疗法改善胰岛素抵抗的治疗原则和研究重点是:坚持复杂大系统的治理应是多级、多途径的治疗原则,以深化辨证论治的诊疗体系、提高专法专药专方的疗效,加强非药物疗法的应用为研究重点。

2. 标题:糖尿病肾病中医分期辨治的探讨

著者:陈延强、史伟、黄玉茵

著者单位:广西中医学院第一附属医院肾内科

出处:新中医 2009(03)

中文摘要:中医学认为 DN 是消渴失治、误治或治之不当,阴虚燥热渐致气阴两虚,痰瘀互结,日久脾肾虚损、毒浊内停而成。糖毒内蕴和瘀血阻络始终贯穿于 DN 病程的始终,是 DN 临床各期共同的病机。但 DN 各期肾脏病理改变有所不同,中医病机亦有各自特点。因此,临床诊治 DN 时,既要把握 DN 各期的病机特点,又要抓住其共性,灵活运用滋阴润燥、健脾益气、益肾固精、活血化瘀、泻浊利水诸法,以提高中医药治疗 DN 的疗效。

3. 标题:仝小林教授治疗糖尿病学术观点和经验

著者:苏浩、仝小林、王皖洁

著者单位:中国中医科学院广安门医院

出处:中国医药指南 2008(24)

中文摘要:总结了仝小林教授治疗糖尿病的学术观点和临床经验。仝小林教授认为现代糖尿病是食、郁、痰、湿、热、瘀交织为患,病机演变基本按照以郁、热、虚、损 4 个阶段发展。仝教授根据糖尿病的不同阶段将其分为糖尿病期和并发症期。糖尿病期包括痰(湿)热互结证、热盛伤津证、气阴两虚证;并发症期包括肝肾阴虚证、阴阳两虚证;此外还有兼夹证:兼痰浊、兼血瘀证,在治疗上主张分阶段治疗。

三、相关专家学者

1. 丁波:发表论文《2 型糖尿病的中医治疗及研究进展》《糖尿病周围神经病变的中医治疗现状》《糖尿病肾病的中医临床及实验研究进展》《糖尿病较少见并发症的中医治疗概况》四篇。

2. 仝小林:发表论文《仝小林教授治疗糖尿病学术观点和经验》《仝小林辨治糖尿病性腹泻经验》《仝小林教授应用大剂量毒剧药治疗重症糖尿病周围神经痛验案 1 则》《仝小林治疗糖尿病末梢神经病变验案举隅》四篇。

3. 杨荣阁:发表论文《中医分时辨治糖尿病合并抑郁症 56 例临床观察》《中医药治疗糖尿病周围神经病变研究进展》《中医分时辨治糖尿病合并抑郁症 46 例临床观察》三篇。

点滴积累

1. 中医药文献检索的研究内容主要包括根据检索类型的不同、使用不同的检索策略、检索方法、检索途径等，学好中医药文献检索有助于提高中医药学生获取有效信息的能力。
2. 中医药文献检索步骤：分析检索课题，明确检索要求；选择检索工具、确定检索方法；选定检索途径、检索词，制定文献检索策略；评价检索结果；优化检索策略；文献筛选，获取原始文献。

第二节　古典中医药文献检索

一、中医药古典文献概况

中医药文献包括古典文献和现代文献。通常我们把成书于 1911 年以前,以抄写和雕版印刷为主要记录手段而形成的医药文献称为中医药古籍。中医药古典文献的文字主要以汉文为主,包括甲骨文、金文、篆体等古文字及异体字等,另有少量的藏文、蒙古文、维吾尔文、彝文、西夏文、朝鲜文、傣文、契丹文等写成的医书。

关于现存中医古籍文献的数量,迄今未有确论。据 1991 年由薛清录主编,中医古籍出版社出版的《全国中医图书联合目录》中,收录了全国 113 家图书馆所藏医书 12 124 种,较接近目前我国现存古医籍的实际，除去1911年以后的书籍，我国现存古代中医药文献约有万种。

由于甲骨、金石（青铜器、玉石）、简牍、缣帛、卷轴、册叶等文献载体，流传不广，所以中医古籍主要的载体是指雕版或活字版印刷的纸质线装书。

按照载体形式区分，中医药古典文献的版本类别，可分为抄刻文献和印刷文献两大类别。甲骨、金石、缣帛、简牍、抄本、卷轴被称为抄刻文献。近些年来出土除古典文献抄本外，还发现了具有很高的学术价值篇幅短小，内容零残的抄刻文献。唐以后雕版或活字版印刷的线装书籍被称为印刷文献，是中医文献的主体。

古文献分类是人类进行文献收藏和使用的一种手段，是文献数量发展和类型增多的一种必然趋势。文献分类的基础是学术分类，因而文献分类体系的演变和发展是学术文化发展和科学技术进步的一种标志。中国古代文献的科学分类，始于西汉的《七略》，盛于清朝的《四库全书总目》，产生了“七分法”和“四分法”两种著名的典籍分类方法。典籍分类法的应用和发展，为文献的归类、收藏、检索、利用提供了方法和途径；目录、类书文献的产生和发展，又为现代研究古代散见的中医药文献提供了条件。

二、中医药古典文献的疑难字检索

我们在学习和科学研究中医药学的过程中，查阅中医古籍时常会遇到许多不认识的字词或不理解的术语，这些在普通的字词典中很难查到。目前，中医药学常用的汉语字词典和专业字典有：

1.《说文解字》　简称《说文》，是东汉时期许慎编著的文字工具书，成书于汉和帝永元十二年（100年）到安帝建光元年（121年）年间，是我国第一部按部首编排的字典。内容共十五卷，以小篆为研究对象，同时参照小篆以外的古文、籀文，其中一至十四卷为文字解说，十五卷为叙目，每卷都分上下两篇，实为三十卷。首创汉字部首，共收字头9353个，重文（古文、异体等）1163个，字头以小篆为准，兼有古文、籀文等异体。原书分目录1篇和正文14篇。原书虽然现已失落，但许多内容被汉朝以后的其他古籍引用，并有北宋雍熙三年（986年）徐铉校订完成的版本（称为“大徐本”）流传至今。《说文解字》首次阐发六书内容，并在说解中贯穿了六书原则，为汉字建立了理论体系；首次从汉字系统中归纳出540部首，并创立了按部首排列的汉字字典编纂法；保留下来的汉字小篆形体是极为宝贵的文字资料，为后代学者由隶变后的字形直接通向甲骨文、金文的桥梁，在中国语言学史上具有非常重要的地位。

2.《康熙字典》　是张玉书、陈廷敬等三十多位著名学者奉康熙圣旨编撰的一部具有深远影响的汉字辞书。该书的编撰工作始于康熙四十九年（1710年），成书于康熙五十五年（1716年），历时六年，因此得书名《康熙字典》。字典采用部首分类法，按笔画排列单字，字典全书分为十二集，以十二地支标识，每集又分为上、中、下三卷，并按韵母、声调以及音节分类排列韵母表及其对应汉字，共收录汉字四万七千零三十五个，为汉字研究的主要参考文献之一。《康熙字典》依据明朝《字汇》《正字通》两书加以增订。对两书错误之处，《康熙字典》还做过一番“辨疑订讹”的功夫。《康熙字典》它以二百一十四个部首分类，收字相当丰富，除了僻字僻义以外，它又差不多在每字每义下，都举了例子。

3.《汉语大字典》 由四川、湖北两省300多名专家、学者和教师经过10年努力编纂而成的，以解释汉字的形、音、义为目的的大型汉语专用工具书。全书约2000万字，共收楷书单字56000多个，凡古今文献、图书资料中出现的汉字，几乎都可以从中查出，是当今世界上规模最大、收集汉字单字最多、释义最全的一部汉语字典。《汉语大字典》在继承前人经验的基础上，注意吸收今人的研究成果。它注重形音义的密切配合，尽可能历史地、正确地反映汉字形音义的发展。在字形方面，在楷书的单字条目下，收录了能够反映形体演变关系的、有代表性的甲骨文、金文、小篆和隶书形体，并简要说明其结构的演变。所收入的每一个形体都有可靠的实物或拓片为依据，不选用二手或三手材料。该字典以部首编排。在传统的214个部首的基础上，酌情删并为200个部首。1992年，湖北辞书出版社和四川辞书出版社出版了《汉语大字典》缩印本1册，在印制工艺许可的范围内，对个别字头的明显讹误作了必要的订正，并对原《笔画检字表》重新进行了编排。湖北辞书出版社1993年出版的8卷本，各本正文前列有该册部首表、检字表。第8册附有上古音字表、中古音字表、通假字表、异体字表、历代部分字书收字情况简表、简化字总表、现代汉语常用字表、汉语拼音方案、普通话异读词审音表、国际音标表10个附录，并刊有总笔画检字表及该书的补遗部分。缩印本除上述内容外，书末还附有汉语大字典主要引用书目表。1995年，又出版了3卷本的《汉语大字典》除对原8卷本的附录进行了适当的删节外，并对个别字头在形、音、义方面的讹误再次做了必要的订正。此书的出版，成为我国文字史和字典史上不朽的里程碑，它堪与《康熙字典》相媲美，与《说文解字》相辉映，成为新世纪字典的楷模，为同类辞书的佼佼者。

4.《辞源》 是一部语文性辞典。全书用繁体字，专于求本、重在溯源。释义简明、用浅近的文言。收录内容一般止于1840年以前的古代汉语、一般词语、常用词语、成语、典故，兼收各种术语、人名、地名、书名、文物、典章制度。单字12890个（1979年版），复词84134条（1979年版）。全书依十二集（子、丑、寅、卯、辰、巳、午、未、申、酉、戌、亥）和214部首为次序排列，同部首的按笔画多少为序。单字条由字头、汉语拼音、注音字母、广韵反切、声钮、释义、书证等组成。修订版《辞源》的内容丰富，极为充实广博。除大量的字词释义上，对于艺文，故实，曲章，制度，人名，地名，书名以及天文星象，医术，技术，花鸟虫鱼等也兼收并蓄，融词汇，百科于一炉，既体现了工具性和知识性，又兼顾了可读性。修订版《辞源》历经几代专家学者的修订，改善体例，纠谬补缺，内容更为准确精到，查用更为容易便捷，极具权威性。

5.《中国医籍字典》 1989年江西科学技术出版社出版，由上海中医学院中医文献研究所编。该字典从中医古籍及其他古籍中采集常见疑难单字、医用单字和古药名、古病名共4400余条。正文按部首笔画排列。附有笔画检字表、历代重量比较表、药用衡量折算表、历代尺度比较表、历代容量比较表等。每字均注音并释义，释义时侧重医学意义，兼及常用古义和今义，以及通假义、引伸义，引用书证一般注明出处。

6.《简明中医大辞典》 自1977年5月卫生部批准后开始编写，1979年3月首次由人民卫生出版社出版发行以来，多次重印，发行量达28万余册。又经1983年重新修订再版。该辞典是一部切合中医药大中专院校学生及广大初中级中医药专业人员使用的综合性辞书，本词内共收中医基础理论、临床各科、针灸、中药、方剂、医学人物和文献等方面最基本、最常用、最重要的词目13 400条；选词力求全面、系统反映中国医药学伟大宝库的实际内容，同时也选收了少量现代中医学发展过程中出现的新词和中西医结合的词目；释文一般先定性，后解释。个别实难定性者则不作定性而直接解释；每条词目均注明出处以便检查；本书一律采用1964年中国文字改革委员会颁布的《简化字总》所规定的简化字。

7.《实用中医字典》　由王晓龙主编，2001年学苑出版社出版。本书收入中医经典著作及历代医籍中的常用字、疑难字共6000个。按汉语拼音字母、声调顺序排列，多音字一般排在现代比较常用的一音之下。对每一字均按字形、注音、举例、释义、古今同形字辨析、近义词辨析等加以说明；对字的本义、假借义、引申义作了明确的注释，对某些易误释误读的字作了考辩。正文按字头、注音、义项、书证、注释和译文的次序叙述。义项以汇集医用专科义为主，先列本义，后列引伸义、假借义。引文书证使用医药书籍通行本并注明篇章，力求典型、简练。

8.《医籍文言虚词手册》　由1986年福建科学技术出版社出版，赖任南编著，该书按照笔画顺序排列，从中医药文献，特别是秦汉以前的中医古籍中采集文言虚词209个作为词条，系统地介绍了每个虚词意义、用法，并引书证。

检索中医药相关文献常用工具书还有：1990年重庆出版社出版，刘世昌等编著《中医经典字典》；2001年四川科技出版社出版，李戎主编《中医难字字典》；2001年上海科学技术文献出版社出版，李戎编著《中医药通假字字典》；2001年学苑出版社出版，李顺保主编《中医中药医古文难字字典》。

三、中医药古文献手工检索

（一）常用的中医古籍书目

中医古籍书目是指用于查找古代文献的源流及查阅现存古医籍，主要有：《四库全书总目·子部医家类》《中国古籍善本书目》《宋以前医籍考》《中国中医古籍总目》《中国医籍考》《中国分省医籍考》《历代中药文献精华》《中国医籍通考》《医藏书目》《医学读书志》《中国医学大成总目提要》《中国医学书目》《续中国医学书目》《现存本草书录》《中医学重要著作选介》《经典医籍版本考》《中医外科医籍存佚考》《三百种医籍录》《中国传统老年医学文献精华》《针灸文献提要》等。下面介绍六种比较常用的古籍书目：

1.《四库全书总目·子部医家类》　《四库全书总目》为我国古代最巨大的官修图书目录，四库全书的馆臣们，对誊录入库的3400余种图书（称“著录书”）和抄存卷目的6700余种图书（称“存目书”）全部写出提要，这就是《四库全书总目提要》，该书由清·纪昀等编自乾隆三十八年（1773年）开始编修，至乾隆四十六年初稿完成。全书200卷。著录图书3401种，79 309卷，存目6793部，93 551卷。基本上包括了清乾隆以前我国重要的古籍，特别是元代以前的书籍更完备。是我国最大的丛书，分经部、子部、史部、集部四大类，子部医家类收录医学著作。《四库全书总目提要·医家类》共收入著录医书97种，存目医书92种，附录兽医书6种，总计195种。若加上其中一些书后所附录的书并把丛书中的书单独计算，再加上子部别家中的医书，则录入的医书总数则更多。所收医籍时代跨度较大，先从秦到乾隆时期的重要医学名著基本都被涵盖。而且内容丰富，涉及医经、针灸、本草、医方、伤寒、金匮、瘟疫、内科、外科、妇科、儿科、眼科、医案、藏象病机、杂著、诊断、养生等诸多方面。可以说，将医家类提要通读一遍，将对历代医学古籍的版本变迁、源流变革、内容得失有一宏观印象。

2.《中国医籍考》《中国医籍考》又名《医籍考》，(日本)丹波元胤编，八十卷，中医目录学著作，成书于1819年。根据各种有关文献广泛收录自秦汉至清朝道光年间2383种医书，全部著作分为医经、本草等9类，书名之下注明出处，并根据所掌握的资料，记录有卷数、存佚，并详列书序跋、诸家述评、著者传略、历史考证等资料，有的还附有作者按语，书后附有书名、人名索引。对研究与查考中医古籍有较高参考实用价值。

3.《宋以前医籍考》《宋以前医籍考》1958年(日本)冈西为人编，由人民卫生出版社出版，该书根据有关目录学的各种著作，收集了宋以前的医学书目1860种，分为内经、难经、五脏、针灸、妇科、幼科、外科、养生、经方、本草、食经等23类。每一条目下介绍了医籍的出处、作者、考证、卷处、序跋、存佚等项，书末附有400多种参考书目及人名笔画、书名索引，是研究我国宋以前中医文献一部很重要的工具书。

4.《四部总录医药编》《四部总录医药编》是丁福保、周云青编著的《四库总录》一书中有关医药书目部分的单行本。收录各种目录学著作中撰有书目提要的现存中医古书共150余种(其书虽存，但无书目者不收)，加以分类汇编。书末附有现存医学书目总目、现存医学丛书总目及书名索引等，是中医古籍检索、查阅医书和版本鉴定工作较好的工具书。

5.《中国古籍善本书目》《中国古籍善本书目》该书目编辑委员会编，中国大型古籍目录，该书目共著录除台湾地区以外中国各省、市、自治区公共图书馆、文物保管委员会、博物馆、大专院校和中等学校图书馆、科学院系统图书馆、名人纪念馆和寺庙等781个单位的藏书约6万多种，13万部。

凡是有历史文物性、艺术代表性和学术资料性并流传较少的古籍，年代下限大致断至清代乾隆年间以及在此之后的辛亥革命前，有特殊价值的抄本、刻本、稿本、校本都作为善本在收录范围之内。编排方法基本按四部分类法排列，并增设丛书部，所以分为经、史、子、集、丛书五部。上海古籍出版社在1989年、1990年、1992年分别出版了经部、丛书部和史部。每部书均有编号，书末附藏书单位代号和检索表，并另编书名、版本、作者、批校题跋者索引。著录项目有书名(含卷数)、著者和著作方式、版本等。

6.《中国医籍提要》　1984年—1988年该书编写组编写，由吉林人民出版社出版，共上下两册，上册主要撰写了清以前504部医籍的提要，下册主要撰写清代至现代(1960年以前)的中医著作402部。上下册均分基础理论、临床各科、综合以及医史、养生、法医六大类编排。对每部医书，作者生平、成书年代、著录书名、内容提要和版本进行著录，对初学中医者起到入门指导的作用。书后附有书名及人名的索引，便于检索。

(二)中医药古文献馆藏目录类工具书

1.《全国中医图书联合目录》《全国中医图书联合目录》1991年薛清录主编，由中医古籍出版社出版，通常被称为《新版中医联目》，该书目是一部全国性的中医药图书联合目录，收录了全国113个图书馆收藏的1949年前出版的古代中医药图书12124种。根据现存中医药古籍的实际状况，该书目的编写体例，以学科为主，采用分类编年的方法，兼顾到中医药古籍的体裁特征，划分为医史、医经、综合性著作等12大类，大类之下又分成许多小类，有的还进一步展开形成三级类目。

各书的著录顺序依次为总序号、书名（包括卷数、异名、附录）、成书年代、著者（包括朝代、姓名、字、号、别名、著作方式）、版本（包括出版时间、地点、出版者、出版类别）、馆藏代号等。书末附有书名音序索引、书名笔画索引、著者音序索引、著者笔画索引，另有甲子表，岁阳、岁阴表，历代建都简表，历代帝王名讳表。

2.《中国丛书综录》 由中华书局1959-1962年出版，上海图书馆编著。1982年新版由上海古籍出版社出版共分三册。第一册《总目》，分“汇编”“类编”两部分。“汇编”分杂纂、辑佚、郡邑、氏族、独撰五类，主要是四部各类兼容的丛书，具有综合性质。“类编”收经、史、子、集四类。本册可按类及丛书名两种途径检索某部丛书包含哪些古籍及其收藏情况；第二册《子目》，将丛书中单独著作按经、史、子、集编排，并注明其被哪些丛书收录；第三册《索引》，分“子目著者索引”和“子目书名索引”两种。该目录收录了全国41个图书馆的古籍丛书2797种，子目书名7万余条，去其重复，实际包含古籍38 891种，基本上反映了我国历代出版丛书的全貌。

3.《中国中医古籍总目》 2007年薛清录主编，由上海辞书出版社出版。该书目是一部迄今为止种类最多、收录范围最广的大型中医古籍联合目录。共收录全国150个图书馆和博物馆，1949年以前出版的中医图书13 455种，其中不乏明以前珍稀善本医籍。如国宝级的明宫廷彩绘本《补遗雷公炮制便览》和宋代杨介撰《存真图》等，均为未见史志记载的珍稀孤本。

全书由凡例、参加馆代号表、类表，书目正文，附录，书名索引、著者索引等部分组成。正文延用《全国中医图书联合目录》的分类编年体例排序，每本书著录内容包括：类号、书名、序号、卷帙、著者、成书年代、版本、馆藏代号等。该书在目次的整体结构上能够反映出中医药学术发展的历史源流和传承轨迹。该书目全面、准确、系统反映了中医药古籍在全国各地图书馆的收藏分布情况，是检索现存中医药古籍最常用、最重要的检索工具。

4.《中国中医研究院图书馆馆藏中医古籍馆藏线装书目》 1986年中国中医研究院图书馆编，由中医古籍出版社出版。该书目是我国第一部公开出版的中医古籍馆藏目录，整理了本馆所藏的自宋代以来全部中医线装典籍和多位名医捐赠给本馆的数千册图书。共收录中医古籍7500余部，4200余种、其中乾隆以前刻本1000余部。正文部分按类编排，每书按序号、卷帙、书名、成书年代、版本、著者、附录等项著录。书后附有书名和人名索引，附范行准等人献书目录，以资纪念。

5.《浙江中医药古籍联合目录》 2009年胡滨、鲍晓东主编，由中医古籍出版社出版。该书目收入了浙江省内4个高校图书馆、11个公共图书馆、9个医药卫生单位、11个文化博物单位以及个人于1991年底之前藏有的2866种中医药古籍（含部分民国时期刊印的中医药图书），所收图书分为医经、基础理论、伤寒金匮、诊法、针灸推拿、本草、方书、临症各科、养生、医案医话医论、医史综合性著作十二个大类；大类之中再根据情况分设二、三级类，在小类中按成书年代先后编排。查不出成书年代者，给参考年号，用中括弧括之，以示区别；凡一书内容涉及两个以上类目时，以其主要内容归类；凡专科之丛书、方书、医案按所属学科归类。是我国第一部正式刊出的省级中医药古籍联合目录。

此外还有《广州中医药大学馆藏书目》《中医图书联合目录》《上海中医学院中医图书馆藏目录》这类工具书最实用，所收载的书籍可利用图书馆直接查阅。

四、中医药古文献专题检索

在学习和研究中医药文献的过程中，经常需要对某一专题的古籍进行信息检索，如历代论述有关阴阳五行学说的相关理论、临床特效药物的筛选、有关消渴的诊疗方法、方剂最佳配伍，或某专家的临证经验、传记资料等。这些专题资料大多分散在历代各类中医学著作中，检索起来很不方便。

古代中医药文献的专题资料检索除主要利用中医药类书外，还有丛书、专题资料汇编等。类书是我国古代百科全书式的资料汇编，其材料丰富，内容广泛，收罗齐备，能起到索引的作用，又能直接查找到相关内容，因而能为人们检索和利用分散的古代中医药文献资料提供方便。丛书一般是指将许多种书籍汇集而编成一套书。主要有《古今医统大全》《喻氏医书三种》《卫生宝鉴》《东医宝鉴》《东垣十书》《儒门事亲》《济生拔萃》《张氏医通》《薛氏医案二十四种》《河间全书》《医宗金鉴》等。专题资料汇编主要有《中国医药汇海》《黄疸专辑》《中国历代医论选》《常见病证中医文献专辑》《肿胀专辑》《历代中药炮制资料辑要》《中风专辑》《哮喘专辑》《惊悸怔忡专辑》《痹痿专辑》《胃脘痛专辑》《疟疾专辑》《癫狂痫专辑》《虚损专辑》《失眠嗜卧专辑》等。下面从以下几个方面简单介绍下专题检索。

（一）古代临证文献资料的检索

查找历代医家中医理论和临证资料，如阴阳五行、脏象经络、气血津液、论治原则、病因病机、四诊、五运六气、脉学等理论，以及内外妇儿各科疾病的证治、方药、针灸、推拿等方面的内容，可利用综合性类书和中医药类书。举例：

1.《古今医统大全》　又名《古今医统》，明代徐春甫辑，成书于1556年，100卷。该书辑录明代以前医籍及有关文献282种，全书分类编排，所采用的古代医书及有关经史古籍，均附有简介，引录文献均注明出处，方便查考。全书包括历代医家传略、各家医论、针灸、各科病证诊治、《内经》要旨、医案、运气、验方、脉候、本草、经穴、救荒本草、通用诸方、制药及养生等内容。各科病证诊治包括中风、暑证、伤寒、湿证、内伤证、皮肤、瘟疫、正骨、鼻病等141证与妇科疾病、儿科疾病、老年保养等，每一病证基本上按病机、脉候、治法、方药等依次论述。该书旁征博引，所辑资料既引录古籍，也有徐氏自已对医学理论的阐释，有些病证还附有验案，有助于领会全文。

2.《古今图书集成·医部全录》　1726年清代陈梦雷等编，520卷。此书是《古今图书集成》的抽印本，原隶属于博物汇编艺术典医部下。全书约950万字，收录文献，自《黄帝内经》，下迄清初，1959年人民卫生出版社重新出版，分八个部分、12个分册出版，该书的编辑方法，在纵的方面按一般中医书的体例，在横的方面以各科疾病为主。

3.《中国医药汇海》　1937年由中华书局出版，蔡陆仙编辑。该书采集上自炎黄、下迄民国，包括历代医家数百人的医学论著，摘其精要，汇集成24册出版。内容分为：史部、经部、药物部、论说部、方剂部、医案部以及针灸部7编，其中药物部附于经部《神农本草经》之后。每部又细分许多类，层次清晰。经部广搜博引，详列原文，互相引证，以辨其真伪。论说部取各家学说中理旨纯正、切合初学者，去其芜杂，撷其精要，熔各家学说于一炉。医案部以病分类，精选各家医案，相互校勘，取其有效者而录之。

4.《永乐大典医药集》 1986年人民卫生出版社出版。明代永乐六年（1408年），由明政府指定解缙、姚广孝等2 000余人编纂的一部大型类书。全书22877卷，清初时略有残缺，到清代中叶以后，屡遭盗窃和劫掠，几乎丧失殆尽。1949年以后，经多方搜集共得795卷，其中72卷列载有关医药内容。该书的编撰是我国文化史上的壮举。

《永乐大典》残本中有关医药方面的内容，湮没在其他内容之中，零章碎简，极难查找。为便于查阅和利用，编者将其辑集出来，按原书卷次顺序编成《永乐大典医药集》，书辑录的均为宋、元时期医籍，涉及的范围包括医经、医疗掌故、著名医籍、法医学、中药、养生、名医传记、保健、临床各科证治等。该书前有目录，按分类从病名、药名等进行检索。特别是《永乐大典》的监修和编修者，大多为当时的大儒名医，因而取材严谨，所取医籍的版本多为善本，且标明出处。查找临证资料还可利用：《黄帝内经》《外台秘要》《证类本草》《圣济总录》《类经》《杂病广要》《医学纲目》等。

知识链接

康 熙 字 典

《康熙字典》入选中国世界纪录协会中国收录汉字最多的古代字典。《康熙字典》是中国第一部以字典命名的汉字辞书。《康熙字典》采用部首检字和笔画检字方法。可记歌诀：一二子中寻，三画问丑寅，四在卯辰巳，五午六未申，七酉八九戌，其余亥部存。或是“一二在子三丑寅，四卯辰巳五午寻，六在未申七在酉，八九在戌余亥存。”如查“康”字。在部首索引中找“广（yan）”部，在“寅下”5页。除部首外，“隶”为8画，再到“寅集下”“广”部8画里查“康”字，在“寅下集”9页中可以查到。笔画检字用于难字查检，可依笔画检字表。如查“民”字，如果不知道其部首，可以查笔画检字表。“民”为5画，可以在5画中查到。“民”下注为“氏”部，再到“部首索引”中查到“氏”部。“氏”在“辰集”33页，“辰集下”中“氏”部1画里即可查到“民”字。

（二）古代医案类文献资料检索

中医医案是中医诊疗实践的记录，是中医药学理论研究的源泉，在众多的医案中，不仅有着丰富的医学理论，而且还具有大量的医疗经验，因此，学习和研究医案既能丰富和深化中医理论知识，还可以开阔视野，启迪思路，有利于临证诊疗水平的提高，具有较高的文献价值和临床价值。重要的中医医案文献选介：

1.《名医类案》 明代江瓘父子编集，12卷，成书于1549年。该书是我国第一部大型综合性医案类书。全书辑录按病症分类编排为205门，自《史记》迄明嘉靖前历代医学著作以及经、史、子、集所载之验案2 400余则。卷1—6为内科案，卷7为五官科案，卷8—10为外科案，卷11为妇科案，卷12为小儿科案。这些医案大多是宋朝、元朝、明朝三代141位著名医家治验案或失误案，案中记录或详于证，或详于治，或详于因，或详于脉均有依据。江氏父子并常于案前、中、后一些紧要处采用出注、圈点、按语等方式以明诊断之精、遣方之妙、治验之所在、失误之因由，指点迷津，方便后学。

2.《续名医类案》 清代魏之琇编，36 卷，成书于 1770 年。该书是《名医类案》的续编，全书分 345 门，补辑清代以前历代名医治病的验案，大量增录当时各家医案，包括伤寒、内科杂病、温病以及外、儿、妇、五官诸科病案 5 800 多则。其所载病案，往往一病数例，使人更明了各病的辨证以及相应的治疗方法。全书分类清楚，选案广泛，特别是对温热病的病案记载更为详细，反映了各种流派的学术经验。书中所附分析治案尤为精辟，对读者颇有启发。

3.《清代名医医案精华》 1928 年秦伯未撰辑，全书共辑清代名医叶天士、吴鞠通、薛生白、尤在泾，以迄近人丁甘仁、金子久等 20 家，以内科为主，辑理法并重按语透辟精警的医案 2069 则。以医家为纲，以病症为目，每一医家均冠以小传，明其师承及学术渊源。每家医案均按其特点收集数十种病症，包括常见病及疑难杂证。每病案前又均加按语阐发病理、分析证治要点，颇能启迪后学。该书撷精采华，列案广范，充分反映了清代名医的学术特点和治病经验。

检索医案资料还可利用:《宋元明清名医类案》《二续名医类案》《清宫医案研究》《古今医案按》《全国名医验案类编》等。

（三）古代本草文献资料检索

本草文献资料检索，是指古代人们对药物学或药物学专著的检索，内容包括中药性味、炮制、产地、功效以及各家学说、临床应用等。本草分为综合性本草和专题性本草两类。重要的中医本草文献选介：

1.《经史证类备急本草》 简称《证类本草》，宋代唐慎微撰，31 卷，1108 年刊行，该书是在北宋官修本草的基础上，参考了 247 种医药文献和经、史、子、集各部古籍中的相关资料编撰而成。1 卷至 2 卷为序例，主要记载前代重要本草著作的序文、药物炮制、凡例、药性理论、诸病通用药、方剂组成以及药物的配伍禁忌等药物总论方面的内容；3 卷至 29 卷为各论，共收药物 1 748 种，按其属性分为 10 类，每类又按上、中、下三品次序排列；每药首列该药图形，次引历代文献中有关该药的记载，内容包括正名、别名、毒性、性味、药效、产地、主治、采制方法、形态以及临床有效方剂、医案等。其中所附方剂达 3 000 余首；30 卷为有名未用类，系将《神农本草经》及《名医别录》等书中的 194 种药物，后世已不详其用途者辑录出原文，以供参考；31 卷收录了《（嘉枯）本草图经》中增入的 98 种植物药的原文及图形。该书总结了北宋以前本草学之精华，资料丰富，体例完备，是检索古代本草资料的重要参考书。

2.《本草纲目》 1578 年明代李时珍撰，52 卷，该书是一部系统总结明以前医药经验的医药学巨著。全书引据历代本草 84 家，古今医家书目 277 种，经、史、子、集各部著作 800 余种，收载药物 1 892种（其中李氏新增 347 种），收录药方 11096 首，插图 1109 幅。此书以《证类本草》为蓝本，采用“物以类从，目随纲举”的编撰体例，将各种资料加以分类。其中 1 卷至 2 卷辑录各家本草序例，内容为引用书目和药性理论；3 卷至 4 卷为百病主治药，列病证 110 多种；5 卷为药物各论，按药物自然属性分为水、火、土、金石、草、谷、菜、果、木、服器、虫、鳞、介、禽、兽、人 16 部，每部又分小类，共 60 类，每种药则按释名、集解、修治、气味、正讹、修治、发明、附方等项详细论述。该书内容广博，收罗丰富，分类准确。1982 年人民卫生出版社出版刘衡如校订本。

3.《中华本草》 1999 年国家中医药管理局主持编纂，宋立人总编，由上海科学技术出版社出版。该书共34卷,全面集中反映20世纪中药学科发展水平。全书共记载中药8980味,插图8542幅,最后为民族药专卷,藏药、蒙药、维吾尔药、傣药。前30卷应用古今文献1万余种,内容涉及中药品种、药材、栽培、药理、化学、炮制、制剂、临床应用等中医药学科的各个方面。总论分14专题,系统论述中药学各分支学科的主要学术内容。该书内容之丰富,体例之严密,篇幅之浩瀚,以及采用文献之广博,均远远超过了迄今任何一部本草著作。

检索中医本草资料还可以利用:《本草品汇精要》《本经疏证》《古今图书集成》《群芳谱》等。

(四)古代方剂文献资料检索

以记载方剂为主的中医药学著作统称为方书。在各朝各代中中医药文献方书的数量庞大,据《全国中医图书联合目录》统计,以1949年为限"方书类"医籍达1950种。方剂资料检索,是指检索有关中医方剂的历代研究资料,主要包含方剂来源、组成、用量、用法、功用、主治以及配伍、各家论述等。若解决这一问题,可利用综合性方书和有关的方剂学参考工具书。重要的中医方剂文献选介:

1.《外台秘要》　752年,唐代王焘撰,40卷。该书广泛汇集唐以前医著及民间单方和验方6000首,分为1104门,是集我国唐代以前医学大成的方书。每篇首列有关病机、病因、后附各家方药,内容包括内、外、妇、儿、五官等各科病证。对引录的大量医学著作,均注明出处。医学著作中,标明文献资料来源,以本书为最早。该书所记载的文献资料皆属于唐以前被视为"秘密枢要"的秘方,许多古医籍,如《小品方》《范汪方》均保存下来。对研究唐以前的方剂文献资料具有很大的参考价值。

2.《太平圣惠方》　992年,宋代王怀隐等编,100卷。全书分1670门,收方16834首。首列做医之道、次详诊脉辨阴阳虚实法,再叙处方用药之法则。以《备急千金要方》《外台秘要》为蓝本,采用脏腑病证的分类方法,先病后方的编写体例。所论病因和病机多出自《诸病源候论》,并引录了《内经》和《伤寒论》等诸家论述,最后汇集方药。

3.《普济方》1390年,明代朱棣等编,168卷　该书是我国最大的一部综合性方书。全书共1960论,2175类,载方61739首,分为七部分。第一部分:方脉总论、脏腑、运气;第二部分:身形,分头、面、耳、鼻、舌、口、眼目、牙齿、咽喉等9门;第三部分:诸疾,包括诸风、时气、伤寒、热病以及杂治等39门;第四部分:诸疮肿,分疮肿、痈疽、瘿瘤、瘰疬、痔漏、膏药、折伤等13门;第五部分:妇人,分妇人诸疾、产后诸疾、妊娠诸疾、产难等4门;第六部分:婴孩包含儿科诊断法,新生儿护理法、新生儿常见疾病和各种儿科病候;第七部分:针灸,分总论、经络腧穴、各种病候针灸疗法。此外书末附有本草药品畏恶和药性异名2卷。该书系统总结了历代各家方书,并兼收其他杂说、传记以及道藏、佛书等有关资料,所引文献资料注明出处,为古代方书最为完备者。查找方剂资料还可以利用:《备急千金要方》《医方类聚》《奇效良方》《古今名医中药汤剂临床应用》《千金翼方》《中国名方全书》等。

(五)古代针灸文献资料检索

针灸(包括推拿)是中医学独特的治疗方法,其内容主要包括经络、针法、腧穴理论和灸法及其适应病症。在中医文献中,针灸推拿类文献数量很多,因此要检索历代有关针灸(推拿)方面的研究资料,除了利用医学著作中的相关专著外,还需要借助一些综合性针灸著作。重要的中医针灸文献选介:

1.《针灸甲乙经》　282年,晋代皇甫谧编撰,12卷。该书是我国现存最早的针灸类著作,其内容可分为两类:1~6 卷介绍了中医基本理论和针灸基本知识,7~12 卷介绍了各科病证的针灸治疗,列腧穴主治 800 余条。该书是皇甫氏在《素问》《灵枢》和《明堂孔穴针灸治要》三书的基础上,使“事类相从,删其浮辞,除其重复,论其精要”,分类编撰形成,全面总结晋代以前针灸治病经验的基础上多有发明。

2.《针灸集成》　又名《勉学堂针灸集成》,1874 年,清代廖润鸿编撰,4 卷。该书为廖氏收集历代医书中的针灸内容,分类编撰形成,其中 1~2 卷为针灸集成,载针法、点穴、灸法、针刺补泻、辨穴等针灸学基本知识,以及各种疾病的针灸疗法;3~4 卷为经穴详集,详细叙述了十四经穴和奇穴的位置、腧穴配伍及主治的治疗作用,并摘要历代有关某穴的歌赋作为治疗的验证。该书博采众长,持论平正,考证审慎,解决了不少问题,对研究学习针灸学具有重要作用。

3.《针灸大全》　又名《徐氏针灸大全》,1439 年,明代徐凤编,6 卷。该书内容包括针灸经穴、周身折量法、针灸宜忌、八法主治各种疾病、窦文真公八法流注及配穴,以及徐氏本人之金针赋及子午流注针法、艾炷、点穴、壮数避忌、要穴取法、灸疮保养及经穴别名等。书中还附有标幽赋、治疗歌诀和十二经穴位置七言诗、插图,是一部介绍针灸文献资料为主的著作。

4.《针灸大成》　又名《针灸大全》,1601 年,明代杨继洲、靳贤撰辑,10 卷。该书由靳贤选录明以前的重要医学和针灸学著作中的有关针灸内容,结合杨继洲的诊治经验编辑形成。内容包括针道源流、针灸歌赋、征引原文、针刺补泻理论、针刺补泻方法、经脉及经穴部位与主治、各家针法、诸证针灸取穴法及灸法(附杨氏验案),历代名家针灸医案。书后附录《陈氏小儿按摩经》。该书以《内经》和《难经》为源,历代诸家之说为流,系统总结了明以前针灸学的经验,内容丰富,别具特色,是查考历代针灸学资料的重要参考书。

查找针灸资料还可以利用:《圣济总录》《古今图书集成医部全录》《针灸逢源》《中国针灸荟萃》《中国针灸荟萃·现存针灸医籍》等。

五、中医药古文献计算机信息检索

(一)中医药光盘数据库检索

1. 中华医典　《中华医典》是第一部对中医古籍进行全面系统整理而制成的大型电子丛书。它收录了民国以前中国历代医学古籍 1000 部,卷帙过万,4 亿字,汇集了历代主要中医著作,其中不乏罕见的抄本和孤本,大致涵盖了至清末为止的中国医学文化建设的主要成就,全书将收入的 600 余部历史中医古籍分类《本草方药大全》《临床医术大全》《综合医籍大全》《医经养生大全》四大部分,将本草、药性、炮炙、鉴定、方剂及内、外、妇、儿、五官、针灸等临床各科,医案、医话、医论、综合医籍、内经、难经、伤寒、金匮、温病等经典医籍的绝大部分原著,以及校注与发挥,脉学、病原学等诊断学、气功及各类养生专著的大部分著作均囊括其中,如长达 800 余万字的《普济方》,名贯中外的《本草纲目》等巨著均收录。

2. 中国中医药光盘图书馆.针灸全录光盘　本套光盘系统共有 18 张,收录了先秦至 1966 年的针灸图书共计 800 余本,约 3 亿字。分类依据《全国中医图书联合目录》,并参考现代科学分为针灸通论、针灸方法(包括针法灸法通论、毫针刺法、三棱针、灸法、皮肤针、芒针、火针、挑刺、电针、头针、水针、耳针、手针、眼针、穴位疗法、腕踝针)、经络孔穴、针灸临床(包括治疗通论、子午流注、临床各科、针刺麻醉灵龟八法等)、针灸现代研究、针灸医案和文献等内容。

(二)中医药网络数据库检索

1. 中国基本古籍库 本数据库由北京大学教授刘俊文编纂,北京爱如生数字技术研究中心开发制作,是综合性大型古籍数据库,共收录自先秦至民国(公元前11世纪至公元20世纪初)历代典籍及各学科基本文献1万种、16万余卷,选用版本12,500个、20万余卷。每种典籍均制成数码全文,并附所据版本及其它重要版本之原版影像。合计全文17亿字、影像1千万页,其收录范围涵盖全部中国历史与文化,内容包括哲学科库(下设医学类)、艺文库、综合库、史地库等,是世界目前最大的中文数字出版物,也是中国有史以来最大的历代典籍总汇。《中国基本古籍库》检索系统提供分类检索、全文检索、高级检索、条目检索可运用版本对照、分类收集、字体转换批注、原文打印、下载编辑等多项数字化古籍整理辅助功能。其网址为:http://www.er07.com/

2. 中医药数据库检索系统—海外古籍书目数据库 中医药数据库检索系统是从1984年由中国中医科学院中医药信息研究所开始建设的中医药学大型数据库的,目前数据库总数40余个,数据总量约110万条,包括中医药期刊文献数据库、疾病诊疗数据库、各类中药数据库、方剂数据库、民族医药数据库、药品企业数据库、各类国家标准数据库(中医证候治则疾病、药物、方剂)等相关数据库。其中海外古籍书目数据库收录从战国至清代的海外中医古籍的相关内容,共2万余条。按照联目号、类号、著作年、藏书号、正书名、修饰语、别名、卷、册、国别朝代、著者姓名、著作方式、版本项、善精孤有无、原丛书名、原丛书类号、子目编号、丛书子目、馆代号等方式注录。可根据注录方式进行检索查询。其网址为:http://cowork.cintcm.com/engine/wdbintro.jsp。

点滴积累

1. 关于中医药古典文献的疑难字检索,不仅包括常用的汉语字词典,还包括中医专科常用工具书,如《说文解字》《康熙字典》《汉语大字典》《辞源》《中国医籍字典》《简明中医大辞典》《实用中医字典》《医籍文言虚词手册》。
2. 全国中医图书联合目录根据现存中医药古籍的实际状况,该书目的编写体例,以学科为主,采用分类编年的方法,兼顾到中医药古籍的体裁特征,划分为医史、医经、综合性著作等12大类,大类之下又分成许多小类,有的还进一步展开形成三级类目。
3. 中国基本古籍库中每种典籍均制成数码全文,并附所据版本及其他重要版本之原版影像。收录范围涵盖全部中国历史与文化,内容包括哲学科库(下设医学类)、艺文库、综合库、史地库等,是世界目前最大的中文数字出版物,也是中国有史以来最大的历代典籍总汇。

第三节 现代中医药文献检索

现代中医药文献根据载体类型不同,可分为印刷型、缩微型、声像型,出版形式除有书刊类型,还出现了学位论文、会议资料、科技档案、病案资料等形式,类型多种多样。据有关书目统计,近50年来我国出版的中医药图书品种与民国以前刊出的总量相当，随着信息时代的到来现代中医药文献数量剧增，传播速度加快。中医药为主的传统医学越来越得到国际社会认可，研究者和学习者越来越多，从而促使多语种的中医药文献品种数量增多，在信息交流与文献出版上，出现了比较普遍的分散现象，不仅发表在本学科专业杂志内，还出现在其他学科的图书资料和期刊杂志中，这种分散现象有利于学科之间的交叉融合，但科研人员的检索利用造成了一定的麻烦，掌握现代中医药文献检索的工具利用效果就显得尤为重要。

一、现代中医药文献手工检索

（一）中医药文献手工检索工具

中医药文献手工检索工具包括印刷型书目《中国中医古籍总目》《中国针灸荟萃》等；中医药学期刊论文索引《中国科技期刊中医药文献索引（1949—1986）》《医学论文累积索引（1949—1979）》《五十年来针灸文献索引（1908—1958）》《医学索引》《中文科技资料目录（中草药分册）》等；文摘性检索工具《中国药学文摘》《中国医学文摘・中医》《中药文献研究摘要》《中国生物学文摘》《现代针灸文献精粹・针灸文摘》（1980—1990 年）等，还包括中医药学的词（辞）典、年鉴、百科全书、图表、名录、手册等，查检中药、方剂、中医药科学研究进展、大事件等方面专题资料。如《中国大百科全书》《中医辞海》《中医大辞典》等参考工具书。

（二）中医药标准文献信息检索

近些年来，随着我国标准化工作的不断开展及科学技术的不断进步，标准数量急速增加，已基本上形成了以国家标准为主导，行业标准、地方标准和企业标准相配套的标准体系。现行主要中医药标准有《中医病证分类与代码》《中医内科疾病诊疗常规》《中医临床诊疗术语》《中医病症治疗常规》《中医病证诊断疗效标准》《腧穴名称与定位》GB/T 12346-2006、《中医体质分类与判定》（ZYYXH/T 157-2009）、《国际标准针灸穴名简释》（中英对照）、《标准针灸穴位图册》《针灸临床研究规范》《标准针灸经穴部位图谱》《中医护理常规技术操作规程》（ZYYXH/T1. 1-1. 18-2006）、《中华人民共和国药典》［简称《中国药典》（一部）］。

二、现代中医药文献计算机检索

中医科学院中医药信息研究所自 1984 年开始进行中医药学大型数据库的建设，目前数据库总数 40 余个，数据总量约 110 万条，包括中医药期刊文献数据库、疾病诊疗数据库、各类中药数据库、方剂数据库、民族医药数据库、药品企业数据库、各类国家标准数据库（中医证候治则疾病、药物、方剂）等相关数据库。系统以其充实的数据成为中医药学科雄厚的信息基础，并提供中文（简体、繁体）版联网使用；部分数据提供英文版。实现单库与多库选择查询，多库跨库、多类检索，在单表数据库检索可选择最专指数据库进行字段检索。其网址为：http://cowork. cintcm. com/engine/windex. jsp。

【案例 8-2】 撰写一篇关于“胃癌病人术后用药指导”方面的文献，请在中国中医药数据库检索相关的文献。

检索步骤：

第一步：分析题干，提炼出 3 个关键词：胃癌　术后　用药

第二步：分析两者之间的逻辑关系为“与”，检索式为：“胃癌 AND 用药”或者“胃癌 AND 术后用药”；

第三步：直接在简单检索框中输入“胃癌 AND 用药”或者“胃癌 AND 术后用药”

第四步：点击检索按钮或回车键即可输入相应的检索结果。

三、中医药常用网站导航

（一）CPI 中国医药信息网

中国医药信息网（图 8-1）是由国家食品药品监督管理总局信息中心建设的医药行业信息服务网站。共建有 20 余个医药专业数据库，主要内容包括政策法规、产品动态、市场分析、企事业动态、国外信息、药市行情等，其服务包括 VIP 会员服务和网络数据库会员服务两种模式，范围主要涵盖：竞争信息跟踪，企业信息获取与调研服务。其实时信息发布权威，内容涵盖食品药品相关的政策法规、产品信息、市场信息、企事业动态、海外信息等内容，用户可免费浏览。提供普通检索与高级检索功能。提供中国医药纵览、国外药讯、SFDA 批准的新药及仿制药、SFDA 批准的进口药品、SFDA 批准的保健食品、大趋势——中国医药市场（按年度）、热点药品品种信息汇编、世界批准新药、美国药品研发、医药信息专辑等系列权威文本信息，是国内外医药卫生领域重要信息来源，其网址为：http://www.cpi.ac.cn/publish/default/。

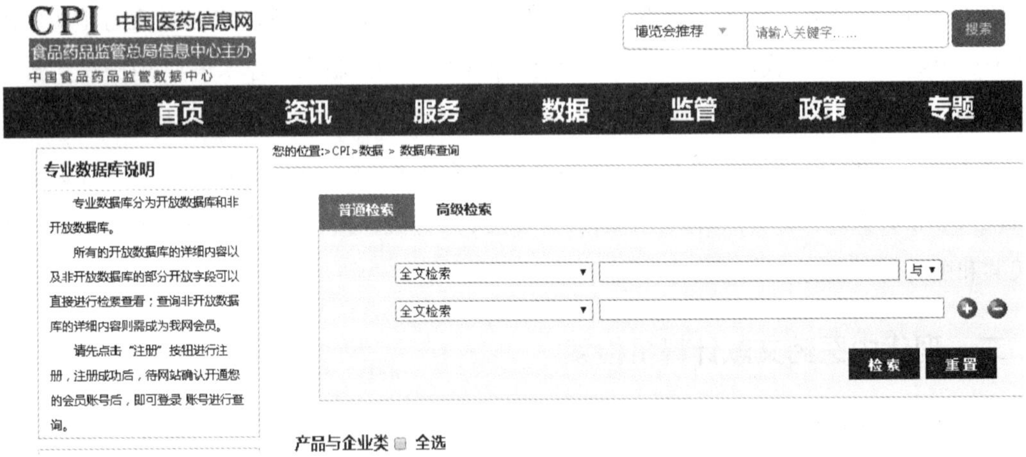

图 8-1　中国医药信息网普通检索界面

（二）中华中医网

中华中医网是致力于弘扬国医国粹，推广中医药文化与特色，普及中医药基础知识，扩大中医药以及推动中药贸易的发展。设有疾病大全、疑难杂症、中医信息、中医常识、中医特色、中医保健、中医问答、中医论坛等栏目，其中疾病大全及疑难病栏目临床疗效，均为专家组总结出的结果。网站主要介绍传统的中医中药，提供自我保健信息指导。其网址为：http://www.zhzyw.org。

（三）中医药在线

中国拥有悠久的历史，是传统医学的传承，有良好的受众人群。中医药在线网整理有关中医的相关知识。设有中医药知识库、中医药企业平台、禽流感以及 SARS 热点专题等栏目，提供了中药基础数据库、中药实验数据仓库、中医临床数据库、中医药多库融合平台，有毒中药数据库、公共卫生突发事件救治数据平台、临床医学平台等，深受中医爱好者欢迎。其网址为：http://www.cintcm.com/。

（四）上海市中医文献馆

上海市中医文献馆成立于 1956 年，是上海市名老中医学术之家，于 60 年代初开设老中医门诊部。1990 年又扩建成立了上海市中医药情报研究所，成为国家中医管理局在上海的信息分中心。1995 年经上海市卫生局批准为上海市中医药信息协作中心基地。推出中医药栏目，旨在收载和发布中医药基础知识、中医药资讯、中药材行情以及中医养生和药膳食疗等方面的信息，同时介绍当代名中医并收载难病诊治与针灸推拿等方面的资料以及相关中医文献。并在线下设有上海中医文献馆中医门诊部，建有适应老中医特色用药精品配药的中药房。其网址为：http://www.zywxg.com/。

（五）其他

中国中医药网，http://www.cntcm.com.cn

中医药-中医中药大全-医药网，http://www.pharmnet.com.cn/tcm/

亚太中医药网，http://www.aptcm.com/

39 健康中医，http://cm.39.net/

中医五绝网，http://www.wujue.com/

老中医在线，http://www.laozhongyi.net/

我要良方，http://www.51tcm.com/

世界针灸门户，http://www.acutimes.com/

医学全在线，http://www.med126.com/tcm/

中医世家，http://www.zysj.com.cn/

久久-中医图谱，http://zhongyi.9939.com/zytp/

中药才天地网，http://www.zyctd.com/

中医中药网，https://www.zhzyw.com/

中国现代中药，http://www.zgxdzy.net/ch/index.aspx

四、中医药组织、研究机构

（一）国家中医药管理局

国家中医药管理局是政府管理中医药行业的国家机构，隶属于国家卫生健康委员会。其职能主要包括：依据国家卫生、药品的有关政策和法律法规，研究拟定中医、中医中药结合、中西医结合以及民族医疗医药的方针、政策和发展战略；规划、指导和协调中医医疗、科研、教学机构的结构布局及其

运行机制的改革等。其网址为:http://www.satcm.gov.cn/

（二）中国中西医结合学会

中国中西医结合学会(英文名:China Society of Integrated Traditional Chinese and Western Medicine)是中国中西医结合工作者的群众性学术团体。成立于1981年11月,原称中国中西医结合研究会,1990年改为中国中西医结合学会。本会主办有《中国中西医结合杂志》《Chinese Journal of Integrative Medicine》《中国骨伤》《中国中西医结合耳鼻咽喉科杂志》《中国中西医结合急救杂志》《中国中西医结合外科杂志》《中国中西医结合肾病杂志》《中国中西医结合皮肤性病学杂志》等学术期刊。由各专业委员会和省、市中西医结合学会主办的学术期刊有《浙江中西医结合杂志》《中西医结合肝病杂志》《中国中西医结合消化杂志》《深圳中西医结合杂志》《实用中西医结合临床》及《中西医结合学报》等。其网址为:http://www.caim.org.cn/。

（三）中国中医科学院

中国中医科学院(原名中国中医研究院)成立于1955年,是国家中医药管理局直属的集科研、医疗、教学为一体的综合性中医药研究机构。中国中医科学院下设17个研究所、6家医疗机构、1个研究生院、2家分院以及2家制药企业和中医古籍出版社、中医杂志社等学术单位;中国中医科学院拥有国家新药(中药)临床试验研究中心(GCP)、国家中药安全性评价中心(GLP)、中药过程控制技术国家工程实验室和28个国家中医药管理局三级实验室、12家国家中医药管理重点研究室;中国中医科学院图书馆是全国藏书最多的中医药专业图书馆,藏书36万余册,其中珍本、善本、孤本书籍2万余册,是国家古籍重点保护单位、国家级古籍修复中心及全国中医行业古籍保护中心。中国医史博物馆是我国收藏文物最多的中医专业博物馆,收藏文物3000余件。中国中医科学院主办和承办18种全国性中医药专业期刊,其中《中国结合医学杂志》《中医杂志》英文版为SCI-E收录期刊。其网址为:http://www.catcm.ac.cn/。

点滴积累

1. 中医药文献手工检索工具包括印刷型书目和文摘性检索工具，还包括中医药学的词（辞）典、年鉴、百科全书、手册等。
2. 中国中医药数据库检索系统包括中医药期刊文献数据库、疾病诊疗数据库、各类中药数据库、方剂数据库、民族医药数据库、药品企业数据库、各类国家标准数据库等相关数据库。
3. 中华中医网设有古今名医、药材市场、中医简史、中医书籍、中医新闻、中医诊断、中药常识、中药词典、中医图谱、中医文化、偏方秘方、中医拔罐、中医刮痧、中医火疗、中医气功、中医推拿、中医药茶、中医药酒等项目，可以免费提供各种中医资料与资讯，中医常识得到了普及。

实训 8　中医药文献检索实践

【实训目的】

1. 掌握中医药文献检索步骤。

2. 了解古代中医药文献的特点。

3. 熟悉古代中医药文献和现代中医药文献检索中常用典籍工具书资源。

4. 能充分利用中医药文献数据库网络检索。

【实训内容】

1. 参观古籍书库及工具书库

2. 应用古代馆藏目录进行资源查找

3. 中医药文献数据库网络上机操作应用

【实训参考项目】

1. 利用《康熙字典》查出“谱”字意思。

2. 查找本馆古籍书库中关于“针灸”方面的书籍有哪些？举 1~2 个例子。

3. 查找《四库全书总目・子部医家类》关于瘟疫的图书有哪些？举 1~2 个例子。

4. 利用占代馆藏目录类工具书，查找一本所需的图书，如能找到，哪些馆有收藏？

5. 利用中医药数据库检索系统，查找一些药品企业，有哪些？

6. 利用网络，在中华中医网内查找“中医美容”的相关资料，并记录本人感兴趣的一种美容方式。

ER-8-1

ER-8-1　第八章思维导图

目标检测

一、选择题

（一）单项选择题

1. 中医药古典文献的时限是(　　)

A. 1911 年前　　B. 1912 年前　　C. 1913 年前

D. 1914 年前　　E. 1910 年前

2. 中医药古典文献的载体主要是(　　)

A. 甲骨　B. 金石　C. 纸质线装书
D. 简牍　E. 拓片

3. 我国第一部按部首编排的字典是(　　)
A.《说文解字》　B.《康熙字典》　C.《汉语大字典》
D.《辞源》　E.《康熙字典》

4. (　　)是迄今为止种类最多、收录范围最广的中医古籍联合目录
A.《中国丛书综录》　B.《中国中医古籍总目》
C.《浙江中医药古籍联合目录》　D.《上海中医学院中医图书馆馆藏目录》
E.《广州中医药古籍联合目录》

5. (　　)是第一部对中医古籍进行全面系统整理而制成的大型电子丛书
A. 中国基本古籍库　B. 中华医典　C. 中国中医药数据库
D. 中国医药信息网　E. 中华药典

6. 以记载(　　)为主的中医药学著作统称为方书
A. 方剂　B. 本草　C. 医案
D. 医经　E. 针灸

7. (　　)一般是指将许多种书籍汇集而编成一套书
A. 丛书　B. 专题资料汇编　C. 类书
D. 专著　E. 文摘

8. 中国医药信息网始建于(　　)
A. 2000 年　B. 1998 年　C. 1996 年
D. 2001 年　E. 1999 年

(二) 多项选择题

1. 中医药文献具有(　　)的作用
A. 提高科学研究效率　B. 促进文献信息资源开发
C. 适应科技查新的需要　D. 培养新型人才的需要
E. 促进经济文明建设

2. 中医药古典文献的文字包含哪些(　　)
A. 汉文　B. 藏文　C. 蒙古文
D. 维吾尔文　E. 彝文

3. 中医药古文献馆藏目录类的工具书包含(　　)
A.《中国医籍考》　B.《医藏书目》　C.《全国中医图书联合目录》
D.《中国丛书综录》　E.《中华医典》

4. 古典医案类的资料检索,包含以下(　　)文献
A.《名医类案》　B.《全国名医验案类编》　C.《清宫医案研究》
D.《古今医案按》　E.《简明中医大辞典》

5. 古代临证文献资料的检索，主要利用(　　)

A. 专科图书　　B. 中医药类书　　C. 综合性类书

D. 字词典　　E. 丛书

二、判断题

1. 中医药文献检索是在无序的中医药文献集合中，检出所需信息的一种方法。(　　)
2. 唐以后雕版或活字版印刷的现装书籍被称为印刷文献。(　　)
3.《康熙字典》首次阐发六书内容。(　　)
4.《中国医籍提要》对初学中医者起到入门指导作用(　　)
5.《中国古籍善本书目》分为经、史、子、集、丛书五部。(　　)

三、思考题

1. 中医药文献检索的步骤有哪些？
2. 何谓中医药古籍？
3. 古代中医药文献有何特点？
4. 常用中医药古籍书目有哪些？
5. 如何获取中医药古文献收藏信息？
6. 古代本草文献资料检索包含哪些书籍？
7. 中国基本古籍库提供哪些检索方式？
8. 中医药数据库检索系统有何特点、包含哪些数据库？
9. 中国药学文摘光盘数据库包括几种检索方法？
10. 中医药组织机构有哪些？

(郑　坤)

第九章

学术性资源信息管理与利用

学习目标

掌握常用云笔记软件使用方法。

掌握常见网盘的使用方法，了解常见网盘搜索工具。

熟练掌握常用文献管理软件的使用方法。

熟练掌握常用思维导图软件使用方法。

掌握学术博客、聚合内容、网络百科、社会网络、社会化标签、即时通讯工具的使用方法。能将即时通讯工具（如腾讯 QQ、微信等）应用到学习中。

能应用本章学术性资源信息管理工具获取学术性资源。

随着信息技术的发展，我们获取信息的方式不断改变，获取的信息量爆炸式增长，面对各种各样蜂拥而来的碎片式信息，我们如何进行管理，从而更有效地加以利用呢？本章将介绍各种与学术信息管理与利用相关的工具，以帮助我们更有效地获取、管理、利用学术信息。

第一节　信息过滤与知识管理工具

文献管理软件是学者或者作者用于记录、组织、调阅引用文献的计算机程序。利用文献管理工具不但可以帮助我们轻松的管理已经下载的参考文献，还可以利用它所提供论文写作论文，并自动生成参考文献，是我们写作论文的好帮手。

一、云笔记软件

（一）云笔记软件简介

云笔记软件是一种基于网络的实时记录信息的程序软件，用户可以利用它把文字、图片、音频、视频等信息资料放到云端服务器存储起来，并且能够实现个人电脑、手机等移动设备和云端之间的信息新建、上传、编辑、存储、修改、下载、共享、删除编辑等功能。常用的云笔记软件国内有有道云笔记、云笔记、麦库记事等，国外印象笔记比较流行。

（二）常用云笔记软件

印象笔记（Evemote）

2008 年 6 月，由美国硅谷的全球最大云笔记公司印象笔记（Evemote）CEO 菲儿·利宾（Phil

Libin)推出,它以简洁的界面和稳定的远程存储功能得到用户认可,印象笔记能够方便处理一段文字、一个完整的网页或网页摘录、照片、语音备忘录或者手写笔记,于 2012 年走进中国市场。印象笔记有企业笔记本、私人笔记本两种类型。其网址为:https://www. yinxiang. com。

印象笔记基本功能:

1. 保持同步功能:支持多平台系统,一处编辑,多平台间同步;支持 web 版和移动网页版,只要能上网的设备均可以在浏览器中打开进行操作。

2. 剪辑网页功能:通过网页剪辑插件可以保存完整的网页内容(包括文字、图片和所有链接)到印象笔记账户里。

3. 图片搜索功能:图片搜索是印象笔记最具特色的功能,可以搜索到图片内的印刷体中文和英文以及手写英文,此搜索对文字版的 PDF 文件也同样有效。

4. 储存重要资料功能:支持任意格式文件作为附件插入到笔记中,并实现跨平台同步,方便不同平台之间的文件资料管理。

5. 团队协作功能:允许不同用户之间共同编辑一个笔记本,实现团队协作办公。

6. 支持第三方应用软件功能:支持 QQ 浏览器、鲜果联播、飞信短信客户端等大量第三方协作应用软件。

【练一练】 印象笔记(网页版)应用

如何在印象笔记创建、整理、复制、删除、重命名等操作。

ER-9-1 印象笔记使用方法 视频

其他常见的笔记还有:

有道云笔记,http://note. youdao. com

麦库记事,http://note. sdo. com

二、云存储 & 云同步的数据备份管理

近年来,随着云计算技术的高度发展,大量的云存储产品如雨后春笋般涌现出来,其中最成熟、最受用户关注的应属云存储 & 云同步,它作为互联网时代中的新一代存储技术,可以实现用户文件的存储、同步、下载、备份、管理等一整套服务,而这些都是在“云”中实现的。云存储 & 云同步的产品形态主要是网络硬盘。但需要用户注意的是:尽管云产品生产商承诺保证用户的信息安全,但是大家还是不要将重要的、隐秘的数据或文件放在“云”端,以防信息泄露!

(一)网络硬盘

网络硬盘又称为网盘,以网络为载体,为互联网用户提供文件管理功能的在线存储服务网络系统,通常包括文件存储、数据备份、查看编辑、文件共享等服务功能。与移动硬盘、邮件、FTP、QQ 等其他工具相比,网络硬盘在数据存储、传输、共享等方面功能更加强大,操作更加便捷。

网络硬盘自诞生以来历经了从通讯附属产品,到独立成为传统网络硬盘,再到升级为云存储网络硬盘三个不同阶段。云存储网络硬盘相比传统网盘的最大优点是将单纯的存储产品升级为数据存储与服务并且可以延伸出多种增值的服务。

云存储网络硬盘有收费和免费两种服务方式,近两年随着运营成本的增加,产品利润的下滑,一

些网络硬盘面临着关闭的窘境，用户在使用这类工具时需要及时备份，以免网盘关闭时丢失自己存储的资料。

（二）常用网盘

百度云网盘

1. 百度云网盘基本概况　百度云网盘是百度公司提供文件的网络备份、同步和分享服务。具有空间大、速度快、安全稳固等特点，支持教育网加速，支持PC端、安卓手机客户端、Web端三种平台，具有在线浏览、离线下载等功能，能够实现文档、图片、音乐的Web端在线预览。为注册用户免费提供15G空间，支持1G超大单文件上传，无流量限制。其网址为：http://pan. baidu. com。

2. 百度云网盘使用方法

ER-9-2 百度云网盘使用方法视频

（1）登录：用已经注册的百度账号、密码登录百度云网盘。

（2）上传文件：点击"上传文件"按钮，选择要上传的文件，再选择上传位置，最后点击"上传"即可。

（3）打开浏览文件：点击相应的文件，便可以打开预览。

（4）下载文件：长按文件或文件夹，进入批量模式。选择单个文件或多个文件，点击"下载"。点击"传输列表"，查看下载列表，可以查看上传、下载进度。可以长按界面进入编辑模式对传输列表中的文件进行下载、删除或者分享操作。

（5）与好友分享文件：长按文件或文件夹，进入批量模式，选择单个文件或多个文件，点击"分享"，然后再选择分享方式（短信分享、邮件分享、复制分享链接、分享到第三方应用）。

（6）闪电互传：闪电互传是百度网盘推出的数据传输功能。通过闪电互传功能，用户可以在没有联网的情况下，将手机内的视频、游戏、图片等资源高速分享给好友。真正实现0流量传输，且传输速度秒杀蓝牙。首先，两台手机同时登录百度网盘，在工具包中点击"闪电互传"菜单。手机A选择"发送文件"，手机B选择"接收文件"。手机B搜索到A设备后，点击头像建立连接。连接成功后，选择文件，点击下方传输按钮，开始传输。点击右上角的"传输记录"按钮可查看文件传输状态与进度。

其他常用网盘还有：

腾讯微云，https://www. weiyun. com

网易网盘，http://wp. 163. com/filehub/login. jsp

（三）网盘搜索工具

PanSou 盘搜

《盘搜》是国内老牌的百度网盘搜索引擎，也是百度网盘，乐视云盘搜索，迅雷快传，可乐云盘，华为网盘（部分网盘已停止服务）等多种优秀网盘搜索集一身，是数千万盘友首选网盘搜索工具。使用时在界面中选择要查找的文件类型，在输入框中输入查找的文件名，最后点击"提交"即可。其网址为：http://www. pansou. com。

其他网盘搜索工具还有：

网盘搜，http://www. wangpansou. cn

知识链接

网盘停运后的应对措施

近年，针对个人用户的免费网盘服务纷纷关闭，用户该如何转移与存储自己的数据呢？ 以下五点措施供大家选择。

1. 使用传统方式转移和存储资料，将网盘中的文件转移至电脑，这种方法的缺点是无法实现同步与共享，电脑硬盘空间有限。

2. 购置实体移动硬盘进行。 将网盘中的文件转移至移动硬盘。 这种方法缺点是成本较高，硬盘之间传输数据速度较慢，携带也不方便。

3. 使用付费服务。 可以考虑购买用户专属的云存储、不用于分享，但这种方式价格相对高昂、且多面向企业用户。

4. 数据迁移到提供免费的网盘，虽然免费网盘不断沦陷，但百度、360、天翼等网盘还可以继续使用，只要将数据下载后再上传至这些网盘就大功告成，至少这些大网盘目前还是安全的。

5. 将网盘中的文件分类转移至其他网络产品中。 例如比较重要的文档，占存储空间较小，我们可以把它放至自己的邮箱。 照片可以放至 QQ 空间相册、微博相册等，但是一定要注意自己的隐私。

三、文献管理软件

在学习研究工作中，大家都对大量的文献进行整理，但在传统的文档管理方式下，管理这些庞大的文献体系是非常困难的，常常会出现文献数据量大，检索困难、流转速度慢、保密性不强等情形。如果将对文档的收集、挑选、重组和转发由计算机文档管理系统辅助，则可以快速定位，缩短信息链的长度和处理链的规模，提高工作效率，降低工作成本。这个辅助系统就是文献管理软件。

（一）文献管理软件简介

文献管理软件也叫书目管理软件，百度百科中是这样定义的："文献管理软件是学者或者作者用于记录、组织、调阅引用文献的计算机程序。"一旦引用文献被记录，就可以重复多次地生成文献引用目录。也就是说它是一种具有文献检索与整理、引文标注、按格式要求生成参考文献列表等强大功能的软件，可嵌入文字处理软件中使用，还可以直接通过在线数据库下载文献题录并对其进行统计分析。

文献管理软件的基本功能包括：文献信息的收集；文献信息的整理和组织；论文中对文献引用的插入和参考书目的生成。更方便于沟通、协作、控制、创造，有更好的方便性，是科研人员管理利用文献的高效工具。

（二）常用文献管理软件

1. NoteExpress　NoteExpress 是由北京爱琴海软件公司开发的一款专业级别的文献检索与管理系统，其核心功能涵盖"知识采集，管理，应用，挖掘"等信息管理所有环节，是学术研究、文献管理的必备工具，是发表论文的好帮手。

(1)NoteExpress 核心功能:

1)数据收集:用户在浏览专业数据库(列表附后)或普通网页时,可以通过“青提收藏”插件保存题录和全文到 NoteExpress;手机 APP“青提文献”也可以与 NoteExpress 实现协同功能,利用碎片时间进行文献收集,并最终归集到自己的 NE 中(图 9-1)。并且,NoteExpress 内置常用电子资源库的接口,可以快速下载大量题录(文摘)及全文。

2)文献管理:分类管理电子文献题录以及全文,海量数据、井然有序。

3)结果分析:对检索结果进行多种统计分析,有的放矢,事半功倍。

4)即时发现:综述阅读方式,帮您快速发现有价值的文献,与此同时,与文献相互关联的笔记功能可以让您随时记录思想火花。

5)论文写作:支持 Word 和 WPS,在论文写作时可自动生成符合要求的参考文献索引,烦琐工作,一键完成。

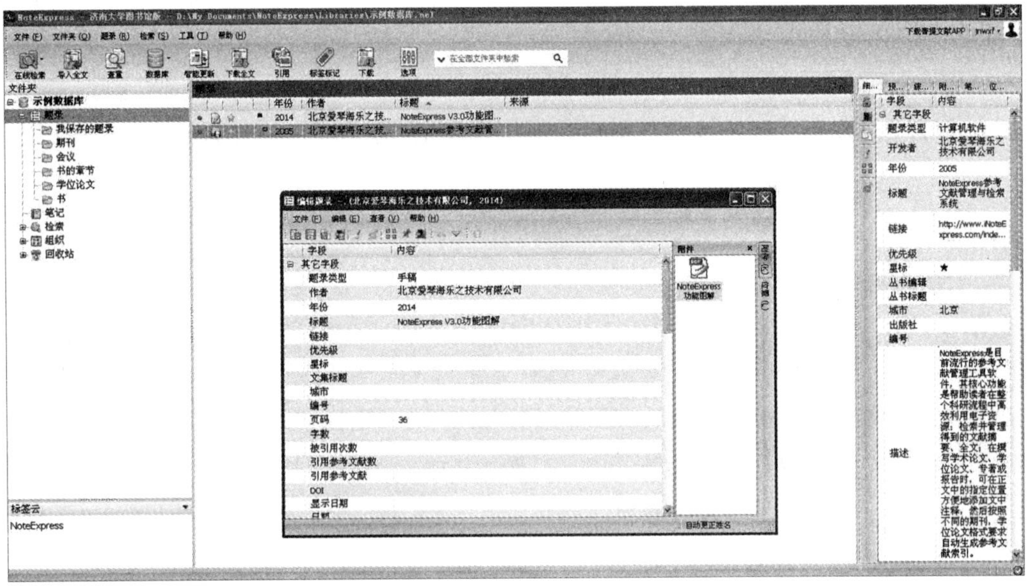

图 9-1　NoteExpress 界面

(2)NoteExpress 使用技巧:

ER-9-3 NoteExpress 使用方法 视频

1)NoteExpress 下载安装:进入网站 http://www.inoteexpress.com 下载 NoteExpress 的安装程序,个人用户下载个人版,集团用户请下载所在单位的集团版。下载成功后,双击安装程序,即可完成安装。

2)新建数据库:点击界面上方“文件”,在下拉菜单中点击“新建数据库”,命名后进行保存即可。建立个人数据库后,可以根据自己的需要,为数据库建立分类目录。也可以对目录进行增删改,以及分类目录排序。

3)数据收集:NoteExpress 是通过题录(文献、书籍等条目)对文献进行管理的,建立新的题录数据库后,提供了多种数据的收集方式:

①浏览器插件导入(青提收藏):用户在浏览专业数据库(列表附后)或普通网页时,可以通过网页插件“青提收藏”保存题录和全文到云端,登录 NoteExpress 后,点击“下载”按钮,可以将插件保存

的题录导入的“我保存的题录”文件夹中。

②青提文献收藏题录下载：利用手机 APP“青提文献”，可以帮助用户轻松订阅国内外学术期刊的最新文章，追踪某方面研究的最新进展，用户可以利用碎片时间进行文献收集，并最终归集到自己的 NoteExpress 数据库中。

③全文导入、智能识别、更新：用户可将下载好任意格式的全文导入到 NoteExpress 中进行管理，导入的标题即为文件名。可对全文进行智能识别及智能更新，支持 PDF、CAJ 文件，没有智能更新字段的题录可使用在线更新。

④在线检索：无须登录数据库网站，直接以 NoteExpress 作为网关进行检索，多线程快速下载。

⑤内嵌浏览器：通过 NoteExpress 配置好的内置浏览器进行数据库检索，一站式完成数据库检索页面数据的筛选以及保存。

⑥格式化文件导入（即过滤器导入）：格式化文件即从数据库页面的检索结果导出固定格式，比如 Endnote 格式、RIS 格式等。

⑦手工录入：个别没有固定格式导出的题录或者由于其他原因需要手工编辑的题录需进行手工录入。

4）文献管理：

①查找重复题录：在不同数据库中用相同的检索条件进行检索，或者数据库由几个小数据库合并而成，都不可避免地出现重复题录。NoteExpress 提供数据库查重功能。

②虚拟文件夹：NoteExpress 提供虚拟文件夹功能管理跨学科的文献。

③影响因子：题录在进入 NoteExpress 后会自动根据内置的期刊管理器的内容自动产生题录期刊的影响因子以及收录范围，用户可以将这两个字段列入表头。并且，NoteExpress 提供期刊近五年的影响因子趋势图，并在影响因子趋势图中显示该期刊收录范围。

④附件管理：NoteExpress 支持任意的附件格式，比如常见的 PDF、Word、Excel、视频、音频文档等，当然还有文件夹、URL 等。用户首先新建附件文件夹，为每条文献信息添加附件，可以对附件进行标识、打开、全文下载等操作。

⑤组织：NoteExpress 可以分别按照星标、优先级、作者、年份、期刊、关键词、作者机构、收录范围等将数据库内所有题录重新组织显示。

⑥数据备份：扩展名为 .nel 的文件是 NoteExpress 的数据库文件。NoteExpress 的数据库包含题录、标签、笔记、附件存放位置等信息。由于 NoteExpress 的附件是单独保存在附件文件夹中，因此在备份数据的时候，如果需要备份附件，是需要单独备份的。

⑦本地检索：NoteExpress 提供本地检索功能，这对于拥有庞大数据的用户来说尤其重要。还提供常用的检索条件保存，无论任何时候，点击保存的条件，符合条件的题录就会自动推送出来，也可以理解为本库订阅功能。

⑧回收站：同 windows 操作系统一样，NoteExpress 也为你提供了回收站功能，方便你找回误删除的题录或笔记，避免错删误删带来的损失。同时，回收站不再只有一个文件夹，而是可以显示出删除的题录所在的文件夹，以方便记忆和管理。

⑨多数据库:NoteExpress 提供了同时打开多个数据库的功能,用户可以在软件左侧的数据库栏看到你打开的多个数据库,在不同数据库之间的切换非常方便!

5)统计分析:通过 NoteExpress,你可以方便快捷地对文献信息进行统计分析,这样就能够快速了解某一领域的重要专家,研究机构,研究热点等,方便做出精准的报告。首先启动分析功能,选择字段(作者、关键词、主题词等)进行统计分析,然后保存分析结果(txt 或者 csv 格式)。

6)发现功能:包括综述功能(提供包括作者、标题、来源、关键词、摘要字段内容,帮助研究者快速阅读,发现有价值的文献)和笔记功能(随时记录看文献时的想法和研究的设想,这些信息都与文献信息关联在一起,便于日后进一步展开工作)。

7)写作:NoteExpress 支持 WPS 以及 MSOffice 借助 NoteExpress 的写作插件,可以方便高效的在写作中插入引文,并自动生成需要格式的参考文献索引,也可以一键切换到其他格式。插入引文时,光标停留在需要插入文中引文处,然后返回 NoteExpress 主程序,选择插入的引文,点击“插入引文”按钮,这时会自动生成文中引文以及文末参考文献索引,同时生成校对报告。如果需要切换到其他格式,点击“格式化”按钮,选择所需要的样式,就会自动生成所选样式的文中引文以及参考文献索引。

2. EndNote 由 Thomson Corporation(总部位于美国康涅狄格州的 Stanford)下属的子公司 Thomson ResearchSoft 开发。是 SCI(Thomson Scientific)公司官方软件,支持国际期刊的参考文献格式有 3,776 种,写作模板几百种,涵盖各个领域的杂志。EndNote 能直接连接上千个数据库,并提供通用的检索方式,能有效提高科技文献的检索效率(图 9-2)。

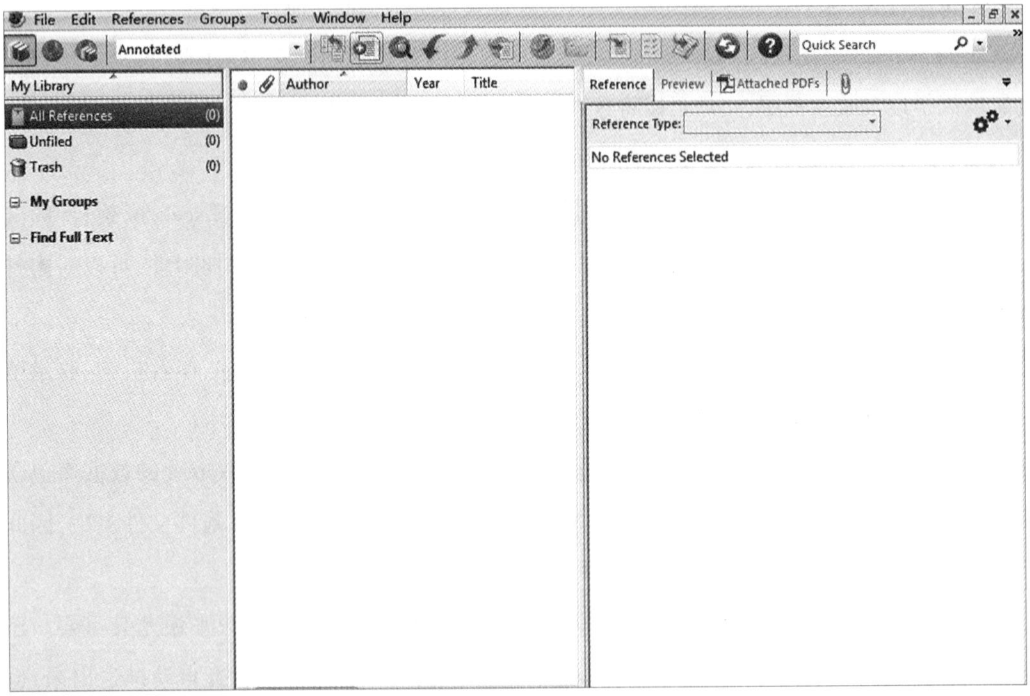

图 9-2 EndNote 界面

3. 医学文献王 医学文献王是由北京金叶天翔科技有限公司开发的一款文献检索和管理软件。该软件集文献检索、文献管理、全文求助、论文写作等功能于一体。主要用于整理、调用无序分布在不同信息源的各类文献数据，实现对文献的管理（图 9-3）。

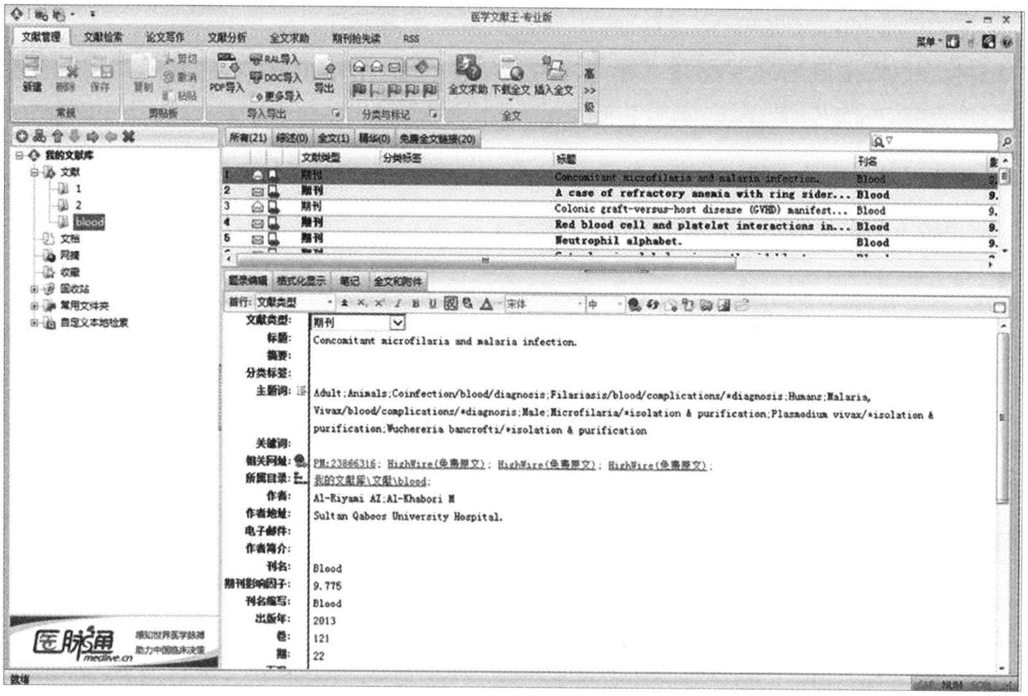

图 9-3　医学文献王界面

医学文献王具有四大核心功能：

（1）全面整合 pubmed、万方等医学常用中外文数据库，准确检索到所需的文献，轻轻松松建立个人资源数据库。

（2）建立多级目录分类不同专题的文献，查重除重、添加附件和笔记、高级查找，重要文献随时调用。

（3）后台批量下载免费全文，全文求助快速获取收费全文。

（4）彻底告别手工录入参考文献，1 秒插入参考文献；文献随意增删改，自动刷新重排；改投期刊不用愁，一键切换著录格式。

【案例 9-1】参考文献导出——以 CNKI 为例

在论文写作中，我们要导出参考文献，怎样利用中国知网来做到呢？

首先我们进入 CNKI 首页（hhttp://www.cnki.net），在网页右下方点击"CNKI E-learning（数字化学习与研究平台）"，下载安装 E-learning 程序。然后打开 Word，这时我们发现 Word 自动加载 E-learning 平台。点击 Word 工具栏中"CNKI E-learning"按钮，单击"插入引文"按钮，选择我们要插入的引文，这时参考文献就自动生成了（图 9-4）。

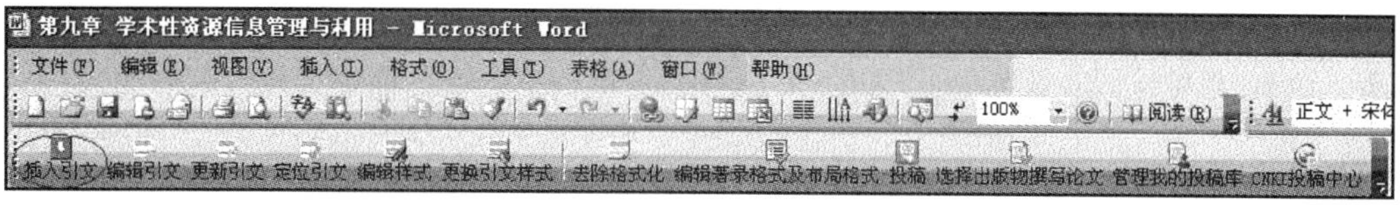

图 9-4　E-learning 工具条

【案例 9-2】 利用 CNKI E-study 对医学文献进行分类管理

1. 登录网址 http://elearning. cnki. net 下载 E-study 客户端软件。

2. 进入软件,按照不同主题建立学习单元(右键单击“学习单元”—建立不同主题的学习单元)。

3. 将学习单元内的文献按照学习阶段、研究角度、内容方向等对文献进行归类(右键单击“学习单元”—点击不同主题的学习单元—进行文献分类)。

4. 导入题录:

(1)从 CNKI 或其他文献数据库中导入(登录知网 www. cnki. net—检索所需文献—选中导出文献—选择 CNKI E-study 格式导出题录)。

(2)导入从 NoteExpress 或 EndNote 中导出题录信息(从 NoteExpress 或 EndNote 等文献管理软件中导出文献题录信息,保存到本地计算机上。在 CNKI E-Study 中选择相应文件夹,导入以上文献题录信息)。

(3)从浏览器中导入题录信息(从浏览器中可将 CNKI、百度学术、Springer、ScienceDirect 等数据库中题录信息导入到 E-Study 客户端中,浏览器打开 www. cnki. net—输入检索词—点击插件图标—勾选题录信息—导入)。

5. 导出学习单元与关闭学习单元(将在 E-study 平台已建立好的学习单元及学习单元内文献导出至本地文件夹,也可对暂时不查看的学习单元进行关闭)。

四、思维导图

思维导图又叫心智导图,是表达发散性思维的有效的图形思维工具。

(一) 思维导图定义及特征

思维导图(Mind map 或者 Mind mapping)是英国心理学家、脑力开发专家东尼·博赞(Tony Buzan)于 20 世纪 70 年代发明和提出的一种有效使用大脑的思考方法。思维导图的发明使东尼·博赞成为世界闻名的“大脑先生”。他是这样来定义思维导图的:“思维导图是一种新的思维模式。它结合了全脑的概念,包括左脑的逻辑、顺序、条例、文字、数字,以及右脑的图像、想象、颜色、空间、整体等。”这一定义着重体现了思维导图对于调动左右脑,改善学习者思维模式的优势与功能。

从定义可以看出,思维导图是一种有效使用大脑的发散性思考方法,它模拟人脑神经网络放射结构,以视觉形象化图示展现认知结构、外化大脑思维图谱,所以思维导图也称为“心智图”“心灵图”或“脑图”。

此外,思维导图通过颜色、图像和符码的运用,可充分发挥右脑极强的形象思维能力、跳跃思维能力、神奇的记忆力和独创性,高速的信息处理能力,独创性等,堪称“潜能爆发区”和“创造力爆发区”等。为此,思维导图有效利用了“左脑+右脑”的“全脑”思考模式,能够激发大脑潜能,使大脑平衡协调发展。

思维导图由主题、节点、连线、图像和色彩构成,从多维度来表达、反映、修饰和组织相关领域知识的网络结构图。思维导图由中心主题分支出节点,节点分支出子节点,并由此发散,节点不断增加。思维导图呈现的是一个思维过程，它往往从中心主题开始，随着思维的不断深入，逐步形成一个向周围发散而有序的树状图，同一层节点数表示思维的广度，一个分支的长度表示思维的深度。思维导图与大脑神经网络有异曲同工之妙，二者相比，不仅"形似"，而且"神似"。

思维导图以一个主题为中心，每个与其相关的关键词或图像作为一个子主题或联想，围绕中心主题向四周发散，形成某一特定主题知识的一种可视化网络结构(图 9-5)。关键词类似于神经网络中的神经元，它是思维导图的基本构成元素，每个单独的关键词都可能引发成千上万的联想，就像神经元有很多触角一般，关键词含义广、具焕发性，可以自由扩散、组合与连接。

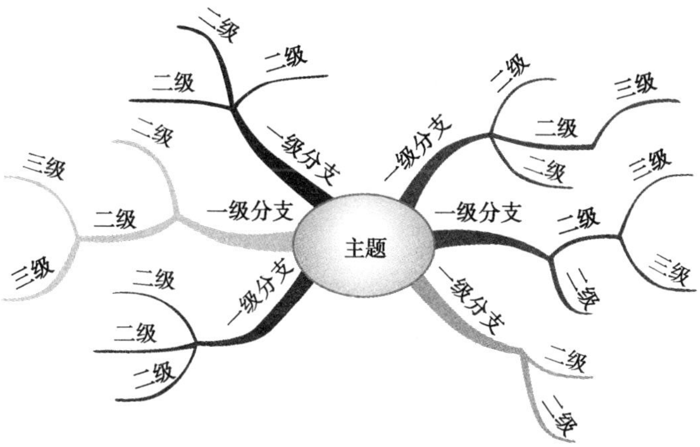

图 9-5　思维导图结构示意图

思维导图具有以下特征：学习主题集中于中央位置；主题涉及的主干内容作为分支向四周放射；分支由一个关键图形或关键词构成，并放置于分支之上；各分支形成一个连接的节点结构；对不同的级别和内容可采用不同的色彩来区分。

(二) 思维导图分类

1. 按子主题与中心主题的关系划分　思维导图为"树状拓扑结构"，根据子主题与中心主题的关系分为从属关系和并列关系两种分类结构。

(1)从属关系，一级主题和二级主题分别是中心主题的依次下属分支，它们都是对中心节点内容的细化和深入。

(2)并列关系，各主题之间是并列、同级的关系，它们都是中心主题的相关内容，是对中心主题的补充和完善。

2. 按思维导图的规模大小划分

(1)微观图(micro map)，包含内容少，线条分支少，一般花费较少时间，初学构图首选。

(2)宏观图(macro map)，宏观图包含内容较多，可能是许多微观图集合绘制而成，一般可包含一门课程、一个章节等等，它更多适合于复习构图。

(3)整合图(integral map)，构建的知识图式可能是语义图、知识图、网络图的混合，将这些知识图式进行整合与整理构成一个较为完整的思维过程图展示出来，便是整合的思维导图。

(4)进展图(progressive map)，是不同时间绘制的思维导图，展现并跟踪学生对知识理解的改变以及思维的变化情况。

（三）导图的构建过程

思维导图的创作可以是手工绘制，也可以是软件绘制，常用的绘制工具有 Mind Map，Mind Manager 等。但最具个性化、比较随意的还是手工绘制为佳。

思维导图的手工绘制方法一般是：

1. 在纸张中心放置所要表达的中心思想。

2. 主题延伸出子主题，二级和三级主题依次延伸，线条近粗远细，不断延展。

3. 在各分支线条上添加各关键词或内容，随时可以补充或删减构图的分支。

4. 到各分支之间的关系，可将分支用箭头相连接，显示出其间的关联，同时可以添加一些小图案或符号，以作标记，增加思维导图的清晰性和趣味性。

5. 选用自己喜爱的形式或内容创建个人风格。

思维导图是有效的思维模式，应用于记忆、学习、思考等的思维“地图”，有利于人脑的扩散思维的展开。思维导图已经在全球范围得到广泛应用。

（四）常用思维导图软件

1. MindManager

（1）MindManager 简介

MindManager 是一种专业思维导图工具，由美国 Mindjet 公司迈克 · 耶特尔开发。MindManager 经过 20 多年的发展，共发布了 25 个软件版本，全球拥有四百多万的大用户。MindManager 不仅是一款思维导图软件，更是一套完整的项目管理与协作方案，包含非常强大的思维导图和头脑风暴工具，帮助用户组织项目，从项目各分支分配任务给不同的人，将所需单独的待做事项和工作完整规划从而保证项目成功，无论是管理个人待做事项还是与几十、几百个人协作，都可以得心应手。MindManager 具有直观清晰的可视化界面和强大的功能可以快速捕捉、组织和共享思维、想法、资源和项目进程等等（图 9-6）。

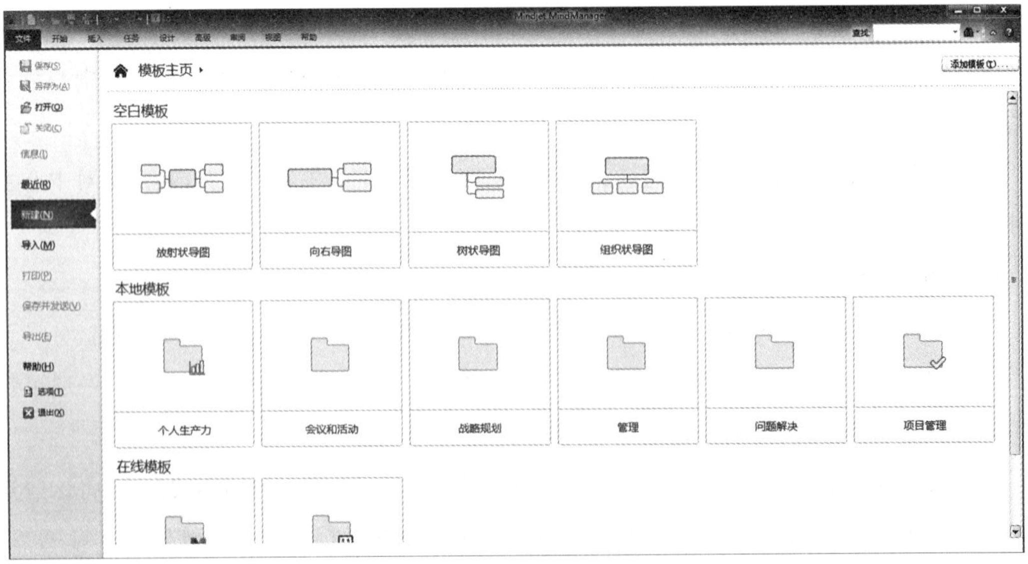

图 9-6　MindManager 界面

（2）MindManager 使用技巧：

1）新建 MindManager 项目：软件将自动新建一个导图项目，导图的中心主题为 Central Topic，点击主题直接输入你想要创建思维导图的名称。另外，我们可以选择“文件”，单击“新建选项”，新建一个空白导图，或者从现有导图或者预设模板创建一个导图。

2）添加/删除主题：按 Enter 键可迅速添加主题，也可以双击屏幕或者通过左上角快速访问工具栏主题图标  添加主题，或者也可以右击中心主题单击“插入”，再单击“主题”，同样，单击主题即可输入内容。如果主题下还需要添加下一级内容，可以再创建子主题，单击软件左上角快速访问工具栏  新建子主题图标，也可以使用快捷键 Ctrl+Enter 键。

如果不需要某个主题，可以选中主题，按 Delete 键即可。

3）添加主题信息：单击菜单“插入”，然后单击“主题元素”工具，可以为主题添加超链接、附件、备注、图片、标签、提醒以及指定任务信息等信息。也可以通过右击“主题”，选择需要的主题元素添加到思维导图中，帮助你更好的找到需要的信息。

4）添加主题信息的可视化关系：单击菜单“插入”，然后单击“导图对象”或者“标记”，可以为主题添加特殊标记来对主题进行编码和分类、使用箭头展现主题之间的关系、使用分界线功能环绕主题组或者使用图像说明导图。也可以通过右击“主题”，选择需要的图标对象等对主题进行关联。

5）调整导图格式：单击菜单“格式”，可以使用样式、格式及字体调整整个导图的格式，不论是整体样式风格或者单独主题的格式，都可以自己选择。

6）思维导图的检查与保存：最终确认导图内容的拼写检查、检查导图中的链接及编辑导图属性无误后，保存导图。

7）使用与分享思维导图：我们可以将最终定稿的导图作为原始格式或者 Mindjet Viewer 文件格式发给项目、部门或者公司的其他成员，也可以演示、打印导图或者以其它格式导出导图，或者创建一组网页。

2. XMind　XMind 是集思维导图与头脑风暴于一体的“可视化思考”工具，可以用来捕捉想法、理清思路、管理复杂信息并促进团队协作。XMind 不仅可以绘制思维导图，还可以绘制鱼骨图、二维图、树形图、逻辑图、组织结构图等，它们都是以结构化的方式来展示具体的内容。XMind 有 4 个版本：XMind Free（免费版），XMind Plus（增强版），XMind Pro（专业版），和 XMind Pro Subscription（专业订阅版）。其中，XMind Free 是一款开源软件，作为基础版本，其虽然免费，但功能强大。XMind Plus，XMind Pro，和 XMind Pro Subscription 是商业软件，包含更多专业功能，类似导出到 Word/PDF/Excel/Project、“头脑风暴”“演示模式”“甘特图”“上钻和下钻”等高级功能（图 9-7）。

ER-9-4
XMind 使用方法 视频

3. FreeMind　FreeMind 是一套由 Java 撰写而成的完全免费的思维导图软件，它可将每一个环节用图形表示，透过将思路图形化、结构化，帮助我们了解整个作业流程。与 Xmind 相比，它们都是免费、开源、基于 Java，FreeMind 是完全免费的，支持“根节点”上插入“父节点”，节点支持 html 代码，另外 FreeMind 更简约，启动和运行速度更快（图 9-8）。

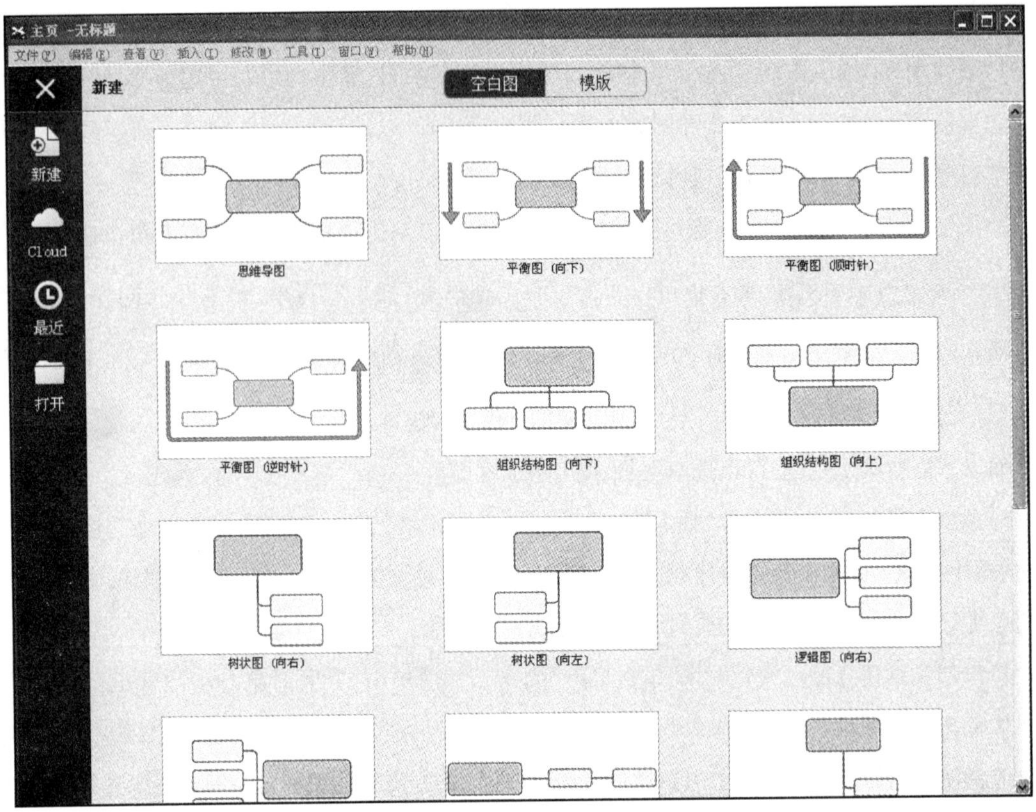

图 9-7　XMind 界面

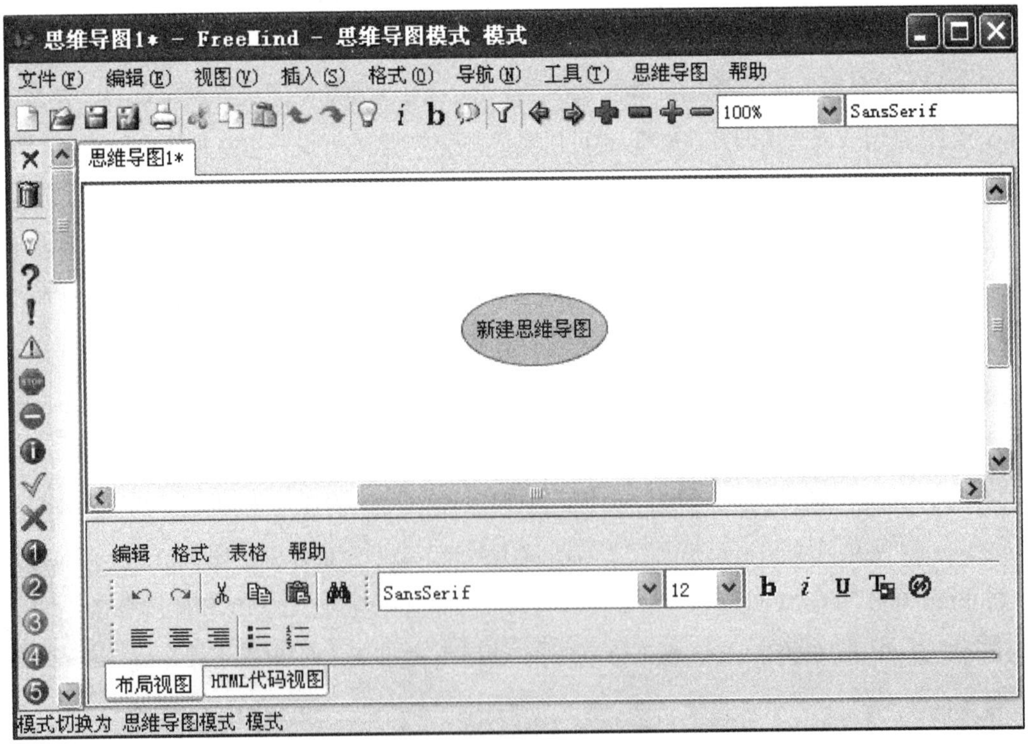

图 9-8　FreeMind 界面

【案例 9-3】利用思维导图表述本教材的知识框架

做思维导图我们可以选择免费的思维导图软件，这里以 FreeMind 为例来做以说明。

1. 首先以课程名称“医药信息检索”为内容建立根节点。

2. 以章名称建立二级节点，以节名称建立三级节点……依次向下，节点级数越多，内容表述就越详尽。

3. 思维导图完成后保存导出即可。

【案例 9-4】利用思维导图做笔记

用思维导图做笔记可以帮助学生认识、理解和掌握知识，构建清晰、完整的认知结构，为思维迁移、思维拓展做准备。做笔记时，我们以某一个知识点作为根节点，再以知识点的具体内容构建其他节点。节点内容尽可能用简洁明了、概括性强的关键词，让人一目了然，尽量不用长篇累牍的语句。初学阶段，可以先用传统方式做笔记，课下再做整理。

点滴积累

1. 面对大数据给个人知识管理带来的压力，充分信息过滤与知识管理工具，我们可以最快、最全地获得科研动态、跟踪科研进展、管理参考文献、理清科研思路、挖掘科研精髓、记录科研灵感、管理科研项目并进行科研协作等
2. 云笔记软件是一种基于网络的实时记录信息的程序软件，常用的云笔记软件有印象笔记、有道云笔记、云笔记、麦库记事等。
3. 网络硬盘是为互联网用户提供文件管理功能的在线存储服务网络系统。 常用的网盘有百度云网盘、腾讯微云、网易云盘等，我们可以用网盘搜索工具，如盘搜、网盘搜、找文件等查找网盘中的文件。
4. 文献管理软件是学者或者作者用于记录、组织、调阅引用文献的计算机程序，常用的软件有 NoteExpress、EndNote、医学文献王、Mendeley 等。
5. 思维导图是一种新的思维模式，模拟人脑神经网络放射结构，以视觉形象化图示展现认知结构、外化大脑思维图谱。 常用思维导图软件 MindManager、XMind、FreeMind 等。

第二节　Web2.0 在信息获取中的典型应用

Web2.0 的概念最早在 2004 年由著名的美国计算机图书出版公司 O' Reilly Media 的副总多尔蒂提出。Web2.0 是一种新型的信息服务理念，用户需求是它的核心理念，通过多人协作百科全书(Wiki)、简易信息聚合(Rss)、博客(Blogger)、微博客(Micro Blogger)、标签(Tag)、SNS(个人社交网络)、IM(即时信息)等相关软件的运用，为用户提供个性化的服务。其本质是用户的参与和交流，在这种背景下，每个用户既是知识的接受者，同时也是知识的创造者，这一点恰好弥补了 Web1.0 时代“只读”的不足。

本节重点介绍 Web2.0 在信息获取中的典型应用。

一、学术博客

（一）定义

博客，英文名 Blogger（Web Log 的合成词）的音译词，正式名称为网络日记，是一种传播个人思想，带有知识集合链接的网络出版方式。学术博客是旨在发表学术思想，传播与交流学术观点以及共享学术知识、信息的博客。学术博客由学术人员撰写，以学术为主题，具有传播学术信息、表达学术见解、维护更新、保存记忆、写作、交互、建立联系等功能，能够揭示博客作者潜在的主题偏好。

博客群是博客管理与博客专集组织的基本形式，只要你加入某个群体（如 IT 博客群、读书博客群等等），就可以看到这个群里所有用户所发表的博文。可以及时了解群用户的动态，知晓群的公告、活动，找到你志同道合的朋友。加入博客群方法非常简便：登录你的博客——点击你要进入的群组——找到申请加入，点击就可以了。通常加入博客群是需要管理员审核后才能加入。

微博（Weibo），即微型博客（MicroBlog）的简称，是博客的一种，是一种通过关注机制分享简短实时信息的广播式的社交网络平台。最早也是最著名的微博是美国 twitter，国内比较著名的有腾讯微博、新浪微博等。

【案例 9-5】创建自己的博客

打开某一网站博客主页，注册博客账号。有的博客可以用其他账号，如邮箱号、QQ 号等登录，不用再注册。用账号登录后，即可发表博文、添加好友、关注好友。

ER-9-5
学术博客的创建 视频

（二）国内著名医学博客网站简介

39 健康博客　汇集健康行业专家，设有医生博客、行业博客（如医疗、药业）、达人博客（如美容、减肥、保健、美食、健身、整形）、育儿博客（如儿科专家、产科专家、亲子专家、营养专家）等主题版块，同时按疾病专科分类提供内科、外科、肿瘤科、传染科、五官科、皮肤科、中医科等专科博文，提供博客名录、博客排行的功能，方便利用，是医药行业人群进行交流和展示自我的专业平台，其网址为 http://blog.39.net/。

其他常见的医学博客还有：

丁香博客，http://www.dxyer.cn/

新浪《中华急诊医学杂志》博客，http://blog.sina.com.cn/jizhenyixue/

新浪《中华全科医师杂志》博客，http://blog.sina.com.cn/u/2364764842/

（三）博客搜索

1. 利用分类搜索引擎　博客搜索引擎是专门对博客站点内容进行搜集并提供博客信息检索服务的专业搜索引擎。随着博客日志的有用性和共享性，以专门搜索博客日志的博客搜索引擎应运而生。如 Google 博客搜索、有道博客搜索、sogou 博客收录、新浪爱问博客网站收录等。博客的 RSS 功能可以使搜索引擎更快的发现博客的更新，进行快速收录，同时能更准确的提供信息，让博客在搜索引擎中有更好的展现。博客搜索可以从博文标题、博主名称等途径进行检索如新浪健康类博客分类检索，又分为专家学者、草根博客和媒体机构博客，并提供博客全文、文章标题、博客作者、标签等等多途径检索。

2. 利用通用搜索引擎关键词检索途径 配合特定语法(如 inurl:blog 等),直接搜索具体的博客,如:马云 inurl:blog。但需要进行判断是否是所指向人的博客。

知识链接

播客—— 一种多媒体形式的博客

"播客(Podcasts 或 Podcasting)"一词来源自苹果电脑的"iPod"与"广播"(broadcast)的混成词,播客与博客(BLOG)是近义词,都是个人通过互联网发布信息的方式,并且都需要借助于博客/播客发布程序。但是它们是有区别的:博客是把自己的思想通过文字和图片的方式在互联网上广为传播,而播客则是通过制作音频甚至视频节目的方式。从某种意义上来说,播客就是一个以互联网为载体的个人电台和电视台。2004 年 9 月,美国苹果公司发布 iPodder,这一事件被看作是播客(Podcast)出现的标志。在国内,常见的播客网站有:新浪播客、土豆网、优酷等等。在这些平台上有大量知识性、专业性视频资源。

二、聚合内容(RSS)

1. RSS 简介 RSS(Really Simple Syndication)一般称作"简易信息聚合",简称"聚合内容"。它是一种基于 XML(可扩展标记语言)的互联网内容描述、发布和聚合技术,是共享互联网内容的简易方式。RSS 起源于 20 世纪 90 年代后期网景通讯(Netscape)的推送技术,是目前使用最广泛的 XML 应用,也是 Web2.0 的代表技术之一。用户通过阅读器订阅 RSS Feed(描述网站内容的文件或符合 RSS 规范的 XML 文件)后就可以在不打开网站页面的前提下,借助支持的聚合工具软件,阅读到订制的互联网内容(图 9-9)。

2. RSS 特点 与传统信息获得方式相比 RSS 具有以下特点:

(1)效率高,使用成本低。技术秉承"推(Push)"信息的理念。当服务器上的内容有更新的时候就会通过阅读器将信息推送到用户一方,这样就使信息的时效性大大增强。服务器端的 RSS 内容包装在技术实现上也较为简单,并且是一次性的,这样就使得信息发布边际成本几乎为零,与传统的卫星传输、互联网传输等方式相比有很大的优势。

(2)定制自由,方便管理。RSS 阅读器的一大特点就是用户完全可以根据自己的偏好来定制各种内容。RSS 阅读器可以轻松地屏蔽掉令用户反感的广告、垃圾邮件等无价值内容。另外,对于已经通过 RSS 阅读器在线下载过的订阅内容,用户可以通过软件随时进行离线阅读、搜索排序、分门别类等操作和管理。这样就使 RSS 阅读器从一个必须联网才能使用的"浏览器"变身为一个多用途的"云资料库"。

(3)聚合多种内容、安全性高。RSS 就是简单聚合内容,所谓的"聚合",就是通过 RSS 将互联网上多种不同的信息源以 Feeds 订阅的方式集中到同一点的模式。"聚合"的优势显而易见,用户通过 RSS 就不需要每天手动打开多个互联网站,而只需打开 RSS 阅读区等待新消息的推送就可以了,用户此时作为信息的获取者与信息的提供商之间的距离已经基本实现无缝连接。另外,RSS 文件是

XML 文本文件，不会自动加载可执行文件，所以从很大程度上降低了用户受到病毒或恶意软件攻击的风险。而且订阅 Feeds 的过程不需要提供个人信息，只需添加 URL 网址，这样也就避免了用户个人信息和隐私的泄露。

3. 如何利用 RSS 订阅学术资源

（1）关键词订阅（定制）：搜索引擎基于关键词的订阅，是针对众多的微信息源提供的 Feeds。搜索关键词后会出现 RSS 订阅提示。网上订阅可应用于了解某一领域的动态信息，跟踪学科（事件）动态、国际会议，及时监控新闻报道的进展情况，追踪竞争对手或业界最新信息。例如，中文 RSS 搜索引擎 http://www.feedsearch.net/、百度 RSS 关键词订阅 http://www.baidu.com/search/rss.html 等。

（2）期刊订阅：万方数据的数字化期刊、中国知网、生物医药文献网络资源中的 PubMed 数据库系统、加拿大 UBC 生物信息学中心、开放出版机构生物医学中心、生物谷等专业网站大都提供 RSS 服务。订阅学术期刊最新发布的文献信息有两种方法。方法一：直接订阅期刊，直接链接到杂志社网站查找 RSS 源进行订阅；方法二：搜索 RSS 源，在找不到某个期刊的直接订阅地址时，就可利用搜索 RSS 源的方法解决，这种方式与关键词订阅实质上是一样的，只是将关键词换成了期刊名称，数据库搜索订阅期刊的时效性要比直接订阅期刊略差。

（3）RSS 在图书馆网站上的应用：RSS 在图书馆网站上被广泛应用，如图书馆公告信息，新书通报、预约通知、到期通知，专题数据库资源更新，聚合外部信息资源等。

图 9-9　人民网 RSS 聚合网站

总之,我们可充分利用 RSS 工具,尽可能保存订阅的内容,充分利用文件夹分类管理信息源,将自己相关度高的频道单独分类,可利用星标(收藏/Favorite)、标签(Tag)管理每一条有价值的资料,充分利用碎片时间阅读,并定期整理信息源,这样的个性化管理与利用能让 RSS 阅读器成为个人知识库的工具及跟踪最新学术信息的利器。

【案例 9-6】利用百度 RSS,利用关键词订阅“中华药学会”相关信息

1. 进入 http://www.baidu.com/search/rss.html,在检索条件框中输入欲订阅的相关内容“中华药学会”。

2. 在新页面中复制浏览器地址栏中的地址。

3. 运行 RSS 阅读器,从菜单选取新建或添加一个频道(Channel),粘贴刚复制的 XML 地址。

【案例 9-7】利用 CNKI 数据库订阅《中医杂志》期刊信息

1. 登录 http://www.cnki.net,在期刊导航中检索到要订阅的《中医杂志》,进入相关页面。

2. 鼠标点击《中医杂志》页面上“RSS-订阅”按钮,按步骤完成相关设置,完成订阅。

三、网络百科

维基(Wiki)一词来源于夏威夷语的“wee kee wee kee”,原意为“快点快点”。它其实是一种新技术,一种超文本系统。这种超文本系统支持面向社群的协作式写作,同时也包括一组支持这种写作的辅助工具,又称为网络百科。它是利用互联网技术对人类的知识信息进行编辑、出版,为用户提供海量、全面、及时的百科内容。其内容往往是经过数量众多的网友多次修正,甚至是专门的团队对百科中的信息进行较为权威的修正和确认,具有高度组织及较高权威性的特点。

网络百科是知识社会条件下创新 2.0 的一种典型形式。它能为师生的知识共享提供了高效的平台,能实现快速广泛的信息整合。典型的网络百科有:

1. 互动百科,原称互动维客,是由潘海东博士在 2005 年创建的商业中文百科网站,隶属于北京互动百科网络技术股份有限公司。互动百科是一部由全体网民共同撰写的网络百科全书。所打造的一款聚合类百科应用“百科行家”,用户可在苹果、谷歌等应用商店中下载 APP 使用。其网址为:http://www.baike.com。

用户在互动百科创建词条时,首先在编辑器中根据自己理解,或根据相关书籍、网络等查找到的资料,对所要创建的词条进行尽可能全面的定义阐述、解释和说明,然后上传与词条相关的图片资料,这样可使词条图文并茂,整体更直观、更具可读性,再填写相关参考资料,避免知识产权纠纷;最后预览之后就可点击“提交”按钮上传,专家团队审核后就可在“互动百科”中显示。根据用户创建词条的多少和质量,可以获得相应的积分或信用点。

2. **维基百科**　维基百科于 2001 年 1 月由 Bomis 网站的总裁吉米·威尔士在美国创办,由维基媒体基金会负责维持。维基百科大部分页面都可以由任何人使用浏览器进行阅览和修改。因为维基用户的广泛参与共建、共享,维基百科也被称为 Web2.0 时代的百科全书。其网址为:http://en.wikipedia.org/wiki/。

3. **百度百科**　由百度公司于 2006 年 4 月 20 日推出的一部内容开放、自由的网络百科全书平

台。包括百度百科数字博物馆、城市百科、企业百科、秒懂百科、明星百科、艺术百科、科学百科、二战百科、非遗百科、高校百科、法院百科、地产百科、史记百科、医疗词条"彩虹计划"、公益平台——萤火虫计划、任务系统、百科商城等功能。其以人人可编辑的模式,将碎片化的知识重新组合起来,在不增加人脑负担的同时,建立起人们与各学科之间互通的触点。其网址为:https://baike.baidu.com/。

百度将推出的"彩虹计划",对全部医疗类词条采取专业认证,后台对4万个常见医疗类百科词条进行锁定,将编辑修订权交给认证过的权威专家,普通用户将不能参与编辑。

四、社会网络(SNS)

1. SNS简介　SNS(Social Networking Services)被称为社会性网络服务,简称社交网络,是一种通过以互联网为平台协助人们构建虚拟社会网络的网络应用服务,包括社交软件(Social Network Software)和社交网站(Social Network Site),旨在帮助人们建立社交网络。SNS社交网络能够在网络上给用户打造多层的人际关系网,还能够从多个渠道向用户提供网络资源,这些功能完全能够让用户反客为主参与到网络互动建设中来。

SNS的理论基础是"六度分割理论",该理论是1967年,哈佛大学的心理学教授Stanley Milgram(1933~1984)创立的,即"你和任何一个陌生人之间所间隔的人不会超过六个,也就是说,最多通过六个人你就能够认识任何一个陌生人。"按照"六度分割理论",每个个体的社交圈都不断放大,最后成为一个大型网络。后来有人根据这种理论,创立了面向社交网络的互联网服务,通过"熟人的熟人"来进行网络社交拓展。世界著名社交网络有:脸谱(facebook),瓦次普(whatsapp),腾讯公司旗下QQ、QQ空间和微信,百度贴吧,新浪微博等。

2. SNS特点　SNS的目的是为了构建一个类似于现实生活的人际关系网络。和现实生活中的人际关系网络相比,基于SNS构建的虚拟人际关系网络有如下特点:

(1)扩充了人际圈。在现实生活中,人们通过面对面交流、打电话、发邮件等方式维系朋友关系。如果想认识朋友的朋友,必须通过中间朋友的介绍才行。而基于SNS构建的虚拟人际关系网络,可以根据兴趣爱好主动认识朋友的朋友,省略了中间介绍环节。

(2)交友更加方便快捷。基于SNS构建的虚拟人际关系网络主要是通过直接注册的方式扩展人际关系。用户可以主动在社会性网络服务网站注册,建立自己的页面,再根据兴趣爱好建立自己的朋友圈子,如校内网。用户只要上网,就可以结交朋友,不受时空限制。

(3)融合显性资源和隐性资源。学者张肖回认为"资源就像漂浮在海面的冰山,浮出海面的那部分是显性资源,而冰山的大部分隐没在海面下,这部分犹如隐性资源。"将SNS应用到信息服务中,能够把显性资源和隐性资源有机地融合到一起。通过基于SNS的虚拟社区网络进行对话和学习,这样个体将能够方便快速地加入所关注的群组,对所关注的领域进行针对性的交流与研究,这样就能更容易地使个人的隐性知识不断得到发展和积累,使隐性知识显性化。

五、社会化书签(Tags)

1. Tags简介　Tags即社会化书签(Social Bookmark),是一种动态、灵活的分类识别标签,实质上是一种分类系统。用户可以为每篇文章、每张图片或每条信息添加一个或多个标签，从而根据这些标签把这些文章、图片或信息进行分类。

2. Tags 特点

（1）Tags 是一种分类系统。有人把他称为大众分类（Folksonomy），但它不同于一般的目录结构的分类方法，因为 Tags 能以较少的代价细化分类，可以自由地不考虑目录结构给文章进行分类，各个 Tags 之间的关系既是一种平行的关系，又具有相关性。此外，分类是在写日志之前就定好的，而 Tags 是在写完日志之后再添加的；其次，您和我们可以同时为一篇日志贴上好几个 Tags，方便自己随时查找，而原先一篇日志只能有一个分类。所以说 Tags 的意义不仅在于分类，更在于它可以体现出用户个人的思想、生活和感情。

（2）Tags 是一种关键词标记，利于搜索查找。但是 Tags 也不同于一般的关键词。关键词标注的是内容的主题，而标签则是在对内容的个人理解上的私人标注，未必针对的是主题，比如标签可能是时间，也可能是编号。标签的设定要比关键词更自由，更方便，标签就是自己关注、存储内容的坐标或名称，具有很强的随意性。此外用关键词进行搜索时，只能搜索到文章里面提到了的关键词，但 Tags 却可以将文章中根本没有的关键词做为 Tags 来标记。

3. Tags 使用技巧　在文章、图片、博客中可以添加 Tags，多个 Tags 之间用空格分开。每篇日志最多添加 10 个 Tags，每个 Tags 的长度为 15 个字符。Tags 的字体、字号有大有小，字体越大、越粗说明这个 Tags 的使用频率越高。

互联网时代从 Web1.0、Web2.0 到 Web3.0 时代的发展看，Web1.0 是文件网，Web2.0 是人际/社会网，Web3.0 则是数据网，其实，Web3.0 就是基于语义网技术发展起来的，具有人工智能、集体智慧、聚合个性化需求等特征的新一代网络技术。这个数据网就像一个信息“过滤器”，根据用户提出的“要求”而非“关键字”，智能化地搜索网页并以用户喜欢的方式找到所需的信息，真正实现“想用户所想、集用户所求、予用户所需”的“人性化”服务。有人对 Web1.0、Web2.0 和 Web3.0 做了如下有趣的对比：Web1.0——网站是别人的家——我只是看看——陌路人；Web2.0——网站是朋友的家——有人和我聊聊——客人；Web3.0——网站是你我的家——吃喝买卖随己——主人。

点滴积累

1. Web2.0 技术在信息获取中的应用，其开放获取、开放协作分享的模式为我们提供了更多的网络交流与学习的空间和手段，更多的应用有待于我们去实践、去挖掘。
2. 在 Web2.0 的环境下，信息来源更加多元，相关的应用提供了更为完善的信息交流生态圈，利用 Web2.0 用户间可以进行更广泛的信息发布、交流与共享。如用户围绕某个主题，可建立的个人或群体 Blog 与 WiKi，借助于 Tag、RSS、SNS 可以让更多对此有兴趣的用户参与进来展开交流、评价与讨论，这样就可以很自然地搭建起网上交流平台。

第三节　即时通信软件及其应用

即时通讯软件（Instant Messenger），简称 IM。最早的 IM 软件 ICQ［“I SEEK YOU（我找你）”的简

称]是 1996 年由 Mirabilis 公司的三个来自以色列的年轻人开发。目前常用的即时通讯软件有腾讯 QQ、微信、移动飞信、UC、阿里旺旺、陌陌、米聊、MSN(Microsoft Service Network)、Gtalk、Skype 等。而今即时通讯工具的功能日益强大,不仅具有聊天功能,还具有群发信息、电子购物、布置作业、发布公共信息等功能。

根据 CNNIC(中国互联网络信息中心)2017 年 1 月 22 日发布的第 39 次《中国互联网络发展状况统计报告》显示,截至 2016 年 12 月,我国网民规模达 7.31 亿,手机网民规模达 6.95 亿。即时通讯软件已经深入人心,并且有了雄厚的群众基础,它的适用范围已经从单一的聊天工具逐渐变成了工作生活所不可或缺的即时信息交流平台。

一、即时通讯工具的功能与特点

1. 即时通讯工具的功能

(1)信息即时收发:有些软件,如移动飞信,可在用户离线的状态下将信息以短信的形式发送到手机上。

(2)在线显示:可显示用户状态(在线/离线)。

(3)视频聊天:可通过终端摄像头进行视频对话。

(4)群体聊天室:多人可在聊天室中共同对话。

(5)搜索引擎整合:软件中嵌入搜索引擎,可搜索网络资源。

(6)收发电子邮件:可在界面中收发电子邮件。

(7)远程协助:可通过及时通讯软件远程控制对方的网络终端。

(8)文件传送:可支持在线传送、离线传送、文件夹传送等功能。

(9)其他功能:如在线支付、发红包、电子商务、提现、理财等金融功能。

可以说即时通讯软件是整合了多种信息技术的全能网络软件。

2. 即时通讯工具的特点

(1)操作方式简单、用户界面友好。常见的即时通讯软件上手使用都十分简易,其用户界面友好,个人化与人性化的设置非常丰富,用户可以在选项中自定义属于自己的操作面板、收藏和整理俏皮的动态表情、而灵活的快捷键设置更能够让用户提高使用效率。

(2)能够做到即时互动,附加功能强大。即时通讯软件可以全天候即时发送消息、传送文档、语音、图片以及多媒体等多种形式的文件资料。也可以借助简单的设备方便地通过语音和视频聊天来进行快速的咨询和反馈。当前用户不在线时,也可向其发送离线消息和文件,或者向对方的手机或发送短信和邮件。

(3)服务持续时间长,费用低廉。现阶段主流的即时通讯软件都可以免费注册、下载、安装和使用。只要硬件和网速达标,软件中的语音、视频等功能的用户体验和语音电话和视频电话的质量相差无几,甚至更好。而且现在的即时通讯软件一般都带有群聊功能,这个功能基本等同于电视和电话会议。对于手机用户来说,费用很低廉。

二、微信、专业微信公众平台及其应用

1. 微信

（1）微信简介

微信（WeChat）是腾讯（Tencent）公司于 2011 年推出的一个为智能终端提供即时通讯服务的免费应用程序，应用功能强大。根据微信团队在 2017 微信公开课 PRO 版上发布的《2016 微信数据报告》显示，微信 2016 年平均日登录用户达到 7.68 亿，已成为人们常用的即时通讯工具。其网址为：http://weixin.qq.com。

（2）微信功能

1）聊天：支持发送语音短信、视频、图片（包括表情）和文字，是一种聊天软件，支持多人群聊。

2）添加好友：微信支持查找微信号（具体步骤：点击微信界面下方的朋友们→添加朋友→搜号码，然后输入想搜索的微信号码，然后点击查找即可）、查看 QQ 好友添加好友、查看手机通讯录和分享微信号添加好友、摇一摇添加好友、二维码查找添加好友和漂流瓶接受好友等 7 种方式。

3）实时对讲机功能：用户可以通过语音聊天室和一群人语音对讲，但与在群里发语音不同的是，这个聊天室的消息几乎是实时的，并且不会留下任何记录，在手机屏幕关闭的情况下也仍可进行实时聊天。

4）微信支付：微信支付是集成在微信客户端的支付功能，用户可以通过手机完成快速的支付流程。用户可通过微信公众平台支付、APP（第三方应用商城）支付、二维码扫描支付、刷卡支付（用户展示条码，商户扫描后，完成支付）等方式付款。微信支付向用户提供安全、快捷、高效的支付服务，以绑定银行卡的快捷支付为基础。

5）微商：微信还通过微信支付为用户提供了电子商务平台，微信用户可以通过微信开自己的网店。

6）朋友圈：用户可以通过朋友圈发表文字和图片，同时可通过其他软件将文章或者音乐分享到朋友圈。用户可以对好友新发的照片进行"评论"或"赞"，用户只能看相同好友的评论或赞。

7）漂流瓶：通过扔瓶子和捞瓶子来匿名交友。

8）查看附近的人：微信将会根据您的地理位置找到在用户附近同样开启本功能的人。（LBS（移动定位服务）功能）

9）微信摇一摇：是微信推出的一个随机交友应用，通过摇手机或点击按钮模拟摇一摇，可以匹配到同一时段触发该功能的微信用户，从而增加用户间的互动和微信黏度。

10）微信公众平台：通过这一平台，个人和企业都可以打造一个微信的公众号，可以群发文字、图片、语音三个类别的内容。

11）微信网页版：微信网页版指通过手机微信（4.2 版本以上）的二维码识别功能在网页上登录微信，微信网页版能实现和好友聊天，传输文件等功能，但不支持查看附近的人以及摇一摇等功能。

12）微信小程序（软件即服务，SaaS——Software as a Service）：2017 年 1 月 9 日推出，无需安装，随需随用，用完即关，克服了 APP 软件占用系统资源的缺点，使用起来更畅快。

2. 微信公众平台

（1）微信公众平台简介

微信公众平台于 2012 年 8 月由腾讯公司推出，主要功能是消息群发推送（为公众号主动向订阅者推送内容）；与用户进行一对一交流。企业、媒体、公共机构、明星名人、个人用户申请微信服务号（为企业和组织提供更强大的业务服务与用户管理能力，帮助企业快速实现全新的公众号服务平台）或订阅号（为媒体和个人提供一种新的信息传播方式，构建与读者之间更好的沟通与管理模式）或企业号（为企业或组织提供移动应用入口，帮助企业建立与员工、上下游供应链及企业应用间的连接）。

微信公众平台的本质是互动、沟通与对话。广播式的信息推送，订阅者与微信公众平台的直接交流、输入关键字自动获取信息等均是实现微信公众平台与订阅者之间沟通与对话的方式。微信公众平台拓展了微信的功能，为微信使用者获得信息提供了一种新的途径，这样使微信不再单纯是一种即时通讯社交工具，更是社交类新媒体。

（2）微信公众号在医药行业的应用

1）微信公众号在医药行业的应用

医药学专业公众号主要有以下几类：一是专业学会的公众账号，功能主要为发布最新动态信息、会议通知、领域前沿资讯、学术会议日程安排，联系学会会员，交流学术信息等；二是医院科室的公众平台；三是药企微信公众号，功能主要为向企业内部员工传递公司信息，树立企业品牌形象，向关心企业的人士传达官方信息，做成与企业产品相关的微友群，为产品服务，传递产品信息。

2）国内医学专业公众号选介

①医药专业人才网（微信 ID：gh_ded07585495e）中国中医药专业人才网是由国家中医药管理局、中国中医药科技开发交流中心、国家中医药管理局人才交流中心主管，由中医药适宜技术职业化培训工程开发推广办公室主办的中医药 OAO 一体化信息工作平台，网站主要功能有在线教育、在线题、在线考试 、项目管理、项目推广及就业指导专区，网站依托强大的行业人力资源信息库，为行业机构及项目学员提供就业双向选择交流平台服务。

②康复医学网（微信 ID：cnkfyx），发布最新的康复医疗资讯，最实用的运动、健康、养生、养老的常识。

③中国药店（微信 ID：zgyd666），全国首家定位于药品流通领域的行业媒体，注重权威资讯，分享中国药品零售业的重磅资讯、是药企与药店互动、互通的互联网平台。

④中国医学论坛报（微信 ID：CMT-zonghe），中国医学论坛报官方微信，医生的老朋友，移动时代新形象。密切关注国内外医学动态，及时准确传播最新鲜、最前沿的医学资讯；致力于以专业视角解读医学热点新闻，为用户提供权威专家的深度点评；并勇于担当社会责任，汇集传递正能量。

⑤生命时报（微信 ID：LT0385），《人民日报》主管，环球时报主办，以“报道世界医药新成果，介绍健康生活新理念”为宗旨，坚持“科学、权威、实用”风格，与 20 多位院士顾问、国内数千名权威专家、40 多家政府机构、300 多家全国三甲医院，以及遍布全球的 500 多位驻外记者共同携手，传递权威的防病知识、实用的生活指导、科学的饮食习惯信息。

⑥医学论坛网(微信 ID:cmt_1999)是中国医学论坛报的官网,专注于为广大医务工作者用户提供最新的国内外医学资讯、疾病诊疗的研究进展,报道重大国际医学会议、提供一些临床问题的解决方案,是医生相互交流的平台。

⑦掌上医讯(微信 ID:doctorpda. cn)由青岛掌上医讯信息技术有限公司开发。“关注医师执业环境,助力医师职业发展”是掌上医讯的定位和使命。“掌上医讯”是一个搜索、订阅专业医学新闻、病例、指南、学术进展、维权等资讯,医护的交流平台。设有妇儿、消化、肝病、呼吸、心血管、肿等科室微信,受到业界人员关注。

⑧丁香园(微信 ID:dingxiangwang),由杭州联科美讯生物医药技术有限公司提供,面向医生、医疗机构、医药从业者及生命科学领域人士,提供医学、医疗、药学、生命科学等相关领域的交流平台,并推出一系列公众号,如丁香医生(微信 ID :DingXiangYiSheng)、用药助手(微信 ID:DrugsApp)、丁香人才(微信 ID:JobmdCN)、临床用药(微信 ID:dxyguancha)、医学生考研(微信 ID:medpass)等,相关产品见 http://app. dxy. cn/wx. htm。

ER-9-6 微信公众平台使用方法视频

【案例 9-8】用新注册的微信订阅号发布文章

1. 在电脑客户端进入公众号平台网页,输入邮箱账号和密码登录微信公众号。

2. 在微信订阅号后台页面,选择左侧各项中的“素材管理”,进入素材管理的页面。

3. 在图文消息里选择“新建图文消息”,开始编辑文章。

4. 文章标题写完后,作者可以选填。插入图片,可以让文章美观,点击右侧图片,选择本地上传。

5. 添加完图片之后,选择“确定”,图片就插入到文章中了。

6. 原文链接可以添加也可以不添加。如果文章不是原创,需要将原文链接加上说明文章来源。摘要可以自己写,也可以不写,系统选择正文前 45 个字。封面选择“从图库选择”,本地上传也可以。在图库中选择一张,确定。然后选择最下方的“预览”,这是电脑上模拟手机预览,还可以选择发送到手机预览。输入关注该公众号的一个微信号就可以预览手机上的效果。

7. 预览之后,效果达到要求,就可以选择“保存并群发”。然后出现一个声明,选择同意以上声明。到新建群发消息页,点“从图库中选择”。

8. 选择编辑好的图文消息,点“确定”。然后选择“群发”。会跳出一个开启微信保护的框,选择开始。

9. 选择手机的验证方式,点“下一步”。手机号会收到验证码,输入验证,点“下一步”。

10. 使用管理员微信扫描二维码,在手机上确定。

11. 电脑这边会转到群发消息界面,选择群发,操作确认。

12. 手机微信扫描二维码确认发送,最后在微信公众号的已发送里可以看到刚发布的文章。

三、腾讯 QQ 及其在学习上的应用

1. 腾讯 QQ 简介　腾讯 QQ(简称“QQ”)是腾讯公司于 1999 年 2 月开发的一款基于因特网的

即时通信软件——腾讯即时通信（Tencent Instant Messenger，简称 TM 或腾讯 QQ）。支持在线聊天、视频通话、点对点断点续传文件、面对面传送文件、共享文件、远程控制、网络硬盘（腾讯微云）、QQ 邮箱等多种功能，并可与多种通讯终端相连。注册用户众多，其官网为：http://im. qq. com。

2. 腾讯 QQ 功能

ER-9-7 班级 QQ 群的使用视频

（1）通讯功能：QQ 支持在线聊天、语音聊天、视频聊天、手机聊天等功能，这是腾讯 QQ 最基本的功能。聊天室 qq 状态有不在线、离线、忙碌、请勿打扰、离开、隐身、在线、Q 我吧，用户还可以自己编辑 qq 状态。

（2）QQ 群：QQ 群是由是一个聚集一定数量 QQ 用户的长期稳定的公共聊天室。QQ 群成员可以通过文字、语音进行聊天，在群空间内也可以通过群论坛、群相册、群共享文件等方式进行交流。创建 QQ 群的人叫做群主，能委任群成员为管理员转让群和解散群，群主和管理员可以添加、删除群成员。一个 QQ 群最多可容纳 2000 人。

（3）文件传输：腾讯 QQ 支持在线文件传输、离线文件传输、文件夹传输、点对点断点续传文件、面对面传输（腾讯 QQ 推出的数据传输功能，通过面对面传输功能，用户可以在没有联网的情况下，将手机内的视频、游戏、图片等资源高速分享给好友，真正实现零流量传输，且传输速度秒杀蓝牙。）。

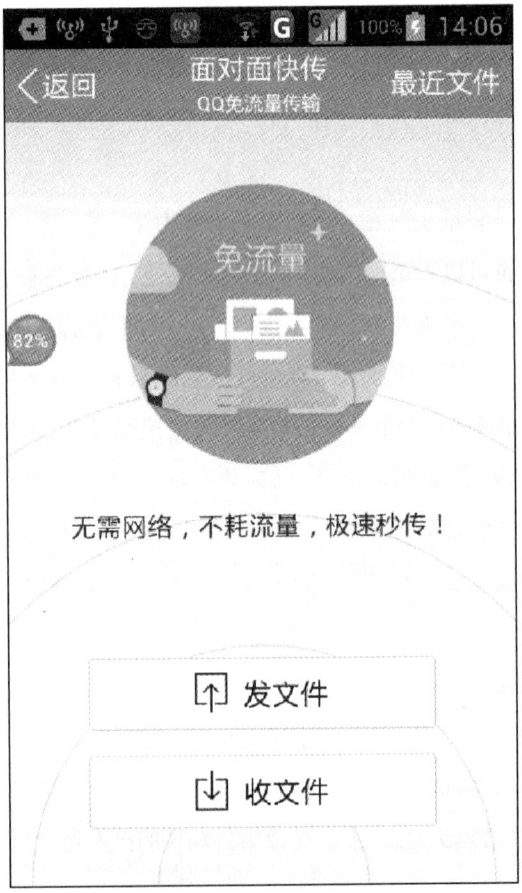

图 9-10　QQ 面对面快传界面

(4)远程控制:在双方同时在线的情况下,经过对方允许,一方终端可以远程操控另一终端。

(5)QQ 空间(Qzone):腾讯公司于 2005 年开发出来的一个个性空间,具有博客(blog)的功能,在空间中用户可以发表博文、说说,赠送礼物、贺卡,可以对好友留言,建立自己的相册——功能强大,深受人们欢迎。

(6)QQ 邮箱:腾讯公司 2002 年推出,向用户提供安全、稳定、快速、便捷电子邮件服务的邮箱产品。

(7)朋友网:原名 QQ 校友。是腾讯公司打造的真实社交平台,为用户提供行业、公司、学校、班级、熟人等真实的社交场景。

除了以上功能外,还有腾讯微云、腾讯微博、QQ 宠物、QQ 音乐、QQ 会员等。

【案例 9-9】 利用 QQ 群发布作业

1. 点击某师生群,进入 QQ 群设置,在聊天面板扩展功能显示选择作业。

2. 老师发布作业:点击"作业"进入,添加所教科目。在作业内容输入作业题目,内容可以是图片与视频,也可以是文档。最后点击"发布"即可。

3. 若需要在线提交作业,勾选"在线提交作业"。作业发布成功后,会在群里发布班级作业消息,同时每个学生学员也能收到一条消息。

4. 学生打开群的聊天窗口时,就能在群的面板上面直接看到作业按键,点击"作业"可以直接进入。

5. 教师可再次进入作业,查看这个作业进度,可以看到哪些学员查阅了作业,可对未查阅作业的学员进行一键提醒。

点滴积累

1. 即时通讯（Instant messaging，简称 IM）是一个终端服务，允许两人或多人使用网路即时的传递文字讯息、档案、语音与视频交流。 是目前 Internet 上最为流行的通讯方式。 按使用用途分为企业即时通讯和网站即时通讯，根据装载的对象又可分为手机即时通讯和 PC 即时通讯，手机即时通讯代表是短信，网站、视频即时通讯。
2. 微信公众平台包含微信服务号；订阅号和企业号。 本质是互动、沟通与对话，采用广播式的信息推送方式。 医药学专业公众号主要有以下三类：专业学会的公众账号；医院科室的公众平台；药企微信公众号。
3. 利用 QQ 软件辅助教学，如进行教学资源的共享，进行学习动态管理，充分交流。 把 QQ 应用到协作学习中，能促进学生与学生之间、学生与教师之间的交流，培养学生的自主性和创造性，提高学习效果。

第四节　综合案例分析

【案例 9-10】 药品类网络营销案例分析

医药网络营销渠道是基于电子信息技术,以互联网为载体所形成的新型销售渠道,与实体销售渠道相对，其零售产业链包括：药品制造商，药品供应商，药品 B2C［从企业到终端客户（包括个人消费者和组织消费者）的电子商务模式］零售商，物流商，支付体系等五个重要组成部分。

美国 CVS CareMark 公司（以下简称 CVS 公司）是美国一家大型的药品零售公司，成立于 1963 年，拥有 7,000 多家零售药店。1999 年收购了一家刚刚兴起的医药网络公司——Soma 公司，并以此为契机开始了其雄心勃勃的网上药店计划，成为全球推进"Site to Store"模式的先行者之一。该笔交易也间接反映了一些实体企业迫于市场压力，不得不通过兼并收购而非自我构建网站的方式快速进入电子消费市场。这也证明了电子商务和传统实体零售商之间并非仅仅存在单纯的竞争关系，两者之间还可以做到优势互补。

成功收购 Soma 公司后 CVS 利用 Soma 公司现有资源，快速建立起一个以 CVS 品牌为基础的网上药店而这将使得 CVS 公司的网上业务拓展计划比原定时间提前四个月完成。在此基础上公司不久之后又将它的实体药店销售业务与互联网融合起来，使得顾客能够在网上开具处方同时订购相关药品，之后由公司通过邮递形式送达，或者由消费者前往相关药店亲自提取药品。通过该计划，CVS 成为了第一家拥有网络——实体融合药品供应链的药品销售公司，具有了比其主要竞争对手沃尔格林药房及里特艾德公司更显著的优势。

CVS 利用其强大的渠道优势，通过门店、包装袋、报纸、新闻、电视广告、友情网站链接等等各类形式，将网上药店推广至数以千万计的销售者当中。CVS 拥有 SI/Baker 公司的专业医药配送软件系统，这使得公司能够通过实体药店配置药品，而消费者可以在网上实时查看自己订购药品的配送情况。除了配送系统之外，CVS 公司在美国俄亥俄州西切斯特市拥有一座药品配置中心，而它正好靠近公司的邮政配送中心，该邮政配送中心直接将药品送到顾客的手中，这样就省略了中间的销售环节。

CVS 公司的网上药店成立之后，经过了 10 余年的发展，目前已经形成了集药物保健品销售、医疗卫生服务、个人健康信息管理等众多功能于一身的综合性网站，同时网站还作为公司雇员在线培训的平台。根据 Compete 网站公司的调查统计，CVS 公司的网站在 2008 年总共吸引了逾 2,600 万的游客浏览；网站年药品销售总额破 100 亿美元。

CVS 网上药店的成功在于除了不断扩张药店数量和规模，不断提高和完善药店质量外，还非常重视现代科技成果的运用，使得实体药店通过互联网手段升级成为网上药店。这一经营策略帮助公司在同行中率先推出了自己的药品销售网站，在未来的竞争中抢得了先机。

【案例 9-11】利用网络信息技术进行企业竞争情报收集与应用案例

"企业竞争情报"概念来源于词组"Enterprise Competitive Intelligence"，我们将其简称 ECI，它是竞争情报活动中的一个重要分支，是企业为在市场竞争中赢得优势所需求的有关本企业、竞争对手、竞争环境以及由此引出的相应竞争策略的情报工作。企业竞争情报的目的是企业为获得和维持竞争优势而采取决策行动所必需的信息，以便实现其竞争战略目标。从本质上来说，竞争情报是指，企业采用正当且在理的方法对一些特定的竞争信息进行一系列分析，并进行处理使其服务于企业，这些信息主要包括企业的竞争市场处境、面临的角逐敌手、企业拥有的优劣势及采用的竞争战略等。

企业竞争情报系统由收集、分析和服务三个子系统构成，竞争情报的收集是企业竞争情报系统运作的最基础必要也是最关键的步骤之一。按照竞争情报的来源、载体、获取技术等的不同，我们可以通过多种途径获得竞争情报，但是通过不同途径获取情报的质量、代价、速度等也是有着一定区别的。由于先进的科学技术和激烈的现代市场竞争，情报信息的收集主要是依靠自动化和智能化的信息技术。利用搜索引擎、检索数据库、网络导航信息搜索方式是网络上获取竞争情报的主要方式。下面从利用几个应用案例来讨论竞争情报的网络收集内容与方法。

1. 利用搜索引擎搜集情报　搜索引擎为企业提供了推送式检索服务，只要企业安装了相关软件，就可从企业内外部网络资源中定制准确度更高的信息服务，还可对结果进行一定的智能分类，并提供查询和导出。通过这种方式，企业可实现全文检索的快、准、全的要求，节省了人力和物力，提高了情报搜集的效率。为了得到更准确的情报，我们可以使用网络爬虫技术。网络爬虫（又被称为网络蜘蛛，网络机器人等）是按照一定规则自动抓取网页信息的程序或脚本。网络爬虫主要应用于搜索引擎方面，如 Google、Yahoo！、百度等，它也可以应用在需要收集网页数据的系统中。

2. 利用信息资源数据库搜集情报　信息资源是企业生产及管理过程中所涉及的一切文件、资料、图表和数据等信息的总称。它涉及企业生产和经营活动过程中所产生、获取、处理、存储、传输和使用的一切信息资源。信息资源数据库可以提供更多的检索入口，存储容量大，检索效率高，情报人员可以更准、更快地获取情报。首先根据需要选择信息源，然后搜集信息、整理信息，最后得出结论。常用的信息资源数据库有：引文索引类数据库、全文数据库、论文数据库、期刊数据库、新闻数据库、商品数据库、财务分析数据库、行业报告数据库等等。

新闻类数据库包含大量的竞争情报信息，如：价格、趋势、风险、并购、合作等。时间就是金钱，谁能够在海量无序的新闻世界中迅速提取有用信息，谁就能够在市场竞争中领先一步，做到“知己知彼”。比较著名的新闻类数据库有道琼斯的 Factiva、彭博社的彭博专业服务、路透社的路透终端等。

并购信息数据库提供企业兼并和收购的相关信息，著名的并购信息数据库有 Dealogic、Zephyr、Mergerstat 等。

上市公司信息数据库提供上市公司披露信息查询，国际知名的提供全球上市公司信息的数据库包括 Thomson ONE、Bloomberg 专业服务、Reuters 终端、OSIRIS、Compustat 等，国内的有万得和国泰安。

3. 收集 E-mail、电话与传真号码、通讯地址的方法及途径　商界信息搜索引擎是查询商界信息的搜索工具，也称黄页搜索引擎。在网上有许多机构允许通过网络浏览器进行姓名查找检索，通过填入需查询的姓名即可联机得到所需 E-mail 地址，其中常用的有如下几种。

（1）全球性白页服务和 E-mail 地址查找

1）Four11，是著名个人信息搜索引擎，因美国电话查号台号码 411 而得名，它具有超级的搜索能力、综合能力以及对用户友好的界面，只使用名字搜索，当搜索电子函件地址时，Four11 允许按“域”进行搜索。其网址为 http://www. four11. com。

2）FlightWeb，按学科分类查找，提供可检索全球医疗专业的 E-mail 目录。其网址为：http://flightweb. com。

3）Yellowed，可检索一些商业机构和公司的名字、电话、传真和 E-mail 和网页。其网址为：

http://yellowweb.com。

4)中华大黄页,http://www.zgdhy.com/

5)中国114网,http://www.114chn.com/

(2)一些著名搜索引擎也提供E-mail查找服务

1)Whowhere,在该搜索引擎中,可根据需要进行精确的匹配。以提供搜索结果显示控制措施而著称,其网址为http://www.whowhere.com。

2)BigBook,是著名的商界搜索引擎,具有智能化的功能。可以直接从主页开始搜索,在搜索输入框下面有Category(类别)和Business Name(商业名)两个单选按钮,用来选择按类别查询或按商业名称查询。也可使用类别、名称、地区代码和邮政编码的任意组合搜索。BigBook提供了搜索范围选择,允许用户通过一个下拉框定义一个搜索半径,搜索结果就按照距离源的远近而排列,其网址为http://www.bigbook.com。

3)中国经济信息网,连接全国各地的信息中心,提供各地的宏观经济、每日经济、工商网页等,仅工商网页就提供了9万多家企业、近万种产品的详细数据,其网址为http://www.cei.gov.cn。

利用电子邮件可以获取竞争目标、竞争对手和竞争市场情报等,尤其是通过电子邮件可以获得潜在的用户信息,可以将企业内部无序的、分散的信息汇集成一个有序的属于企业整体的信息集合,这些信息集合将对企业决策产生重大影响。如利用用户注册资料,可以分析用户收入、职业、消费能力,用户的兴趣爱好等信息;查询竞争对手利用电子邮件发布公司的产品、最新动态信息。通过电子邮件搜集信息是快捷有效的渠道。该方式简便易行、工作量小,数据统计方便,可以直接利用软件操作,对于规模小、经费少的竞争情报机构搜集信息更为有效。如果知道对方的工作单位,建议使用搜索引擎找到该单位的服务器地址,进入该地址检查该单位是否提供E-mail地址查找服务。

4. 公司名录的网络查询　利用公司名录对竞争对手进行确定和定期观察,企业名录通常可从政府相关部门,行业协会、学会,企业名录网站、电子商务网站以及出版物等处获取,常用公司名录网站有如下几种。

(1)EC Plaza作为一家全球知名的全球性电子商务网站,采用网上(online)和网下(offline)资源相整合,网上电子商贸工具和网下商务手段相结合的方式,为全球买家和卖家提供信息沟通以及贸易成交服务。以亚洲国家为重心,提供企业目录、免费的网上产品展示、商务新闻等信息。EC Plaza商务网站被商人们评为“最受欢迎的B2B网站之一”,其网址为http://www.ecplaza.net。

(2)环球资源是世界著名的商业网站点,它有亚洲最大的商品信息数据库,多达8万种商品的详细资料,和4,200家供应商。该网站为买家和供应商提供产品采购、产品展示、供应商的搜索、展会搜索、市场推广及目录管理等全套产品和服务。其网址为http://www.globalsources.com。

(3)网库是中国最大的企业社会网络。其服务对象是企业网站,提供网址导航、信息搜索、创建企业圈的整合网络营销服务。它的服务目的是帮助上下游企业、同业企业创建基于供求关系的价值链。网库推广企业的网站,辨别追踪浏览该企业网站信息的人,聚合该企业的同业企业、上下游企业,通过该企业的员工(个人会员)与企业(企业会员)的“捆绑”多途径传播您的信息,通过交换“网络名片”与其他企业或个人建立供求关系,其网址为http://www.netkoo.net。

(4)阿里巴巴网站是目前世界上最大的、基于 Internet 的国际贸易商业网。公司黄页提供按产品、按地区、按行业查找公司信息。信息量大,检索功能强大。阿里巴巴是全球著名的企业间(B2B)电子商务服务公司,阿里巴巴网站在全球网站浏览量排名中,稳居国际商务及贸易类网站第一。阿里巴巴公司目前由四大业务群组成:阿里巴巴(B2B)、淘宝(C2C)和雅虎(搜索引擎)和支付宝(电子支付)。其中阿里巴巴网站有:中国站(http://www.1688.com),主要为国内市场服务;国际站(http://www.alibaba.com),面向全球商人提供专业服务。行业门户网站也是公司名录的网络查询的有效途径,在行业协会网站、学会站点的主页常常会提供会员的名单、新闻、出版物分析、统计数据等信息,主页上的重要链接可显示出企业间一定的商务关系。例如,美国化工网(http://www.chemindustry.com/)、中国化工网(http://china.chemnet.com/)就包含大量化学相关产品和厂商讯息。国内一些大型数据库也提供企业名录查询的途径,如万方数据、CNKI 数据库、维普中文数据库等。

国家药品监督管理局数据查询平台提供医药相关有多种类信息检索,其网址为 http://app1.sfda.gov.cn/datasearch/face3/dir.html。

5. 商品价格网络查询方法　据相关研报告显示,有 57.5%的网络购物消费者在购买前获取商品信息要先通过搜索查询比较。查找商品价格可利用购物搜索引擎,购物搜索主要用于产品价格查询比较和市场调查,获得价格、说明、商户、税额、消费者评论等相关商品信息。常用网站有如下几个。

(1)淘宝网:是亚洲最大网络零售商圈,致力于打造全球首选网络零售商圈,由阿里巴巴集团于 2003 年 5 月 10 日投资创办。淘宝网目前业务跨越 C2C(个人对个人)、B2C(商家对个人)两大部分,其网址为 http://www.taobao.com。

(2)一淘网:是 2010 年淘宝网推出的一个全新搜索服务,提供了站内搜索功能,访客可以直接在搜索框输入自己感兴趣的话题去寻找相关的文章。一淘网标签板块,集合了所有该网站各个文章的标签,访客也可以通过点击自己想要了解的标签去浏览相关信息,实现快速、便捷、直观地搜索到在线商品和相关资讯的功能,为用户提供整套购物的选择方案,其网址为 http://www.etao.com。

(3)有道购物助手:有道购物助手是网易旗下推出的一款浏览器工具,旨在帮助消费者实现"一站购物,多站比价",收录了京东商城、当当网、新蛋网、卓越亚马逊、淘宝网皇冠店等两百多家知名商城中的数码、家电、图书等最热门流行商品信息。其网址为:http://m.youdao.com/helps/p_zhushou.html/。

(4)中国医药价格网:为国家发展改革委指定报价网站,发布医改政策、国家及各省医药价格政策,提供政府定价药品目录、医疗服务价格、药品最高零售价格、二类疫苗价格、医疗器械价格、药品出厂(口岸)价格、平价药店零售价格、各省医疗服务价格查询、全国药品招标数据、社会零售药店购销价格、各省药品成本和出厂价格调等数据检索,其网址为 http://www.zgyyjgw.com/。

(5)中国医药网—药品价格查询,医药网由浙江网盛生意宝股份有限公司创建于 1999 年,是医药类综合网站。其中"药品价格数据"可以查询国内外药品信息,方便及时了解所查询的药品在价格、产地及生产企业等多方面信息,其网址为 http://www.pharmnet.com.cn/search/。

检索国外商品信息可利用 Google、Bing 等搜索引擎和专用购物搜索引擎,如在 Google 上打上“产品名称关键词 Shop”。也可利用国外 B2C 或者 C2C 商务网站找产品零售价信息,批发价格就找 B2B 网站。

点滴积累

1. 对检索课程的学习，要求能够综合选择运用前面所学的信息知识、信息检索工具，使用一系列的信息方法，在进一步掌握文献积累、整理及评价方法的基础上，能运用网络及数据库开展资源的检索与利用。
2. 在获取和使用信息资源时，我们要学会充分利用网络检索技术查找资源，用批判性思维审视我们所面临的信息来源。在利用信息的过程中，对信息进行快速获取、有效筛选整合及创新利用才是信息检索的精髓所在。

实训 9　思维导图的应用实践

【实训目的】

1. 了解常用的思维导图工具。
2. 学会使用一种以上思维导图工具绘制思维导图。
3. 学会应用思维导图表述所学知识结构。

【实训内容】

应用思维导图软件绘制思维导图。

【实训参考题】

1. 登录搜索引擎网站,搜索思维导图,进入页面后下载安装。初学者可选用免费思维导图工具 FreeMind.

2. 利用思维导图完成目前在学专业课程章节内容的梳理,并保存。

进入思维导图界面,首先建立根节点,再依次建立二级、三级节点,在节点中输入内容。如果我们要使用思维导图表述我们所学知识,可以参照章节目录提取章节关键词,把它作为各级节点的内容即可。

实训 10　Web2.0 在信息获取中的应用实践

【实训目的】

1. 掌握常用 Web2.0 技术的操作方式,通过应用理解 Web2.0 用途。

2. 掌握资料下载与上传的基本方法，能应用如电子邮件、新闻组、即时通讯、论坛、博客等方式进行网络交流。

3. 掌握微信公众账号的注册与使用方法。

【实训内容】

博客的创建

RSS 订阅功能及其应用

网络百科

微信/微信公众号利用

QQ 工具的利用

【实训参考题】

1. 建立自己的“求职博客”

在就业压力下你希望换个更好的工作吗？你还在为简历难以展示自己的特长而发愁吗？快来建立一个“求职博客”吧！求职博客，全方位展示自己的专业才能和个性品质，增加别人了解您的机会。再动手前建议大家通过网上查询设计一下“求职博客”建立的基本思路，需要注意的问题等，展示出自己的特色。

2. RSS 学术信息的订阅

(1)网上学术期刊的 RSS 订阅。

根据所学专业需求，在中国知网(CNKI)，按期刊名、按关键词进行 RSS 订阅设置。

(2)网上频道订阅、关键词订阅。

试用频道订阅、关键词订阅方式建立一个你喜爱的专业主题动态行情渠道，尝试用它建立自己专业的情报收集平台。

(3)订阅专业人的博客。

尝试用 RSS 订阅业界专业人博客。

3. 应用百度百科、百度文库 申请百度账号，在百度百科中创建或者编辑“你的名字”的词条，输入你的简单的个人信息，编辑后，并尝试搜索，“你的名字”信息。尝试创建 2 条百度百科词条，要求能通过百度百科审核。在百度文库中，上传 3 份你认为有价值的文档，文档格式不限。将已成功上传的文档截图填入实习报告中。

4. 微信/微信公众号利用

(1)个人微信设置

掌握微信公众账号的注册与使用方法。注册并设置个人对公微信，包括名称、头像、个人签名、朋友圈等。

(2)微信公众号利用

关注 3 个医学类微信公众号，并分享体验心得。

5. 腾讯 QQ 的利用

(1)QQ 号码的管理:学会注册、使用 QQ 号码。

(2)QQ 群的建立:建立属于自己的 QQ 群,邀请好友加入。

(3)QQ 空间的管理:在 QQ 空间里发表、转载专业日志,点评他人日志。

ER-9-8　第九章思维导图

【目标检测】

一、选择题

(一) 单项选择题

1. 文献管理软件也称作(　　)

A. 书目软件　　B. 文献阅读软件　　C. 文献写作软件

D. 文献存储软件　　E. 文献浏览软件

2. 手机 APP“青提文献”是下列哪种文献管理软件的应用(　　)

A. EndNote　　B. NoteExpress　　C. 医学文献王

D. Mendeley　　E. E-study

3. 即时通讯工具的功能不包括(　　)

A. 视频聊天　　B. 文件传输　　C. 远程协助

D. 邮件收发　　E. 网页检索

4. 微信公众平台的优势不包括(　　)

A. 信息推送　　B. 信息点对点传递　　C. 受众信息公开化

D. 社交类新媒体　　E. 噪音干扰少

5. 百度云网盘闪电互传说法错误的是(　　)

A. 双方手机不必联网　　B. 双方手机需打开蓝牙

C. 双方手机不必打开蓝牙　　D. 双方手机都安装百度网盘

E. 双方手机百度网盘都处于登录状态

6. 腾讯 QQ 在学习中的应用不包括(　　)

A. 语音视频聊天

B. 老师在班级群里布置作业

C. 利用 QQ 空间分享专业知识

D. 利用 QQ 邮箱向班里每位同学发送复习题

E. 利用 QQ 空间做读书笔记

7. 下列哪类是网盘搜索工具(　　)

A. 百度　　B. 谷歌　　C. 网盘搜

D. 搜狗　　E. FTP

8. 关于思维导图下列说法不正确的是(　　)

A. 根据子主题与中心主题的关系分,可分为从属关系和并列关系两种结构

B. 思维导图是外化的大脑思维图谱

C. 思维导图为“树状拓扑结构”

D. 运用思维导图可进行头脑风暴训练

E. 思维导图只能用专业软件绘制

9. 完全免费的思维导图软件是(　　)

A. MindManager　　B. XMind　　C. FreeMind

D. NoteExpress　　E. 以上都不是

10. 能生成鱼骨图的思维导图软件是(　　)

A. MindManager　　B. XMind　　C. FreeMind

D. 百度脑图　　E. 以上都不是

(二) 多项选择题

1. 使用网盘时应注意(　　)

A. 私密信息不要上传

B. 上传后留好自己备份防止网盘停运

C. 比较重要的文档可以选择有偿网盘

D. 及时整理,将过期或没用的文件及时删除

E. 任何文件都可放在网盘上

2. 文献管理软件的功能包括(　　)

A. 文献信息的收集

B. 文献信息的整理和组织

C. 论文中对文献引用的插入和参考书目的生成

D. 嵌入到办公软件中

E. 对文献信息进行统计分析

3. 思维导图亦成为(　　)

A. 心智图　　B. 心灵图　　C. 神智图

D. 脑图　　E. 心图

4. 思维导图由以下哪些部分构成(　　)

A. 主题　　B. 节点　　C. 连线

D. 图像　　E. 色彩

5. 与博客相比,微博的特点是(　　)

A. 便捷性　　B. 背对脸　　C. 原创性

D. 正规性　　E. 草根性

6. 云笔记软件可在下列设备中实现云同步(　　)

A. 有线电视　　B. 电脑　　C. iPad

D. 手机　　E. 无线路由器

7. NoteExpress 核心功能包括(　　)

A. 数据收集　　B. 文献管理　　C. 结果分析

D. 即时发现　　E. 论文写作

8. 利用思维导图,我们可以(　　)

A. 进行“头脑风暴”训练　　B. 记笔记

C. 医药论文写作　　D. 帮助我们有效记忆所学知识

E. 帮助我们思考问题

9. 网络硬盘的功能包括(　　)

A. 上传　　B. 下载　　C. 在线浏览

D. 在线编辑　　E. 文件管理

10. 下列哪些属于医药学专业公众号(　　)

A. 丁香园　　B. 医院科室公共平台　　C. 药企微信公众号

D. 高校医药学专业公共平台　　E. 医学专业协会

二、判断题

1. 在应用文献管理软件写作论文时可以自动生成参考文献。(　　)
2. 云存储必须要通过网络才能得以实现。(　　)
3. 不用担心云存储的安全性。(　　)
4. 百度网盘和腾讯 QQ 都可实现文件零流量传输。(　　)
5. 所有思维导图软件生成的导图格式都在相互间可以通用。(　　)
6. 思维导图的“树状拓扑结构”包括从属与并列两种关系。(　　)
7. “上钻和下钻”是思维导图工具 FreeMind 所特有的。(　　)
8. “微博”是“微型博客”的简称。(　　)
9. 网络百科可进行全民编辑。(　　)
10. 社会网络(SNS)的基础是“四度分割理论”。(　　)

三、简答题

1. 谈谈 Web2.0 网络信息技术可如何改变你的学习方式并实践。
2. 试述如何合理有效地使用互联网医学、药学信息交流模式。

3. 如何运用思维导图整理笔记？

4. 浅谈将智能手机应用到学习中的新举措。

5. 通过本课的学习，讨论如何将及时通讯工具应用到日常学习生活中？

四、实例分析

1. 新建学术性博客，并邀请好友，分享学术信息。

2. 建立班级 QQ 群，发布群消息，上传群文件。

3. 用思维导图表述本书的知识结构。

ER-09章习题

（王新峰）

第十章

医学论文投稿及医学文献综述

ER-10章PPT

学习目标

1. 掌握期刊分类、评价指标和评价工具；投稿平台的选择；掌握什么是学术规范和学术不端；医学综述及撰写医学综述的步骤；参考文献的引用格式；医学文献综述的文献检索方法。

2. 了解什么是合理出版物和非法出版物；怎样合理利用文献；学术论文相似性检测；医学综述的特点及基本结构。

3. 学会通过对案例的分析，将学术规范贯穿其中，培养学生尊重知识产权和学术伦理，严禁抄袭剽窃，在有序地学术积累中加以学术创新。 能够尝试撰写文献综述。

第一节 论文投稿信息选择与获取

撰写与发表医学论文是医学从业者必须具备的基本专业能力，关于医学论文的撰写我们在本系列教材《医药应用文写作》进行了学习，在本课程内容中主要讨论医学论文投稿及文献综述撰写的一些基本要求、流程及技巧。可以说决定论文发表的因素除论文本身的质量和价值外，正确的投稿策略和投稿技巧是确保论文发表的重要前提条件。

一、核心期刊及其评价工具的应用

学术期刊登载大量的科学论文及参考文献，能反映出科学发展与文献交流的现状与趋势，在科学技术活动中一直起着非常重要的作用，是科学交流的重要参考资源。

面对期刊的巨大出版量，怎样评价、鉴别和选择刊物就变得非常重要了。

（一）核心期刊定义

“核心期刊”是指那些信息密度大、内容质量高、论文寿命长、被引率、被索率、被摘率、借阅率也较高，能代表某学科、专业最新发展水平和趋势的期刊。确定核心期刊和评价期刊质量的常用方法有载文率法（布拉德福定律）和引文法（加菲尔德定律）。由于学科发展及期刊质量等因素的变化，核心期刊不是固定不变的，它是一个动态的概念。核心期刊能为学术成果评价提供参考依据，是了解专业权威资源的有效途径；利用学术期刊的评价工具能保证检索者在众多的期刊中全面、准确、快速地找到本专业权威性核心期刊，从中了解本专业学术动态；同时，学术期刊的评价工具也是大家获取投稿信息的有效途径。

（二）期刊评价指标

期刊评价涉及很多因素，包括定性及定量因素。常用的期刊评价指标有：

1. 影响因子（Impact Factor）是指在某一年的引文统计资料中，某种期刊前两年发表的论文的被引量与该刊在同一时期内发表论文数量之比。这是一个国际上通行的期刊评价指标，由 E. 加菲尔德于 1972 年提出。由于它是一个相对统计量，该项指标用论文平均被引率反映了期刊近期在科学发展和文献交流中所起的作用。通常，期刊影响因子越大，它的学术影响力和作用也越大。

2. 即年指针（Immediacy Index）是衡量一种期刊引用速度的指针。也就是文章发表当年期刊的平均被引用数。

3. 期刊被引频次（cited numbher of journa）是指自期刊创刊以来全部论文在某一年被引用的总次数（绝对数量指标）。可测度期刊自创刊以来的学术影响力，是从信息反馈的角度评价期刊的基本指标之一。该项指标从历史的角度，用期刊论文被引用的数量直接反映了期刊在科学发展和文献交流中所起的作用。

4. 他引率（non—self—cited rate）是指该期刊全部被引次数中，被其他刊引用次数所占的比例。可测度某期刊学术交流的广度、专业面的宽窄以及学科的交叉程度。期刊他引率越高说明期刊学术交流的广度大、专业面宽以及学科的交叉程度高。

5. 文献半衰期（cited half—life）是指某些学科（专业）现时尚在利用的全部文献中较新的一半是多长一段时间内发表的。文献的半衰期受学科的内容、性质等因素的制约，它不是针对个别文献或某一组文献，而是指某一学科或专业领域的文献总和。这是测度期刊老化速度的一种指标，可以反映出作者利用文献的新颖度。医学文献的半衰期平均为 5 年。

6. 扩散因子（diffusion factor）是一个用于评估期刊影响力的学术指标，显示总被引频次扩散的范围。具体意义为该期刊当年每被引 100 次所涉及的期刊数。这是一个用于评估真实影响力的学术指标，显示总被引频次扩散的范围。

（三）学术期刊的评价工具

1. 国内核心期刊遴选体系　通常我们会利用学术期刊的评价工具对期刊的质量进行判断与选择。核心期刊已成为进行学术评价、职称评定、学位授予的重要工具。目前国内主要核心期刊遴选体系有：

（1）《中国科学引文数据库》（Chinese Science Citation Database），简称 CSCD。创建于 1989 年，收录我国数学、物理、化学、天文学、地学、生物学、农林科学、医药卫生、工程技术和环境科学等领域出版的中英文科技核心期刊和优秀期刊千余种。内容丰富、结构科学、数据准确。除具备一般的检索功能外，还提供新型的索引关系的引文索引，使用该功能，用户可迅速从数百万条引文中查询到某篇科技文献被引用的详细情况，还可以从一篇早期的重要文献或著者姓名入手，检索到一批近期发表的相关文献，对交叉学科和新学科的发展研究具有十分重要的参考价值。中国科学引文数据库还提供了数据链接机制，支持用户获取全文。网址为：http://sdb. csdl. ac. cn/forbid. jsp（需授权使用）。

（2）《中文核心期刊要目总览》。由北京大学图书馆与北京高校图书馆期刊工作研究会联合编辑出版，收编包括社会科学和自然科学等各种学科类别的中文期刊，是国内比较权威的核心期刊认定版本。《中文核心期刊要目总览》，目前最新为七版（2015 年 9 月出版）。主要是为图书情报部门对中文学术期刊的评估与订购、为读者导读提供参考依据。本版核心期刊定量评价，采用了被索量、被摘量、被引量、他引量、被摘率、影响因子、他引影响因子、被重要检索系统收录、基金论文比、Web 下载量、论文被引指数、互引指数等 12 个评价指标进行综合评估，评选出 1983 种核心期刊，分属七大编 74 个学科类目。《中文核心期刊要目总览》对每种核心期刊做了简单描述，包括期刊著录信息，如刊名、出版地、出版单位、出版频率、编辑单位、创刊年、中图分类号、国内邮发代号、期刊内容简介等。

（3）《中文社会科学引文索引》（Chinese Social Sciences Citation Index），简称 CSSCI。用来检索中文社会科学领域的论文收录和文献被引用情况。由南京大学中国社会科学研究评价中心开发研制。最新版收录核心期刊共 533 种。有印刷版、数据库网络版和光盘版，提供来源文献检索途径、被引文献的检索途径、精确检索、模糊检索、逻辑检索、二次检索等多种信息检索途径。检索结果按不同检索途径进行发文信息或被引信息分析统计，并支持文本信息下载。CSSCI 提供地区、机构、学科、学者等多种类型的统计分析数据，从而为制定科学研究发展规划、科研政策提供科学合理的决策参考。教育部已将 CSSCI 数据作为全国高校机构与基地评估、成果评奖、项目立项、名优期刊的评估、人才培养等方面的重要指标。网址为：http://cssci. nju. edu. cn/（需授权使用）。

（4）《中国科技论文统计源期刊》。又称“中国科技核心期刊”，是中国科技信息研究所（ISTIC）受国家科技部委托，按照美国科学情报研究所（ISI）《期刊引证报告》（JCR）的模式，在与国际接轨的同时，结合中国科技期刊发展的实际情况，确定了在中国出版的 1,405 种科技期刊作为统计源期刊。统计源每年约 1,200 种左右，而且每年有所变动，非终身制，有效期三年。网址为：http://www. istic. ac. cn/（需授权使用）。

（5）《中国科技期刊引证报告》，分为核心版及扩刊版。其核心版选用的是中国科技论文统计源期刊，中国科技论文统计源期刊的论文构成了中国科技论文与引文数据库（CSTPCD），即中国科学技术信息研究所每年进行中国科技论文统计与分析的数据库，统计结果编入国家统计局和国家科学技术部编制的《中国科技统计年鉴》，统计结果被科技管理部门和学术界广泛应用。《中国科技期刊引证报告》（核心版）每年 11 月出版。2017 年版《中国科技期刊引证报告（核心版）》共有 2008 种期刊入选本年度中国科技核心期刊。

2. 国外核心期刊遴选体系

（1）《科学引文索引》（Science Citation Index），简称 SCI。是由美国科学信息研究所（ISI）1961 年创办出版的引文数据库，其覆盖 230 多个学科领域的综合性检索刊物，其中以生命科学及医学、化学、物理所占比例最大，是目前国际上三大检索系统中最著名的一种，收录范围是当前国际上的重要期刊，尤其是它的引文索引表现出独特的科学参考价值，能反映自然科学研究的学术水平，在学术界占有重要地位。SCI 设置了独特的“引文索引”（Citation Index），提供一种可以“溯源”同时可以“追新”的工具。可作为一部文献检索工具使用，而且成为科研评价的一种依据。其出版形式包括印刷版期刊、光盘版、机数据库、Web 版数据库。其网络版包括核心版（SCI）和扩展版（SCIE），网址为：http://mjl. clarivate. com/cgi-bin/jrnlst/jloptions. cgi？PC=K。（授权使用）

（2）《科技会议录索引》Conference Proceedings Citation Index-Science（原ISTP），收录自1990年以来每年近10,000个国际科技学术会议所出版的共计一百九十多万篇会议论文。每年约增加220,000个记录，数据每周更新；涵盖学科包括：农业、环境科学、生物化学、分子生物学、生物技术、医学、工程、计算机科学、化学和物理。其检索入口为：http://www.isiwebofknowledge.com/。（授权使用）

（3）《工程索引》（The Engineering Index），简称EI。创刊于1884年，由美国工程信息公司出版，主要收录工程技术领域，主要为科技期刊和会议录论文。侧重提供应用科学和工程领域的文摘索引信息。大约22%的数据是有主题词和摘要的会议论文，90%的文献是英文文献，是著名工程技术类综合性检索工具。出版形式有印刷版、缩微胶片、光盘版和网络版，网络版Ei Compendex Web内容包括原来的光盘版（Ei Compendex）和后来扩展的部分（Ei PageOne）。其检索入口为：http://www.engineeringvillage.org/。（授权使用）

（4）《社会科学引文索引》（Social Sciences Citation Index），简称SSCI。由美国科学信息研究所编制，创刊于1969年，收录的数据从1956年至今，是社会科学领域重要的期刊文摘索引数据库。截止到2011年收录报道并标引了2929种社会科学期刊，同时也收录SCIE所收录的期刊当中涉及社会科学研究的论文，其收录期刊每年更新一次，期刊的IF值（影响因子）也随之变化。其内容涉及人类学、考古学、地区研究、商业与金融、传播学、犯罪与监狱、人口统计学、经济学、教育学以及特殊教育、环境研究、人类工程学、种族研究、家庭研究、地理学、接待、休闲、运动与旅游、卫生政策、护理、老年医学、健康与康复、药物滥用、科学史与科学哲学、劳资与劳动、信息科学与图书馆学、国际关系、法律、法医学、语言学、管理科学、运筹学、计划与发展、政治学、精神病学、心理学、伦理学、公共管理、社会学、城市研究、运输、女性研究等。其网址为http://mjl.clarivate.com/cgi-bin/jrnlst/jloptions.cgi?PC=SS。

（5）《艺术与人文引文索引》（Arts & Humanities Citation Index），简称A&HCI。由美国科学信息研究所编制，它收录数据从1975年至今，覆盖了语言与语言学、文学、哲学、宗教与神学、古典研究、历史、考古、艺术、建筑、表演艺术等社会科学领域，计9大学术领域共28个学科，目前收录1752种国际权威的期刊作为文献源。可以通过刊名、关键词、ISSN对A&HCI进行检索，其检索入口为：http://ip-science.thomsonreuters.com/cgi-bin/jrnlst/jloptions.cgi?PC=H。

（6）《期刊引用报告》（Journal Citation Reports），简称JCR。由美国科学情报研究所编辑出版，是查找期刊影响因子的权威工具，JCR包括5,000多种国际性自然科学期刊和1,600多种国际性社会科学期刊，可以查找每种期刊影响因子、被引总次数、立即影响指数、文献总数、被引半衰期等数据及排序情况。JCR有助于研究人员了解各种期刊的国际影响力，从而确定自己论文的投稿方向。其检索入口为：https://clarivate.com/products/journal-citation-reports/。

（7）《社会科学与人文会议录索引》（Conference Proceedings Citation Index-Social Science & Humanities），收录自1990年以来每年近2,800个国际学术会议所出版的共计200,000篇会议论文；每年约增加20,000个记录。涵盖了社会科学、艺术和人文科学的所有领域，包括：心理学、社会学、公共健康、管理、经济、艺术、历史、文学和哲学等。其检索入口为：http://mjl.clarivate.com/scope/scope_cpci-ssh/。

知识链接

期刊的分类

按1991年6月5日国家科委、新闻出版署发布的《科学技术管理办法》有三种分类方式：按内容分为综合性期刊、学术性期刊、技术性期刊、检索性期刊和科普性期刊；按主管部门分为全国性期刊和地方性期刊；按出版形式分为正式期刊和非正式期刊。

二、论文拟投稿期刊选择

论文投稿方向选择，须在投稿前进行期刊投稿要素分析，刊物的级别及征稿范围是否与所投稿的稿件在研究方向上的一致性。分析的主要因素有：

1. 稿件的主题是否适合于期刊所规定的范围。通过阅读并遵守投稿须知，可以了解刊物的办刊宗旨、征稿范围、栏目设置、投稿要求、格式以及编辑、审稿程序、从投稿到接受或退稿的时间、发稿率、发行量等重要信息，尤其是要注意其中有关刊载论文范围的说明，还要仔细阅读拟投稿期刊的目录和相关论文，以确认是否与自己的稿件的内容相适应，以指导论文写作并加快论文发表。根据稿约要求撰写论文和进行投稿是比较可靠可行的方式，目前我国各类医学期刊均较重视稿约，一般在每年的第1期刊登稿约。稿件投向了不合适的期刊会遭遇更大概率的退稿，还由于编辑和审稿人对作者研究领域的了解比较模糊，从而有可能导致稿件受到较差或不公正的同行评议，即使发表了，也少有同行关注。

2. 期刊的读者群和显示度如何。阅读期刊受众分析，作者需要考虑将论文发表在最合适的期刊中。如：分析参考文献，找出哪些期刊的文章是大量引用的，这可能代表文章与它的取向相同。

3. 期刊的学术质量和影响力如何。利用期刊评价工具了解期刊的学术影响力。通常期刊的总被引频次和影响因子越高，则表明期刊被读者阅读和使用的可能性越大，进而可推断该期刊潜在的学术影响力也越大。

4. 判断期刊对来稿的录用率和倾向性。在不能确定拟投稿期刊在稿件录用是否具有倾向性时，分析论文可以在何种刊物上发表，同类研究处于什么样的现状，对比所投稿件是否有出彩（新方法、新技术、新发现、新规律……）

5. 考虑稿件从被接受至发表的时间周期因素。了解期刊的出版周期、论文发表时滞等有用信息，从而更准确地选择投稿期刊。同时根据《中华人民共和国著作权法》及期刊在稿约中约定：作者收到回执后3个月内未收到稿件处理通知，需先行与该刊联系，切勿一稿多投。

6. 稿件发表的费用因素。通常论文发表会产生如版面费、审稿费等费用，这也是投稿人需要考虑的因素之一。

三、投稿平台的选择与利用

决定论文发表的因素除论文本身的质量和价值外，正确而对路的投稿策略和投稿技巧是确保论文发表的重要前提条件。

（一）投稿平台的选择

医药类学术论文一般会投期刊或者会议。

1. 投稿医学学术会议。各类医学讨论会、技术研讨会、经验交流会等会前一般都发征稿信息，接到投稿后，经专家审核选录的论文一般在大会期间进行大会宣读和分组交流，会后由主办方结集出版为论文集，这也是一种重要的文献资源。这种方式有利于作者之间直接交流和探讨自己的研究成果，有利于获取最新的学术信息。

2. 投稿医学期刊。医学期刊种类繁多，各刊的定位、报道范围、侧重点、读者等各有不同，作者在投稿前需详细了解锁定期刊的具体情况，有针对性地选择学术刊物投稿。

选择投稿期刊可利用期刊评价研究成果、期刊的栏目设置、期刊论文的发表周期四个方面去考虑，同时咨询同行专家也是一种可行的方式。

期刊评价体系能助力投稿人准确、快速地找到医学方面的具有信息量大、内容质量高、论文寿命长、被引和被索率、被摘和借阅率高，能代表医学专业水平和发展趋势的权威性“核心期刊”。

3. 网络投稿平台。互联网时代，医学论文的投稿方式也发生了巨大变化，网络投稿平台系统大大方便了作者的投稿，同时也方便了编辑和专家对稿件的审核，提高了工作效率。网络投稿平台具有出版速度快、传递迅速、传播范围广、更新速度快等优点。

网络投稿平台主要分为用户注册与投稿、编辑初审稿件和专家终审稿件三个模块及系统管理功能。允许作者远程完成投稿，填写作者、标题、摘要、关键词等不可或缺的信息，并上传 Word 或 PDF 文档，之后可以选择存稿或投稿；允许编辑根据作者提交的稿件样式等非学术类信息决定该稿件是否通过初审，并提交专家进行终审；专家可以对已经通过初审的稿件进行内容上的审核，决定稿件的录用与否，并给出相应的建议。一般流程是：网络投稿程序：作者注册—查看投稿须知—查看版权协议—填写稿件信息—填写作者信息—上传稿件和附件作者投稿—审稿流程（初审、复审）—完善稿件修改—终审通过—网上支付审稿费—等待出版。

（二）投稿平台的利用

1. 期刊杂志社在线投稿平台利用。期刊杂志社编辑部在线平台提供网上投审稿服务及管理，在线投稿功能提供了审稿人与投稿者的一个沟通平台，论文投稿趋于全自动化，可以加快论文的处理速度，所提供的线上检视论文的处理状况，让整个流程透明化、公开化、公正化。当投稿人有明确的期刊投稿方向时，期刊杂志社自己的在线投稿平台是最直接、最快捷的方式。

2. 在线投稿数据库的利用。利用数据库选择投稿期刊。在线数据库投稿方式一般是先进入数据库查找合适的投稿期刊，然后阅读“投稿须知”，注册，提交稿件，等待，修改，出版。通过投稿平台可以了解到包括核心期刊在内的大部分中文期刊的出版信息，包括编辑部联系方式等。

在线投稿数据库国内常用的有：

CNKI 中国学术期刊论文投稿平台 http://www.cb.cnki.net/

万方数字化期刊投稿指南 http://www.periodicals.net.cn/

维普投稿平台 http://ipub.cqvip.com/

国外一些著名的出版社、学会、协会也提供在线投稿平台，如 Springer、Nature 等。需要特别注意的是，网上也掺杂着很多投稿虚假信息，正确的路径就是选择主流投稿平台或各出版社自投稿系统完成投稿过程。

四、非法出版物的鉴别

合法出版物是指经过国家新闻出版部门批准的出版物，它又分为正式出版物和非正式出版物两种，正式出版物由国家新闻出版总署严格审批，既有国际标准刊号 ISSN，也有国内统一刊号 CN；非正式出版物是指通过行政部门审核领取“内部报刊准印证”作为行业内部交流的期刊，一般为非公开发行。

非法出版物是指既没有经过国家新闻出版部门批准，也没有注册为“内部刊物”的出版物。如何鉴别非法出版物，下面提供一些常用的鉴别方法：

（一）利用刊号信息进行鉴别

我国正规期刊的刊号是由国际标准刊号（ISSN）和国内统一刊号（CN）两部分组成，“CN”是中国国别代码，只有 ISSN 国际刊号而无国内统一刊号的期刊在国内被视为非法出版物。

ISSN 国际标准连续出版物编号以 ISSN 为前缀，由 8 位数字组成。8 位数字分为前后两段各 4 位，中间用连接号相连，前 7 位数字为顺序号，最后一位是校验位。ISSN 通常都印在期刊的封面或版权页上。ISSN 具有唯一性，当连续出版物题名（例如刊名）发生改变，应视为另行发行一种新的连续出版物，必须另行分配一个 ISSN 号。

CN 刊号标准格式是：CN XX - XXXX/YY，其中前两位是各省（区、市）区号，后 4 位数字为地区连续出版物的序号，分类号置在国内统一连续出版物号 6 位数字之后，用斜线“/”隔开，期刊的分类法按《中国图书馆分类法》的基本大类划分。如《读者》杂志的刊号为 CN62-1118/Z。

通常非法出版物的刊号最常见的问题有这样几种：①在境外注册刊号，在境内非法编辑、出版、印刷和发行。通常只在版权页上注明国际标准刊号 ISSN，无国内统一刊号 CN。②有国际标准刊号 ISSN，内统一刊号 CN，但在它的 CN 号后边加括号或缀有别的字母（如 HK、NR、H），说明它是在港澳台地区注册的，这类报刊如果在内地设立编辑部、记者站或办事处进行出版、印刷和发行活动也是非法的。③假冒国内刊号，臆造号或冒用其他已有的合法出版物的刊号。④一个刊号多个版本。比如，某大学学报，每期学报都出版两个或多个版本，其中只有一个版本是正式合法的，其它版本则是收费的、非公开的、只给作者收藏的，这种情况下，需对比其他的几个版本进行分析判断。在正式期刊中不同学科版本的同一学报其 CN 号是不同的，如：山东大学学报（哲学社会科学版）CN 37-1100/C；山东大学学报（理学版）CN37-1389/N。

（二）登录政府新闻出版总署网站及各地区新闻出版局网站查询

中华人民共和国新闻出版广电总局网站及各地区新闻出版局网站上进行网上咨询及检索。中国新闻出版总署期刊查询系统提供图书出版单位查询、报纸/报社查询、期刊/期刊社查询、音像出版单位查询、电子出版物出版单位查询、发行机构查询、连续型电子期刊查询等便民服务，期刊查询结果提供媒体名称、单位地址、刊号、类别、联系方式等信息，查询路径：1）进入主页-业务查询-期刊/期刊社查询。

2)首页>办事服务>便民查询-期刊/期刊社查询。同时本网站上也会不定期发布“非法刊物”名单,是作者了解国内相关出版物信息的权威性途径。其网址为:http://www.sapprft.gov.cn/。

点滴积累

1. 核心期刊是某学科的主要期刊，其所含专业情报信息量大，质量高，能够代表专业学科发展水平并受到本学科读者重视。 核心期刊遴选体系为了解学科学术高水平文献提供了依据，成为进行学术评价、职称评定、学位授予的重要工具。
2. SCI(科学引文索引)、EI(工程索引)、ISTP(科技会议录索引)是世界著名的三大科技文献检索系统，是国际公认的进行科学统计与科学评价的主要检索工具。 我国三大核心期刊遴选体系是《中国科学引文数据库》(CSCD)、中文社会科学引文索引(CSSCI)《中文核心期刊要目总览》。
3. 论文投稿方向选择，须在投稿前进行期刊投稿要素分析，刊物的级别及征稿范围是否与所投稿的稿件在研究方向上的一致性。 投稿平台的选择与利用在投稿流程中也是重要的环节。 这些方法与措施有助于提高采稿率。

第二节　文献的合理使用与引用

一、学术规范与学术行为不端

(一)学术规范

1. 学术规范。教育部学风建设委员会《高等学校学术规范管理手册》指出:“学术共同体根据学术发展规律参与制定的有关各方共同遵守而有利于学术积累和创新的各种准则和要求,是整个学术共同体在长期学术活动中的经验总结和概括”。

学术规范涉及学术研究的全过程,学术活动的各方面:包括学术研究规范、学术评审规范、学术批评规范、学术管理规范。要求尊重知识产权和学术伦理,严禁抄袭剽窃,充分理解、尊重前人及今人已有的相关学术成果,并通过引证、注释等形式加以明确说明,从而在有序的学术对话、学术积累中加以学术创新。

我国高度重视学术道德建设与规范,出台了一系列规范文件:

2002年,教育部发布《关于加强学术道德建设的若干意见》;

2004年,教育部社会科学委员《高等学校哲学社会科学研究学术规范(试行)》规定;

2005年,教育部发布《在线发表科技论文的学术道德和行为规范》;

2006年,教育部发布《关于树立社会主义荣辱观进一步加强学术道德建设的意见》;

2007年,国家科学技术协会发布《科技工作者科学道德规范(试行)》;

2010年,国务院学位委员会发布《关于在学位授予工作中加强学术道德和学术规范建设的意见》;

2012 年,教育部公布《关于进一步规范高校科研行为的意见》;

2014 年,原国家卫生计生委等发布《医学科研诚信和相关行为规范》;

2015 年,中国科协、教育部、科技部、原卫生计生委、中科院、工程院、自然科学基金会关于印发《发表学术论文"五不准"》的通知;

2016 年,教育部颁布实施《高等学校预防与处理学术不端行为办法》;

2016 年,教育部发布《关于对学位论文作假行为的暂行处理办法》;

2016 年,国务院办公厅公布《关于优化学术环境的指导意见》;

2018 年,中办、国办印发《关于进一步加强科研诚信建设的若干意见》。

2. 学术规范的基本内容。根据目前已出台的有关文件精神,学术规范大致可由学术道德规范、学术法律规范、学术写作规范、学术评价规范四项组成。

(1)学术道德规范。学术道德是指在学术活动中所表现的道德,是学术人在科学研究活动中所特有的,由经济和学术关系决定的,依靠社会舆论、传统习惯和人们内心信念来维系的,并以善恶进行评价的原则规范、心理意识和行为活动的总和。学术道德规范的主要内容包括国家制定的相关法律法规、学术界所共同遵守的道德规范等。学术道德规范已经关系到学术研究是否有效进行和健康发展等重大问题。

(2)学术法律规范。是指学术活动中必须遵循的国家法律法规和有关技术标准,目前我国尚无规范学术活动的专门法律法规,与学术活动有关的行为规则尚需在民法通则、著作权法、专利法、保密法、统计法、出版管理条例等法律法规中查找。

(3)学术写作规范。是指在医学论文、著作为主要形式的学术写作中,必须遵守的相关要求。学术论文是科研成果的一种文字表达形式,是某一学术课题在实验性、理论性或观测性上具有新的科学研究成果或常新见解和知识的科学记录和总结。在《科学技术报告、学位论文和学术论文的编写格式》及《文后参考文献著录规则》中对论文的选题、观点、内容、结构、参考文献等方面做出了明确规定。

(4)学术评价规范。学术评价主要指课题的思想、学术成果的鉴定或评价、各类优秀成果的评奖、职称评定中对科研成果的考核认定,以及教学、科研人员工作考核考评等方面。学术评价一般有"同行评价"和"量化评价"两种评价方法。要提高学术评价的科学水平,必须建立科学的评价指标体系,制定科学的评价办法,实现评价工作规范化。

(二)学术不端

美国国家科学院、国家工程院和国家医学研究院组成的 22 位科学家小组给出的学术不端行为的定义:"在申请课题、实施研究报告结果的过程中出现的捏造、篡改或抄袭行为。"中国科协科技工作者道德与权益工作委员会提出了我国学术不端行为的七种表现形式:抄袭剽窃他人成果、伪造篡改实验数据、随意侵占他人科研成果、重复发表论文、学术论文质量降低和育人的不负责任、学术评审和项目申报中突出个人利益、过分追求名利和助长浮躁之风。

(1)抄袭(剽窃)。美国学者哈林西佛认为:"有意无意地使用他人的观点、意见、数据或词句等,但不注明出处,从而给读者造成错觉,似乎论文所述的内容都源于论文作者个人的工作"。抄袭(剽窃)行为的基本特征是:非法占有性、学术欺诈性和发表性。

如何认定抄袭和剽窃，一般来遵循三个标准：一是被剽窃（抄袭）的作品是否依法受《著作权法》保护。二是，剽窃（抄袭）者使用他人作品是否超出了适当引用的范围。这里的范围需从量、从质上来确定。三是，引用是否标明出处。对于引用量的判定，有些国家法律规定不得超过1/4，有的则规定不超过1/3，有的规定不超过1/10。我国《图书期刊保护试行条例实施细则》第十五条明确规定：引用非诗词类作品不得超过2,500字或被引用作品的十分之一；凡引用一人或多人的作品，所引用的总量不得超过本人创作作品总量的十分之一。我国著作权法所称抄袭、剽窃，是同一概念，指将他人作品或者作品的片段窃为已有。

（2）数据伪造。是指没有做过某个试验、实验、观察或实地调查，却无中生有地编造数据；或者做过某个试验、实验、观察或实地调查，获得了一定的数据，但对原始数据进行了有目的的篡改等。学术研究的诚信取决于实验数据和数据记录的真实性。数据伪造会误导研究工作的开展，导致研究人员在一条"死路"上浪费大量时间，精力和资源。即使团队一个人数据造假，也会让研究团队内部受到牵连。

（3）一稿多投。"一稿多投"是指同一作者在法定或约定的再投期间或者在期限以外获知自己作品将要发表或已经发表，在期刊编辑和审稿人不知情的情况下，试图或已经在两种或多种期刊同时或相继发表内容相同或相近的论文。这不仅浪费了编辑和审稿人的时间，还可能出现知识产权的纠纷，是学术失范的严重表现之一。国际上，一旦一稿多投上了黑名单，会被拒绝投稿，影响声誉。

（4）不正当署名。不正当署名是指未参加实际研究或者论著写作，而在别人发表的作品中署名；通过不正当手段，偷换署名或改动署名顺序；未经合作者同意，以个人名义发表合作研究成果；在各类学术活动中，未经被署名人同意而署其名等。其危害在于侵犯了他人的著作权或与著作权有关的权益。根据版权法和期刊编辑委员会的规定，论文的作者应当是对概念的提出和设计、数据的获得或数据的分析和解释作出了实质贡献；对论文的起草或论文中的重要学术内容进行批判性修改做出了全部或部分脑力贡献的人。

二、合理使用

（一）文献的合理使用

文献的合理使用最早提出于美国，1976年在美国《著作权法》中被法典化，现在大多数国家的著作权法中都有涉及合理使用。是著作权法中的一项重要的制度，是指根据著作权法的规定，为了保护公共利益，以一定方式使用作品可以不经著作权人的同意，也不向其支付报酬。在我国《著作权法》中也明确要求合理使用者必须遵守以下原则：使用的必须是他人已发表的作品，使用时必须指明作品出处，且不得侵犯著作权人的其他合法权益。

（二）合理使用的中国法律规定

学习和了解国际条约和各国的著作权法对文献的合理使用的规定，是作者遵守著作权法，在学术活动中学会合理使用的重要前提。我国著作权法第22条规定了12种合理使用的方式：

1. 为个人学习、研究或欣赏，使用他人已经发表的作品；

2. 为介绍、评论某一作品或者说明某一问题，在作品中适当引用他人已经发表的作品；

3. 为报道时事新闻，在报纸、期刊、广播电台、电视台等媒体中不可避免地再现或者引用已经发表的作品；

4. 报纸、期刊、广播电台、电视台刊登或者播放其他报纸、期刊、广播电台、电视台已经发表的时事性文章，但作者声明不许刊登、播放的除外；

5. 报纸、期刊、广播电台、电视台刊登或者播放在公众集会上发表的讲话，但作者声明不许刊登、播放的除外；

6. 为学校课堂教学或者科学研究，翻译或者少量复制已经发表的作品，供教学或者科研人员使用，但不得出版发行；

7. 国家机关为执行公务使用已经发表的作品；

8. 图书馆、档案馆、纪念馆、博物馆、美术馆等为陈列或者保存版本的需要，复制本馆收藏的作品；

9. 免费表演已经发表的作品；

10. 对设置或者陈列在室外公共场所的艺术作品进行临摹、绘画、摄影、录像；

11. 将已经发表的汉族文字翻译成少数民族文字在国内出版发行；

12. 将已经发表的作品改成盲文出版。以上规定适用于对出版者、表演者、录音录像制作者、广播电台电视台的权利的限制。

案例分析

文献恶意下载

国内某大学图书馆，由于在校用户违规使用 ACS 美国化学会数据库，收到了来自 ACS 发出的邮件警告，“要求图书馆调查违规用户，并把调查结果汇报 ACS，同时保证不再发生类似事件。”经调查，违规用户为该校一位博士生，他在一小时内从该数据库连续下载了 200 多篇论文全文。

分析：

本案例涉及的是电子版权的合理使用问题。实际上版权法不是“如何防止使用”，而是“如何控制使用”，版权法的实质是一种控制作品使用的机制。

所谓“恶意下载”就是超越正常范围或是利用不许可方式进行的、会导致不良后果的、故意的数据文献资源下载行为。如：未经出版商或者代理商授权，私设代理服务器将本校购买的数据库或其他电子资源提供给校外人员使用；对本校购买或免费使用的网上数据库用于营利性活动；使用任何软件工具或其他方式进行批量下载；在短时间内连续下载数据库中的多篇文献（如短时间内下载量超过百篇）；下载数据库中整卷、整期期刊全文；将数据库中一次检索的结果大量下载等等。恶意下载对服务器容易形成拒绝服务攻击（Denial of Service，Dos），在一定时间范围内占用了大量服务器资源，包括通信带宽资源、计算资源等，从而影响其他用户的使用；另外，对数据的大量恶意下载还可能侵害数据库使用的版权限定。

三、学术论文相似性检测

学术论文相似性检测是基于知识服务平台中的学术文献资源，对学术成果进行相似性检测，提供客观翔实的检测报告，为学术出版、科学管理、学位论文管理等提供支持。

学术不端行为严重影响了学术界的声誉，学术论文相似性检测系统利用技术手段有效防范学术剽窃这一世界难题。

（一）Turnitin 剽窃检测系统

Turnitin 是全球第一个检测剽窃行为的网站。其主要功能：反剽窃和同行评审和无纸化评分。其原理是通过大部分主流浏览器接入互联网，将用户提交的文稿与 Turnitin 背后海量的全球数据库和网页内容作比对，以很快的速度得出一个相似度比例和涵盖大量相关信息的‘原创性报告’给评审者，评审者能够根据这些 Turnitin 精确定位出的文稿中非原创的内容，对文稿整体的原创性作出一个客观判断。其网址为：http://www. turnitin. com/。

（二）CrossCheck/iThenticate 论文防剽窃系统

这是一个基于全球学术出版物所组成的庞大数据库和基于网页的检验工具。是国际出版链接协会（PILA）由国际出版链接协会研发，全球六家国际出版集团共同参与实验，2008 年 6 月 19 日正式向全球发布。这个基于网页的工具可用于编辑过程中去鉴别相似文档，生成对比报告，并通过分析去判断是否存有学术剽窃行为。其主要目的在于帮助学术界和出版界严正全球学术风气，防止学术剽窃和欺诈，保护学术研究 & 文字出版者的原创版权。目前，一些大的国际科学出版集团，如 Elsevier，Springer，Wiley-Blackwell，BMJ，Taylor & Francis，牛津出版社等，以及许多科学学会，如美国科学进步协会（AAAS），美国物理学会（APS），植物生物学会等均成为 CrossCheck 的正式会员。中文网址为：http://www. crossref. com. cn/。

（三）CNKI 科研诚信检测系统

CNKI 科研诚信检测系统以《中国学术文献网络出版总库》为全文比对数据库，实现了对抄袭与剽窃、伪造、篡改等学术不端行为的快速检测。实现对篇章、段落、句子层面检测。该系统在国内众多期刊编辑部、科研项目管理机构和高校机构等使用，可用于文献抄袭检测、文献保护、文献比对。为相关部门（非个人用户）鉴别学术不端文献提供技术支持。其网址为：http://check. cnki. net/。

（四）万方论文相似性检测系统

Paper Similarity Detection Service，简称 PSDS。由万方公司研制的，以万方数据知识服务平台上的主要文献为论文相似性检测比对蓝本，基于万方数据海量学术文献资源，坚持客观、公正、精准、全面的原则，对学术成果进行相似性检测，为用户提供客观详实的检测报告，为学术出版、科研管理、学位论文管理等提供支持。目前包含新论文检测、已发表论文检测和大学生论文检测三个系统。其中新论文检测提供个人用户付费服务。其网址为：http://check. wanfangdata. com. cn/。

（五）维普论文检测系统

维普论文检测系统以维普资讯深厚的行业背景为依托，系统内嵌维普公司自主研发的论文检测系统（VPCS），对系统上提交的论文进行检测，可自动检测可手动检测，辅助教学管理。提供机构版与个人版，检测报告提供总字数、总相似比、引用率、复写率和自写率等数据。其网址为：http://vpcs.cqvip.com。

四、参考文献引用格式规范

大多数研究成果是研究者对前人工作的继续和发展，参考文献的引用应遵从科学性、真实性及新颖性的原则。参考文献是为撰写或编辑论文和著作而引用的有关文献信息资源。它是学术论文不可缺少的一个组成部分，是前人成果继承的一个反映，能真实反映出论文中某些论点、数据、资料来龙去脉的依据；向读者准确提供检索信息资源的线索，是鉴定和确认论文研究成果的重要依据，也是尊重他人著作权的义务。

（一）参考文献引用规范与要求

关于文后参考文献的著录有国际标准和国家标准。

中文《文后参考文献著录规则》（GB/T 7714-1987）是一项专门供著者和编辑编撰文后参考文献使用的国家标准，非等效采用 ISO690《文献工作文后参考文献内容、形式与结构》和 ISO 690-2《信息与文献参考文献第 2 部分：电子文献部分》两项国际标准。本标准在著录项目的设置、著录格式的确定、参考文献的著录以及参考文献表的组织等方面尽可能与国际标准保持一致，以达到共享文献信息资源的目的。2016 年 GB/T 7714-2015《信息与文献 参考文献著录规则》是国家颁布的新标准。

英文参考文献引用的规范应该按专业方向的不同选择使用 MLA（the Modern Language Association）或者 APA（the American Psychological Association），医学论文参考文献要求采用温哥华格式。

Modern Language Association（MLA）为美国现代语言协会制定的论文指导格式，在一般书写英语论文时应当使用 MLA 格式来保证学术著作的完整。主要被应用在人文学科，如文学、比较文学、文学批评和文化研究等。

American Psychological Association（APA）格式是美国心理学会出版的《美国心理协会刊物准则》，该协会是在美国具有权威性的心理学学者组织。APA 格式是一个为广泛接受的研究论文撰写格式，特别针对社会科学领域的研究，规范学术文献的引用和参考文献的撰写方法，以及表格、图表、注脚和附录的编排方式。

Vancouver style 温哥华格式，出自国际医学期刊编辑委员会（International Committee of Medical Journal Editors，ICMJE）-《生物医学期刊对原稿的统一要求》，主要用于生物医学期刊。具体格式参见网站 http://www.icmje.org/。

（二）参考文献的著录格式

ER-10-1
如何利用中国知网导出参考文献视频

参考文献类型有专著、期刊文章、论文集、报纸、学位论文、专利文献等。标注参考文献时须在列出论文题目后标上文献标识码，根据国家标准 GB 7714-2005《文后参考文献著录规则》规定，各种文献标识码为：专著［M］、期刊［J］、论文集［C］、报纸［N］、学位论文［D］、报告［R］、标准［S］、专利［P］。电子文献类型的标识用几个字母表示，如联机网上期刊［DB/OL］、磁带数据库［OB/MT］、光盘图书［M/CD］、磁盘软件［CP/DK］、网上期刊［J/OL］、网上电子公告［EB/OL］等。

1. 引用期刊的参考文献列出格式:[序号]著者．题名[J]. 刊名年份,卷(期):起止页．

例如:[1]陶兴茹,陈海燕,新生儿万古霉素血药浓度的影响因素分析[J]. 中国药房,2016,27(29):4067-4069.

2. 引用专著(书籍)的参考文献列出格式:[序号]著者．书名[M]. 版本(第一版省略),出版地:出版者,出版年．

例如:[2]陈吉生．新编临床药物学[M]. 北京:人民卫生出版社:2013.

3. 引用论文集的参考文献列出格式:[序号]著者．题名[A]. 见:文集编者,文集名[C],出版地:出版者,出版年．起止页．

例如:[3] 柳较乾,陈莉,等．阅读推广研究与实践[A]. 见张兆忠,娄树明,章洪．全国高职院校图书馆创新案例集锦[C],北京:北京科学技术出版社,2013. 42-47.

4. 引用报纸文章的参考文献列出格式:[序号]主要责任者．文献题名[N]. 报纸名,出版年,月(日):版次．

例如:[4]刘晓慧．走出中医药商业秘密保护困境[N]. 中国中医药报,2013,2(17):3.

5. 引用专利的参考文献列出格式:[序号]专利申请者．专利题名[P]. 专利国别:专利号,出版日期．

例如:[5]谭垒．一种航空摄影测量装置[P]. 中国专利:CN206430722U,2017-08-22.

6. 引用标准的参考文献列出格式:[序号]标准编号．标准名称[S].

例如:[6]GB/T 9813. 3-2017. 计算机通用规范 第三部分:服务器[S].

7. 引用电子文献的参考文献列出格式:[序号]著者．题名[文献类型标识]. 出处及可获得地址,发表或更新日期．

例如:生物谷．Nature 研究发现大脑多任务处理机制[EB/OL]. http://news. bioon. com/article/6673843. html,2017-12-05.

点滴积累

1. 学术规范涉及学术研究的全过程，主要表现在内容层面的规范，价值方面的规范，技术操作层面的规范。学术不端行为违反学术规范，在研究上造成失真，在科研资源、学术地位方面造成不正当竞争，因此人人都有权利与义务维护学术规范、学术道德，严禁各种学术不端行为，保持科研学术的严谨性、真实性。
2. 文献的合理使用属于知识产权方面的范畴，合理使用时应遵守三个一般性义务：①使用的必须是他人已发表的作品；②使用时必须指明作者姓名、作品的名称和作品的出处；③不得侵犯著作权人依法享有的其他合法权益。超出合理使用范围，是侵犯知识产权的行为，应严格禁止。
3. 开放获取是国际学术界、出版界和图书馆界为推动科研成果和学术作品通过开放的互联网络为公众免费、无法律和技术障碍自由地获取和传播而提出的一项版权解决方案。
4. 目前国学术造假行为通常被分为三类：伪造、篡改和剽窃。学术不端文献检测系统是防止学术剽窃的很好的技术手段。国内提供论文检测的机构主要来源于三大中文期刊数据库，即中国知网论文检测系统，万方论文相似性检测系统，维普通达检测系统。

5. 参考文献是论文不可缺少的组成部分，它反映论文的取材来源、同时也是作者对他人知识成果的承认和尊重。文后参考文献著录格式应该按照国际、国家著录标准规范著录。

第三节 医学文献综述及其利用

一、医学综述及其特点

（一）医学综述

文献综述是指在全面搜集、阅读大量相关文献的基础上，经过归纳整理、分析鉴别，对所研究问题、学科、专题等在一定时期内已经取得的研究成果、存在的问题以及发展趋势等进行系统、全面的叙述和评论。综述属于三次文献，综述论文的数据主要来自于文献资料。

医学综述是作者对医学领域的某种疾病、某种理论或某种治疗措施，经过搜集文献后经综合分析写成，它能够反映当前某种疾病、某种理论或某种治疗措施的新进展、新动态和新技术。国外的医学文献综述大多是由某一领域的前沿专家撰写，能很好地揭示该学科或主题的研究方向。

（二）医学综述的特点

医学综述应该具备综合性、评述性及先进性 3 个基本特性。具体呈现出以下特点：

1. 综合性。综述要“纵横交错”，既要以某一专题的发展为纵线，反映当前课题的进展；又要从本单位、省内、国内到国外，进行横的比较。使读者用较少的时间获取较全面系统的情报信息和知识，其浓缩度高，综合性强。

2. 评述性。综述要求能够全面、深入、系统地论述某一方面的问题，对所综述的内容及分散的、无序的原始文献进行分析、评价、综合，要反映作者的观点和见解，并与综述的内容构成整体。

3. 先进性。综述文献内容专深，紧扣医学发展的脉搏，针对某一学科、某一专题的最新发展动态归纳总结撰写而成，因此具有很强的专业性和针对性，并反映出最新的信息和科研动态。

4. 信息浓缩。综述是对一定时期范围内发表的有关某一学科或主题的原始文献进行归纳、整理、分析、综合，它浓缩信息，综合性强、信息含量大，既能反映研究对象的历史、现状和发展趋势，已取得的成果，又能反映有争议的观点和尚待解决的问题。

5. 引用参考文献多。引用的参考文献多是综述的主要特征之一，作者通过对大量密切相关的参考文献进行归纳总结、分析研究，做出评价和展望，使读者对某一专题有整体、全方位认识。引用参考文献表示尊重被引证者的劳动及表明文章引用资料的根据，更重要的是使读者在深入探讨某些问题时，提供查找有关文献的线索。综述是通过对各种观点的比较说明问题的，读者如有爱好深入研究，可按参考文献查阅原文。

（三）文献综述的分类与结构

文献综述主要有叙述性综述、评论性综述和专题研究报告等类型。

叙述性综述是围绕某一问题或专题，广泛搜集相关的文献资料，对其内容进行分析、整理和综合，并以精练、概括的语言对有关的理论、观点、数据、方法、发展概况等作综合、客观的描述的信息分析产品。

评论性综述是在对某一问题或专题进行综合描述的基础上，从纵向或横向上作对比、分析和评论，提出作者自己的观点和见解，明确取舍的一种信息分析报告。评论性综述的主要特点是分析和评价，因此有人也将其称为分析性综述。

专题研究报告是就某一专题，如涉及国家经济、科研发展方向的重大课题等进行反映与评价，并提出发展对策、趋势预测。“是一种现实性、政策性和针对性很强的情报分析研究成果”。其最显著的特点是预测性。

二、医学综述的基本结构

医学综述是由前置部分、前言、主体、总结、参考文献等部分组成。

1. 前言。简要说明写作目的、有关概念、综述的范围、扼要说明有关问题的现状、趋向和争论所在，使读者阅读后有一个初步轮廓。一般在 300 字左右。

2. 主体。综述的核心部分，包括全部论据及论证的主要内容。一般是提出问题、分析问题，通过综合前人文献中所提出的理论和事实，比较各种学术观点，阐明所提问题的历史、现状及发展方向等。

3. 总结。总结对主体内容进行扼要的概括，要求能与前言内容相呼应。简要总结主体部分的内容、意义、价值、存在问题及发展趋势。

4. 参考文献。综述性文章中，当引用或参考他人学术观点及成果时，一定要注明出处，在文后的参考文献表中列出来。使综述具有真实、广泛的科学依据。参考文献是综述的重要组成部分，不能省略。其格式须规范著录，并采用文献本身的文字著录文献。

三、撰写综述的步骤

完成文献综述可以划分为几个阶段：选题、查阅文献及归纳整理分析、编写文献综述提纲，引用文献中的重要观点、阐述自己的主要观点、整理及润色。

（一）选题

选题是写综述的重要步骤之一，首先要有明确的选题。文献综述选题范围广，题目可大可小，大到一个领域、一个学科，小到一种疾病、一个方法、一个理论，可根据自己的需要而定。初次选题，往往仅有一个模糊的研究范围，需要在文献检索的过程中逐步寻找研究空间、明确研究问题。选题是在文献检索过程中完成的。医学类综述选题通常有以下几类：①医学基础理论的新进展、新观点；②新发现的疾病或对疾病的新认识；③诊断治疗的新技术、新方法；④某一疾病诊断、治疗的进展；⑤新药物、新仪器设备的应用；⑥各学科之间的相互渗透和新产生的边缘科学。

（二）查阅文献及归纳整理

选定题目后，要围绕题目进行检索与题目有关的文献。检索文献要拟订好检索策略，选好检索词。常用搜集文献的方法有：看专著、年鉴法、浏览法、滚雪球法等文献检索法，全面地收集相关文献,并对这些参考文献进行阅读、归纳、整理,从中选出具有代表性、科学性及可靠性研究文献,选择的文献的质量高低,直接影响文献综述的水平。因此在阅读文献时,要写好“读书笔记”“文献摘录卡片”等,更可充分利用文献管理软件进行必要的整理记录,为撰写综述时提供有用的资料保障,方便后期利用。

(三)构思并拟写提纲

构思是指对论文整体布局的设想和设计。是对论文结构的总体安排、中心内容的突出、段落之间的衔接、文章前后呼应等等。拟写提纲是完善构思,使构思条理化。拟定一个详细的写作大纲,列出大标题,注意把主要的观点放在前面,次要观点放在后面。做到层次清楚、前后呼应。拟定提纲后,把材料安排到各标题下,最后再全面检查一下材料是否充分,观点和材料是否一致,必要时,再进行调整、调换和补充。

(四)格式与写作

文献综述的格式具有多样性,但总的来说,一般都包含前言、主题、总结和参考文献四个部分。撰写文献综述时可按这四部分拟写提纲,在根据提纲进行撰写工作。

前言部分,主要是说明写作的目的,介绍有关的概念及定义以及综述的范围,扼要说明有关主题的现状或争论焦点,使读者对全文要叙述的问题有一个初步的轮廓。

主题部分,是综述的主体,其写法多样,没有固定的格式,如按年代顺序或不同的问题或不同的观点进行比较综述,不管用哪一种格式综述,都要将所搜集到的文献资料归纳、整理及分析比较,阐明有关主题的历史背景、现状和发展方向,以及对这些问题的评述。并应特别注意选择代表性强、具有科学性和创造性的文献进行引用和评述。在引用参考文献中的重要观点时不能简单地进行毫无章法的罗列,而是要根据已经制定的文献综述编写提纲来对各个观点进行适当的归类或者合并,以清晰的表述。在选择命中文献时,检索者可以综合考虑文献作者或者研究团队的学术地位、文献发表的时间、来源期刊的权威程度、被引频次等因素。

总结部分,是对全文主题进行扼要总结,并提出自己的见解。在综合分析大量参考文献的研究进展之后,从中找出其问题所在,作为今后研究的重点方向。

参考文献,是文献综述的重要组成部分。是对被引用文献作者的尊重及引用文献的依据,而且为读者深入探讨有关问题提供了文献查找线索。参考文献要求内容准确无误,如实反映,录著项目及格式与学术论文相同。

综述一般采用“夹叙夹议”的方法进行写作,比较正反方面的观点,可适当提出自己的观点和对文献的评论。并进行不断修改调整,最后誊清定稿。要求完成的论文达到的水平是:目的明确、观点鲜明、逻辑严密、层次清晰、语句通顺。

四、医学综述文献检索方法

综述文献发布比较分散,可能是某一图书的某一章、或是会议论文、或是发表于各种专业期刊杂志上,也有部分集中发表在专门综述类期刊文献上。所以利用检索工具和文献数据库检索是高效获取综述文献的主要方式。

（一）综述类文献的主要检索途径

1. 利用关键词检索全文数据库。方式一:先按需求查询专题信息,然后用"Review"进行二次检索。方式二:使用高级检索,将 Review 作为检索词进行组配获得综述性文献。

2. 利用综合或专业搜索引擎查找综述类文献。在搜索引擎检索框内输入"关键词+Review"或"关键词+survey"等也可以获得大量综述性论文。同时使用限定条件可获得更满意的结果。如在谷歌中输入检索式"invited review"AND"interested keywords"这类综述性文献比较全面,通常有较高的影响因子文献,但是这类并不是就某个关键点展开详细的回顾和评论性文献资料。但谷歌中输入检索式"news and views"OR"news&views"AND"interested keywords"。检索式 site:nature. com,或者 science、cell 之类的网址限定检索,这时就会有业内较权威的某个突破性的实验结果或某个关键点展开详细回顾和评论性质的综述性文献。

3. 利用优秀的硕博士论文查找综述类信息。在硕博士论文的综述部分大都能获得某个领域的综述信息。

4. 查找较高引用率的综述性文献,提高参考权威性。

5. 利用专业年鉴查找回顾性综述文献。回顾性综述主要反映某一学科领域或某一方面目前的研究水平,其重点是目前水平。

6. 利用学术权威的个人网站上找综述。

7. 利用专业(专题)学术会议查找综述文献。

（二）减少漏检,提高综述文献的查准率、查全率

在检索中要注意常用医学数据库综述文献的标引特点,对文献主题和文献类型的进行"逻辑与"的组配,能较好减少漏检。利用"综述特征词"进行限定检索,如中文的:进展、综述、概况、概述等,英文的 review、Summary、Overview 等词,以提高综述文献的查全率和杳准率。

（三）常见医学类文献数据库对综述文献标引情况

综述文献可通过限定检索获得,下面列举常见医学类文献数据库对综述文献标引情况:

1. Index Medicus(美国《医学索引》),其综述文献划分为学术研究综述(academic review)、教育指导综述(tutorial review)、流行病学综述(muhicase review)、病例报告综述(review of reporte deases)、Medline 中以"review-"标引的就是各类形式的综述。在主题部分和著者部分,文献题录后有"ref"字样者亦为综述文献。

2. Biological Abstract(美国《生物学文摘》),在著者索引、主题索引和生物体系索引中,其文摘号后有"R"字样的便是综述。其中 BA/RRM 亦可用于综述文献的专门检索,文献量约占 15%。

3. Chemical Abstract(美国《化学文摘》),在期刊索引的关键词索引中,可以"Review"为入口查找;在卷索引和累积索引的普通主题索引与化学物质索引中,其文摘号前有"R"字样的便是综述。

4. Index to Scientific Review(《科学评论索引》),提供大量的综述文献线索,是查找近期综述文献的有效检索工具。

5. MEDLINE,其 2008 年以前的综述文献类型标引为"review",2008 年以后改标为"review-"。因此限定检索时须用"review * in pt"。,检索结果才可包括以"review"和"review-"两种方式标引的

综述文献。

6. PubMed，在 PubMed 输入“主题词”，单击“Limits”菜单，在“Type of Article”下拉菜单中找到“Review”并选中，然后在 Search 框中输入所需要的检索词或检索式即可获得相关综述性文章。如果要想使其查准率更高，可直接在 PubMed 检索框中键入“diabetes[title] AND Review[ptyp]”，就能检出标题中含有“主题词”的全部综述文献。

7. 其它特征词　如在检索 CNKI、万方、维普等中文数据库均可以用“进展”“现状”“前瞻”“展望”等具有综述特征的词为检索词，在关键词或篇名字段中检索得到相关综述类文献。

点滴积累

1. 综述的基本方法与步骤　文献综述不仅仅是对一系列无联系内容的概括，而且是对以前的相关研究的思路的综合。综述主要目的就是使研究者和读者了解所研究问题的现状，本研究与以前的研究有何联系，包括以前研究的优点与不足，从而确定自身的研究价值。
2. 医学综述应该具备综合性、评述性及先进性三个基本特性。一篇好的文献综述，应有较完整的文献资料，有评论分析，并能准确地反映主题内容。
3. 综述性文献检索基本方法就是对文献主题和文献类型的进行“逻辑与”的组配。如果使用的数据库能够提供检索范围或者检索项，那么综述文献的检索就很方便，比如 SCI。事实上大多数数据库没有做文献类型的分类，通常是在篇名或题名的检索途径下，输入一些可以表示文献是综述性质的特征词来限定，如中文：进展、综述、概况、概述等，英文：review、Summary、Overview 等。

ER-10-2　第十章思维导图

实训 11　研究性学习活动——文献综述综合报告撰写

【实训目的】

研究性学习是以“问题解决型学习”和基于开放性学习资源的学习活动，本次实习的目的是学会专业文献综述（论文）的写作方法，以小组形式完成一篇专业文献综述论文。

【实训内容】

利用本课程所学知识，自拟一个研究课题或从参考选题中选择课题，从多方面广泛收集有关资料，撰写一篇文献综述检索报告，包括：课题分析、数据库选择、检索词及检索策略确定、检索及检索策略修改、命中文献选择与分析、密切相关文献全文获取、相关文献综述等。

【基本要求】

1. 选题要有一定的针对性,如学科发展的前沿问题、科学研究的新成果和新技术、行业(专业)热点问题、生产实践中的实际问题等。专业文献综述(论文)必须结合所学专业就某一主题(自定选题或参考选题)进行综合论述。

2. 专业文献综述是在大量搜集和阅读原始文献的基础上,经分析对比、归纳,综合论述有关主题的文献资料而撰写的论文。文献综述应论述某一主题的全貌,包括历史概况、最新进展、存在问题和发展方向等,必须是有论点、有见地的分析对比,不能是简单的文献堆砌。

3. 完成形式:专业文献综述撰写是“医药信息检索”课程实训环节的书面总结,将作为实习成绩的依据之一,完成形式以课题小组为单位完成相关专业文献综述性论文的撰写,并完成 PPT 演讲稿,由同学主讲,进行课堂交流分享。

4. 编辑要求:论文主标题 3 号字黑体居中;副标题 4 号字黑体居中;论文内各标题 4 号字黑体;正文宋体小 4 号字;参考文献宋体 5 号字。

5. 报告中出现所得结果与课题无关、所用检索系统非要求限定、检索步骤不全、综述结构不完整等均视为不符合要求。

【参考选题】

一、就业、创业类参考选题

1. 大学生创业影响因素及社会支持研究
2. 大学生如何培养职业能力
3. 就业中的自我定位问题
4. 当代大学生就业与成才
5. 我国大学生创业实践的困境及其出路
6. 大学生创业素质培养途径研究
7. 大学生创业的现状与发展趋势
8. 高职毕业生顶岗实习的特点与出路

二、文献检索类参考选题

1. 三大中文检索数据比较研究
2. 网络药学资源网站评价
3. 结合自己的专业课程考试科目、职业资格证书考试查找相关的信息资源
4. 常用文献管理软件比较
5. 如何高效、高质量获取专业情报源
6. 怎样利用互联网学习和研究
7. 网络信息交流的工具与模式调研(如博客、播客、Wiki 等)
8. 如何鉴别信息的真伪

9. 试论“人肉搜索”及网络暴力、个人隐私保护

10. 主题词的提取方法

三、药学类专业参考选题

1. 新医改形势下的国家基本药物政策

2. 我国药品流通领域存在的主要问题对策

3. 我国网上药店的现状调查

4. 我国药品广告现状分析

5. 中西药合用的优缺点

6. 给药时间与人体生物节律

7. 中药临床不良反应监控及分析(可以具体到某个药材或者某一种中药制剂)

8. 中药新药研究与开发的现状及思考

9. 请结合临床实践,谈谈你对中药现代化的理解

10. 中药新制剂研制工艺研究(可以针对某一医院制剂)

11. 中药制剂的工艺优化方法的探讨

12. 中药饮片的合成研究

【目标检测】

一、选择题

(一) 单项选择题

1. 一篇论文列出的参考文献如下:张乃文,孟莉,杨军,等. 优化我院门诊药房工作流程的研究[J]. 中国药房,2011,22(13):1171~1175. 应该是(　　)

A. 22 期 1171-1175 页　　B. 22 卷 13 期 1171-1175 页

C. 22 期 13 页 1171-1175 行　　D. 22 卷 3 页 1171-1175 行

E. 22 期 3 页 1171-1175 行

2. 获取参考文献不正规的途径是(　　)

A. 万方数据库　　B. 中国学术期刊全文数据库

C. 零次文献　　D. PubMed 数据库

E. 恶意下载

3. 医学论文文后参考文献最基本的著录格式包括(　　)和哈佛格式

A. 温哥华格式　　B. IMRAD 格式

C. 混合格式　　D. 顺序编码格式

E. MARK 格式

4. 整理资料性研究论文,又称为(　　)

A. 综述、进展　　B. 回顾性研究论文

C. 经验总结性研究论文　　D. 观察性研究论文

E. 描述性研究论文

5. 综述论文的数据主要来自于(　　)

A. 学术报告　　B. 文献资料　　C. 选题过程

D. 问卷调查　　E. 会议报告

(二)多项选择题

1. 国内核心期刊遴选体系主要有(　　)

A. CSCD　　B. CSSCI　　C. SCI

D.《中文核心期刊要目总览》　　E. EI

2. 医学综述的主要特点是(　　)

A. 信息含量大　　B. 内容专深　　C. 综合性强

D. 评述性　　E. 引用参考文献多

二、判断题

1. 影响因子是一个用于评估期刊影响力的学术指标,显示总被引频次扩散的范围。(　　)

2. 医学文献的半衰期平均为5年。(　　)

3. 整理资料性研究论文,又称为经验总结性研究论文。(　　)

4. 医学论文文后参考文献最基本的著录格式包括温哥华格式和哈佛格式。(　　)

5. 在主题部分和著者部分,文献题录后有"ref"字样者为综述文献。(　　)

三、思考题

1. 参考文献的基本要求是什么?

2. 如何利用评价工具了解专业核心期刊的信息?

3. 文献资料的搜集途径。

4. 医学文献综述的撰写步骤及撰写要求。

5. 检索工具在论文投稿中有何作用?

6. 如何选择投稿期刊?

7. 以自己所学的专业为例,列出5种相关核心期刊,附上其ISSN刊号。

8. 试述学术论文投稿中应当注意的相关问题。

ER-10章习题

(李现红)

参考文献

[1] 陈燕,胡稀俊,胡虹.医学信息检索与利用[M](第二版).北京:科学出版社,2016.

[2] 毕玉侠,于占洋.药学文献检索[M].沈阳:东北大学出版社,2014.

[3] 王立诚.科技文献检索与利用[M].南京:东南大学出版社,2014.

[4] 常傲冰.中医药文献检索与利用[M].北京:科学出版社,2016.

[5] 吴慰慈.图书馆学概论(修订本二版)[M].北京:国家图书馆出版社,2010,9.

[6] 陈萍秀.文献信息检索实用教程.(第二版)[M].北京:机械工业出版社,2015.

[7] 胡滨.中医药文献检索[M].上海:上海科学技术出版社,2007,9.

[8] 郭继军.医学文献检索与论文写作[M].北京:人民卫生出版社,2014,11.

[9] 章新友.文献检索[M].北京:中医科技出版社[M],2016.

[10] 朱江岭.国内外专利信息检索与利用[M].北京:海洋出版社,2016.

[11] 陈可南.专利检索:工具与技巧[M].北京:知识产权出版社,2013.

[12] 牟萍.专利情报检索与分析[M].北京.知识产权出版社,2012.

[13] 于占洋.药学文献检索与利用[M].北京:中国医药科技出版社,2008,1.

[14] 吉文辉,梁延光.中医药文献检索[M].上海:上海科学技术出版社,1997,7.

[15] 邓翀,陈守鹏.中医药文献检索[M].上海:上海科学技术出版社,2013,9.

[16] 陆伟路.中医药文献信息检索[M].上海:上海中医药大学出版社,2007,9.

[17] 徐庆宁,陈雪飞.新编信息检索与利用[M].上海:华东理工大学出版社有限公司,2014.

[18] 李红梅.医学信息检索与利用[M].北京:科学出版社,2014.

[19] 黄晴珊.全媒体时代的医学信息素养与信息检索[M].广州:中山大学出版社,2014.

[20] 薛晓芳,郝继英,陈锐.生物医学信息检索与利用[M].北京:军事医学科学出版社,2015.

[21] 王鸿,邢美园.药学文献检索[M].杭州:浙江大学出版社,2013.

[22] 2015 年 12 月 31 日教育部出台的《普通高等学校图书馆规程》.

[23] 柯平.重新定义图书馆[J].图书馆,2015(5):1-5.

[24] 张露萌,初景利.重新定义图书馆[J].魅力中国,2015(43):34-35.

[25] 施国洪,夏前龙.移动图书馆研究回顾与展望[J].中国图书馆学报,2014,40(2):79-91.

[26] 汪鹏,吴昊.国内外移动互联网医疗应用现状及未来发展趋势探讨[J].中国数字医学[J],2014(1):8-10.

[27] 郑怿昕,包平.智慧图书馆理论与实践进展研究[J].图书馆工作研究,2015,1(7):36-39.

[28] 吴建中.走向第三代图书馆[J].图书馆杂志,2016,35(6):4-9.

[29] 王妙娅.国内外网盘搜索引擎分析与比较[J].大学图书馆学报,2011,29(3):71-75.

[30] 黄楚新,王丹.微信公众号的现状、类型及发展趋势[J].新闻与写作,2015,(7):5-9.

[31] 李银林.医学文献综述的文献检索方法[J].中华眼科杂志,2003,39(6):379—380.

目标检测参考答案

第一章　信息素养及其评价

一、选择题

（一）单项选择题

1. D　　2. B　　3. C　　4. D　　5. A

（二）多项选择题

1. ABCD　2. BCE　3. ACDE　4. ABCD　5. ABCD

二、判断题

1. ×　2. ×　3. √　4. √　5. √

三、思考题

略

第二章　信息检索基础

一、选择题

（一）单项选择题

1. B　　2. B　　3. B　　4. A　　5. A　　6. C　　7. D　　8. A

（二）多项选择题

1. ABCD　2. ABD　3. ABCD　4. ACD　5. ABCD

二、判断题

1. √　2. ×　3. ×　4. √

三、思考题

略

第三章　网络免费医药学术信息检索

一、选择题

（一）单项选择题

1. B　　2. C　　3. B　　4. C

（二）多项选择题

1. CDE　2. BCDE　3. CE　4. CE　5. BCD　6. BD

二、判断题

1. ×　2. √　3. √　4. ×　5. √　6. ×　7. √　8. ×　9. ×　10. √

三、思考题

略

第四章　图书馆及其高效利用

一、选择题

（一）单项选择题

1. A　2. C　3. A　4. D　5. C　6. A　7. C　8. B

（二）多项选择题

1. ABCDE　2. ABCDE　3. ABE　4. AC　5. ABCEF

二、判断题

1. ×　2. ×　3. √　4. √　5. √

三、思考题

略

3. 书目期刊信息检索与文献检索的区别在于，一是检索内容不同：一般意义上的文献检索是查找相关的文献（即发表的文章、论文、报告等）；书目期刊信息检索则是查找所需要的图书和期刊的馆藏信息。二是利用的检索工具不同：文献检索使用的是检索工具书或者检索数据库；书目期刊信息检索使用的是馆藏书目查询或联机公共书目查询及各种联合目录。

第五章　工具书及其利用

一、选择题

（一）单项选择题

1. A　2. B　3. C

（二）多项选择题

1. ABC　2. ABCDE　3. ABCE　4. ABCDE　5. ABCDE　6. ABCDE

二、判断题

1. √　2. √　3. ×　4. √　5. ×　6. √　7. √

三、思考题

略

第六章　国内外医药文献数据库检索与利用

一、选择题

（一）单项选择题

1. C　2. B　3. D　4. D　5. B　6. D　7. C　8. B

（二）多项选择题

1. BD　2. ABD　3. BC　4. CD　5. ABD

二、判断题

1. ×　2. √　3. √　4. √　5. √

三、思考题

略

4. 根据检索出的文献线索（题目、作者、出处），试举 4 条获取原始文献的途径。答：①利用文献线索，查询馆藏目录；②借助馆藏联合目录；③申请文献定购、传递服务；④试查网上免费电子期刊；⑤试查全文数据库；⑥利用文献资源保障系统；⑦E-mail 向著者索取。

第七章　特种文献检索

一、选择题

（一）单项选择题

1. A　2. A　3. D　4. B　5. A　6. D　7. C　8. A

（二）多项选择题

1. ABC　2. ACD　3. AB　4. AB　5. ABCD

二、判断题

1. √　2. √　3. √　4. √　5. ×

三、思考题

略

第八章　中医药文献检索

一、选择题

（一）单项选择题

1. A　2. C　3. A　4. B　5. B　6. A　7. A　8. C

（二）多项选择题

1. ABCD　2. ABCD　3. CD　4. ABCD　5. BC

二、判断题

1. ×　2. √　3. ×　4. √　5. √

三、思考题

略

第九章　学术性资源信息管理与利用

一、选择题

（一）单项选择题

1. A　2. B　3. C　4. C　5. B　6. A　7. C　8. A　9. C　10. B

（二）多项选择题

1. ABCD　2. ABCD　3. ABD　4. ABCD　5. ABCD　6. BCD　7. ABCD　8. ABD　9. ABCD　10. ABCD

二、判断题

1. √　2. √　3. ×　4. √　5. ×　6. √　7. ×　8. √　9. √　10. ×

三、思考题

略

四、实例分析

略

第十章　医学论文投稿及医学文献综述

一、选择题

（一）单项选择题

1. B　2. C　3. A　4. A　5. B

（二）多项选择题

1. ABD　2. ABCDE

二、判断题

1. ×　2. √　3. ×　4. √　5. √

三、思考题

略

医药信息检索课程标准

（供药学、药物制剂技术、化学制药技术、中药制药技术、生物制药技术、药品经营与管理、药品服务与管理专业用）

ER-医药信息检索课程标准